战将

中国人民解放军传奇将领纪实

陈冠任◎著

中共党史出版社

图书在版编目（CIP）数据

战将：中国人民解放军传奇将领纪实 / 陈冠任著.
-- 北京：中共党史出版社，2015.12(2020.8 重印)
ISBN 978-7-5098-3334-6

Ⅰ.①战… Ⅱ.①陈… Ⅲ.①中国人民解放军–将军
–列传 Ⅳ.①K825.2

中国版本图书馆 CIP 数据核字(2015)第 238198 号

出版发行：中共党史出版社
责任编辑：李亚平
复　　审：黄　艳
终　　审：吴　江
社　　址：北京市海淀区芙蓉里南街 6 号院 1 号楼
邮　　编：100080
网　　址：www.dscbs.com
经　　销：新华书店
印　　刷：香河县闻泰印刷包装有限公司
开　　本：170mm×240mm　1/16
字　　数：420 千字
印　　张：25.5
印　　数：10001—20000 册
版　　次：2015 年 12 月第 1 版
印　　次：2020 年 8 月第 2 次印刷

ISBN　978-7-5098-3334-6
定　　价：68.00 元

前　言

城头铁鼓声犹震，匣里金刀血未干。解放军英雄将领的战斗和人生传奇，宛如一道道耀眼的丽光，辉耀浩瀚的历史长河。

他们万里征战，战功赫赫，曾经单骑飞马追日寇，曾经于百万军中取敌酋之首，英勇、强悍。他们曾经历过血与火的淬炼，是钢铁部队的旗帜；他们曾挽狂澜于既倒，是胜利的战魂。他们是战场的英雄，民族的脊梁，国之大器。

然而，他们也是平常的人，出生于寻常人家，成长于战斗之中，有着自己鲜明的个性，或无畏无惧，或铮铮铁骨，或智慧幽默，或柔情似水。将军沙场碎铁衣之外，更有“上马击狂胡，下马草军书”的动人细节。

这本书在史料基础上尽可能还原出一个个解放军将领真实的面貌，写他们最杰出、最生动的部分，再现他们的战斗和生活。阅读此书，我们可以更清楚地认识历史，了解那一部部史诗般的英雄传奇。

目　录
CONTENT

★ 大将陈赓 ★

★ 上将李天佑 ★

★中将吴克华★

★中将聂凤智★

★中将周希汉★

大将陈赓

1.和毛泽东是校友

陈赓是毛泽东手下的一员大将。

陈赓1903年出生于湖南湘乡县二都的柳树铺。湘乡和湘潭相连,互为邻县,毛泽东的外婆家就是湘乡四都的棠佳阁文家。陈家与毛家虽为两个县,但实际上相隔并不远,韶山冲与柳树铺相隔不过30里。

毛泽东出身于普通农民之家,陈赓是将门之后,家境殷实,是陈家的"二少爷"(他大哥在他八九岁时夭折)。毛泽东比陈赓正好大10岁,在少年时,两人并不相识。但是,他们先后在湘乡县立东山高小读过书,都是东山高小的学生。

东山高小,是湖南最早兴办的新式学堂之一,在湘乡东台山的脚下,距离县城二三里远,兴建于戊戌维新前,注重西学教育,在周围的湘乡、湘潭、浏阳三县很有名气。

在东山高小时,毛泽东学习很用功,深得教员们的喜爱,尤其是他会写文章,又常畅言国事,是东山学堂最优秀的学生,他学习了一个学期,老师就大为惊讶,个个都说"教不了这高材生",只好把他推荐到长沙的湘乡驻省中学。东山高小是毛泽东走向外部世界的第一步。

在毛泽东离开东山学堂5年后,13岁的陈赓也来到这里就读。他虽然智商很高,记忆力很好,但他的心却不如毛泽东那样一心在学习上。在这之前读私塾时,他就是有名的"捣蛋王",一次被私塾先生打了板子,他竟然偷偷地把茅屋的踏脚板锯断一半，让有半夜上厕所习惯的先生起来去大便，一脚踩断了木板，连人带板全掉进臭烘烘的茅坑。事后，私塾先生气得一个多月脸还是铁青铁青的。这次来到东山学堂，陈赓仍然玩性不改，行侠仗义，带着学生反对“学校当局的无理压制”，还进行罢课，急得东山学堂的老师们天天讲几年前毛泽东在学校刻苦学习的故事，说他如何如何地会写文章，这样，陈赓虽然没有见过毛泽东，在东山高小却久闻毛泽东的大名。

由于他玩性不改，经常在学校弄出些不大不小的事儿来，陈家没办法，老父亲陈绍纯只好按照当地老规矩，给他说了个媳妇“收心”。说来的媳妇叫陈璧君，是离他家 10 多里远的城前乡的一个大户之女，比陈赓大 2 岁，结果受了新式教育的陈赓书也不读了，在一个黑夜和几个同乡出走，逃婚投军去了。

他这一走却害苦了家里的老父陈绍纯，新媳妇已经接进家门了，做新郎的儿子却跑掉了，最后陈绍纯只好请人调解，说上一大堆好话，并赔上一大笔钱财，才“礼送”女方回家。

在北伐时期，陈赓经常见到汪精卫和他的老婆陈璧君，常常对汪精卫开玩笑说：“嘿嘿，我当年在老家时，家里给我娶的媳妇和你媳妇同名，也叫陈璧君。”

此话说得汪精卫的老婆陈璧君直眨眼睛。

这是后话。

陈赓投军后，前后干了 5 年，1921 年离开湘军，来到长沙，在铁路局做了一名薪水不薄的办事员，又到毛泽东创办的湖南自修大学里半工半“自学”，终于与在东山高小的老校友毛泽东相识，并于 1922 年 12 月在何叔衡等人的介绍下加入了中国共产党，成为了我党最早的党员之一。对此，毛泽东在一次陈赓拜访他时说：

“你入了党，我们就由老乡、校友变成了战友、同志。”

2.和彭德怀在一个团当过兵

其实，毛泽东此时的“战友”说法，只是引申意义上的“战友”，虽然毛泽东也曾当过湘兵,但他们并没有真正在一起打过仗,也没在一个军一个师。而陈赓与彭德怀才是真正的“战友”。

1916年冬,一天在东山高小读书的陈赓听到湘军在一个叫野猫坳的地方招兵,悄悄带着几个同乡离开东山高小,报名参加了湘军,随后,被编进湘军第2师3旅6团2营。

陈赓当兵,逃婚是其中原因之一,还有几个因素,一则是此时湘人当兵风气很盛,二是他受行伍出身的爷爷影响颇深。

陈赓的爷爷叫陈益怀,他自幼练习武功,力气过人,后投靠湘乡老乡曾国藩的湘军行伍,他英勇善战,屡立战功,传说他用的大刀重80多斤,从士兵一直做到相当于师长之职的高官, 解甲归田后富甲一方。陈赓自小对爷爷崇拜不已。他的亲生祖母过世较早,爷爷再娶的继祖母也是当兵出身,跨马能挥刀,飞骑能射雁。陈赓自小聪慧顽皮,深得祖父和继祖母的溺爱。继祖母从小教他练功习武,一招一式严格地传授,祖父一拳一脚指点纠正,小小的陈赓也练出了一身扎实的功夫。据说,他在长沙铁路局作办事员时,曾在大街上一脚将一高大的洋巡捕踢得嘴啃泥,在巡警追捕时,他又一个扫蹚腿把几名巡警全部扫倒。1916年5月,他的祖父去世,伤心的他接着又对订婚不满,因此投军继承“爷爷的事业”。

陈赓来到湘军第2师3旅6团时,大他5岁、湘潭石子冲的彭德怀因杀了当地恶霸早他8个月也投军进了这个团,不过,他在1营,陈赓在2营。但两人都是士兵。

陈赓入伍后,下了3个月操,就被赶往战场上打仗。随后,仗打得多,生活却苦不堪言。

原来,军阀部队十分腐败,军官们层层克扣士兵的饷钱,致使士兵长期领不到军饷,一次,湘军欠饷竟达23个月之久,饿得士兵们个个人瘦体弱,疾病流行。陈赓则是穿着离家时的一件羊皮袍子,虽是个“少爷”模样,生活也异常艰苦。有次部队打了败仗,退到郴州一隅,他又身上生疮,老父陈绍纯闻讯,接连多次派人到部队来找他回去,他都硬挺着,横下一条心,留在部队里面。他拖着一条德国造的不上刺刀的套筒枪,一拖就是4年,才由二等兵依次升至上士。

陈赓读过书,有文化,而彭德怀则是穷人出身。虽然两人都是普通的二等兵,相互都熟悉,但基本上是“各当各的兵”,有时一个团一起打仗,他们也只是一起冲锋陷阵，没有单独在一起作战过，因此单独交往的机会并不多。

有趣的是，他们几乎是同时来到这个团，又几乎是同时离开这支部队的(彭德怀后来又回到此部队)。

1921 年夏，陈赓 18 岁。当初他离家出走，他的三弟陈尊三受他的影响也离家出走，与哥哥一起在湘军当兵，可他因军中疾病流行，染病而死。当兵 5 年，陈赓因为仍还只是个上士，于是打算离开部队。恰巧，湘军又发动了一次援鄂战役，结果大败而归，6 团在岳州一战一溃千里，兵力损失过半。6 团团长叫曾君聘，行伍出身，这次部队被打得稀里哗啦，又看到湘军内部明争暗斗，灰心丧气，设法谋到粤汉铁路湘局局长的差事。结果，陈赓在护送他到长沙时也一去不返，在铁路局谋了个差使，月薪 60 大洋，是湘军一等兵的 10 倍。

陈赓离开 6 团 4 个月后，已是代理连长的彭德怀因为 3 个月前率兵驻扎华容县时秘密处死当地恶霸盛钦之事发，在追捕前也离队出走，逃回了湘潭老家。后考入湖南陆军讲武堂，几年后加入了国民革命军，并参加北伐战争。1927 年 10 月任国民革命军独立第 5 师 1 团团长，1928 年他率团在湖南平江起义，然后率部上了井冈山。

1933 年，当陈赓和彭德怀在红都瑞金相见时，两人都已是红军的高级将领了，回首这段在湘军的经历，两人痛斥旧军队黑暗腐败，陈赓说："老彭，你比我在 6 团还多待了 8 个月呢。"

彭德怀哈哈大笑："我比你多受旧军队黑暗腐败毒害半年有余。"

值得一提的是，陈赓在长沙铁路局时，后来大名鼎鼎的 359 旅旅长"王胡子"王震，就在长沙火车站当长夫，所谓"长夫"，就是干些杂事，扫站台、搬运行李、接送电报等的杂工。因此，王震也可以说是"他的手下"。

1947 年，陈赓率领 4 纵远道到吕梁山区作战时，晋绥军区 2 纵司令员王震直拉着他的手说："我 20 年前就在你手下打工啊！"结果，就因为这 20年前的"打工情缘"，在作战期间，两人挤在一只土坑上睡，一个"陈胡子"长，一个"王胡子"短，亲热得不得了，常常拉呱到半夜。两人联手打完汾孝战役后，王震硬是要留陈赓和 4 纵在吕梁山过春节，还说："争取每人过年吃一斤肉。"

陈赓一想，每人吃一斤肉就是上万斤肉，这对王震和吕梁百姓是多大的负担呀！马上说："还是赶回太岳过年吧，4纵都是太岳子弟兵，个个心底里早就想着回家过年哩。"

王震还是不准，说："打这么大仗，不在这里过个年，那怎么行，我不同意。"

结果，一个要走，一个要留，扯扯拉拉，闹得面红耳赤，最后陈赓还是走了，王胡子气得半晌说不出话，直到陈赓的身影远远地快看不见了，才怒气冲冲地大声喊道：

"陈胡子，你这是瞧不起人！"

这些都是后话。总之，陈赓的"战友""遍天下"，按他的话就是："走到哪，都有朋友"。

3.救了蒋介石的命

陈赓早年曾救过蒋介石的命。

1923年12月，在长沙的陈赓考入程潜创办的广州大本营陆军讲武学校，他在革命的洪流中再一次投军了。

可是，进入陆军讲武学校不久，一天，他和老乡宋希濂等上街闲逛，突然发现黄埔陆军军官学校也在招生，便大呼小叫地喊着："考错了！考错了！"

然后，他拽着宋希濂，跑到广东高等师范学校报名，在那里，他们又参加了黄埔军校入学考试。随后被录取，编入黄埔军校第3队，成为黄埔军校1期生。

1925年10月，国民革命军第二次东征军阀陈炯明，总指挥为黄埔军校校长蒋介石，周恩来为总政治部主任兼第1师党代表，22岁的陈赓为第2师4团连长。

10月中旬，国民革命军开始对惠州的攻城战。惠州城一战，4团任前锋，在攻城中，陈赓身先士卒，子弹打中左脚，他拔出弹片照旧冲杀，率部攻进了叛军头目杨坤如的司令部。

占领惠州城后，蒋介石召见了陈赓，除表扬他英勇善战外，还把他的连队调为总指挥部，担任蒋介石的贴身护卫。

攻克惠州后，东征军分三路继续向东开进。第3师师长谭曙卿是有名的“饭桶师长”，这次竟然想抢个头功，把师长前面的“饭桶”二字去掉，结果，不明敌情又冒然深入，在华阳与叛军林虎的主力部队遭遇，陷入了重围。东征军总指挥蒋介石闻听战况激烈，亲自来到华阳督战。然而，他没有想到“饭桶师长”早就不行了，他率领总指挥部一到阵地，随即就与第3师的残部一道，被围困在一座小山之上，情势十分危急。而3师的官兵又是由原粤军改编而成，军纪松散，战斗力弱，再一打就溃不成军，四下逃散。结果，眼前之境况弄得山上的蒋介石又惊又气。突然，他大声喊道：

“陈赓！陈赓在哪里？”

“我在这儿，校长！”陈赓从附近的战壕中跳了出来，站在蒋介石面前。

“你马上到前面去，以我的名义命令谭曙卿，不许退却！”

陈赓在横七竖八的尸体中一蹦一跳，终于找到正在一筹莫展的谭曙卿，传达了蒋介石的命令时，谁知这位谭师长苦笑一声：“不准退却，谈何容易！”

“情况危急，必须挡住敌军！”陈赓也看出了局势的严重性。

“好吧，我执行。”

谭曙卿提起军刀，硬是从如潮的退兵中拦下了一些士兵，又向山下冲去。可没冲几步，就被一阵密集的炮火又拦了回来。此时陈赓还没回到蒋介石跟前呢。待他一到，还没等他报告，在山上的蒋介石早就转过身对陈赓说：“陈赓，革命军人不怕死，我命令你代理3师师长，立即重新组织抵抗。”

陈赓二话没说，抽出驳壳枪，冲到山坡上的那些潮水般涌来的溃兵当中，不停地鸣枪、叫喊着“不要后退，听我的指挥！”但是一切都已无济于事，他反而被乱军冲到了一边。山下传来的枪声越来越近，山上总指挥部的官兵也被冲散，陈赓看看溃逃的士兵，又回头望望山上，一跺脚，又重新上了山。

“校长，已经不行了，还是你先随指挥部撤退吧！”

“不撤！我不撤！”蒋介石固执地说。

“敌人就要上来了呀！校长不走就来不及了！”陈赓着急地劝道。

“革命军人不能后撤！”

蒋介石还是一副死不走人的口气，也不组织反击。正在僵持中，林虎的叛军已经越来越近了。陈赓急得汗都出来了，大声喊着：

"校长,胜败乃兵家之常事,走吧!"

他话音未落,一发炮弹就在他们身边爆炸。这时陈赓听到蒋介石说了一句什么话,大声问:

"什么啊?"

"我们必须反击!"蒋介石仍不动。

"校长,你是总指挥,还是先冲出去吧!"陈赓说罢,立即拉起蒋介石和他那些军官、卫兵向着后山合围敌军的结合部冲去。子弹和炮弹不停地掠过,他们当中也不断有人倒下。好不容易冲到山下,蒋介石又一下坐在一块大石头上:"我不走了,我还有什么脸再回去?好不容易打下了惠州,却没想到要葬送于此!"

眼看着林虎的追兵越来越近,蒋介石却赖着不走。陈赓心急如焚,也不管这些了,一躬身,把蒋介石往背上一背,撒腿就跑,那些卫兵也簇拥着他们继续向结合部的一条小河冲去。爬过泥坡,穿过草丛,来到河边,陈赓立刻喊来一只小船,把蒋介石扶进船舱,又布置了手下的几个士兵在河边掩护,然后自己划着小船,急急向对岸驶去。

终于,他们在黄昏时分脱离了险境。

这次陈赓救了黄埔军校校长兼东征军总指挥蒋介石的命,震动了整个革命军。随后,陈赓被蒋介石调为随从参谋,可以随便出入蒋介石的办公室,连一声"报告"都不要喊。有一次,陈赓有事要进蒋介石办公室,照例喊了声:"报告!"进屋后,蒋介石说:"你还喊什么报告呢?连你我都不放心,还信得过谁呀!"

谁知没过几天,一份黄埔军校学生花名册和共产党员的名单摆上蒋介石的办公桌上时,他顿时就傻了眼:"连你我都不放心,还信得过谁"的陈赓竟然是共产党。这下他吃惊不少,但是只批了个"此人不宜带兵"几个字,也没做其他处理。随后,这份花名册被不要喊"报告"的陈赓看到,于是,他以母亲病重为由请假回家。蒋介石明知他发现了自己的秘密,但因为他的"救命之恩",不仅准假,还送来船票、路费,外加一张委任状:

"兹委任陈赓为中央军事政治学校中校队长"。

1927年,蒋介石公开叛变革命,陈赓立即公开宣布退出国民党,毅然参加反对蒋介石的南昌起义。蒋介石闻知此事后,不止一次地对人说:"陈赓是个人才,救过我的命,我非常器重他,可他政治上糊涂,跟着共产党跑了。”言语间不胜唏嘘。

谁知1933年陈赓在战斗中负伤后于上海医治时,又被蒋介石的手下特务“捉”了回来。蒋介石亲自出马劝降,对陈赓许以师长高职,但还是没把陈赓“拉回来”。最后,迫于“救命恩人”的压力及党组织和国民党左派宋庆龄等爱国人士的积极营救,蒋介石不得不把陈赓从监狱里放了出来,眼睁睁地让他继续带兵与自己作对,在战场上与自己的手下兵戈相见。

陈赓救过蒋介石的命,这在国共两党中都不是什么秘密。1943年在延安整风时,一次康生阴阳怪气地对陈赓说:“当初你若是一枪把蒋介石给毙了,不就省得天天跟他打仗了!”

陈赓反驳说:“那时的蒋介石还是以革命者的面貌出现的,我毙了他,他不就成了英雄,而我呢?不就成了叛徒!”

康生哑口无言。

4.为周恩来结婚出过力

陈赓与周恩来是在黄埔军校相识的。周恩来是军校政治部主任,陈赓毕业后留校任黄埔军校第2期入伍生连连长,后为第3期本科副队长,在党内,他直接在周恩来的领导下工作。精明能干,又生性开朗幽默的陈赓深得周恩来的喜爱。

1925年8月初,周恩来与相恋5年之久的邓颖超打算结婚。邓颖超远在天津担任中共天津地委妇女部长,党组织决定调她来广东区委会工作,一则配合周恩来的工作,二则照顾他们之间的特殊关系。周恩来写信给邓颖超,要她速来广州。可就在邓颖超乘火车到达广州时,周恩来因公务缠身,不能去接站,于是就把陈赓叫来,交给了他一张相片,说:“你嫂子就是这人,接站的任务就交给你了。”

陈赓拿着照片乐滋滋地去火车站接“新娘子”去了。谁知火车到站后,他瞪圆了眼珠子,都没见着照片上的姑娘,下车的旅客都走空了,“新娘子”还是不见人。没办法,他只好打道回府。

他一回到黄埔军校,周恩来的住处已是围满了人,大家都眼巴巴地等着看陈赓接来的“新娘子”呢。陈赓见这局面,知道自己把“新娘”接丢了,大家定不会放过他,于是来了个以攻为守,一进门就喊道:

“没接来,让我把新娘接丢了!不过,这不能怪我,你们大家都看看!”

他把责任推给周恩来给他的那张旧相片,说:“大伙瞧瞧,这老照片,叫我去接人——应该怪周主任自己……”

陈赓正在“嫁祸于人”时,门口忽然走进一位笑眯眯的姑娘,陈赓和她打了个照面,马上愣住了,她正是相片上的那位姑娘!

原来,邓颖超在火车站没看到想念已久的周恩来,只好照着通讯地址,自己径直找到他的住处。此刻周恩来迎上去, 拉着邓颖超来到陈赓面前笑着说:“介绍一下,这就是我常在信中提到的陈赓,今天我有急事,叫他去接你,你看他居然把人接丢了!”

大家哄地围上去:“罚陈赓!狠狠地罚他!”

众人七手八脚地将陈赓按住要他向邓颖超赔礼,闹过之后,陈赓负疚地说:“我认罚,就罚我给周主任操办婚礼吧。”

8 月 8 日,邓颖超和周恩来举行了简朴的婚礼。邓演达、何应钦、钱大钧、张治中和恽代英、熊雄、高语罕、陈赓、张婉华、李富春、蔡畅等都参加了。婚礼虽然简朴,但是很热闹。

这场婚礼就是由陈赓“戴罪立功”具体操办的。

后来,陈赓谈起此事就说:“我为周主任和邓大姐结婚出过力。”对此,在他追求心仪的对象王根英的时候,周恩来和邓颖超也为他做了不少的工作,使王根英对“吊儿郎当”的他有了进一步的了解,最后两人也结成了夫妻。在他们的婚礼上,邓颖超也笑着说:“陈赓,你能娶上小王这样的好姑娘,也有我和恩来一份功劳哟!”

“是是,永志不忘!”陈赓又是敬礼,又是哈腰,把众人逗得哄堂大笑。

在大革命失败后,陈赓直接在周恩来领导的中央军委特科工作,承担保卫党中央的重任。

长征途中,周恩来终因劳累过度,每天咳嗽不止,病倒了。有时高烧达 40 度,神志昏迷,说胡话,一连几天不退烧。由于无医少药,生命已危在旦夕。偏偏在这时,担架队的战士也一个个病倒了。第 3 军团军团长彭德怀当机立断,说:“扔掉两门迫击炮,腾出 40 名战士,专门负责抬周恩来和其他几位重病号。”

时任军委干部团团长的陈赓说：“我来任队长。”

结果，以陈赓为队长的担架队，抬着周恩来上路了。周恩来后来说：“在长征路上，我大难不死，得感谢陈赓和担架队的同志！”

陈赓和周恩来夫妇的友情持续了一生。

5. 指挥林彪打过仗

在我军的高级将领中，陈赓是一位幽默诙谐的战将，对于自己“显赫的经历”，用他自己的话说是：“我和毛主席是老乡兼校友，和彭德怀元帅在一个团当过兵，救过蒋介石的命，周总理和邓大姐结婚我出过力，指挥林彪打过仗。”对于他指挥林彪打仗的事，却鲜为人知。

其实，此事并不假。

1927 年 8 月，陈赓参加南昌起义后，担任起义军 20 军 3 师 6 团 1 营营长，跟随部队一起向广东进发，部队在会昌时，遭到国民党钱大钧部围击，被迫向潮汕撤退，陈赓奉命率所部掩护，此时钱大钧的部队已近在眼前。穷途末路，唯有决死一战，全营跃出掩体发起反冲锋。突然陈赓看见一个瘦小的身影朝旁边闪，他挥枪招呼：“林排长！”

林排长就是林彪，他时任起义军第 11 军 25 师 73 团 3 营 7 连 1 排排长。他立即跑了过来，刚喊一声：“陈营长！”一颗手榴弹在附近爆炸。他扯着嗓子喊：

“我们连长牺牲了！”

陈赓命令：“我叫你代理连长往上冲！”

谁知林彪却回答：“陈营长，不行，我们人太少！”

“再说我枪毙你！”

这声音惊了林彪一跳，转身嘶喊着：“冲啊！”

……

此战，由于敌众我寡，他们最后打得弹尽粮绝，被迫后撤，陈赓则在后撤中左腿3处负伤。后来,陈赓谈起“指挥林彪打仗”之事,说:“林彪会打仗,但就是需要你去敲打。”

6.“统率过两位上将和一位大将”

在红军时期,陈赓在红四方面军任过时间不长的红12师师长。那是1931年,他受党中央委派,离开上海到达鄂豫皖根据地开展军事斗争,他先是任红4军13师38团团长,一个月后,红四方面军成立,他任红12师师长,下辖3个团:红34团、35团和36团,其中红34团团长为许世友,1955年被授予上将军衔;红35团团长为高绍先,1932年在红安作战中牺牲;红36团团长为徐海东,1955年与陈赓一起被授予大将军衔。另外,在陈赓的战友中还有一位小班长,叫陈锡联,1955年也被授予上将军衔。对此,喜开玩笑的陈赓后来说:“我虽然是个大将军衔,但是当年却是当元帅般神气,统率过两位上将和一位大将。”

偏偏有人不相信:“你什么时候有过这般的荣耀?尽吹牛不犯法。”

“你去查查军史,我当红12师师长时手下是不是一个大将,还有两个上将?许和尚,徐老虎,还有小钢炮陈锡联!”

不服气的人顿时就傻眼了。

在红12师期间,陈赓确实带领这3人打了几次大仗和硬仗,他有过“统领”这几位大将的“显赫经历”。

(1)

陈赓上任红12师师长,就率领12师3个团会同红10、11师和黄安独立团开始了长达43天的黄安战役。

此时,徐海东刚刚带着鄂东警卫团升级改编为主力红军,并任命为36团团长。

徐海东号称“徐老虎”,打仗勇猛过人。此时,他率部在大山里打了3年多的游击，吃尽了苦头，如今脱掉黑棉袄，换上红军服，还戴上了八角帽，系上了皮带，高兴劲说有多大就有多大。他也和陈赓一样是个闲不住的人，有仗打就打仗儿，没仗打就往战士堆里扎，和战士们又说又闹开玩笑。一个玩笑团长，一个玩笑师长，可以说是针尖对麦芒，两个人的故事于是开演了。

一次激战后，徐海东把大刀一放，衣服都没换，就来到了战士们中间。一个战士眼尖，说："团长，你负伤了？"

"负伤？嘿嘿，还没听说过。"徐海东吹着牛皮。

"看看你的衣袖子！"这位战士说。

徐海东低头一看，才发现在战斗中一颗子弹穿透了他的袄袖，还擦破了胳膊皮。有人立即说："怎么不包扎一下呀？"

"没事。没伤着骨肉，只是擦破了点皮，那子弹是吃素的，碰到我的皮，嘿嘿，一拐弯就飞跑了！"

徐海东说着，还比划着做着子弹拐弯的样子，逗得战士们也跟着哈哈大笑起来。接着，他又得意洋洋地说："我这个人，生来命大。小时候就死过几次，没死掉。到了战场上，子弹看见了，就向右转哩！"

谁知他的故事传来传去，传进了师长陈赓的耳朵里。虽然陈赓和徐海东的性格相仿，都爱说爱逗。但是对于这样的事，却不敢开玩笑。一天，他把徐海东叫了过来，冷冷地说："听说，你们这里有人说子弹是'吃素'的？"

徐海东一听话里有语，便嘿嘿一笑说："没听说过。"

陈赓郑重其事地说："我听说了，反正我不信。我信子弹会打死人，它吃荤！"

"你没听懂我的话。"徐海东嬉皮笑脸地说，"我是说，我这个人命大，从小就大难不死。听老人说过，我刚出生，就差一点给淹死。后来烧窑，有几回差点砸死。冬天卖窑货，又差点冻死。到了革命队伍里，多少次该送命的，不料都没有死成……"

陈赓说："喂！徐海东，子弹可不管你老虎不老虎的啊！它是吃素的?！"

徐海东还是嘿嘿嘿的，毫不在意。结果，没过几天，两颗"不吃素"的机枪子弹果然把徐海东的大腿打中了，他被送进了医院，并且伤势还不轻，其中一颗"不吃素"的子弹夹在两骨之间，非动大手术不可。可红军医院里只有一支过期的麻药，医生迟迟不敢做手术，这下把徐海东惹急了：

"我们就拼刺刀！今天下午就给我做手术，麻药过期就过期，我不怕。"

“那不行,你会受不了!”

“什么受不了?我徐老虎怕过什么呀!”

由于耽误时间过长,再不做手术,病人就可能有生命危险,医生咬咬牙,和护士拿着一根绳子把徐海东的双腿绑在一条木凳上就动起了手术,徐海东被绑着,还说:“你们放心大胆地做手术,要割哪就割哪,我徐海东是死过几次的人了,我不怕!”

结果,这支麻药的确失效了,一点作用不起。在手术中,徐海东牙咬得“咯吱咯吱”响,竹椅的把手被捏碎。但他没哼一声,腿也没动一下,当医生一使劲,“咔”,一声脆响,把弹头拔了出来时,他这才“啊”了一声,昏了过去。

一个月后,徐海东拄着棍子离开了医院,还没回到36团去,就一瘸一拐地敲开了陈赓师长的门。陈赓一见徐海东,笑着说:“怎么,放虎归山啦?”

“师长,我有重要事情要和你谈!”徐海东严肃地说。

“我知道你要说什么。”陈赓倒一杯水递给徐海东说,“先坐下。我问你,伤口怎样?子弹是吃素的吧?”

徐海东对“吃素不吃素”的问题没有回答,只是拍了拍大腿,说:“没问题了,我要回团里去!”

“这样吧,”陈赓点燃一支烟,“你刚回来,先休息一下,过段时间再安排到别的团去。仗,保证有你打的!”

“那不行。”徐海东急了,“我明天就回36团去!”

“36团已经有团长了。”

“那我就去当副团长!”

“去当副团长?”陈赓笑着问,意思是打仗负伤了,还降半级你也愿意?谁知徐海东回答说:

“这有什么?能当团长,为什么不能当副团长?”

结果,陈赓还真的让他去36团做了个副团长。直到徐海东伤完全愈好后,他才把团长调离,让徐海东“官复了原职”。

(2)

在红12师的3个团长中,34团团长许世友也是员悍将,他少林寺和尚出身,十八般兵器样样精通,对大刀特别钟爱。东汉末的关云长过五关斩六将,有一把82公斤重的青龙偃月刀。他常挂在嘴上的话是:红军枪弹不足,大刀是冷兵器中最为便当、最让敌人胆寒的兵器。

他则不像徐海东那么“刺头”,除了爱喝酒、睡觉外,是“最好带的”;平时只管打仗,不管其他,既不喜吹牛皮,也不爱侃大山,他的生活就是打仗、喝酒、睡觉,再有空闲就练武功,带领战士们舞大刀。

但他也是红12师一位不可多得的虎将。陈赓一有硬仗、恶仗就往他身上“压”。

在攻打黄安城时,红12师担任主攻,陈赓把主攻城门的任务交给高绍先35团,徐海东36团为二梯队,除以一个营在西门佯攻外,主力随35团之后冲城;而许世友一个34团却被分开两处,一个营向东门实施佯攻,另两个营夺取城外西南角的溜坡山阵地。

本来,许世友是“打掩护”,但他却打得最为激烈。

在这次战斗中,他两次大刀一举,率领战士们同敌人开展肉搏,硬是打出了红12师的威名。

一次,敌人两个团向34团两个营坚守的溜坡山阵地发动进攻,妄图打开缺口南逃。敌人的炮弹把无数碎石、泥块掀到半空,轻、重机枪吐着猩红的火舌,在炮火的掩护下,敌兵仗着人多势众,嚎叫着向34团阵地扑来,突破了前沿阵地。正在指挥攻城的陈赓闻讯,有些着急,举着望远镜正准备派徐海东二梯队上,在危急时刻,他只见许世友从背上拔出雪亮的大刀,挺身舞刀冲入敌群,同敌人展开肉搏。

由于许世友经常教部下一些武功,34团人人都会打拳劈刀,敌人哪是他们的对手?战士们在敌群中左一刀,右一刀,前挑后戳,刀刀见红,砍得敌人血肉横飞,魂飞胆裂,狼狈逃窜。危险随即消去,陈赓见状,立即加大攻城力度。

在攻城接近尾声时,垂死挣扎的敌人再次出城从西门逃窜。

此时,许世友身边只有一个营的兵力。当敌人接近时,他又举起大刀,跃出战壕,带领官兵冲入敌群,与敌人展开肉搏。逃敌就像泛滥的洪水碰到了坚不可摧的堤坝一样,立即改变方向逃跑。许世友率领全营挥舞大刀一路追赶,不仅把敌兵赶了回去,还尾追溃敌突入了黄安城内,将城内敌人全部歼灭,黄安城被一举攻下,敌师长赵冠英被活捉。

战后,陈赓高兴地说:“许和尚,你干脆改名叫‘大刀团长’算了。”不久,许世友的“大刀团长”威名远扬四方。多年以后,许世友对这“大刀团长”的绰号还洋洋自得,说:

“这是陈赓大将封的。要大刀数那个时候最过瘾!”

(3)

黄安大捷后,陈赓率领3个主力团挥师北上,直逼潢川城下。

1932年1月,蒋介石的“围剿”大军三个师另一个旅共19个团,分路沿商潢公路南援。陈赓率领着红12师正在双椿树一带集结待命,受命赶到一个叫豆腐店的地方防守,战前,陈赓简单地介绍了反围攻的形势、任务,随后下达部署兵力命令:

“36团作为预备队,负责发动群众、筹粮及搞来500双军鞋。34团和35团正面阻击……”

“为什么叫我团干这些?我不干!”徐海东当场气呼呼地反驳说。

“发动群众、筹粮和搞军鞋。时间紧,任务重,困难很大。你以前做过这方面的工作,比较熟悉。作为预备队,随时也要上战场。”师政委耐心地解释。

徐海东仍不服气,说:“我以前任黄陂区委书记、第5教导队党代表兼队长,还打过几年游击,都是做发动和组织群众的工作,婆婆妈妈的真不少,几乎每天都要和妇女、儿童打交道。事杂、啰嗦又憋气。不如在战场上冲锋杀敌痛快,还是派别的团去吧!”

陈赓在一旁耐不住性子,发火说:“你这个老虎,就是意见多!军人以服从命令为天职。这是命令。通不通,3分钟,你再考虑3分钟!”

徐海东心想,再考虑30分钟我也不通。可他到底是一个经过北伐战争的老兵,也曾多次独立领兵打过仗,懂得“命令”两字的分量。虽然还耿耿于怀,到底还是向师长、政委打个军礼,说了声“执行!”便转身要走。

“想好了?军人嘛,就是要服从命令。”陈赓眯着眼睛说。

“命令我坚决执行。”徐海东回过头来说,“只是希望下次给放在重要位置上,多给仗打。”走出门口,他绷着脸又甩一句:“天天让做鞋收粮,老子快成妇道人家了。”

陈赓手一指，喊："回来！你骂什么？你是妇道人家，我不成老婆婆啦！"

徐海东怪模怪样地笑笑，说："发个牢骚，师长那么认真干啥？任务我完成就是了。"他知道陈赓的脾气，要真发火，那话就难听了！说完，甩开大步，急忙开溜。谁知背后却传来陈赓放声的大笑。

过了3天，徐海东就把粮食和军鞋都筹备好了，还是要求参战，说："豆腐店的情况，我熟悉，我在这里打过游击。"

陈赓考虑到35团这几天激战伤亡较大，于是同意，说："35团调为预备队，34团居于公路左侧，36团居于公路右侧。"

许世友一听徐海东率领36团上来了，说："嘿，这下有好戏看了，'臭豆腐'回到了豆腐店。"

众人哄堂大笑。

"原来'徐老虎'还有一个绰号叫作'臭豆腐'，难怪他争着要打这一仗呢。"陈赓也笑着说，"'臭豆腐'，这一仗只准胜不许败！"

这次跟红12师对阵的是敌汤恩伯部，这个汤恩伯与陈赓的经历颇有些相似，他和蒋介石是老乡加校友，并且是洋学堂——日本陆军士官学校的校友，但校友也不是同期。北伐初期回国后，他和陈赓一样当过蒋介石北伐军总司令部参谋、北伐军学兵连连长，后一起任过军校军事教官。因此，此战被徐向前戏称为"国共两大将对决"。结果，在此战中，陈赓与汤恩伯对阵，"臭豆腐"徐海东大战豆腐店，少林和尚许世友在左侧助阵，这场较量多了几份戏剧色彩。

军号声、喊杀声伴着呼啸的风雪声，摇撼着整个战场。红12师连续打退了汤恩伯多次进攻。中午时分，汤伯恩不得不暂时停止攻击。可下午1时许，隆隆的炮声又响起来了，在炮火中，两个师的兵力向红12师阵地压过来。战斗越来越残酷。陈赓见处境越来越困难，把预备队35团也调上来了，红12师的3个团，顽强地抗击着汤恩伯10个团的轮番进攻，汤部横尸遍野，红军的伤亡也不断增加，但敌众我寡，激战中，汤恩伯6个团的兵力黑压压一片，迎着漫天风雪，又像潮水般涌了过来，徐海东带着特务连守在正面，一动不动。敌群渐渐近了。突然，徐海东站了起来，刷刷刷地脱开了衣服，他先脱掉棉衣、衬衣、背心，又脱掉了裤子和鞋袜，最后，全身只剩下一条裤衩！全体红军指战员都惊呆了。

"就是死，也得把这群黑皮子打下去！准备上！"

众人还没反应过来是怎么回事,他已从警卫员手里一把夺过大刀,大喊一声,一跃而起,率先冲了出去。正面和两侧的战士们见团长已赤膊上阵,“呼啦”一声,也全都发疯般嚎叫着冲向敌群。

于是,壮景出现了——

狂风大雪中,一位穿着裤衩、裸着上身的红军指挥员高举大刀,发疯似的叫喊着,拼命地冲杀着,浑身上下那十几处明显突出的伤疤,在阳光的照耀和雪地的映衬下,放射出摄人心魄的光芒;上千名同样发疯似的红军战士跟在他的身后,也拼命地奔跑着冲向敌群!在路左侧的许世友见状,大喝着:“大刀团不上,更待何时?”也挥舞着大刀上阵了。

这两个团突发而起的举动、意想不到的阵势,一下子竟把对方给搞懵了。国民党军还没反应过来到底是什么新战术,便被徐海东的36团和许世友的34团冲了个一塌糊涂,如潮水般退走了。

就这么简单,汤恩伯的6个团被打得七零八散。

以后,他的第2师一次次汹汹而来,凄惨而归,红12师依然死死地卡住这要冲主道上。第4天中午,已经发动20多次冲锋都是以失败告终的汤恩伯,只好宣布全线撤退了。此时,陈赓下令发出反攻命令,顿时冲锋号嘹亮,喊杀声震天。汤恩伯的手下在雪里滚,在泥里爬,溃不成军。

3天3夜的豆腐店之战,红12师歼敌2000多人。被俘的敌团长问红军:“是谁坚守在豆腐店?”

“36团,团长徐海东,人称‘徐老虎’。”

“难怪攻不下来,‘徐老虎’。”

这一仗,蒋介石嫡系第2师遭受歼灭性打击,师长汤恩伯被撤职,此后该师残部即撤往后方。战后,陈赓对师政委说:“36团这一仗打得好啊,徐海东同志真是只老虎!”

“他这个‘臭豆腐’真有诱人的味道!”政委记起徐海东的外号笑着说。

但陈赓师长当着徐海东的面,没说过多少夸奖他的话,对徐海东说:“这样的恶仗,你们伤亡不大,你还活着,真是命大哟!”

“那当然,”徐海东笑着说,“我说过么,子弹是‘吃素’的,咔咔,就这么拐过去……”

陈赓大笑,徐海东也大笑。

在战斗的岁月里，同志间彼此敬爱往往是和共同的经历、性格和爱好相联系的。徐海东和陈赓从此更加要好。徐海东总说："陈赓是我的第一个好师长！"陈赓也经常向别人自豪地说："我一生中，感到最荣幸的事，就是当过徐老虎的师长！"若干年后，他一提起徐海东，还是念念不忘他"徐老虎"、"臭豆腐"两个绰号，许世友也赞叹说："蒋介石很怕这个'臭豆腐'，一沾上就跑不掉了。同志们喜欢这个'徐老虎'，他是革命的老虎！"

（4）

1932年五六月间，蒋介石亲任鄂豫皖"剿匪"总司令，进行第四次围攻，企图聚歼红四方面军。时任中共鄂豫皖中央分局书记兼鄂豫皖军委主席的张国焘被胜利冲昏了头脑，面对蒋介石30万大军的进攻，强令红军主力向平汉线出击，"威逼武汉"。

结果，七里坪一场恶战，红12师比任何一战都打得更为猛烈，从师长到战士肉搏几十次，血染战衣……七里坪之战迫使蒋介石不得不将第2师拨归卫立煌纵队"就地整顿"，把第83师加强陈继承纵队，然后，令陈继承配合第1纵队张钫部，会攻鄂豫皖根据地中心新集。红四方面军总指挥徐向前说："红12师打出了红军的威风！"

谁知张国焘把蒋介石这一兵力调动误认为是"全线溃退"，又令红四方面军在浒湾西北至西南的胡山寨、四面山，金兰山一线迎头堵击。9月1日，敌兵的试探进攻被击退。2日，敌两个师在4架飞机的掩护下猛攻，遭到红12师和红11师强力阻击，遗尸累累，狼狈缩回。5日拂晓，敌又猛攻，陈赓率红12师3个团坚守阵地，英勇奋战，多次与敌展开肉搏，阵地数次失而复得，给了敌人以大量杀伤。在激战中，陈赓右腿膝盖处中弹，负了重伤。他继续坐在担架上指挥作战。

经过5天战斗，陈继承纵队伤亡2000人，攻势顿挫，遂据地固守。这一战局大出张国焘的意外，他惊慌失措，又立即令红军主力向皖西转移。在转移途中，又多次尽说丧气话，被动逃跑。

结果，红军又在河口被蒋介石堵击部队拦住。陈赓坐在担架上指挥红12师与红10师大战敌俞济时88师一个旅和黄埔同学胡宗南第1军1师一个团，结果，激战一天，硬是把老同学胡宗南和俞济时的部队击溃。

这是陈赓与胡宗南的第一次交战。

第 2 天，敌第 2 师又来猛攻，陈赓在担架上又指挥战士们拼刺刀、打手榴弹，击溃敌军七八次冲锋，在黄昏时分，还组织了一次阵前反击。

但是，由于张国焘的战略失误，红四方面军没能扭转战局，被迫退出了根据地。10 月，部队越过平汉路向西转进途中，由于连日奔波，一直坐在担架上的陈赓伤势更加严重，组织上决定他离开部队到上海去治伤，这样，他离开了红 12 师。

（5）

其实，陈赓说陈锡联是红 12 师的，却是诈唬人的。

当时陈锡联是在红 10 师 30 团，在陈赓离开红四方面军后，他才到红 12 师。当与陈赓“唱反调”的人搞清这个事实后，又找到陈赓：“你说小钢炮陈锡联在你手下的红 12 师，是咋唬人的，你在红 12 师时，他在红 10 师和红11 师。”

陈赓嘿嘿一笑：“贺老总的警卫员就是我陈赓‘培养’的，他当时也是师长之职，你信不信？”

他说的这个人就是卢冬生，并且“此话属实”。

卢冬生是湘潭史家坳人，比陈赓小 5 岁，因家境贫困，7 岁就离家在柳树铺的陈赓家放羊当羊倌。陈赓和他很要好，两人都是有名的“顽皮王”。后来，陈赓逃婚投军，对卢冬生影响很大，他在陈家“等”了一年“大哥”，也没等回来，结果第 2 年他也跑了，在湘潭十三总老王泰厂当钢行学徒工。干了几年，还是羡慕“大哥”，1925 年悄悄跑到衡阳投入湘军唐生智部当兵。次年随部北伐，结果，在武汉时，陈赓被派到唐生智特务营当营长，两人相见，陈赓把他调来做了自己的副官。随后，卢冬生和陈赓一起参加了南昌起义，仍然做陈赓的副官。起义军在潮汕受挫后，陈赓负伤，他护送陈赓到达上海。在上海，他经陈赓和王根英介绍入了党。

1927 年年底，他受党中央派遣，作为贺龙的警卫，护送贺龙、周逸群到湘鄂边组织革命武装，先后在贺龙红 2 军团中任司令部手枪连班长、排长、连长、营长、团长、师政委、师长，他英勇善战，与贺炳炎（后为上将）号称贺龙的“左臂右膀”。

全国抗战开始时，他担任过八路军 358 旅旅长，不久又同刘亚楼（后为上将)等一起赴苏联入伏龙芝军事学院学习。1945 年 8 月,苏联出兵中国东北时,他作为苏军少校回到了东北,很快同出关的八路军接上联系,并被委任为松江军区副司令员。可就在 12 月一个夜晚,他因事乘马车外出,又没穿苏军军装,结果路遇一个苏军士兵持枪拦车抢劫。他立即以熟练的俄语喝问这个苏军士兵:"是哪个部队的?"

苏兵顿时慌了并逃到一边。可当卢冬生乘车又上路时,这个坏家伙怕被告发,在后面开了枪,卢冬生就这样在哈尔滨殉职,时年 37 岁。凶手后被苏联红军枪毙。

卢冬生是红二方面军的主要领导人之一,战功赫赫,但是他的"出道"完全是陈赓"一手带出来的",贺龙见着陈赓,每次都要提起昔日战友卢冬生。陈赓说:"如果他活着,至少要授个将军。"

陈赓与陈锡联的交谊,也不是一般。下文再说。

7.人家还以为我是个败将呢

在鄂豫皖反"围剿"时,陈赓坐在担架上指挥作战,在红四方面军传为了"抬着将军上阵"的佳话。到红一方面军后,他又演绎了一场坐在担架上指挥作战的故事。

1935 年 10 月,陈赓随中央红军长征到达了陕北。此时,蒋介石派了 5 个师的兵力对陕甘根据地进行"围剿",企图将中央红军消灭于立足未稳之中。毛泽东摸清了敌人意图,便决定在直罗镇一带把东北军 109 师引来,全部将它吃掉,粉碎敌人的"围剿"。

在此之前,陈赓由中央军委干部团团长调任红一方面军 13 团任团长。为了打好这一仗,毛泽东要求除了主要指挥人员外,凡是跑不动路的,都动员留下,不让参战。为此,红 1 军团参谋长左权逐师逐团核实战斗实力。当他核实到陈赓率领的 13 团时,问题就来了。

因为陈赓以前受过两次战伤,在长征中爬雪山、过草地,全是一拐一拐地跑过来的,此时,他的腿伤因爬雪山冻坏还发着炎症,走路拐得厉害。左权和陈赓是湖南同乡,又是黄埔军校1期同学,在长征中常常朝夕共处。在征求陈赓的意见时,左权说:“你就不要上前线了,我替你指挥。”

陈赓笑道:“人家新官上任三把火,你却泼我一瓢水!”

左权只好又让一步,说:“配给你两匹马。”

陈赓还是不接受,说:“你这是徇私的做法,我不能要。”

左权没办法,只好把13团团特派员欧致富叫去,说:“你马上落实一副担架,不要离他前后,他算是阵前指挥。”

欧致富落实了一副担架。随即,13团随部队向吴起镇隐蔽开进,沿途经过甘泉、鄜县敌据点时,13团负责军团的警戒。所以,部队还没投入战斗就十分疲劳,特别是陈赓差不多比别人得多走一倍的路,大部队没出发前,他得先派出部队,沿途搜索警戒,等大部队过完了,他又得折回来,沿途检查收哨。由于长途奔波,就连特派员欧致富也都跑得拄上了棍子,陈赓则是腿变得更跛了,拄的棍子一撑都发弯。但专门给他备的担架却一直闲置着,谁劝,他都不坐,说:“我一个大活人,又是团长,叫你们抬着,像什么话?”

部队到达东村、永川府一带隐蔽待命后,一天,军团派马将陈赓接去看地形。晚上回来,他异常兴奋,开了个战斗部署会,打着比喻问:“你们谁杀过牛?这回要杀牛!这头牛,中央红军进入陕甘后老跟着啃屁股,干部团挨啃过,13团挨啃过。我们虽然砍了它几下尾巴,都没老实。这回砍它牛头,狠狠给它一捶,然后把它开膛破肚!”

营长们问:“这牛是不是敌109师师长牛元峰呀?”

“不是他还是谁呢?”陈赓笑着说,“13团打了娄山关后,一直是当后卫军。这次我抢来了硬任务,打头阵,拦住牛头打。不过大家不要杀红眼就什么也不顾,要注意政治瓦解。有两句口号,大家可要记住:一句是‘宽待东北军!’,一句是‘欢迎东北军掉过枪口打日本!’。”

这一下把大家搞糊涂了。一位营长提出:“这是打仗,还是去贴标语?”

“怎么?打仗就没时间贴标语?就是又打仗又贴标语。”陈赓严肃地说,“这股敌人的老家让鬼子占了,你一喊话,他就放下枪过来,那才是好事。”

那位营长擂了一下自己的脑袋,抱怨说:“这瓢,简单!”

去“牵牛”的小分队已经到太白镇方向惹“牛”去了,好几天,“牛”没发火。大家等得有点不耐烦了。好不容易等到了11月10日晚,拂晓前包围直罗镇的命令下达了。13团已养精蓄锐多时,立即奔袭而去。但这一下可苦了团长陈赓,他拄起棍子走夜路,怎么走也走不过小伙子。渐渐,团指挥所与队伍拉开了距离,而陈赓和指挥所其他人又拉开了距离。欧致富一看急了,便马上命令:"警卫员,背团长!"为了跟上部队,陈赓只好由两个警卫员轮流背了一段路。就这样,还是和部队拉开了距离。"担架!"陈赓自己叫开了。担架早在他身边转,这回他急了眼自己叫了起来,担架队员立即扶他上了担架,抬起就走。

"沙沙",担架队一路奔跑,陈赓在担架上叹着气:"这次真是抬将军上阵了!"

经过一夜的奔跑,总算按时到达了指定位置。13 团从东北面封住了直罗镇通往鄜县的路和芦葫河东段。天一亮,几路红军同时发起攻击,13 团发起了主攻。漫山遍野红旗飞舞,枪声震天,杀声四起。敌人虽有所准备,但没尝过红军歼灭战的苦头,尽管被红军迅猛分割成几小块,牛云峰还下令拼命抵抗。开始,红军一喊话,敌人就回一阵枪。进攻还不到半个小时,那位在会上"冒炮"的营长就气呼呼地跑来向陈赓报告,说:"团长,有半个营敌兵给我们堵住了,喊话,他们死不缴枪,怎么办?"

陈赓看了看表,说:"你呀,古人大战三百回合,还不分胜负。你才打多长时间,一回合还不到,人家就投降?"

欧致富接着说:"硬的他还没吃,怎服你软的!你就不会用刺刀捅掉几个再喊?"营长拍一拍自己的脑袋,说:"是呀,不杀个鸡给猴子看,谁信你马刀队威风呀!"说着,便跑了回去。这次,他脑子多转了几个弯,命令部队猛攻击一阵,又猛喊起话。结果,红军一喊话,敌兵就有"反应"了,可敌军官就用枪威迫着士兵,他一枪把敌军官干掉,敌兵马上乱了营,待红军端起刺刀冲过去,敌兵吓得放下枪举手投降,有的还连声说:"我举过两次手了,别打,别打!"

解决了前沿这股强敌后,13 团的战斗发展就很顺利,直往纵深打去。不到两小时,兄弟部队已把敌人的师部给端了,敌兵失去了指挥,就漫山遍野乱跑,红军也漫山遍野去抓俘虏。陈赓也跳下担架去捉俘虏,结果,一颗子弹击穿他的左手拇指,他第 3 次负伤,只好又回到担架上。这时恰好军委副主席周恩来冒着冷枪冷炮来视察阵地,见到陈赓,问起了战况。陈赓说:"小鱼小虾抓了不少,就是牛还没套上。你就让我们团去宰牛吧!"

周恩来笑了笑,说:"陈赓呀,你只知道 13 团拼刺刀厉害,可还有个美称，叫‘猴子兵’，跑路打援兵也是拿手好戏呀。你们就到张家湾打援吧。”

陈赓命令马上收拢部队，坐在担架上急急地向西奔杀而去。途中，13团又和敌106师干上了。结果，13团配合2师、4师消灭了敌一个团，余敌全部缩回甘肃境内去了。陈赓又挥师东来，准备再消灭羊泉之敌。这时传来了胜利消息：敌师长牛云峰在突围逃跑途中被活捉了。羊泉之敌得了消息赶紧撤出，收拢回鄜县去了。至此，蒋介石的“围剿”被粉碎了。

回师路上，那副担架还抬着陈赓。突然，他说了声“再坐不得了”，就从担架上滚了下来，一爬起，便严肃地说：“把担架撤走，去抬伤员。”

特派员欧致富笑着说：“伤员早就被老乡们抬走了，还用得着他们？你还是坐上吧！”

“不坐！”陈赓边瘸走着边说。

“你看，比以前更瘸了，走不得路，手上还伤，还是坐上吧！”欧致富劝道。

“你这个特派员只知道执行左参谋长派给的任务。但是你不知道，抬上阵光荣，抬着下阵，人家还以为我是个败将呢。”

欧致富哈哈大笑，再也不劝了。

此战之后，陈赓被任命为红1军团第1师师长。在离开13团时，陈赓笑着对欧致富说：“如果坐着担架回部队，老百姓肯定以为我是个败将，这次荣升就可能泡汤了呢。”

8.抗战风云

1937年全国抗战爆发后，陈赓为八路军129师386旅旅长，下辖771团、772团。这支部队既会打仗，又十分活泼，是刘伯承手下著名的劲旅。

（1）“三子一郎”

386旅陈赓为旅长，副旅长是陈再道，政委是王新亭，参谋长为周希汉。陈赓腿有伤残，人称“瘸子”；王新亭高度近视，戴眼镜，人称“瞎子”；周希汉奇瘦，人称“瘦子”。因此，129 师一些人笑称 386 旅为“三子部队”，谁知陈赓知道后却说：

“这不准确，也不洋气。”

“瞎子”王新亭说：“怎的不洋气？”

“应该叫‘三子一郎’。”陈赓说。

“怎么叫这鬼子的名字呢？”

“把陈副旅长加上去，用个鬼子名字，这叫以毒攻毒。”

原来，副旅长陈再道在红四方面军时就有“拼命三郎”的绰号。可对陈再道这“拼命三郎”的绰号，陈赓一见到他，就开玩笑，说：“再道再道，栽倒就好！”就是到了 386 旅时，他还时不时地迸出此话，和陈再道打诨开玩笑。结果，此话传了出去。

在一次会议上，有个营长郑重地提意见说：“陈旅长，你怎么盼望副旅长打败仗呢？”

陈赓惊讶地说：“我没有呀！哪有旅长希望副旅长打败仗的呢？”

“那你为什么总是说‘再道再道，栽倒就好’？”

这一下说得大家哄堂大笑起来。

结果，“瘦子”参谋长周希汉站起来了，解释说：“陈副旅长这‘栽倒’就是好，他栽倒了，就有救了，不栽倒，反而是个麻烦事！”

原来陈再道是孤儿，17 岁时，还是衣衫褴褛的他才由鄂豫皖红军的创始人之一、红 7 军军长吴光浩领上革命道路，参加了红军。一次，吴光浩将满满一袋子的 500 块大洋交给他，说：“背在身上，别丢了。”结果敌人 1 个团追踪而至，陈再道背着钱袋子就跑，负重而行，力气渐渐不支。敌兵追上来了，他忽然一把摔倒了，一头栽倒在一水潭中，连那钱袋也丢于潭水中了，他一把又跃起急奔，终于脱了险。当日夜里，他又潜回摔倒的地方，硬是在深深的潭水中摸到钱袋，然后返回了部队，500 块大洋，一块也没少。

在红 12 师时，陈赓就知道了当时还是营长的陈再道的这件事，每次见到他就说：“再道再道，栽倒就好！”而陈再道觉得这件事是因祸得福，因此对这样的说法也不反感，说：“栽倒就栽倒吧，没什么不好呢。”于是，陈赓这句玩笑话从红军叫到了 386 旅。

听完这个“栽倒”的故事，这位营长才释然。

陈赓与陈再道开玩笑尚属不过火，而与“瞎子”王新亭的玩笑却“出格”

了。

在一次行军路上，部队刚打了胜仗，接受任务后向新的战场开进时，陈赓心情轻松愉快，一会儿在队伍里和战士们拉呱，鼓励大家树立信心，一会儿又走到王新亭身边，走着走着，他突然开起了玩笑，高声喊道："瞎子当心，下坡了！"

王新亭是近视眼，平时戴着高度数的眼镜看书，还要凑到眼边才能看得见。突然听到陈赓的喊声，急忙蹲下来，伸手去摸地，因为他看不清地上是否有坡度，坡度有多大，结果一摸却是平坦坦的大块平地，这引得大家哈哈大笑。

"唉，你这瘸子！……"王新亭也止不住笑了起来。但他不示弱，看清是平路以后，立即连连催促："快走！快走！"陈赓腿上负过伤，有点拐，走不快，只好求饶认输。

过河了，陈赓停住步子，伸出手杖说："来哇，让我这瘸子来牵你这瞎子。"然后小心翼翼地把王新亭扶过河。

行军路上，官兵笑声不断。

(2)旅长差点自投了鬼子的罗网

陈赓不仅会开玩笑，而且胆子大。

1938年春，粉碎日伪的"六路围攻"后，386旅司令部在陈赓的率领下从榆社去武乡。

一路上，陈赓骑着缴获来的东洋马，身穿日军的呢大衣，只带一个骑兵班，走在司令部队伍的前面。谁知到达武乡不远时，前面一股鬼子正在村庄里集合。

此时，天刚蒙蒙亮，四周的景物还看不清。陈赓误将鬼子认作是386旅的772团，说了句："嗨，这个王疯子(772团副团长王近山的绰号)这么早就集合队伍了！"陈赓于是快马加鞭，急速奔去。鬼子早就发现了他，只是看见他的坐骑和大衣，一时辨认不清是"自己人"还是八路军。正在这千钧一发的时刻，骑兵班一个战士眼尖，突然高声大喊：

"前面是鬼子！"

陈赓一惊，随即调转马头，加鞭疾走。鬼子见陈赓往回跑，立即开枪，枪弹飞射过来，骑兵也追了过来。陈赓在骑兵掩护下，边打边走，方得脱险。

事后，战士们说："好险好险，旅长差点自投了鬼子的罗网！"

陈赓却说："我还以为王疯子在集合队伍呢，正想赶去给部队讲几句话呢！"

(3)"专打386旅"

386旅英勇善战，成为了日军的眼中钉。"九路围攻"开始时，侵入北线的鬼子抓住八路军一个通讯员，第一句问话就是："你是不是386旅的？"

他们被陈赓和386旅打怕了，又对386旅恨之入骨。

在抗战中，陈赓率领386旅驰骋在太行山，屡次痛打日军，奇功显赫。

386旅1937年10月一进入抗日战场，就以三战三捷闻名全国。它先是在山西省平定县长生口的七亘村在同一地点两次设伏，以伤亡30余人的代价，共歼灭敌400余人。几个月后，陈赓巧用"引蛇出洞计"，在神头岭设伏，两个小时肉搏加枪战，毙伤鬼子1500人，缴获长短枪500多支。随后，又在响堂铺设伏，一个"口袋阵"套住500多鬼子，毙伤其官兵400多人，缴获汽车180辆。八路军总司令朱德和副总司令彭德怀邀请国民党高级将领现场观战，陈赓此战打得国军"啧啧啧"地赞叹个不停。这二战震撼了鬼子，也使得八路军声望大增。

一个月后，陈赓又在长乐村再次设伏，386旅歼敌2200人。

1939年2月，陈赓在冀鲁豫大平原的威县香城固再次隐蔽集结，派出小股部队连续袭击城镇要地，被激怒的鬼子开着8辆大汽车赶着追打，结果在香城固又落入"口袋阵"，一个加强步兵中队无一幸存。

这次鬼子在香城固遭打击后，第二天就愤怒地纠集70辆汽车，载上2000名精兵强将，出动坦克，拖着重炮，还派出5架飞机"配合"，企图报复。其先头装甲车上贴着"专打三八六旅"的标语，沿途探询："是不是386旅旅部？"打听不是，汽车一溜烟就走。纵然当地有别的中国军队，他们几乎连看都不看，也丝毫不过问，一心要找陈赓复仇。

谁知陈赓已钻出包围圈，386旅向丘县转移了。70汽车辆又追向丘县，陈赓和386旅又突然转移至馆陶以北的尖冢附近，待日军追到尖冢时，386旅又渡过卫河，转移到了冠县。结果，鬼子尾随陈赓追击了整整7天，还是一无所获,但仍然追赶不止。

随后,386 旅每到一处宿营,第二天,鬼子的飞机必来轰炸,继之以炮轰和围攻。可是当他们猛扑过来每次又都扑了空。陈赓率领 386 旅就这样以徒步与鬼子的汽车赛跑,每次都机动地在宿营的当晚又转移了地方。鬼子始终没有一次抓到 386 旅,最后只得恼恨而归。

一次,美国大使馆武官卡尔逊来到 386 旅考察,禁不住称赞说:“386 旅是中国最好的旅。”

9. 喝毛泽东的茶与直谏毛泽东

十几年风云征战,陈赓成为了毛泽东手下一员爱将。

陈赓与毛泽东的私交很厚,在延安和解放后,据说毛泽东睡觉时,很少有人敢去打扰,但陈赓就敢去,而且毛泽东不会生气。他与毛泽东有着许多的故事,其中两则故事更为人们所传诵。

(1)喝了毛泽东的一杯水

1943 年 11 月,陈赓离开太岳解放区,到达延安,进入中央党校学习。

一次,毛泽东在陕北军政干部大会上作报告,台下几百人凝神聆听,被毛泽东生动形象的话语所吸引。突然,座位上的陈赓站起来了,径直走向主席台,然后,在众目睽睽之下,端起毛泽东桌上的茶杯,一仰头,“咕噜咕噜”,把毛泽东茶杯里的水喝了个精光。

然后,他一抹嘴,又在众目睽睽之下回到了自己的座位。

当他“表演”完这一切后,连同毛泽东在内,全场一片哄笑。

在笑声中,陈赓大声说:“口渴了,借主席的水润润喉咙。”

“你这个陈赓呐!”毛泽东也哭笑不得,会场的气氛一下子活跃起来。

原来陈赓会前忘了喝水,实在忍受不住了,便伸着脖子搜寻着整个会场找茶喝。结果,只有主席台上放着一杯水,是为作报告的毛泽东准备的,他于是干脆起身走了上去。

后来，会务工作人员接到周恩来的通知，要求必须为开会代表供应开水。

(2)直谏毛泽东,被以其道还治其身

陈赓善于开玩笑,被他“治”过、“要”过的人不少。

1947 年，蒋介石重兵大举进攻陕甘宁边区，毛泽东和党中央转移到了天赐湾。

这时,党中央撤出延安后,黄河两岸都成了胡宗南和阎锡山的天地,胡宗南派兵从南往北打,阎锡山从西往东挤;陕北虽有西北野战军,但边区依然处在危急中。有鉴于此,毛泽东调陈赓率 4 纵回师陕北,摆在黄河两岸,东扼阎锡山,西挡胡宗南。这样既可以保卫党中央,又可以增援彭德怀的西北野战军。同时，毛泽东又让刘邓大军做挺进大别山的准备，打算经略中原,陈毅、粟裕兵团留在鲁西南,牵制蒋介石的 15 个整编师、41 个旅。战局已经摆开。

当陈赓的部队已西进到了风陵渡时,胡宗南的部队仍没大量回撤,对陕北的进攻也没有缓下来的迹象。两天后，陈赓骑着一匹高头大马风尘仆仆地赶来了天赐湾。

傍晚,毛泽东的窑洞里,毛泽东、周恩来、陈赓围坐在一起。

“来,陈赓！”毛泽东首先举杯,“我和恩来请你,一为你洗尘,二为你接风,三为你庆功！”

周恩来也将酒杯举向陈赓:“来,干杯！”

陈赓举杯在手,站起身一饮而尽。毛泽东用筷子给陈赓夹菜:“你在前方辛苦了,今天要多喝几杯。”

饮罢头杯酒,三个人又连饮了好几杯。陈赓有些激动了,放下酒杯突然冒出了一句话:

“主席,恕我直言——你调我西渡黄河,不够英明！”

一句话,说得毛泽东微微一怔,但他脸上却不露声色;周恩来急忙拿了陈赓前的酒杯:

“你今天喝多了,不要再喝了。”

毛泽东取过酒杯重新放回陈赓面前:“说下去,我洗耳恭听。”被酒涨红了脸的陈赓好像不明白周恩来的劝阻用意,又自斟自饮了一杯后,坐在毛泽东面前打开了话匣子:

“你让刘、邓大军挺进大别山,陈、粟大军挺进鲁西南,都是英明决定。这两路大军,向南可以直逼武汉,向东可以直压南京,就像两把快刀子直插蒋介石的心窝,这我从心底佩服。可是,全国战场一盘棋,对于我这个小棋子儿,你却摆错了地方……”

周恩来用眼色阻止陈赓,但被毛泽东察觉了:“让他把话讲完、讲透!”

陈赓继续说:“主席,你不该让我西渡黄河,保卫陕甘宁,你应该把我拿出去,南渡黄河、东砍西杀,再给敌人的胸口插上一把刀!至于保卫陕甘宁,可以就近考虑;把我调过来,不谦虚地说,实在是大材小用了……”

“你这个大才我怎么小用了?”毛泽东问道。

陈赓回答说:“全国一盘棋,形势越来越好,越来越对我们有利。可是,我认为让4纵回师陕北,不是主动进攻,是消极防御,这是一招险棋……”

“大胆!”毛泽东猛地一拍桌子,霍地一下站起来,勃然大怒,“好你个陈赓!这次调你过黄河,可不是为了保护我毛泽东!你们都想在中原辽阔的战场上跃马纵横、杀个痛快,陕甘宁边区谁来保卫?你让我就近调兵,你最近,我都调不动!我还调哪一个?”

毛泽东越说越激动,止不住又拍了几下桌子,把桌子上的酒菜都震动了。陈赓大吃一惊,连忙站起身来说:“主席,我这只是一己之见……”但毛泽东还是不罢休,火气更大了:“陈赓,我晓得你曾救过蒋介石的命,难道这次想把我毛泽东、把党中央拱手送给蒋介石吗?岂有此理!”

陈赓一听,吓得有些结巴,说:“我坚决执行中央的决定……”

他话一说完,此时此刻的毛泽东却突然哈哈大笑起来:“陈赓呀陈赓,你说别人怕死,我说了一句笑话,也吓了你个半死!”

这时,周恩来等人也哈哈大笑起来。毛泽东也笑着说:“你怕么子嘛!跟你开个玩笑,你同中央想到一起了!”

周恩来对陈赓说:“主席就是要你把话全讲出来,告诉你吧——中央已经改变计划了。”

陈赓长长出了一口气。毛泽东说:“现在,豫西一带是个空子,你若南渡黄河、乘虚而入,在西至潼关到郑州的800里战场上,打他个昏天黑地——

向东，可以支援刘、邓和陈、粟的两路大军；向西，可以配合陕北作战，从背后抽胡宗南一鞭子，他的800里秦川便在风雨飘摇之中！陈赓呀，你的想法很对！”

不久，毛泽东以其道还治其身“治”了一次陈赓的佳话在陕甘宁传开了。许多曾经被陈赓开玩笑“治”过人见着他就说：“嘿嘿，陈赓，想不到你也有今天啊！”

陈赓却不是好惹，回答说：“人家是毛主席，智力就是比我们高一筹，你呀，看我下次还‘耍’你一次！”

10.豫西牵牛

在解放战争中，由于太岳位置重要，陈赓的部队虽归属晋冀鲁豫军区，但是直接由毛泽东和党中央指挥。1947年9月，他受命组建陈谢兵团挺进豫西，毛泽东要把一把尖刀插入蒋介石的中原心脏上。

10月，陈赓率部渡过黄河后，在南下途中，被蒋介石派的陈赓黄埔时的同班同学李铁军率第5兵团7个旅紧紧跟踪，意在围歼陈赓兵团。结果，陈赓只派了一个旅在郏县一战就把李铁军“修理”了一顿，把他手下有名的“防御将军”武庭麟的15师全歼，活捉一个师长和两个副师长，害得李铁军连救援都没来得及。

打罢郏县，陈谢兵团刚到方城，李铁军率7个整旅又气势汹汹地扑了上来。结果，陈赓又在毛泽东的导演下演出一场牵牛大戏——即派一部分部队伪装主力牵着李铁军这条“大牛”西走，把它拖疲拖瘦，主力则改为向北、向东展开，随时准备出击平汉线，策应刘伯承野战军，并配合华东野战军的作战。一旦时机成熟，就一举歼灭李铁军兵团。这既是一个破敌之策，也是一个进攻之策。

陈赓把这个“牵牛”任务交给了9纵副司令员黄新友率领的25旅和4纵陈康旅长率领的13旅，兵团其他部队则在豫西开辟根据地，伺机出击平汉线。但是这个“牵牛”任务并不轻松。两个旅总共不过五六千人，而要牵上李铁军全副美械装备的3万大军，不仅难度很大，而且很危险。于是，一场斗智斗勇的大戏就此揭开了序幕。

一天黄昏，13旅和25旅伪装成兵团主力，向宛西行动。与此同时，兵团主力也暗中行动。当李铁军气势汹汹地扑上来时，一下就犯麻了：陈赓兵团一下子不知哪去了。

消失一天后，陈赓兵团又出现了。

这就是担负“牵牛”任务的两个旅。他们沿着南召城、刘村镇方向前进。为了造成声势，部队分成多路，浩浩荡荡，构成一幅宽大的扇面向前推进，大路小路，到处都是人喧马叫，每逢临近村庄时，又有口令传下来：“往后传，放慢脚步，拉开距离。”队伍拉得长长的十几里路，都望不见尽头。到了夜间，连长、排长一反以往夜行军肃静、不准讲话的惯例，特意对战士们说：“多暴露目标，多大声唱歌，多大声说话。”结果，就连平常不大爱说话的战士，也都热烈地谈笑起来，活跃的更是活跃得不得了，又是唱家乡戏，又是跳秧歌舞，声震大地。拉大炮的马匹也凑趣似的放开嗓门，延颈长嘶。

可是，部队离开南召走了40多里，后面还没发现敌人的踪影。陈康旅长传令部队驻下等待，并且派出一支部队专门绕路返回到已走过的村庄宿营，在沿途大小村庄全都号上房子。部队一驻下来，动手修锅台，结果，连里修，排里修，班里也修，有的一个班修好几个灶，做饭的做饭，烧水的烧水，不烧水不做饭的锅灶也烧上一堆火。霎时间，满村子烟气弥漫，红火映天，一个百十户人家的村子，驻上几个排就热闹得不可开交。第二天，驻地老乡就到处传扬开了。有的说：“老八路过来啦，光骡子，马就过了半夜！他们发展得这么快啊，好几万人啊！”

“不止吧，我们村夜里住了好几千，村口路边修的尽是锅台。”

就这样，一传十，十传百，越传越快，越传越远，越传越神。

这天下午，部队进了刘村镇，收拾了当地一小撮土顽，一个侦察员兴冲冲地跑来向陈康报告：“旅长，敌人来啦！”陈康高兴地跑到山上，拿起望远镜一看，果然，敌人正沿着山沟往上爬。不一会，山下便传来一片枪声，后卫部队和敌人打起来了。陈康松了一口气，说：“嘿！这条‘牛’总算牵上了。”

部队立即继续前进。战士们知道“牛”跟上来了，情绪立刻活跃起来，正在上下高兴之时，情况又有了变化。当天晚上，陈康刚进到大石桥，侦察员又赶来报告：“敌人在刘村镇吃了顿饭马上缩回去了。”

过了一天，敌人依然没有跟上来。

这是怎么回事呢？

原来李铁军为人狡黠，用兵谨慎，在黄埔军校时与陈赓还是十分要好的"哥们"，因此直到两军对阵时，在军中，他每次提到陈赓时还是不改口，称敌手为"陈大哥"，弄得他手下的那些大将们嘴巴翘得老高："都两人打仗了，别说远的，上次在郏县就被他吃掉一个师，还大哥大哥的！"但是，他还是不改口。他是兵团司令，手下大将也奈他不何，结果，一有情况，手下就说"你大哥什么什么"的，他也不在意。这次"大哥"吃掉了他的15师后，他对"大哥"提防多了，处心积虑打探"大哥"的虚实，地面、空中的侦察活动不断，结果偏偏"大哥"只有这支正在大张旗鼓西进的"牵牛"部队被他侦知去向。

他知道陈赓用兵诡谲，因此仍按住主力不动，只派一个旅远远地来盯梢。这个旅一赶上来，只见东一个箭头，西一个箭头，到处是路标，岔来岔去，又见沿路各村用的锅台多得无数，弄不清楚究竟过了多少部队，加上在刘村镇又挨了一阵痛打，便断定："陈赓主力在此！"慌慌忙忙回去报信。李铁军说："我大哥智商过人，还得侦察。"他又派出情报人员四处活动，打探虚实。因此，也弄得他的大军迟迟不前。

这可把陈康急得要死。因为陈赓正率兵团主力向方城、叶县一带移动，如不能迅速地把李铁军"牵"走，时日迁延，让他识破"牵牛"意图，事情就不好办了。因此必须马上把举棋不定的李铁军"牵"到预定的路线来，为此，他一面报告陈赓司令员，一面连夜召集会议，研究迷惑和诱敌的办法。第二天，他还在着急的时候，接到了陈赓发来的电报：

"坚决打下镇平。"

陈康看过电报，仔细一琢磨，一拳打在腿上："司令员真是洞若观火。请将不如激将！"

镇平在南阳西面，是南阳通往内乡、西峡口的孔道，拿下镇平县城，南阳的背后就受到威胁，只要镇平一打响，李铁军定会硬着头皮闯过来"救援"。

陈康是陈赓手下一员猛将，与陈赓有"大陈小陈"之说。他马上行动，当夜就包围了镇平县城。围城以后，13旅就拉开架势，布置火力。此时13旅有几门山炮，但炮弹不多，一般不轻易舍得用，这次陈康为大造攻城声势，把全旅的山炮和各团的火炮都集中起来了。

次日拂晓，先是几十个司号员一同吹起冲锋号，接着便是震天动地的炮火急袭，排山倒海，炮火炸垮了城垛，摧毁了碉堡，掀掉了城楼。炮火如此猛烈，甚至13旅趴在工事里准备冲锋的战士也猜疑起来，纷纷问道："是不是我们的大部队真的来啦？" 城里的守敌已被炮火轰击得魂飞魄散，惊恐万状。截听敌报话的侦察员跑来向陈赓报告：

"城里守敌正在声嘶力竭地向李铁军求救！"

"他们如何说的？"

"他们说'共军主力围攻镇平，几百门大炮轰击，万望火速增援'……"

听到这里，陈赓和周围的人全都忍不住大笑起来。

战斗进行得异常顺利。天一亮，13旅完全攻占镇平，捉了1000多俘虏，缴获了大量的武器、弹药和粮食。与此同时，25旅也占领了石佛寺。

这一仗果不出陈赓的预料，"老同学"李铁军终于中计。当两个旅战士刚打开粮仓，把粮食分发给老百姓时，陈赓发来电报：

"李铁军的主力部队整3师正在急向镇平。"

但当整3师气急败坏地赶到镇平城下时，13旅已补充了弹药，吃饱了饭，睡足了觉，浩浩荡荡地西进了。

这样，李铁军这条"牛"终于被牵着鼻子西进。李铁军被引进迷魂阵中还一路上打着哈哈，和部下说："我这大哥，嘿嘿，虽然号称智多足谋，但还是怕我这手头的硬家伙！你看这些美式装备，谁敢碰一下？"李铁军一高兴，手下更是大意，用报话机指挥部队行动全都用明语。对此，李铁军也不责备，反而说："我知道我大哥会听到我讲话，他听到了，又有什么办法？我要追，他拦得住？同是一个班的，以前天天在一起，又是打闹呀，又是开玩笑呀……"他又回忆起过去的同学时光了，他手下大将们"胜利追击"，也是听得手舞足蹈，纷纷说："同学战场上兵戈相见，自古就是千古奇闻，你大哥追得直怕少生了两只脚，更是奇闻了！"

李铁军大军紧紧尾随着"牵牛"部队。每天差不多都是这样：13旅等在前面牵，整3师在后面跟。停停走走，走走停停。两军相距经常远不过半天路，近不过三五里，有时仅只一河之隔，但李铁军总是可望而不可及。

那么多敌人在后面追，开头战士们心里也有点慌，万一李铁军一发狠猛追上来，这几千人马还不被他3万大军包了饺子？但陈赓不知有什么"法术"，敌情总是准确地"送"来，李铁军一行动，他的电报就来了，啥都知道，敌人今天走多远，到什么地方宿营，都说得一清二楚，因此陈康说:“不要怕。只要保持好通讯联络就够了。”

尽管如此,“牵牛”并不是件轻松活儿,既要牵上“牛”又不能叫“牛”咬住,战士们常常是米刚刚下锅就又要前进,背包刚刚解开又要出发。后卫25旅一天不知要和敌人打多少仗,有时即使是一枪不发,也要大量修筑工事留给敌人“看”。但大家始终情绪饱满,信心十足。

可是,李铁军的处境却艰难多了。他整天上气不接下气地跟在后面,前面“大哥”说走就走,他可不敢休息,“大哥”一停,他就得赶快拉开“进击”的架势,一准备好了,突然“大哥”又走了。另外他的部队臃肿,辐冀累赘,一天赶个两头黑,走不了三五十里路,还上下累得一个个龇牙咧嘴,脚瘸腿软。夜晚,刚要伸伸腿,缓缓气,又被“大哥”的小部队不断袭扰,一夜数惊,这样昼夜不安,又疲于奔命,不说他的手下,就是他本人也是越追越狼狈。可是,他还迟缓不得,一缓下来,“大哥”那边又有新行动了。

一天终于战机又来了。

“大哥”又围住了一个叫内乡的镇子。被围守军向他频频告急,整3师的牛性发作,兴冲冲地扑了过来,和内乡的距离逐渐缩短:40里,30里,20里……本来已被吓破了胆的城内守军也突然活跃起来了，把老乡们逼到城墙上来向共军“喊话”:

“你们已经被包围了,投降吧!”

这一喊把25旅攻城战士气鼓鼓的,有的干部也要求下令攻城。可是,一经提醒“别忘记咱们的任务是‘牵牛’啊”,他们的怒气立刻烟消云散,马上拉紧“牵牛”的“缰绳”悄悄转移而去。

原来陈赓见“牛”走得太缓慢了,奔袭内乡只是他为了把“牛”牵得紧些,让它跑得更快的一个计策。

结果,25旅前脚才走,整3师先头部队的炮弹就从湍河那边打过来了。接着,又是一方急走,一方得意洋洋地紧跟,前面跑得急,后面的追得快,转眼间,一个整3师全被“牵”到了赤眉镇。

赤眉镇是由内乡通向伏牛山深处的一个隘口,再往里走,沟深路窄,大部队运动不便。陈康估计李铁军在此可能又会憨思苦虑,举棋不定。离开赤眉镇不久,他连夜派出一支侦察分队返回诱敌,另派一个营在关口布了个阵地,第二天,李铁军前卫赶到这里,双方又从早上打到下午,整3师围了过来,连续发动了十几次猛烈攻击,都被击败退下去。李铁军高兴地说:“这下抓住了大哥主力了!”亲自赶到关口来督战。他一来,先是用大炮轰,轰到太阳偏西时,才下令“冲锋”,可他的手下一个猛子冲上去时,“大哥的主力”早已撤出战斗,向夏馆镇转移了。

李铁军满以为大功即将告成,得意忘形,第二天竟然丢掉辎重,扔下大炮,拼着命往山里追,一直被诱至伏牛山中。而这一追击,李铁军集团已被拆散,其主力20师被钳制于方城、南阳之间,整3师这条“肥牛”被拖向西峡口、夏馆镇山地。“牵牛”任务已基本完成了。

随即,陈赓下令兵团主力向东挺进,发动新的攻势,连克方城、南召、泌阳、唐河、桐柏、临汝、下店镇、上店镇、鲁山。这一下,在伏牛山中担任“牵牛”的两个旅估计整3师不会再跟得那么紧了,打算休息两天,等它一下再说。不料,李铁军突然派出了两个旅由西面包抄过来,准备“合围”。直到这时,他还没醒悟过来,还在使劲找“大哥”主力决战呢!

陈康只好连夜撤离,迅速进到伏牛山深处。谁知他原以为李铁军会不到黄河心不死,还要继续进攻,奇怪的是,他却又不来了。正在疑惑间,陈赓的电报突然传来了叫人欢喜欲狂的消息:平汉线破击战大获全胜,蒋介石的重要屯兵基地许昌、漯河等23座城镇被我攻克。指挥32个旅“清剿”大别山的白崇禧不得不仓皇抽兵回援。

原来李铁军此时才像醉汉喝了酸汤似的清醒过来,星夜“驰援”平汉线去了。

于是,13旅立即尾追整3师,由“牵牛”改为“赶牛”。

牵了这么久的“牛”,终于到宰杀的时候了,战士们高兴得一蹦三尺高,忙着磨刺刀,补鞋子,追击的命令一发出,部队就像决堤的山洪,一泻直下。战士们一天天像长了飞毛腿,一昼夜就赶了200多里。

李铁军万万没有想到,他赶去平汉线,不仅是给他的难兄难弟奔丧,也是自己奔向坟墓。当整3师日夜兼程赶到西平县西南的祝王寨、金刚寺一带时,陈粟大军和陈赓兵团的主力早已摆开了聚歼的阵势,13旅也已绕路赶到前面“恭候”了。当“小陈”陈康率领部队赶回平汉线时,“大陈”陈赓一见到他高兴地说:

“你们打得不错,先把‘肥牛’牵走,又把‘瘦牛’赶回来了。”

这时陈康忍不住问了一个问题:“司令员,你怎么对李铁军的行动算得这么准呀?”

陈赓一笑:“毛主席给了我一台电台,李铁军用明语呼叫,我每天只要守着电台,他的一举一动闭着眼睛也都知道了!”

这时,毛泽东的命令又来了:陈赓主力东向平汉路进行大破击。

在平汉路大破击前,陈赓将“牵牛”的任务又交给11旅。李成芳旅长先期率领两个团,经方城、唐河、泌阳、桐柏至明港,前往接应10纵由大别山向桐柏展开,并吸引整3师“跟进”。整3师以为陈赓主力在桐柏,慌忙从宛西跑到桐柏。结果,在陈赓破击平汉路的战役开始后才发现他的主力在东边。于是,整3师尾追上来,结果又被11旅“牵上”,一步一步地进入在遂平、西平之间布下的“口袋”。

随即,陈赓指挥主力向谭店一线集结,粟裕指挥华东野战军一部沿平汉线向南急进。李铁军此时才发现“形势极端不利”,急忙下令向东南方向撤退。当夜,当他猬集于祝王察、金刚寺一带时,“大哥”的兵团主力终于出现了,总攻也跟着开始了。

这次围歼李铁军的还有华野3纵,两支劲旅一起向李铁军兵团发动了猛攻。战至最后,李铁军只率少数残敌逃跑,整个兵团部及整3师全军覆灭,他手下的3旅、20旅旅长被击毙,团参谋长李英才、副参谋长邹炎、整3师师长路可贞、3旅参谋长饶亚伯以及20旅参谋长沈炳宏都被生擒,参谋长李英才在祝王寨跳寨墙逃命时跌伤了腿,被抓后就埋怨李铁军:

“太窝囊,真是混蛋。”

围歼整3师之战后,陈赓命令部队立即向南开进,围歼20师,在确山,又把20师打得几乎溃不成军。以后,李铁军提起“陈大哥”就几乎要哭:

“都是黄埔同学,老天爷为什么偏偏厚此薄彼?!”

11.与胡宗南大战300回合

对于李铁军“都是黄埔同学,老天爷为什么偏偏厚此薄彼?!”这句话,陈赓的黄埔同学胡宗南体会更深刻。

（1）

陈赓与胡宗南都是黄埔 1 期生。在学校时，胡宗南是属孙文主义学会的，陈赓是属青年军人联合会的，两派常因思想和立场不同发生冲突，甚至有时还大打出手，而陈赓和胡宗南则是两派的主要“战将”，常常拌嘴吵架，势不两立。

一次，在广东大学的一次集会上，两派又发生争斗，双方大打出手。陈赓恰好和李仙洲打作一团，李仙洲是山东大汉，人高马大，陈赓打不过他，只好操起一只板凳当作武器。正在这时，胡宗南跑过来为李仙洲助阵，结果，陈赓撇下李仙洲，操起凳子转而去追他，胡宗南被他追得四处逃窜，还跑丢帽子。

国共分裂后，陈赓和他俩分属两个阵营。

（2）

1932 年，胡宗南在鄂豫皖与红军作战，偏偏就遇上红 12 师师长陈赓。两个同学由昔日吵架打架变成战场上兵戈相见，第一仗，胡宗南就被负伤坐在担架上的陈赓指挥红 12 师打得弃甲曳兵，一个团几乎覆没。

在 10 年内战中的最后一仗中，陈赓在山城堡一战，歼灭一个旅，恰好就是胡宗南的主力。

1946 年 6 月，国共两党间的内战不可避免地爆发了。自河口之战后，一晃13 年，陈赓与胡宗南又在同蒲路上第 3 次对阵了。

此时，胡宗南是蒋介石第一战区司令长官，手下辖有 11 个军 34 个旅，号称“西北王”。而陈赓率领的晋冀鲁豫 4 纵和太岳军区部队，只有 2 万来人。两人的实力可以说有着天壤之别。

但是，较量就这样在山西开始了。

山西的“土皇帝”是阎锡山，他既公开反共又暗中反蒋，是一直“在几只鸡蛋上跳舞”。这次胡宗南联合他夹击共产党，他内心很复杂，既希望赶跑共产党，又担心引狼入室，蒋介石趁机削弱他的实力，请神容易送神难。因此，一开战，“老滑头”的他就给阎军定了一条：放慢进攻速度，等“胡军”和

“陈军”打得不可开交时，再坐收渔翁之利。

他有了这样的“小九九”，陈赓就有了“大主意”。陈赓以部分兵力钳制阎锡山，先集中兵力打胡宗南。可胡宗南兵抵运城后，突然按兵不动。陈赓给他下个“钓饵”——主力先行北上，引它北上增援，尔后转过头来再打。

没几日，胡宗南大军果然沿同蒲路突然北进。此时陈赓已到达浮山，得报后，立即命令10旅、13旅及11旅的一个团停止北进，连夜向闻喜县胡张镇东北侧及埝掌镇急进，隐蔽待命歼敌，并命4纵参谋长刘忠和10旅旅长周希汉具体指挥这场战斗。

两天后，胡军先头部队孤军深入解放区70多里，其主力尚在夏县以南。并且，这些先头部队因没与陈赓主力接触，极为骄狂，队势分散，露出一副挨打的架式。结果，7月13日夜，10旅、13旅向胡张镇附近的各村发起突袭，胡宗南的这些手下毫无准备，31旅旅部直属队和一个团当即被全歼。

战斗一打响，陈赓也快马加鞭地赶到了绛县横水镇，在西跃村一个收麦的场屋里设立了指挥部后，战斗一结束，他一问情况，就说：“让骑兵连把刚刚俘获的敌电台台长带来。”

原来，战役刚开始，通讯科就已摸清了敌电台的基本情况，只是对他们的谈话内容难以完全破译。结果，俘虏一来，指挥官姓啥名谁、部队番号、驻地名称以及密语等一股脑做了交待，末了，还怕陈赓听不懂他的河南话，用毛笔一一写出，高兴得陈赓连连说：“宗南老弟，宗南老弟呀。”

可这时“宗南老弟”还根本不知手下的31旅旅部和一个团全完了。31旅在遭受袭击时，曾用电台急促地向周围孤军深入的167旅、27旅和运城的第1军军部呼救。黄昏前，各电台还相互有些联系，可此时是全没了回音。这并不是陈赓“搞了什么鬼”，而是胡宗南的手下大将气焰正旺，十分大意，天一黑全都睡觉了，连电台都停机了。当夜，除31旅92团知道旅部和91团被歼外，第1军军部及其他各旅都俨然不知。拂晓前，各电台开始频繁联络。结果，胡宗南的前敌总指挥、第1军军长董钊到处找不到他的31旅和91团，十分着急，询问到92团时，该团长柳际春怕董钊责备他“救援不力”，也闭着眼睛说：“不知道。”

他话音一落，陈赓的部队又上来了，顷刻间把他和92团也包围了。当日黄昏，攻击发起了，92团幸有准备，激战了一夜，但还是全团被歼，听到枪炮声前来增援的167旅的两个营也被歼灭。最后，92团只有一支小分队带着一部报话机躲在一个小村子里没被发现，逃过一劫，成为唯一的“幸存者”，他们逃出去后，立即成为“红人”和“明星”。15日，董钊向带队的小军官询问31旅的情况，167旅旅长张昆岗也向他打听自己两个营的下落，小军官是个“大滑头”，避开问题，大吹特吹他如何“奋战突围”的“奇迹”，董钊竟嘉奖了他。

第1军军长董钊挥师北犯，不意3天内就在糊里糊涂中“不明不白”地损失一个旅两个营，但他“很快”就吸取了教训，责令各队晚上收缩队势，白天缓缓并肩推进，黄昏前即猬集宿营，构筑工事，加强警戒。

陈赓吃掉胡宗南一个旅两个营后，觉得不满足，本想再狠狠打他一下，但看到无机可乘，只好留下13旅与胡宗南周旋，其余主力北上同蒲路中段，来打“土皇帝”阎锡山。

打阎锡山，陈赓先攻洪洞，再打霍县，然后攻赵城。赵城被阎锡山自诩为“陆上要塞”，陈赓从东、南、北三面攻城，偏偏把面临汾河的西城留为缺口。激战一天一夜后，东面、西面全被占领，从霍县前来的援敌也被击退，赵城守敌已成瓮中之鳖，慌乱之中，从西门逃窜，一头钻进陈赓为他们准备好的“口袋”，结果又是一个“无一漏网”。

直到这时，他的“老同学”胡宗南才听说闻夏战役失利，气得火冒三丈，把逃回的31旅旅长刘铭钊撤职，91团团长李国培和92团团长柳际春枪毙，负责前线指挥的董钊也被狠狠骂了一顿。然后，胡宗南亲自“飞抵”运城，召集高级军事会议部署作战，在会上，他敲着桌子说：

“这次同阎长官南北合击，一定要一举打垮陈赓，打通同蒲线。”

他把“一定”和“一举”两个“一”字的词说得重重的，意在强调自己的决心。随即他又做出了一个更大的决定：把整编30师3个旅和精锐主力第1师第1旅也调来晋南参战。这样，他进攻“老同学”陈赓的兵力达到了15个旅，共10万人；并且，他最看重的精锐的王牌第1军1师1旅也调来了。这个1旅可不是一般的王牌，它是胡宗南的发家之旅，是胡宗南的老本钱，它做过蒋介石的警卫部队，是“御林军”，号称“天下第1旅”，装备精良，全部美式武器，士兵都是七八年军龄的老兵，训练有素，战斗力强，军官官衔都比其他部队高一级，现任旅长黄正诚不仅出身黄埔，还在德国希特勒的军校“镀过金”，中将军衔，全旅所有团长都是少将。因为受宠，这个旅也特别蛮横，在行军路上，其他国民党军遇上它，都要赶快让路。这次胡宗南把“本钱”都亮了出来，并且是五打一，他看来是下定决心要击败“老同学”陈赓了。

谁知胡宗南的决心不小，陈赓的决心更大。他原打算先打一下阎锡山，可阎锡山见胡宗南大军压境，立即又和上次一样只是故作姿态，部队并不远离据点，一副“坐山观虎斗”的样子。陈赓只好把注意力又集中到“老同学”的部队上，而最让他感兴趣的就是“宗南老弟”的这个“天下第1旅”。

9月中旬，“宗南老弟”大军主力陆续到达临汾一带，胡宗南的目标是浮山，陈赓的目标是第1旅。于是，陈赓决定利用浮山这个“诱饵”钓到第1旅这条“大鱼”。他把歼灭第1旅的战场选在了临浮公路上。这临浮公路两侧都是新解放区，地势平缓，经过这条路进犯，一般都会疏忽大意，特别是傲气十足的第1旅更不会想到陈赓会在这么平坦的地方来个伏击。

9月21日，董钊下令：1师167旅沿临浮公路攻击，30师27旅沿翼浮公路攻击，目标浮山。结果，他们轻轻松松地就“拿下”了浮山，但不久，就惊讶地发现共军主力向浮山紧逼而来，大有一举围歼的势头。其实，这只是陈赓制造的一个假象，是他引诱1旅出援的“诱饵”。

董钊果然中计，说：“陈赓想吃掉我这两个旅！”立即派第1旅2团出兵东进策应。

歼灭第1旅的时机就要到了，陈赓当即召丌作战会议，部署歼敌计划，以李成芳11旅首先攻歼官雀之敌1旅2团；以周希汉10旅截断敌1旅2团与临汾之敌的联络，并阻敌东援，相机歼敌；以13旅阻击浮山敌27旅、167旅西援，太岳军区三分区部队向浮山佯动，钳制该敌；11旅33团向临汾迫近活动，迷惑钳制敌整编90师。

这是一个很大胆的作战计划。毛泽东曾提出要集中“两倍、三倍、四倍有时甚至是五倍或六倍”的绝对优势兵力打歼灭战。现在，周希汉、李成芳两旅围歼第1旅，是毛泽东作战要求的最低基数；13旅则要顶住浮山两个旅的西进增援；驻守临汾的有阎锡山的两个师，陈赓仅抽出11旅的一个团前去迫近活动。这样，陈赓就有被东西两面夹击的危险，但是，他说：“不入虎穴，难得虎子！”勇敢地发动了围歼“天下第1旅”的临浮战役。

22日天黑前，第1旅2团已经全部集结于官雀村。11旅先头部队也随之赶到。

“发现土匪骚扰！”敌2团团长王亚武马上向第1旅旅长黄正诚报告。

“赶快收缩集中部队！”黄正诚下令。

“好的，不过这是小股土匪袭扰，没有关系，请旅长放心！”王亚武虽表示遵命，但口气明显不以为然。

他们这些对话全被陈赓监听到，他眯着嘴巴一笑，说：“命令李成芳乘王亚武立足未稳之际，发动突袭。”

李成芳随即以31团由村西北进攻，32团沿村西南进攻，集中兵力先向村西的敌第1营发起攻击。

“我们碰上共匪主力了！”

李成芳向官雀发起进攻后，王亚武立即向黄正诚报告，语气已没有先前那么神气。结果，在黎明前，他两个步兵连和一个团战防炮连被李成芳就地消灭，团指挥所阵地也岌岌可危。李成芳占领了官雀村西部和南部。周希汉率13旅到达韩北略村一带却发现村中没有敌兵，忽闻官雀方向枪声大作，立即主动向西进攻，结果占领了官雀村东侧高地。这样，就在一夜之间，王牌1旅2团官雀村的东、西、南三面被围。王亚武见被包围住，有点沉不住气了，在电话里使劲喊：

“黄旅长，请快派部队增援。”

黄正诚答复：“坚持战斗，我马上命1团前去增援。”

随即，军长董钊也得到了王亚武的呼救报告，至此，他才明白，陈赓的意图不在浮山，而在第1旅！2团被围，他心急如焚，连连搓手，对参谋说：“1旅是胡长官的心肝宝贝！这陈赓打在1旅身上，必然疼在胡司令长官的心上啊！”第1旅若有闪失，他董钊可担当不起，抱怨几句，立即把2团被围的消息向在西安的胡宗南报告。胡宗南得报，又气又急，发脾气说：“陈赓是个倔脾气，2团一旦被他抓住，势必没有好下场！”马上给董钊下达“死命令”：

“必须想尽一切办法从两面包围陈赓，拼死也要解2团之围！”

董钊哪敢怠慢？他一面给王亚武打气，要他“坚持战斗”，一面下令27旅、167旅放弃浮山向西进攻，既解2团之围，又合击陈赓。

陈赓又监听“老同学”和董钊等人的对话，又把这些情况迅速传达到各旅，下令各部阻敌。

此时，李成芳旅还在与官雀的王亚武激战，为了尽快结束战斗，他重新调整部署，提早发起了总攻，一夜激战，终于在凌晨3时许，彻底消灭了最后一股顽敌，少将团长王亚武被击毙。陈赓闻讯，长长出了一口气。自从做出这个冒险的作战计划,他就承担着极大压力。假如李成芳与王亚武打成胶着状态,敌人四面援敌并进,形成“反包围”,现在李成芳结束了战斗,他高兴地说:“这个李猛子,总算是把我解放了!”

“解放了”对李成芳这边的担心,陈赓对陈康这边的压力也很大,他一个旅阻击两个旅,其艰巨性可想而知。他立即给“小陈”打电话:“李成芳消灭了2团,要不要增援你?”

“不要了,请司令员放心,敌人前进不了。”

陈康说得轻松,但他打得却委实不轻松。可他还是把敌27旅、167旅死死拦在了半路上。东面的敌27旅、167旅眼见天下第1旅2团一步步走向死亡,自己却寸步难行!此时,西面的黄正诚率领的1旅旅部和1团也裹足难前,可他比27旅、167旅更惨,因为陈赓对那两个旅仅是阻击而已,而对他是要“坚决消灭”。

黄正诚一心想解救他的2团,以强行军的速度,气势汹汹地沿临浮公路杀来。可当他赶到陈堰村一带时,首先遭到了10旅30团的顽强阻击。尽管有飞机助战、大炮助攻,一天内连续向30团发起14次冲锋,但就是不能前进一步。黄昏时分,他看到手下激战一天已十分疲惫,不得不停止了攻击,缩回了筑有寨墙的陈堰村,准备第二天再战,可他根本没想到早已隐蔽待命的周希汉率10旅两个团正乘着暮色悄悄向他逼近。天色一黑,周希汉一声令下,各突击队一齐出动,从各个方向冲击陈堰村。

这出其不意的袭击一下把黄正诚和部下捅乱了。当他们清醒过来后,立即疯狂进行反扑,但都被击退,反而又被围困起来了,第1团被迫缩回屋内顽抗,在房顶上架起大机枪,10旅还是冲进来了,双方开始了一间房一堵墙地争夺,但是劣势仍然可见。激战中,1团少将团长刘玉树虽是土匪出身,也被打急了,被赶得几乎无路可走,他光着膊子,双手提着手枪,在房上跳来跳去,挣扎喊叫,结果,被战士们再一追,从房上摔了下来,但他一站起来,还是又跳又嚷:“你们快把我毙了吧!我们不共戴天!你们抓住我,算我倒霉。想消灭‘天下第1旅’,凭你们这几条烂杆子枪,那是妄想!”几个战士一拥齐上,把他捆了个结结实实。

黄正诚带着旅部在村子西南的4个大院里仍进行顽抗。

黄正诚缩进陈堰、刚被包围时还满不在乎,但当刘玉树被捆走后,他开始害怕了,一遍一遍地向董钊呼叫,督促董钊军长派兵救援。董钊也急得像热锅上的蚂蚁，2 团已经完了，1 团和旅部又顶不住了，他最担心的事终于发生了！急得破口大骂黄正诚是“草包”，又骂 27 旅和 167 旅两个旅长是“窝囊废”，参谋悄悄提醒他：

“军座，骂是解决不了问题的，还是想办法救黄正诚吧。”

于是，他命令 27 旅和 167 旅“一定一定”要突破防线，从西面增援黄正诚，同时从临汾派兵“火速东进”增援，27 旅、167 旅确实又加强了攻势，奈何陈康的10 旅像一道铜墙铁壁横在面前，根本无法突破。

为了迅速结束战斗，陈赓令周希汉拿下陈堰村，并一再叮嘱说：“一定要活捉黄正诚。”周希汉集中最猛的火力进攻，炮兵先对黄正诚据守的院落抵近射击，士兵用湿棉被做成“土坦克”，用炸药爆破为冲锋部队开辟通路。29 团 4 连 5班长李新田带领两名战士，冲过一道七八米长的封锁口，无意中闯进黄正诚躲藏的一座高墙大院，一阵猛投乱射，把院子里打得硝烟弥漫。新战士时来亮向一座窑洞甩出一颗手榴弹，正好打在窗口上，窑洞里的敌人慌了，高声尖叫投降，七八个满脸灰土的敌兵，举着手从窗口钻了出来。

此时，陈赓还坐在报话机旁笑眯眯地监听着，他听到越来越猛的枪炮声，夹杂着阵阵喊杀声。猛然，黄正诚向董钊惊呼道：“共军已经进屋了！……”话没说完，传来一声巨响，报话机的音响戛然而止。接着，董钊还像招魂一样，在报话机里连续呼喊黄正诚的名字，断断续续，叫声不绝，黄正诚沉默着，没有任何声息。陈赓看了电台一眼，打趣地说：

“别叫了，已经落在 13 旅手里了；过两天我去叫他。”

一旁的人都跟着哄笑起来。见人们都发笑，陈赓把脸一板，故作严肃：“我真的要叫他，让周希汉把黄正诚给我送来。”说完，他自己也禁不住大笑起来。

随后，黄正诚果然被带到陈赓那里。陈赓一见到黄正诚，劈头盖脸地嚷道：

“你们骄傲，蛮横，目空一切，敢以一个团来碰我陈赓，胡宗南真是狗胆包天！”

骂过了胡宗南，他才问黄正诚：

“你是黄埔毕业，又留学回国，你这个仗是怎么打的？”

“你们打仗不讲规矩，我的部队还未展开，就遭到你的袭击。”

“规矩，什么规矩？你不服气啊！我就是不许你将部队展开！你真是个草包！”

陈赓声色俱厉又把黄正诚骂了顿。黄正诚当面挨陈赓训斥之时，胡宗南也正在大骂董钊无能，骂黄正诚丢脸，骂累了，又骂陈赓，最后气不打一处来：“陈赓，我不活捉了你，我就不姓胡。”

他连夜坐飞机急匆匆赶到临汾，仿佛要和陈赓决一死战。

但陈赓此时早已不知去向。

（3）

冤家路窄。

1950 年初，滇南追歼战后，二野第 4 兵团司令员陈赓又向西康高原进军，拔除蒋介石在大陆最后一个据点西昌。

蒋介石驻守西昌的大将，正是他的“老同学”兼手下败将——胡宗南。

在解放战争初期，胡宗南刚把他的魔手伸向晋南，就被陈赓吃掉他的发家老本——“天下第 1 旅”，这一次对手又是陈赓。对此，胡宗南说：“我几乎从一指挥作战，就与陈赓交上了手，前后几十年，但无一胜利！这次大概是我在大陆上打的最后一仗了，情况不会例外了啊。”

陈赓也感叹地说：“真是不是冤家不聚头啊！”

这次对阵，胜败正如胡宗南所预料。

胡宗南是蒋介石的最后一张王牌，总是在“最困难的”时刻拿来救驾的。但不久前他却让蒋介石失望了。在 1949 年成都战役刚开始时，胡宗南曾在军以上指挥官会议上当众表示：“本人亦抱定为党国牺牲的决心。”还作了向雅安、西昌突围的部署。谁知开过会议的第二天，他即甩下部队，爬上早已准备好的飞机，偷偷溜到海南岛。结果，其主力部队在几天内就被全歼，成都被解放。这把蒋介石气了个半死，给他加上个“不请示擅自脱离部队”的罪名，派顾祝同前往海南岛“查办”，把胡宗南吓了个半死，在无可奈何中，只好于 12 月 28 日又从海口飞到西昌“戴罪立功”。

西昌是胡宗南经营多时的巢穴。早在兰州解放时，他就曾多次筹划逃窜西昌，二野进军西南时，他力主将部队退往西昌，以便在危急时逃往国外，但蒋介石坚决不同意，结果主力全被歼灭在成都盆地，仅少数漏网残部逃到西昌。他回到西昌第二天，即 12 月 29 日，蒋介石又从台湾打来一个十万火急的电报,要他固守西昌3个月,等待国际变化。但任凭他如何收集残部,只搜罗起万余残兵败将。可他明知西昌不能久守,必须预谋逃路,但因碍于蒋介石的命令,只好待在西昌硬挺着,谁知又和“老同学”陈赓撞上了。

这一次,“老同学”陈赓又和他先“玩”了个手法,先没取西昌而是先解放了云南。结果,云南全省一解放,完全切断了他在西昌残部的最后逃路。就在他惊慌之中,1950年3月12日,陈赓的15军44师、14军两个团分左右两路向西昌夹击而来了。

胡宗南慌了手脚,躲在蒋介石的西昌行辕——邛海新村,愁眉苦脸,坐卧不安,想要逃走,又怕蒋介石责难,不走,又怕落在解放军手里。3月24日凌晨,他得知陈赓所部正在进攻会理,“共军一天就可以攻到西昌”,他忙找几个亲信商议对策。会商后,他急令124军军长顾介侯“务必坚守会理”一天一夜,又电第2师师长朱光祖撤出宁南阵地,立刻转到会理至德昌间筑工事坚守,同时电令西昌北面的第5兵团司令兼67军军长胡长清在大树堡坚守几天。尽管都是坚守几天,因上次在成都他带头一走,丢下众将不管,这次众将一个个都死逼着他问:“你是否马上离开西昌?”

这弄得他不好回答,只好撇开话语,说:“你们把西昌的部队集中起来,坚守德昌(距西昌40里)两三天总可以吧。”

其实,他的意图是想再守4天,拖到28日,他就凑足“固守3个月”的日子了,再溜也好向蒋介石交账。

随后,他还与亲信商定了一项“突围计划”——经德昌到盐源去木里再转西藏,然后从印度逃往台湾,他装腔作势地说:“让赵龙文同贺国光在我们行动前飞往台湾报告情况,我决定同你们一起行动。”

其实,这只是生性狡猾的他存心欺骗亲信之举。

25日早晨,蒋介石刚委任的四川省政府主席唐式遵和新2军军长羊仁安仓皇逃离西昌,全城陷于混乱。胡宗南的部属刚在成都战役领教过他一次“临危开溜”,尽管他信誓旦旦,还是个个“心明肚亮”,知他在紧要关头还是会抛下所有人偷偷溜掉的。因此他的一个亲信、政治特派员周士冕马上把行李搬到参谋长罗列对门一个房间住下,他的另一个亲信、训导处副处长李犹龙从此片刻不离地“钉”在罗列办公室里。原来,他们以为这次胡宗南如再开溜,定会和罗列“一起行动”,盯住罗列,就能晓得“胡长官的动静”。这天情况越来越紧急,几个亲信围住胡宗南,要他“采取行动”(即开逃)。但他总是不确定“行动时间”,最后还对众人说:“你们把行装、给养、交通工具都准备好,等我把动身的时间考虑好了,就马上告诉你们。”

直到26日早晨,胡宗南还让罗列欺骗下属说:“胡先生已决定27日5时离开西昌,让贺国光今晚飞台湾,要我们同他一道从泸沽经泸定逃往西藏。”可就在这天晚上11点10分,当15军44师主力进抵离西昌30里时,胡宗南再一次甩下他的部属,偷偷地坐上飞机,逃离了西昌。

他一走,他的亲信过了一个多小时才“得知”,齐声骂胡宗南:“一贯只顾自己,不管旁人的死活。”

胡宗南对部属不老实,对付蒋介石也用同样手段。3月26日晚间11点10分逃走前,他交给罗列一份给蒋介石的电稿,内容先讲情况紧急,次说围守西昌3个月的任务已经完成,再说将于27日晨2时飞离西昌到海口转台湾面呈一切,西南军政长官公署及属部队由罗列率领向滇西转进后再决定行动方向。在电末,他填的时间是3月27日晨1时。他再三叮嘱罗列:

“一定要按时发出,不能发得过早,露了马脚。”

26日晚,胡宗南乘坐的飞机一起飞,解放军就冲了进来,攻占了飞机场,其余部队一举突入西昌城内,他的残部四散流窜于西昌附近山地,随后一个都没逃掉,不是当场做了俘虏,就是在逃跑的路上饿死冻死。西昌战役宣告以陈赓为胜利一方而结束。

胡宗南这次只剩下孤家寡人只身飞逃台湾,可以说是输得干干净净。陈赓说:“若从1924年5月在广州考进黄埔军校第1期的日子算起,我们俩针锋相对地进行斗争,前后共25年零7个月。”

随着手中军队的毁灭,胡宗南这个在蒋介石面前炙手可热、目空一切的风云人物,终于从权势的宝塔尖顶跌落下来,从此,他也结束了自己声势显赫的军旅生涯。

12.硝烟外的幽默和睿智

陈赓除了他传奇般的经历外,他的风趣幽默、睿智机敏,为许多人所赞赏。可以说，陈赓走到哪里，不仅把胜利带到哪里，还把轻松的笑声和他的睿智带到哪里。

（1）

1927 年 8 月，南昌起义时，陈赓在贺龙第 20 军 3 师任营长，而 3 师师长就是周逸群。

起义军南下广东后，在潮汕一带，几战被优势的钱大钧部打败，溃不成军，将士多数被打散了。在掩护部队后撤中，陈赓负了伤，在卢冬生的扶助下，两人死里逃生，辗转到了香港。然后，陈赓决定到上海去找党组织。卢冬生和一位工人把他抬进了一艘开往上海的轮船。

这时，陈赓身上只有 20 块钱，虽然买到了船票，但只能和卢冬生待在船货仓里。这班船从香港开出，先绕道到汕头港装货。这是起义军失败后从香港到汕头的第一条船，汕头还在戒严，一派杀气腾腾。船靠岸后，3 师师长周逸群穿着老百姓的衣服，腋下夹着一领烂席子，混在乘客中也急匆匆地上了船。原来他被国民党军俘虏后没认出来，又逃了出来，汕头一家慈善团体给了他一张船票。一上船，他也往货仓里钻，面向船舱壁，然后侧身躺下，可还不放心，又把破席子从头到脚严严实实地盖了起来。谁知他进货仓时，被正在躺在船舱看报纸的陈赓发现，他非常高兴，但没吭声，而是用报纸遮住面孔，决意与师长周逸群开个玩笑。待周逸群刚躺下，陈赓突然说道：

"这鬼记者的消息真灵通，周逸群还没上船，报纸上就登出来了。"

他这一开玩笑倒不要紧，却把周逸群吓了一跳，忙拉下席子，可仔细一想，这声音好熟悉啊，立刻听出是陈赓的腔调！

"啊，是你这个鬼呀！"

战友相逢，两人好不高兴。

就这样，他们乘同一班船，到了上海找到了党中央。

（2）

1928 年前后，上海有一位叫王庸的年轻人，气度不凡，出手大方，而且为人热情，善于交际，别说三教九流，就是租界巡捕房中的大小巡捕和特务都与他交往密切。

一次,由于叛徒的告密,特务和巡捕突然包围了位于法租界内的一家戏院,一批共产党员正在里边开会,特务们正准备分头行动,王庸却恰好路过此地,特务和巡捕连忙同他打招呼。

“你们忙啥呢?”他问道。

一名特务在他耳边悄悄说:

“王先生,瞧我们抓共产党吧!”

王庸立即露出一种好奇的神情:

“抓共产党,那太好了,弟兄们,算我一个!信不信得过我?”

“好啊!”特务们一听,纷纷嚷道,“王先生,走,同去,同去。”

在分头行动时,王庸主动提出说:“这个出口我来把守。”

特务们均翘起大拇指说:“王先生有胆量,那我们不奉陪了啊。”

有个特务还叮嘱了一句:“王先生,当心些,共产党很厉害的。不行了,就喊我们帮忙!”

“放心吧,抓住了共产党,兄弟们请我的客。”王庸说。

“没问题!”

可是当特务们冲进去后,所有的共产党全都不见了,他们扑了个大空。

原来,这位王先生,就是中央特科二科科长陈赓。其结果自然很清楚了,许多被包围的共产党员,就是通过他“把守”的这个出口平安离去了。

(3)

1933 年 3 月,陈赓从鄂豫皖辗转到上海治疗腿伤时,意外被国民党特务逮捕,后经过党组织的大力营救,一个多月后,他又逃出了南京,旋即被派往江西红色苏区瑞金。

这次他去江西是坐火车去的。这些年他在国共高层“混”,到处是熟人,他认识的人不少,认识他的人也不少。谁知这次火车行经徐州停车时,他走出车厢换换气,在站台上转了转,突然发现在列车后临时挂上一节专用的花车,再定睛一看,几个国民党高级将领正沿站台走来,这一下他不禁大吃一惊:那些官员簇拥着送上花车的,正是认识他的、原黄埔军校副教育长钱大钧!而钱大钧不仅认识他,两人还相当熟悉。陈赓赶紧把帽子一拉,低头上了火车。

当火车离开徐州后,陈赓本以为可以避开钱大钧不被发现。哪知车行不久,钱大钧的副官突然出现陈赓面前,对他说道:

“陈先生,长官有请。”

陈赓心想坏了,到底还是被他看到了,但还是沉着地说:“我不姓陈,是做生意的,哪里认识你们长官,你认错了人吧?”

副官说:“没错,请你到那边去谈谈。”

事已至此,陈赓只得去了。原来钱大钧正被派往江西前线去“围剿”红军。两人竟然是在同一列火车去同一个战场,并且是互为对手。钱大钧见到他,狡黠地说:

“我一进站就看见你,就叫副官跟上了你。”

陈赓也不辩护,坐了下来。钱大钧又问道:“你近来干些什么?”

陈赓答道:“没有事情可干,正在到处谋事。”

钱大钧哪会相信他, 前一段时间他被俘后又被营救出去的消息早就在各大报刊上传得沸沸扬扬了。他望着陈赓又问了几句,陈赓见他并不认真,也就索性与他闲聊起来。火车飞驰着,聊了一阵,陈赓说:“我要下车了,去看一个朋友找点事做。”

钱大钧也没有强留他,陈赓便走开了。

火车到了站,陈赓赶快下车,当火车继续开动时,他又迅速登上另一节车厢,仍把帽沿拉得低低的坐下。谁知火车开动不久,那个副官又找来了,他抿着嘴,带着诡秘的神色说:“陈先生没下车啊,长官请你。”

陈赓又壮起胆量去了,结果,钱大钧还请他在车上吃了餐饭。两人谈起黄埔往事,倒是悠闲得很。过了几站,钱大钧说:“你有事,你就走吧,我不拦你。”

陈赓即起身告辞。

陈赓走后,副官立即说:“钱长官,你怎么放他走啊?”

钱大钧说:“我在黄埔军校教过他的课,总算有点师生情义。陈赓救过蒋介石一命,在黄埔军人中是名声在外,老蒋都奈何不了他,我若抓捕他,不是自找个烫手山芋,还不被黄埔师生骂死啊!”

结果,他乐得睁一眼、闭一眼做个人情,也未再纠缠陈赓。就这样,陈赓顺利前往江西,与中央红军会合在一起了。

（4）

1935 年 6 月中旬，长征中的红一方面军先头部队 2 师 4 团和红四方面军 25 师 74 团在四川夹金山下胜利会师了。为了庆祝两大主力的胜利会师，总政治部在懋功的一天主教堂举行干部联欢会，会后进行大会餐。

历尽千辛万苦的红军将领们每 8 个人一组，围坐在桌前，菜端上来了，每桌满满的 4 大碗菜，可这毕竟是长征以来的第一次“盛大宴会”呀！一会儿工夫，如风卷残云一般，每个桌上的菜就被“消灭”得一干二净。大家舔舔嘴唇，心有不甘地往其他桌上瞧瞧，结果，发现所有的“战场”都被扫荡一空后，大厅里充满了笑声。这时，干部团团长陈赓突然站了起来，拍拍肚子，摇晃着脑袋说：“不过瘾！不过瘾！”突然，他向大家作了个手势，神秘地眨了眨眼睛，又做了个鬼脸，然后溜进了伙房。

陈赓是红军将领中有名的乐天派，活泼又富于幽默感。正当大家丈二和尚摸不着头脑，猜测着这次他又想出了什么鬼点子时，只见他又回来了，手中变戏法似的“变”出了两大盘菜，一副洋洋得意的样子，并炫耀似的高举着刚才他向炊事员“磨”来的“战利品”。大家先是愣了片刻，然后“哗”地一声，一拥而上，毫不客气地将陈赓围了起来，结果他的“战利品”被“缴获”过去了。

陈赓站在那儿，一时间不知如何是好，他拍拍脑袋，一回头又跑了回去。不一会儿，他又举着两盘菜“昂首阔步”地走了出来：“瞧，这是什么？”

他话音刚落，几个“调皮王”冲上来又一个“奇袭”，他又被“缴了械”。

“哈哈，我成了跑堂的了！”陈赓咧开了嘴，只好又一次不甘心地向厨房走去。

同志们都笑了。

（5）

尽管陈赓多次与黄埔同学在战场上兵戈相见，但是，他的敌方同学都说：“陈赓只讲主义，没有私仇。”

1936 年 2 月底，红军东渡黄河开赴抗日前线，国民党调集 18 个师的军队沿黄河阻拦,陈赓率领的红1师恰与黄埔同学、蒋介石的少将师长关麟征的25师遭遇。

在黄埔军校时,陈赓和关麟征为同班同学,但关为人傲慢,自命清高,陈赓很看不惯。一次出操,他趁教官不注意,使劲地向关麟征做大鬼脸,双眼还一睁一闭的,关麟征不知他是什么意思,想问又不敢,只好盯着看,看着看着,结果被陈赓滑稽的样子逗得忍俊不禁"扑哧"一下笑出了声。这下可好了,教官"啪啪"就是两个大嘴巴,打得关麟征晕头转向,而此时的陈赓却站得笔直,若无其事。教官正生着气,见陈赓一副认真的样子,说:"革命军人,只有像陈赓这样认真严肃,才能成为好军官。"

关麟征气得咬牙切齿。事后,他找到陈赓问道:"好你个陈赓,一个劲地做鬼脸到底是什么意思呀?害我嘴巴打得肿胀老半天的!"

"你不是自命清高吗?我就是让教官治理你一下。"陈赓淡然一笑。

关麟征气得话都说不出来了。

后来,黄埔军校的同学分成了国共两个阵营。这次两位昔日同学又在战场上兵戈相见,结果,红1师一个猛冲就攻占了关麟征部的阵地。陈赓来后,特地给老同学打了一个电话:

"对不起呀,关麟征,你的那个部队被我陈赓消灭了。"

关麟征只好报以无奈的苦笑:"我是两次被你治理了。"

1948年冬,在淮海战役中,蒋介石第12兵团的司令官黄维和陈赓是同窗,副司令官胡琏是他在黄埔4期当连长时的本连学生,12兵团第14军军长熊绶春也是黄埔第3期学生。这些人对陈赓许多富于传奇事迹都很熟悉,在围歼战中,陈赓说:"能利用这个机会,争取争取他们,可以影响争取、瓦解敌军。"

在他向浍河南岸出击时,熊绶春14军的军参谋长梁岱被俘后,伪称是14军下属部队的书记,当时未被识破。当天下午,他被释放回去,临走时,有关部门交给他陈赓写的三封信,一封给兵团司令官黄维,一封给14军军长熊绶春,一封给第10师师长张用斌。

梁岱回去后,把信交给了熊绶春,信的大意说:如放下武器,就是生路,否则死路一条。熊绶春看过信,说:"不要理它!"并且,他当场把它和另外两封信都撕毁了。但他听到梁岱讲述被俘后受到的宽大待遇和解放军带给他的话,心里还是受到影响,产生一定的动摇情绪。过几天,14军一个被俘的排长又被陈赓释放回来,再次带来劝降信给熊绶春,限他 24 小时答复。熊看了信,不再把信撕掉,而是交给梁岱看,问他:“你看怎么办?”随后,又向梁岱探询:“像我们这样的人,会不会被杀?”经过梁岱劝说,晓以利害,熊绶春就叫梁岱写了一封“丰谕”接受投降的复信,并请示如何行动,当天夜里交给那位获释带信的排长送给解放军。但在没等到复信前,最后总攻就开始了。

结果,在激战中,熊绶春被击毙,梁岱则前后不到 14 天再次被俘。在被送往后方收容所的路上,他碰见一位骑马的解放军军官,戴着眼镜,后边跟着几个卫士。解放军军官高声问道:

“你们是哪个部队的?”

梁岱回答说:“我是 14 军参谋长。”

他又问道:“你们军长呢?”

梁说已经阵亡。他问:“尸体在哪里?”

梁告诉他在后边杨围子村里。他说:“你留下熊军长的卫士,我派人协同你们去找,一定要找出来,好好埋葬,立个碑,让他家人好查。”

熊绶春的尸体找回来后,埋在南坪集附近一个土堆上,立了个木牌,写有“第 14 军军长熊绶春之墓”几个字。

后来,梁岱才知道他碰到的那位骑马的军官,就是陈赓将军。

(6)

1949 年 12 月,陈赓率领二野第 4 兵团由广东向贵州、云南进军,月底到达了贵县。此时,驻扎在贵县的是四野 12 兵团,兵团副司令员兼 45 军军长陈伯钧和陈赓在瑞金时就是好友,两人曾号称“二陈”,结果一见面就互相打趣起来。

“伯钧同志,你给我准备的房子在哪里呀?”陈赓一本正经地问道。

“你放心好了,你来了我还敢住好房子吗?最好的留着给你呢!”

“好吧,你给我留的最好的房子我也不住了,我现在就住你这个司令部!”陈赓说。

结果,他手下的几个军长嘀咕起来了:“司令员,我们怎么住到人家司令部了呀?关系最好,这也说不过去呀!”周希汉仗着自己是陈赓多年的老部下，说：“老领导，我们住了人家陈伯钧的司令部，是不是有些客压主，太冒昧了呀？”

陈赓说：“贵县这么小，陈伯钧真的早就把好房子让给我们了，你们看，现在他的司令部就是个客店，我们住他的司令部，才是客不压主了，咱们这些过路人就住客店啊！”

大家这才恍然大悟。

第二天，作为东道主的陈伯钧请陈赓一行吃饭。老战友盛情邀请，陈赓自然当仁不让。不过，爱闹爱开玩笑的陈赓又同老战友开了一个大玩笑。吃饭前，他说：

“老陈，我先带着几个参谋出去溜达一圈，学习学习四野老大哥。”

结果，他们哪也没去溜达，全溜到了厨房里，把主人准备好的好菜“呼噜呼噜”几下全吃光了，然后嘴巴一摸，又回去了。一进门，陈赓说：“老大哥就是老大哥，要学的东西还真不少。”

陈伯钧正等得着急：“你们去哪了呀？吃饭的时间都快过了！”

“上桌子，上桌子！”陈赓也不客气地嚷开了，说罢，带头坐上了餐桌。开始吃饭了，可是上了几个小菜，接着就迟迟不见菜来，陈赓故意问陈伯钧：

“伯钧哪，你这个主人是不是小气了一点儿，招待我们就这几盘菜，连点肉也没有？”

陈伯钧坐在桌前，看着桌上的饭菜也是目瞪口呆，立即对参谋说：“去，去厨房问问是怎么回事？”

参谋回来了，对着他耳边叽里咕噜了几句，陈伯钧笑着骂道：“好啊，你把好菜吃光了，还要赖敲诈我！”

陈赓严肃地说：“我堂堂一个司令员，怎么会溜进厨房偷你的菜吃呢！”

老实巴交的陈伯钧心想，陈赓虽然喜欢开玩笑，也不至于一个兵团司令员溜进厨房偷菜吃呀！结果，起身亲自跑进了厨房去看个究竟，谁知果然是真有其事，一出门，他就大嚷起来：

“陈赓哪陈赓，你我都姓陈，士别三日当刮目相看啊！”

陈赓哈哈大笑：“你这一回请客可不能算数啊！”

13.两个将军是连襟

在我军中，有兄弟将军，如王宏坤、王宏信，张能彬、张平凯，贺晋年、贺吉祥，王树声和王宏坤；有叔侄孙将军，如梁仁芥、梁兴初、梁必业；还有外甥和舅舅将军，如凯墨·索南旺堆少将和阿沛·阿旺晋美中将，而陈赓也创造了一个佳话，那就是连襟将军。

和陈赓组成连襟将军的，就是上将陈锡联。

陈赓和陈锡联成为连襟，源于他们几十年的战斗情谊。

陈赓和陈锡联相识，是在鄂豫皖红四方面军时期。当时陈赓是红12师师长，陈锡联是红10师的一个连长。尽管级别相差很大，但两人"很对脾气"。陈赓喜欢开玩笑，常常要弄人，而陈锡联则"比较老实"，常常是被要对象。陈赓开玩笑，有时"大得没边"，玩笑常常开过火，惹得对方生气，但陈锡联却不同：玩笑归玩笑，被要了，过火了，也不生气。因此，这连长和师长虽然各在一个师却竟成了"铁哥们"一对儿。

1943年8月，二陈都来到了延安中央党校学习，两个人在一个班，一个支部，亲热得不得了。在学习之余，陈赓是个闲不住的人，带着"小弟"四处乱逛，今天"拜见"毛泽东主席，明天到朱德总司令家串门。"俩哥儿"出去串门，往往是陈赓一叫去哪家，陈锡联就"一喊就应"，从不推脱。其中，他们去得最多的就是朱德家。

这不仅仅是朱老总对下属很宽厚，关键是他家门前的那棵苹果树吸引了这两"哥儿们"。

朱老总住的窑洞前的那棵苹果树，又大又茂盛不说，树上还结满了好多的苹果。一到窑洞前，陈赓就对陈锡联说："小弟，你先去敲门。"结果陈锡联去敲门时，他就在树下用木棍或石块"咚咚哐哐"忙乎起来，一个劲地敲打树上的苹果。等把苹果打得满地后，他才去敲门。一进屋，见罢朱老总，他就笑着惊讶地大喊："哎呀，锡联老弟呀，你也在老总这啊！"

"啊，大哥你也来了啊！"陈锡联也巧妙地"回应"着。

在朱老总家谈完话，朱老总总是要把他们送出门，这时，陈赓突然像发现新大陆似的大喊：

“老总啊！树下掉了好多果子呢！”

朱老总一听，就说：“既然掉下来了，你们就捡去吃吧。”

陈赓就回道：“那我们就不客气呀！”说着，就弯腰往口袋里装，陈锡联见状也跟着装，结果，两人把身上的口袋装得再也装不下了，才与朱老总告别：“我们回去了。”朱老总又与他们一一握手，叮嘱几句“好好学习”才让他们走。回去后，这“哥儿俩”口袋的苹果竟然能吃上好几天。陈赓常常是边吃边说：

“弟弟呀，总司令那好骗啊，下次去，换个口袋还大点的衣服。”

“好。下次我穿棉袄子去。”“弟弟”应道。

结果，一次二陈所在的3支部书记陈其涵在和总司令谈话时，忍不住“告密”说：“老总，二陈每次去你那串门，其实呀，就是为了偷你家门前树上的苹果吃。”

谁知谁都以为不知情的朱德却哈哈大笑，说：“陈赓这点伎俩，还蒙得住我？偷就偷点吧，反正我也吃不完！”

当陈其涵把信息“反馈”给这“哥儿俩”时，两人竟惊讶得说不出话，以后再也不敢去串门了。直到苹果都全落光了后，这“哥儿俩”才碰上朱老总，两人一叫“老总”敬礼，朱德说：“陈赓，锡联，后来怎么没来串门呀？我还要小康（夫人康克清）把树上的果子留了一秋，等你们来再偷呢，你们不来，它们都熟得落地了。”

陈赓连忙说：“忙，学习忙。”

陈锡联也跟着说：“老总，主要是学习忙。”

在中央党校紧张的学习之余，学员们还得参加一些体力劳动。修延安机场时，二陈结伴去机场推土垫地。劳动时，每两人推一辆独轮车。而在来回机场的路上，独轮车只要一人推着就可以了。于是“大哥”陈赓眼睛一眨，想出了一个主意，说：

“锡联老弟呀，我们得节省能量啊！”

“如何节省呀？”“锡联老弟”饶有兴趣地问。

“去时，你就坐在车上，我推着你；回来时，我坐车上，你推着我。”

“好啊！省得一个人走路！”陈锡联不假思索，就高兴地同意了。

谁知刚干了几天，他就大呼上当，“误中了大哥的奸计”。原来，去的时候还没干活，身上有劲，“大哥”推着“老弟”一点儿也不觉得累，又是说又是笑的。可在回来时，因干了一天的活儿，累得要死，这时“老弟”连走路的力气都没了，却还要推着车，并且还带个大活人，因此更加疲惫不堪，回到驻地，“老弟”常常是筋疲力尽，而“大哥”坐在车上休息了，又是精神抖擞去东家串门，西家打闹去了。这样过了两天，“锡联老弟”就不干了，提出调换一下：去的时候他推着“大哥”，回来的时候“大哥”推他。

可是，“大哥”就是不同意。后来，“锡联老弟”几经“交涉”，陈赓才稍稍让了一点儿步，改为一人一天轮换推的办法。

就这样，在“吵吵嚷嚷”中，他们和众人修建了延安机场。

谁也没有想到这“哥儿俩”打打闹闹，居然还“闹”成了连襟。

那是 1949 年 8 月的事，当时陈锡联率领 3 兵团前线指挥部先期到达武汉，正准备挥师解放大西南。他没想到就在武汉调兵遣将时，一天，“大哥”突然带着一姑娘闯进了他的指挥部。一见面，他就说：“胖子，看看漂亮不？”

陈锡联一看，姑娘圆圆的脸蛋，还真的很漂亮。“大哥”也不等他回答，就附在他耳边轻声地说：

“这是我妹妹，看中了就做老婆！”

陈锡联以前结过一次婚。前妻粟格是陕西米脂县人，1938 年入党。遗憾的是她于 1948 年秋因病去世，并留下 个孩子。到现在，丧妻一年了。陈锡联一听这“耳语”，第一反应就是“大哥”又来“耍”自己、拿自己开玩笑了。因为早在 1943 年在延安修飞机场时，陈赓坐着他推的独轮车回中央党校时，路上就总开玩笑说：“锡联老弟呀锡联老弟，可惜你是有家有室的人了！不然，看你今天推大哥这么卖劲的分上，我好歹也得把我那漂亮妹妹嫁给你！”

当时他就知“大哥”是拿自己开心，边笑着边回答说：“谁不知你湘乡陈家两个女儿早嫁人都已经做妈妈了呢！你还有妹妹嫁给我？亏我早就结了婚，等你的漂亮妹妹，下辈子都要打光棍了！”

此刻，他照样回答：“哈哈，你的妹妹？这老伎俩六七年前俺识破了呢！”说罢，又补上一句：

“你的妹妹？你有这么漂亮的妹妹？”

陈锡联的话把旁边的姑娘弄得满脸绯红。可他没想到的是这次“大哥”却是真的。他一本正经地说：“这真的是我的妹妹！王根英的小妹呢，叫王璇梅！”

陈锡联一看，她圆圆的脸蛋果真与王根英很相像。王根英是陈赓的前妻。陈锡联在红四方面军和129师时就见过王根英，她在1939年冀南“扫荡”突围时不幸与敌人遭遇，壮烈牺牲。此刻，陈锡联没想到“大哥”经常唠叨的“妹妹”竟然是王根英的亲妹！

原来，陈赓与王根英感情很深，和傅涯结婚后仍对王家关心有加。王璇梅是王根英的小妹，从小在上海做工，1946年投奔解放区后也参加了革命。陈锡联丧妻后，陈赓就想到了她，有意促成这桩良缘。所以，这次趁着战役空隙，事先连招呼都没打，就把王璇梅带到了武汉，介绍给“老弟”。

男才女貌，陈锡联和王璇梅果然一见钟情，在“大哥”的力促下，很快就结婚了。

在婚礼上，陈赓笑着对人说：“我和锡联，先是同志，再是战友，做过同学，还是‘哥儿俩’，现在又成了连襟。哈哈，我们是革命阵营，亲上加亲呀！”

“哥儿俩”的战斗和同志情谊持续了一生，也为我军增添了一段美丽的佳话。

14.创办军工学院

1952年6月，陈赓从朝鲜战场上回国后，受命组建解放军军事工程学院。他和苏联顾问把学院选址哈尔滨，在奠基军工学院时，武将出身的陈赓与教授们开始了打交道，他求才若渴和关爱知识分子的特性表现无遗。

这所学院就是后来著名的哈尔滨军事工程学院和国防科技大学的前身。

（1）

受命组建我军高等军事院校后，陈赓的计划很大，他要把学院办成包括空军、海军、炮兵、装甲兵、工程兵五个兵种的综合性学院。但筹办这样大型的学院，最突出的困难就是缺乏师资。于是他从全国各大学挑选了一批“尖子教授”,可是,这种“挖墙脚”的事情,却并不是那么容易挖成的,许多大学从自身科研和教学需要,死活“不放人”。他没办法只好拿着名单找周恩来总理“特批”。

这时,总理事情多,特别忙。陈赓又是个急性子,只好到早晨或夜间去他家里“堵”,但是“堵”了几次都没“堵到”。一天,他打听到总理某日在国务院西花厅办公。他早早赶来了,可总理已开始了工作。那天总理是接见民主人士,排好了接见名单,客厅里已经坐满了人,陈赓见到了总理,却没法谈自己“挖墙脚”的事儿,只好也在那里等着,可等了一会儿,他就有了主意。

突然,他起身走了。原来他在周总理上厕所的必经之路——西花厅至厕所旁的一棵海棠树下“设堵”。一个小时后,果然,他看见总理出来了,并且是去上厕所,便跟了进去。总理见他匆匆忙忙走进来,问道:

“陈赓,你来干什么?”

陈赓立即递上选调的教授名单,说:“有几个教授名单,请批一下。”

总理说:“你等会儿。我先上个厕所。”

陈赓说:“等会你就走了。”

总理拿他没办法,只好为他审批了选调教授名单,签上了一行字。

陈赓前脚一出西花厅,就火速赶往南京军事学院院长、老领导刘伯承在北京的住处。刘伯承正好在,他远远看见陈赓急匆匆地走进来,故意把脸一沉:

“陈赓你手真长,又来挖我的墙脚啦!”

“嘿嘿,老师长,我哪敢呢?是总理特批的。总理还跟我说,他已经跟你说过了,要我再去找你,请你支持。”

原来,在选调教授时,陈赓还“挖”了老领导属下的军事学院的两名教授。他说的“是总理特批”是真话,总理说的后那句话却是他陈赓的话——他杜撰的。

就这样,陈赓从华东、中南、西南和京津地区共抽调了78名教授和专家,组建了17个基础教授会和23个专业教授会。

(2)

在筹办军事工程学院的时候,有位弹道学教授向陈赓推荐一个人,说:

“他是个宝贝,还懂法文。你要是提名要他,可以在弹道方面有所帮助。”

陈赓听说他是弹道专家,又懂法文,于是脱口而出:“好啊,这样的人才,我们当然要!”

这位教授说:“我推荐的人,是位专家。可他不仅历史上有问题,而且还是个现行犯。”

原来,这人在解放前就是研究弹道的专家,曾经留学法国,在国民党兵工署工作过,又曾任过国民党第三战区的少将专员,解放战争时在东北起义,对我军建设兵工厂、制造枪炮有过贡献,但新中国成立后他在民航总局任职时,因犯贪污罪在“三反”时被判处死刑,后改为“死缓二年”。

陈赓得知他的情况后,说:“只要是宝贝,就可以叫他立功赎罪嘛!”

他立即给最高人民法院院长董必武打电话,要董老“刀下留情”,说:“我们办军工需要这样的弹道专家呀!董老,他是你的罪犯,对我来说就是宝贝呀。”

董必武等人后经研究,叫他立功赎罪,改为监外执行。结果,两个星期就办完了手续,筹委会给监狱开了收条。此人戴着手铐被押送到恭俭胡同,陈赓见着,立即说:“把手铐去掉。”然后,派人把他送到哈尔滨。

在军工学院,陈赓又在老红楼给他安排了一间房子,专门翻译科技情报资料。结果,这位弹道专家在那里一面劳动,一面工作,以后被政府特赦。

(3)

开学以后,汇集到军工学院的知识分子愈来愈多。但有些高级知识分子社会关系比较复杂,由于历次运动中常受到冲击,心有余悸。

一次,陈赓找了几位此种情况的老教授们谈心。

他说:“你们历史上有什么问题,有些什么社会关系,把它讲清楚就是了。”

但是,这些教授们还是放不下包袱。其中一位教授迟迟疑疑地说:“我留过美,还有个表弟逃往了台湾,是蒋介石的高官……”

众人也都诉说起了自己“复杂的社会关系”,言下之意就是自己的“社会关系”太复杂,说不清也脱不了干系。陈赓笑着说:

“难道你们的社会关系还有我复杂?我给蒋介石当过副官,还背过蒋介石,救过他的命。问题不在于同蒋介石有没有关系,而在于同蒋介石是什么样的关系。你们没必要把过去的社会关系当作包袱。”

一位教授说:“我社会关系倒不复杂,但我是剥削阶级出身,父亲是大工厂主,在南洋还有工厂……”

陈赓一笑,说:“我家里是大地主,良田几百亩。1927 年发动马日事变时,在湖南长沙屠杀共产党员和人民群众的那个国民党军队团长许克祥,你们知道吧。”

“知道,他和你也有关系?”

“何止是关系?他父亲许七还做过我家的长工呢。”

原来,1927 年马日事变的祸首许克祥也是湖南湘乡人, 老家距离陈赓家只有几里路。许克祥家里原来很穷,他的父亲许七是个碓匠,专替人做舂稻子用的碓子,在乡里间走街串巷谋生。每年夏、冬二季,他都要到陈赓家里干两次活。穷小子许克祥十几岁就当兵入营吃粮,22 岁投入宝郡守备区卿衡部,才当上连长,后来辗转多个主子,先投入朱泽黄旅任营长,可是军阀赵恒惕主湘时,他又投奔陈嘉佑旅任营长,不久陈嘉佑旅被赵恒惕解决,他又同陈旅另一营长陶峙岳(解放前夕在西北起义)拖着队伍投往湘西镇守使蔡巨猷部,被委为刘叙彝第 9 旅毛炳文团的营长。蔡巨猷号称“湘西王”,他的手下专为川、滇、黔等省贩卖鸦片的客商护运烟土,抽收过境税。许克祥的老婆是妓女出身, 善于逢迎, 因为与烟商交往甚密, 从中分得不少利润。后来,他用这笔靠老婆弄来的钱在湘乡老家购置田产 100 多亩,才帮老父亲“脱了贫”,结束了他在陈家打工的历史。

陈赓讲完这个故事后,说:“由于选择的道路不同,我这个大地主的儿子成了共产党员,他这个穷苦家庭出身的人却成了反革命分子,一个人的阶级立场是可以改变的。关键在于你选择什么样的道路,树立什么样的世界观!我希望你们都来做红色教授。”

他这番话对背上了“社会关系复杂”和“剥削阶级家庭出身”包袱的教授是莫大的鼓舞。

(4)

1957 年,反右派运动在全国展开。军事工程学院一位老教授在政治上讲过错话,受到群众的批判。

运动快要结束时,学院把这位教授的言论送到北京给陈赓过目,并打电话向他请示:

“要不要给这位教授戴右派分子的帽子?”

陈赓回答说:“老教师有点旧思想是难免的,不能要求他们一朝一夕彻底改变。有错误也是允许的,老同志也有犯错误的嘛!解放军里头就有这样的人。这位教授在建院中是有功劳的,我看算了,不要戴什么帽子了。”

15.和妹夫同被授予大将

1955 年 9 月,我军实行军衔制度,战功赫赫的陈赓被授予大将军衔,为我军十大将军之一。在这次授衔中,与他一起成为将军的,有他当年的同事,有他的下级,还有他的连襟陈锡联,但是这些不是他的闪光点,正如他说的:“我与谭政一武一文同授大将,才是最有意思的事!”

而事实上,陈赓与谭政同授为大将,确实是一段值得一说的佳话。

一是他们同是湘乡老乡,两家相距不到 10 里,三代世交,同为当地大户人家。

二是谭政比陈赓小,也是如卢冬生一样,是由陈赓“带上革命”的。

三是谭政还是陈赓的亲妹夫,也就是说陈赓是谭政的大舅子。

陈赓与谭政是三代世交。陈谭两家,一个在柳树铺,一个在楠竹山村;陈家是武将出身,陈赓的祖父曾是曾国藩湘军的猛将;谭家是书香门第,谭政的祖父是方圆数十里有名的绅士,两家都是当地有名的大户,田地上百亩。两家门当户对,几代相交,过往甚密。谭政的父亲谭润区与陈赓的父亲陈绍纯同是教书为业,互为密友,有趣的是,谭润区是新式学堂东山高小的教员,却倾慕旧学,而陈赓的父亲陈绍纯是当地有名的私塾教师,却心仪新学。

陈赓大谭政 3 岁,两人同在七里桥谭家祠堂蒙馆读书。谭政原名世铭,别号举安,6 岁时,被父亲送入蒙馆读书。在蒙馆,他结识了先他而来的陈赓。因为父辈的友谊，两人也成了很好的朋友。私塾毕业后，陈赓考入谭政父亲谭润区执教的东山高小，可当谭政也向父亲要求报考东山高小时，却被身为新式学堂教员的谭润区拒绝。因为迷信旧学，谭润区对儿子今后的学业定了“两不准”：一不准升入改革后的东山高小，二不准赴省城报考中学。他的愿望是让儿子继续读私塾，掌握正统的封建礼法，结果，对陈赓父亲陈绍纯说：“请看在我们几代相交的情份上，收下小儿。”

陈绍纯满口答应了，并为他提供食宿。

10 岁的谭政虽对父亲的安排不愿意，却也无可奈何。陈赓在东山高小学习不久后，他则进入陈家，在陈绍纯的私塾读着四书五经。陈赓有个小 6 岁的四妹，叫陈秋葵，活泼可爱。结果，10 岁的谭政与 7 岁的陈秋葵天天在一起，读书、玩耍，两人青梅竹马，两小无猜，十分的要好。

此时，湘中农村时兴早婚，子女到了十一二岁，家长就要为他们提婚论嫁，并且定亲。看着谭政与秋葵两人情深意笃，陈谭两家的长辈喜上眉梢。不久，两家择定吉日良辰，为他们定下了婚事。

这时在东山高小学习的陈赓不时回家，他把自己在新式学堂里的所见所闻说给谭政和妹妹听，这使得谭政的心不安分了，在陈赓的怂恿下，一天，他对父亲说：

“我也要去报考东山学堂。”

谭润区一听，急了：“那些东西，有什么用？做首词，就像说话似的，还叫什么白话诗，这哪是什么诗？平平仄仄在哪里？讲授的什么物理、化学，哪样不是洋玩意？你看周围 100 里，谁用氧气加氢气做水？天上早就有这玩意儿！”

什么物理、化学，还有新诗、白话文，这对天天念着八股文的谭政来说，哪知道是些什么？“氧气加氢气做水”他还是第一次听说。结果，说不出个所以然，只好硬顶着嘴：

“新学就是好，讲科学，我不上新式学堂，就跟不上潮流！”

但任凭儿子怎么说，谭润区就是一条：“不许你胡说！洋学堂好不过老私塾！”

结果，谭政一出门，陈赓又来了，叽里咕噜几句，谭政又撞开了父亲的房门：

“你说去年湘潭饥民抢粮是怎么回事？”

“怎么回事呀,抢大户,抢米抢谷,要饭吃!”

谭政把眉头一皱,大声说:“我不是问这!”

“那你问什么?”

“饥民抢粮,他们为什么要抢粮?”

“为什么抢粮?地上开裂,禾苗干死,田里颗粒无收,家家缺粮,草根吃完了,不抢粮就要饿死。”

“好,为什么地上开裂?”

“天不下雨,大旱灾,10个月没下过一粒雨。”

“这就对了,你想想,如果我们学了氧气加氢气做水方法,大旱灾不就不怕了吗?!洋学堂是不是比老私塾好?”

“你——”掉进陷阱里的谭润区说不出话来了。

结果,由于谭政的迫切要求,加上陈绍纯一家的极力支持,不久,谭润区终于同意儿子到洋学堂读书了。但当谭政如愿以偿考入东山高小时,陈赓已经出走在湘军当着那“饿肚子”的兵了。

1924年,谭政从东山高小毕业,陈谭两家为他与秋葵完了婚。此时谭政18岁,陈秋葵15岁。

婚结了,书也读完了,今后的路怎么走?有着远大理想和抱负的谭政与妻子商讨自己的下一步路怎么走。是吃祖辈的老本,还是自闯天下?小两口经过一番考虑和商量,最后决定,谭政走哥哥陈赓的路,去报考黄埔军校。于是,两人给陈赓写了一封信,询问黄埔军校招生的时间、地点。谁知此时陈赓已被党派去苏联学习,结果,没有联系上,谭政只好暂从父命在乡教书。

1927年,陈赓回国,被派往唐生智国民革命军第二方面军特务营为营长。当他写信回家时,谭政再也按捺不住了,对秋葵说:“我就不去读什么军校了,直接跟大哥去当兵好了。”

他的这个想法得到了妻子的赞同。

谭政当即给大舅子陈赓回了信,要求去当兵,参加革命。

陈赓接到信后,特地派了两名军官接谭政去从军。

谭政要离家投军了,消息一出,家里炸了锅,父亲大发雷霆,但谭政的态度很坚决:“就是和家里闹翻,也要走出家门去闹革命!”妻子坚决支持他,陈绍纯也劝说亲家,结果又如上次到新式学堂一样,谭政又获得了父亲的许可。1927年3月,他一介书生投笔从戎,离开了楠竹山村和妻子。可他万万没想到,这一别竟是和妻子的永诀!

谭政抵达汉口后,来到陈赓所在的特务营。在入伍时,他和陈赓商定说:"大哥,我不再叫那个封建主义的谭世铭了!"

"好!"陈赓大笔一挥,为他填上"谭政"二字。从此,他就改名为"谭政"了,随后,在特务营2连担任上士文书。

可是,谭政参加革命不久,革命形势就急剧变化,蒋介石叛变了革命,汪精卫也叛变了革命,共产党人惨遭屠杀,陈赓也被撤了营长之职,谭政也因共产党嫌疑分子失去了人身自由。因为严峻的形势,谭政克制了自己的感情,没和家中通信。一天,陈赓悄悄和他约定时间、地点逃跑。当夜四更时分,两人在"自己人"站岗时溜出营门,过江转而去武昌,寻找地下党。不久,陈赓去了南昌,谭政留在共产党员卢德铭的武昌警卫团任9连文书。

随后,警卫团进驻修水县城,在这里谭政遇到专门来修水与警卫团联络的通城、崇阳农民自卫军的党代表——罗荣桓,两人一见如故。在卢德铭、罗荣桓的率领下,警卫团参加毛泽东发动的湘鄂赣秋收起义,就这样,谭政随罗荣桓等人奔向井冈山。

1928年初,红军又一次攻占了遂川城,知识分子出身的谭政被组织上选派为前委书记毛泽东的秘书,成为了毛泽东的首任秘书,从此他和伟大的中国革命更加紧紧地联系在一起了。从此,他也和家里完全断绝了联系。

早在长沙发生马日事变后,一天,谭润区在镇上喝茶,听到长沙大杀共产党员的消息后吓出一身冷汗:"可怕呀!太可怕了!"他回到家里,唠个没完,最后,拍着大腿说:

"千言万语,只后悔当初没有坚决阻拦,只落得现在挂念万千!"

由于对儿子的牵挂,久而久之,他渐渐将责任推到儿媳陈秋葵身上:"世铭要不是娶了这个媳妇,就不会去当兵,就没现在儿子无影无踪、不知生死的情况。"公公、婆婆的抱怨,对丈夫的思念和牵挂使得陈秋葵的思想压力很大,渐渐,她本来就有病的身体变得更差了。不久,她的亲生父亲陈绍纯也因为陈赓参加革命,而被反动当局两次以"教子不严"、"赤匪家属"的罪名被捕入狱。经受种种打击,陈秋葵终于病倒了。

这一病,她就再也没起来过,半年后,终因忧思过度,幽幽离世。

陈赓是1933年从上海来到中央苏区后才和谭政再次见面的。在以后的岁月里，他们一个带兵打仗，一个在军中做政治工作，一武一文，虽然在不同的部队里，时分时聚，但他们的情谊一直保持着。他们共同成为了毛泽东手下倚重的军事将领，为缔造新中国作出了杰出的贡献。

这次两人同时被授予大将军衔，陈赓是大仗小战数不清，而谭政几乎没独立指挥打过一次大仗，他完全是凭着自己对军队政治工作的贡献而获得的，因此，有人称他为“政治大将”。授衔后，陈赓乐呵呵地说：

“谭政，你这支笔胜过枪啊！”

谭政说：“我只是扛枪的秀才呀！没你当年暗地使劲把我往东山高小‘煽’，我还不是写着那又长又臭的八股文，谁看得懂啊！那样的笔别说是当枪，就是当根竹竿，都没人要呀！”

16.心脏停跳三次，两次过关

由于战争年代的伤痛和长期积劳成疾，从 1957 年开始，陈赓的身体渐渐变差。

这一年 2 月，他到南京、无锡、镇江、苏州等地视察防务。3 月，从上海出发去沿海岛屿勘察。由于过度疲劳，他曾摔倒在浴室里。这时他已严重失眠，靠服药才能入睡，经常感到头晕目眩。4 月回北京，紧接着又是参加各种会议。6 月底，离开北京，冒着溽暑，前往广东、福建等前沿勘察。9 月，出访苏联。10 月，参加海陆空大演习。他从上海回来时脸色蜡黄，不住地用手摸着胸部，对傅涯说：“我可能坚持不了啦！”但他还是支撑着，照常上班。

12 月 19 日，吃完早饭，身为副总参谋长的陈赓穿好了军服，正准备去总参谋部上班。突然有人登门，妻子傅涯去上班了，客人稍坐一会就离开了，家里只剩下陈赓、两岁的小儿子涯子和做家务的阿姨。客人一走，涯子就蹬蹬蹬地从客厅跑出来，在厨房找到阿姨说：“爸爸哭了。”

阿姨忙着收拾碗筷，以为孩子说玩话，就说：“爸爸怎么哭了？”

涯子又从后院跑到前院，找到司机老赵说：“爸爸哭了，爸爸哭了。”老赵忙到客厅一看，陈赓已经倒在沙发上了。

原来客人走后，陈赓胸部突然出现剧烈的心绞痛，呼吸困难，疼痛一阵比一阵剧烈，脸上迅速失去血色，满头汗水直淌，他随即在沙发上躺下，昏厥过去了。正在地板上玩耍的涯子发现了，懂事的他立即叫人。

老赵立即把陈赓抱到里屋床上，副官立即打电话叫医生。可是当北京医院的医疗小组赶来时，陈赓已经处于休克状态，手脚冰凉，连脉搏、血压都测不到了，诊断结果是心肌梗塞，立即进行抢救，可一直到晚上 10 点多钟，他还没有苏醒过来。

结果，聂荣臻、粟裕、张爱萍、刘亚楼、彭德怀、陈锡联等都闻讯先后赶来了，11 点钟的时候，他终于苏醒过来了，第一句话就喊道：

"对×××不能让步！"

原来在前一天会议上发生过一场争论，陈赓对一位同志提出过批评。他这一喊，众人高兴起来了，陈锡联安慰他说："你命都不保了，你别想那么多啦！"

结果，他此次发病在医院卧床 3 个月后才能走动。

1959 年，陈赓被任命为国防部副部长，还兼国防科委副主任。一次，有个国防科研项目要在京郊 20 公里处试车，他要亲自去观看。结果，这天一早，傅涯同时接到两个电话，一个是军委办公厅打来的，一个是中央保健室打来的，两个电话都是要她劝阻陈赓不要去，傅涯放下电话，劝陈赓："你身体不好，千万别去。"陈赓哪听，大喊一声："开车——"蹬上汽车就走了，急得傅涯又给中央保健室打电话，请他们准备些急救药品。

中午，陈赓回来了，一进门就生气地大声嚷道：

"傅涯，你汇报吧，就说我活着回来了！"

原来，他对妻子早晨劝他还生着气呢。

5 月，陈赓心肌梗塞症第二次发作，但是他还是闯了过来。

此后，他被迫退居第二线。

1960 年年底，陈赓的心脏已接近停跳的边缘。组织上安排陈赓和傅涯到上海疗养，但是陈赓自己不去，也不让傅涯跟去，后来中组部部长安子文给傅涯安排了一件去上海的调研工作，陈赓才同意。1961 年 2 月，陈赓到达上海，第二天他便催着傅涯去上班。

这时，陈赓明显地衰老了，头出现秃顶，脸皮松弛。其实，他才刚满 58 岁，是多年的病痛令他如此衰老。但是，包括傅涯都没意识到他危在旦夕，陈赓也根本不承认病有多么严重，动不动就说："过去打那么多仗都没有死，现在好好的就死啦？"

因为心脏病，医生不让他吃肥肉，他就当着众人面，冲着傅涯大喊大叫："傅涯你最坏了，不让我吃大肥肉！"

到了上海，傅涯依着他，让他吃肉，陈赓却把盘子朝旁边一推："主席、总理都不吃肉啦，我们在这里为什么还要吃肉？"

他犯病之后，战友来看他，他冲着人家问："你们又开会？什么内容？为什么不告诉我？"

到了上海，他一直嘀咕："在广州，他们开会，不告诉我；到了上海，连看的人也没有了。"

傅涯跟他解释："许多人都来过了，被医生挡驾了，怕影响你休息。"

他马上对傅涯说："那他们一定骂我官当大了，架子大了，不行，你明天登门道歉！"

陈赓的举动有些反常。

在上海，他开始练大字，又教女儿练字。练累了，他就叫女儿上楼去玩，叫秘书念文件给他听。秘书看他身体不好，多是挑主要的念。一天，秘书念了一份文件："中央军委要求人民解放军所有中将以上的高级将领，都要将自己参加革命战争的整个战斗经历，写一篇作战经验总结。"

陈赓微笑起来，又皱起眉头。他拿过那份文件翻了最后一页，用手指戳了一下："这份文件我在北京就应该看到，怎么到上海才接到！"

"他们可能怕首长身体……"

"我还没死！他们是成心的！"

他激动地一把摘下眼镜，然后，吃力地拄着手杖，站了起来，望着墙上一副中国地图，忽然说道：

"我这条瘸腿走遍大半个中国，打了30多年的仗，现在不总结，更待何时？你给我找一份作战地图，我列个纲目，我口授，你来写！"

晚上，傅涯赶回来了，陈赓把秘书写的开头给她看，自己躺在沙发上叹气："我觉得我的本意没有充分表达。"

傅涯附和道："这么重要的总结，恐怕秘书很难体会你的思想。等你身体好些，自己亲自写吧。"

听到这话，他颇有些兴奋，从沙发上爬起来，坐回办公桌："我这就动手！”

“哎呀，你现在怎么能写？”傅涯急了，后悔刚才不该说那些话。

“我现在不写，什么时候写呀？”

结果，他抄起稿纸就奋笔疾书，饶有兴趣地排列着前后章节，并且开始了动笔。随后，一连几天，他都沉浸在写作之中。

3 月上海的天气多变，气温偏低，这使得他常常感到不适，这加速了他的心肌梗塞的第 3 次发作。3 月 15 日，傅涯从外面回来，陈赓坐在沙发上，半开玩笑地说："欢迎，欢迎。"

傅涯见他兴致很高，忙问："好些么？"

“托你的福。”陈赓开了个玩笑，然后说：

“傅涯，今天是我的生日，你给我擀点面条吃吧。”

从不记得自己生日的陈赓破例提起了自己的生日。当夜睡觉时，夜已深了，陈赓突然说："傅涯，你怎么不看看我？"

第二天黎明，天色阴暗，朔风吹得门窗发出怪叫声。6 点多钟，陈赓被剧烈的胸痛惊醒，他的心肌梗塞第 3 次发作了。傅涯赶快给医院打电话。

不巧，这天是星期天，医院大夫没能及时赶来。陈赓已经不行了，他软弱无力地转动着身子，喘息着问道："今天是不是应该打肝素啦？"

大夫还没有来，陈赓在病床上挣扎着，傅涯紧紧握住他的手，渐渐，他的手越来越冰凉了，瞳孔逐渐扩散。

大夫终于赶来了，打强心针，按摩，做人工呼吸，穿刺……全都无效。

1961 年 3 月 16 日 8 时 45 分，陈赓大将没有再起来。

上将李天佑

1.练胆、练力全是因家穷

在红军部队中,李天佑有“小老虎”之称。他得此美名,除了勇敢不怕死外,还跟胆子大得出奇、力气也是一般人比不上的有关系。李天佑力气大,据说遇敌相拼,他要打倒谁就能打倒谁,绝对能赢。因他个子不算高,长得又单单瘦瘦,有人对他力大胆大觉得奇怪,一次,向他请教其中奥秘。对此,李天佑笑着说:“这是因为我家比你家穷呀,所以力气和胆子都比你大。”

“如果你说‘穷人的孩子早当家’,我信,但没听说过穷人家孩子还胆大力气大呢!”

“两下都是。”李天佑回答说。

“连饭都吃不饱,怎么力气大呢?”

“正因为吃不饱,才力气大啊。”李天佑有意和他捉迷藏,把肌肉结实的手臂在他前面晃了晃。

问者愣了半晌,没想明白,说:“你骗我。”

其实,李天佑说的一点都没错儿,全是大实话。

他力大胆大,与他的童年、少年艰苦的生活有关。

(1)

李天佑于 1914 年 1 月 8 日出生在广西临桂县六塘圩的高陂寨。

这个高陂寨虽叫寨,其实是深山老林里的一个小山窝——周围全是山,山上是遮天蔽日的树木和竹林,什么野猪、野熊和毒蛇都很多,并常在荆棘中出没,没准就吓人一跳。山窝里居住着张、李、彭、胡四大姓。李姓原是200多年前从江西萍乡附近的李家祠逃荒搬来的。李天佑的父亲叫李燕川,读过几年私塾,早年当过兵,在军阀部队里做文书,因为当兵没打过一次仗,回家后就闭口不提当兵的事,只是逢年过节给乡亲写写对联。他边写对联时,才边说上几句"在部队天天就是抄字、写标语"之类的话。他写了对联,也不收乡亲们的钱。他的妻子没有名字,姓熊,会耕会织,是持家劳动的一把好手。但是李家和山窝里别的人家一样,吃了上顿没下顿,日子过得苦不堪言。

1925年,李天佑11岁,桂北大旱,连续3个月无雨,连风都不刮,临桂一带饿殍遍野,一派恐怖之状。大灾之年,李家天天为吃饭饱肚子发愁。为了糊口度荒,李天佑在家里什么都干,白天上山砍柴,下水摸鱼捞虾,或者摘野菜、挖蕨根;晚上同大人一起编织竹席。凶年饥岁,李家挣一顿吃一顿,卖一天竹席饱一天肚子,否则,就得挨饿。为了多编席卖钱养家,李燕川和妻子熊氏日夜不停地上山砍竹、织席。但墙边堆着一大捆织席,又得去卖掉;李燕川去卖席就不能编席,最后只得把儿子叫到跟前,指着一大捆织席,说:

"你明天莫去砍柴,先把席子扛到圩上卖去!"

天佑才11岁,从没卖过席,也不知怎样要价让价,一时不敢答应,嘟着嘴说:"我不会卖。"

"不会,不会就学!"

第二天天还没亮,他在父亲的逼迫下,头顶竹笠,光着双脚,吃力地挑着竹席,跟在堂兄李五九后面去赶圩卖席了。一天下来,他竟然卖出了10多张。

以后,不论天晴下雨,每天他都挑着竹席同堂兄李五九四处兜喊,走乡串村叫卖竹席,今天在六塘,明天在会仙,隔天在塘头;一张竹席只值一二两米钱,卖二三十张席也只能换三四斤米。家里等米下锅,为了多卖竹席,多换几斤米回家,他们总是披星戴月,早出晚归。

两人一起卖,生意自然是平分。时间一长,他开始脱离堂兄,一个人挑着竹席去赶圩。

天蒙蒙亮时,山上不时传来野熊的吼叫,路边还有野猪出没。六塘圩一带经常发生熊、野猪咬死人的事,小小年纪的李天佑遇到这种情况,开始禁不住一阵心悸和胆怯,恨不得掉头跑回家。但他没有回头的路,家中等米下锅,他不卖席,全家就要挨饿。尽管山上野猪、野熊出没,他也只能咬着牙,壮起胆子快步往前走,几十步换个肩,朝着圩上匆匆赶去。天黑时,他又在熊吼野猪叫的恐怖中,挑着没卖完的竹席回家。日久天长,山路走多了,他的胆子也就大起来了。

一次,在赶圩回家的路上,一头野猪拦在路上横竖不走。小小的他一时性起,竟然用扁担三五下把这只野猪活活打死了。然后,他把它拖到路边草丛里,藏了起来,跑回家叫上人背回去后,全家当粮,竟然吃了半个月。

明知山有虎,偏向虎山行。苦难的岁月,艰难的环境,使李天佑从小就练出了不怕虎狼和坚忍不拔的勇敢性格。若干年后,李天佑讲起这段经历时说:

“我年纪这么小,日日挑着担子卖竹席,就是在这熊吼猪叫的恐怖中练出了胆子。所以我从小就胆大得很,别说是野猪,就是老虎狮子都不怕!”

(2)

桂北大灾荒持续了两年,临桂县的村村寨寨几乎无屋不破,十室九空。高陂寨原有几十户人家,经过这场大灾几乎变成了一个荒村。1927年年初,为了活命,李燕川率领全家离开了高陂寨,逃荒来到百里以外的龙胜县金竹坳。

金竹坳山高林密。李家逃到这里后,砍树枝,割茅草,在路旁搭起一个棚子就住下来了。在金竹坳,他们靠砍柴烧木炭,挑到圩上去卖换点米糊口。

搬家到这里后,一大早,李天佑就披着露水上山去砍柴。烧炭要用大树、硬柴,他用的柴刀十几斤重,一根根粗树硬木被他用力砍下,扎在一起,挑回来烧炭。炭烧成后,他又挑到圩上去卖。一两个月,他就手圆臂壮,肌肉鼓鼓的。家里也能够吃饱肚子了。

谁知好景不长。由于灾情不减,逃到这里烧炭度荒的灾民越来越多,附近圩上炭多价贱,一担木炭几天都卖不出去,米价又涨,很快,李家再也无法靠烧炭度日了。这时李燕川听说桂林市的柴价略高,于是又和儿子砍柴,挑到桂林去卖。

路熟以后，小天佑一人独自去卖。他起得更早，睡得更少。每日天还没亮，就赶忙起来上山砍柴，再挑到桂林市上去卖，卖完后又匆匆赶回家来。

他的身材瘦小，挑着一副百十斤重的木柴担子，一天往返几十里，走起来自然吃力，经常累得腰酸腿痛，大汗淋漓，气喘吁吁。但他咬牙硬撑，天天照常砍柴挑卖，从不间断。苦干半年后，由于常挑担子，常走山路，他的力气也就练出来了，拎起一捆木柴，毫不费劲；挑起一担木柴上桂林，扁担一闪一闪，走起来迈步如飞。

就这样，小小年纪的他力气比一般人都大得多！

(3)

李天佑练出胆，又有了力气后，终于做出了一件令人惊讶的事情——“偷弟”。

李天佑在家中是老三，上有两姐，下有两弟。世道艰难，桂林的木柴又因卖的人多，一担柴换不了二两米，李家又断炊了。为了不饿死，李燕川只好一狠心，把四儿子天保卖给了一个有钱人家，换回了一斗米。

可是，不久后的 天，李天佑早上出去卖柴，天黑也不见回家。四儿卖掉了，三儿又不见了，熊氏在屋内急得流着眼泪一夜没睡。

天亮时分，一阵急促的敲门声，突然，兄弟俩出现在她眼前！

原来，父亲把弟弟卖掉后，李天佑十分舍不得。结果，他趁着上山砍柴之际，偷偷地跑去找弟弟。几经打听，他问到了买弟弟的人家。这天他翻山越岭，走了30多里山路，找到了那户买家的寨子，然后躲在附近树林里。等到天黑后，他悄悄溜进了山寨，躲在一棵大树后，观察动静。说也凑巧，半夜小天保正好出屋拉尿，李天佑见四下无人，快步上前，拉起弟弟往背上一背就猛跑。他们一口气出了山寨，沿着山间小道往回跑……回来的路程虽30里，要在平时根本难不住他。但此刻他饿了一天，又是摸黑赤脚跑山路，还背着个弟弟，高一脚，低一脚，走一阵，歇一阵，直到天快亮，他才把弟弟背回了家。

小天保回家了，熊氏脸上露出了笑容，李天佑也感到无比高兴。但老实巴交的父亲却急得像热锅上的蚂蚁，坐立不安，不知如何是好，一个劲儿地搓手:“主家马上就会追上门来,我们拿了人家的米,怎么向人家交代?”

李天佑说:“爹爹,你不本来就想去桂林吗?现在就走呀!”

李燕川早就想带全家去桂林谋生,于是立即收拾全部“财产”:4 床破被,几件破棉衣和旧单衣,一只破铁锅,还有副破箩筐,打成两个大包袱。然后,他和妻子各背一个,两个小弟弟则由天佑用箩筐挑着走。一家大小,急急忙忙上路,趁着曙光直奔桂林而去。

据说,因李天佑这一次“偷弟”、李家一夜逃遁,小天保的买家男人气得一下就病倒了,3 个月后一命呜呼。遗憾的是,小天保回到父母身边,由于饥寒交迫,在桂林生病无钱医治,不到一年便夭折了。据说,这把李燕川后悔死了,说:“偷回一个人,断送两条命。老天爷作孽呀!”

2.从米粉店逃跑当兵

逃到桂林后,李家大小借住在一个高陂寨同乡家里。

为了活命,李燕川把天佑送到了定桂门外一家米粉店当学徒。桂林米粉虽然很有名,但制作过程很复杂,费人费力气不说,需要大量的水,有“半担米粉10 担清水”之说。李天佑来到米粉店后,名曰当学徒,实际上除了帮着泡米、磨浆、榨粉、烧锅、跑堂外,大部分时间就是忙着挑水。米粉店每天要用 100 多担清水,全是由他从漓江挑来。这 100 多担水,来回百十趟,挑得他腰酸腿痛,肩膀红肿。疲惫不堪不说,还常挨老板的骂。

一次,李天佑担了一天的水,天黑后,累得脚都走不动了。可是,狠心的老板又要他送粉端菜,送粉端菜后,又要他涮碗洗碟,洗完碗碟后,又要他搬柴添火,一直熬到深夜。等最后一位顾客走了,他还得收拾桌凳,打扫店堂。这些事情做完后,老板又要他去磨米浆,为第二天榨粉做好准备。这件活干完,已是后半夜。结果,他上床才睡 4 个小时,天还没亮,老板又喊开了:

“起来,起来,去担水!”

他勉强挣扎着起来,由于睡眠不足,脑袋昏昏沉沉,挑起一副大水桶,从江边舀起满满一担水，摇摇晃晃往回走时，还是半醒半迷糊。一跨进店铺，因为浑身无力，头晕目眩，水桶在门槛上猛撞了一下，“哗！”一声巨响，水桶破裂成许多碎片，一担水全洒在店堂外。老板怒目圆睁，大发雷霆：“早上就出事，你要砸我的买卖呀！”说罢，举起拳头就要打人！尽管他忍住了没打但仍破口大骂不止，话十分难听。

李天佑见状，把手中扁担一扔，转身进店收拾自己的衣物就走。老板没有料到小天佑竟敢来这一手，吃惊地问一声：“你去哪？”

“我不干了！”

他头也不回就走了。

可是，当李天佑走到桂林街上时，想回到父母身边去，因离开了米粉店又觉得没脸再见人；去找别的活儿干，没人介绍，一时也不可能找得到。于是，他饿着肚子，匆匆走了 80 多里山路，回到老家高陂寨，准备靠砍柴维生。然而，当年居住的那间杉皮屋子早已长满了茅草和野藤，摇摇欲坠，往日的伙伴家家逃荒了。这里怎么能立足呢?他倒在草丛中发着呆。

当天，李燕川听说儿子私自出走，急得团团转，找遍了全桂林街头也不见儿子踪影。幸好遇到一个熟人，问到了儿子的去向，又赶去 80 里山路，才把李天佑带回桂林，然后又把他送回了米粉店。

可李天佑再也不愿在米粉店干下去了。父亲送他去一次，他逃回家一次；每次送去，他都逃回来，回了又送，送了又回，回了又送，前前后后，李燕川“送”了 16 次，也就是说他逃了 16 次。最后，老实巴交的父亲束手无策，双手一摊：“唉，他这个鬼样子像谁呢？！”

母亲也急得直哭：“现在就这样不成器，将来怎么得了啊！”

最后一次，即第 17 次，李燕川拿着扁担，把儿子又赶回了米粉店。谁知过了两天，老板娘又到李家来“接人”了。

原来他又跑了！

这一次李燕川寻遍桂林大街小巷，问遍所有亲朋好友，也找不到儿子的一丝儿音讯了。十几天后，有人受托带给他一张皱巴巴的字条儿，上面歪歪斜斜地写着一行字：

“爹娘，我当兵去了！家穷难活命，扛枪打仗，闯名堂。”

原来，李天佑逃出米粉店投军，当兵吃粮去了。此时，他已随部队开往千里之外的武汉城去了。

这一年,李天佑年仅14岁。

事隔20年后,李天佑率领大军又回到了桂林,他没有忘记当年的米粉店老板。后来,米粉店老板告诉李天佑的儿子说,这一天,突然全城三步一哨,五步一岗,不知怎的,荷枪实弹的解放军战士一直站到了他的米粉店门口,几个战士还进来了为米粉店扫地。他正在万分惊讶时,一位穿着解放军军装的人带着一批军官来了,这时桂林抓土匪抓得十分厉害,老板吓得大惊失色,他正要跑时,突然有人喊:"师父,你还记得我吗?"他定睛一看,不认识,再细细一看:这不是当年从米粉店逃跑的店小二李天佑吗?"你……你是李天佑?"

"我是李天佑呀!"对方果然喊了起来。

这时米粉店老板惊讶得说不出话了,当年自己的店小二竟然成为了解放军这么大的官,这么威风!他万万没有想到。

后来,广西省政府搬迁到南宁,李天佑还把米粉店的老板夫妇接到了南宁居住,他们跟着李天佑见了不少的"世面",一次,李天佑带他们去礼堂看电影,他们一进去,"唰——"礼堂里的军官全体起立、敬礼!

可部队戒备森严,老两口不习惯,不久他们回了桂林。

这是后话。

3.当兵打仗

李天佑投奔的是北伐名将李明瑞所辖的独立团。在部队里,他很快脱颖而出。

(1)14岁的学员救了35岁的教官

1929年春,蒋桂战争爆发,在中国共产党的支持下,李明瑞"先倒桂,后反蒋",率部在武汉前线宣布退出蒋桂战争,抽兵出走,此一着使得以"强悍"著称的桂军大败涂地。趁着桂军大败之际,李部向桂平急进。

到达桂平后,李天佑随独立团在一个山村驻防。一天深夜,突然枪声大作,敌兵前来袭扰。李天佑听到枪声,翻身起床,提着小马枪就往外跑。此时人声嘈杂,已经乱成了一片,他在混乱中,只见前面一个影子正往村外树林里钻,好像是教官的身影,于是飞快跑上去,轻声喊道:

“教官!教官!莫慌,我来了!”

教官定神一看,原来是李天佑,气喘喘地停了下来。在惨淡的星光下,李天佑见他孤身只影,军帽歪戴,军衣披散,武装带搭在身上,裤脚满是污泥,连鞋都没顾上穿,赤着脚,流着血,十分狼狈。李天佑立即脱下自己的鞋子,说:

“给! 你穿我的吧! ”

李天佑帮他穿上鞋,又扶他走了几步,但教官仍一拐一拐的,非常吃力。枪声越来越近,眼看敌兵就要追来了! 李天佑回头向村内望了望,说:

“我替你牵马去!”教官着急地喊:“危险! 别去,别去! ”

可是,说话间早已不见了李天佑的身影。转瞬间,从村内传来一阵马蹄声。李天佑骑着一匹骏马疾驰而来,猛然勒缰下鞍,然后扶教官上马,再猛抽一鞭,战马飞奔而去。而他自己则躲在原地,准备阻击追兵。

果然不出所料,几分钟后,几名敌兵追来。李天佑沉着应战,连放数枪,敌兵应声倒地,剩下的连滚带爬,拼命逃走。随后,他也安全地返回了连队。

李天佑当兵 1 年,还从没真枪实弹打过仗,在这次对付敌人夜袭中,他临危不惧,勇敢机智,牵马救教官突围脱险,又孤身阻击敌兵,表现得很英勇。李明瑞听说此事后,立即下令把这位教官解职,然后说:“14 岁的娃娃能救了 35 岁的教官,这娃是打仗的料子! ”

随即,李天佑被提升为上等兵。不久,他又被调去广西教导总队学习。同伴们纷纷说他是“靠胆大一战成名”,李天佑则说:

“打仗其实也没什么好怕的,越怕死越会死,那就不如豁出去! ”

(2)15 岁当了副连长

1929 年 10 月下旬, 广西教导总队改编为教导营。在教官李朴的教育下,李天佑加入了共产党,不久被任命为教导营机枪连的排长。

12 月 11 日,邓小平领导百色起义,李明瑞在广州宣布起义。1930 年 2 月 1 日,他们又在左右江地区举行武装起义,成立了红 7 军和红 8 军,张云逸和俞作豫分别担任两军军长,李明瑞为两军总指挥,邓小平为总政委。百色起义后,李天佑被提升为红7军军部特务连副连长。

军部特务连,顾名思义,是专门保护军部的,武器最好,都是20响的德国驳壳枪;人员最精悍,据说都是出手就能置人于死地、以一当十的“狠角色”。

此时,李天佑才15岁。

(3)第一次带兵打仗

百色起义后不久,李天佑就带兵打了一仗。

这一天拂晓,百色附近的地主武装2000多人突然向百色城发动了袭击,一举攻破了城门。

这时,红7军主力正在隆安、平马一带活动,张云逸军长带走了军部特务连大部分人马,城内只有李天佑特务连一小部和一个机枪连,加上军直属队的机关干部和勤务分队,总共不到500人。形势异常危急!当李天佑率领特务连余部向城内街道上枪声激烈的地方奔去时,土匪早就打进来了,正在大街上抢劫财物,十分混乱。

李天佑见状立即下令:“朝抢商店的土匪射击!”

枪声一响,土匪见特务连武器精良,吓得扭头就跑,只有少数土匪躲在屋角打冷枪。战士们一冲,他们也抵挡不住,慌乱中四处逃奔,李天佑带人穷追不舍,边追边喊打。

在追击中,他辩听着各处传来的枪声,城外凤凰山制高点最激烈,心想只要消灭最有势力山头之敌,断其后路,城内的土匪便会不攻自溃;于是立即带领战士们避开大街,绕道冲出城门,奔向城外枪声最激烈的凤凰山。

来到山脚下,他朝上一看,在山顶上树丛里已站着不少的土匪,他们有的拿着步枪、鸟枪,有的拿着大刀,还有的拿着木棍,嘴里嗷嗷怪叫,正虚张着声势呢。

李天佑不管这些,一声喊“上!”,战士们背着枪支、弹药,跟在他身后跑步前进。他手持驳壳枪,身先士卒,率先向山头土匪发起了攻击。土匪一见冲上来的人马全是武器精良的正规军,边乱开枪,边后撤。李天佑领着战士们冒着飞射的子弹,向山顶猛打猛冲。

这时城内留守的机枪连也在连长的率领下冲上山头。两个连一配合,霎时杀声、枪声响成一片，土匪们被打得落花流水，四散逃命。

经过3个多小时的战斗，土匪被击溃。豪绅地主的土匪武装想乘虚抢占百色城的阴谋遭到了失败。这一仗，李天佑和机枪连连长立了大功。

但是，事后小小年纪的李天佑却感到非常遗憾，说：

"我当了副连长才打第一仗，打的还是土匪，遗憾得很呀！不是正规军！"

4.前三次负伤，全是打了脚

战争是血与火的较量，流血牺牲是避免不了的，在血腥的战斗中，李天佑曾五次负伤。他说："当兵负伤，就像韭菜割头，死了就死了！"可是，他每次都是大难不死。

有趣的是，他前3次负伤，3次打中的都是脚板，对此，他又说："我的脚板是造了孽，卖席卖炭、挑柴担水，全是练脚板的活，受尽了苦，打仗它又为我流血！这双脚板，我可以写一本故事了！"

"脚板故事"，他始终没写，但是，就在这冲锋陷阵的流血和牺牲中他渐渐成长为红军的一名"猛将"。

(1)"猴子翻筋斗"

1930年2月，在隆安战役中，李天佑参加夺取猴子翻筋斗岭的战斗。在这一仗中，他的脚板第一次负伤了。

这一日拂晓，敌人覃兴团攻占了隆安城西制高点——猴子翻筋斗岭，居高临下，对红军又是开枪又是打炮。红军从山下往上攻打多次，都没能奏效。红7军军长张云逸有些发怒了，命令李天佑率军部特务连攻占猴子翻筋斗岭。

军部特务连是红7军的王牌连，除了保卫军部外，还承担军部最艰难的战斗任务。李天佑率特务连一上来，猴子翻筋斗岭战局立即逆转，他们一度猛冲到了离山顶只有几丈远的地方。可再往前冲，眼前却是一片平地，敌人炮火猛烈，加上覃兴团占领了制高点阵地，特务连几次冲锋，死伤不少人外，都没能攻克制高点。再打，反被敌兵打得不得不一步步后撤。

在战斗中，李天佑总是冲锋在前，但撤退断后时，他又走在最后。在后撤的断后掩护中，他打了几枪撂倒几个敌兵后，正要抬脚往回奔跑时，突然，“嗖”一颗子弹飞来，不偏上不偏下，击中了他左脚的脚板，这颗子弹穿过脚板，还射在地上石块上迸出些火花。李天佑站立不住，一下就倒在地上。可由于是下坡，他人一倒马上翻了个筋斗，往山下滚，这一滚是一个筋斗接着一个筋斗，连连下翻，结果他反倒滚到撤退的战士们前面了。战士们见状，立即弯腰背起他，送上了担架。

最后，李天佑被送到东兰县武篆野战医院治伤。事后，他恨恨地说：

“这个鬼地方叫什么猴子翻筋斗岭！我们往上攻，做了猴子，不翻筋斗才怪呢！”

战士们一想，也啧啧称怪：“这地方怎么起这么个怪名呢？”

李天佑在武篆医院住了一个多月，伤口基本愈合。当他回到特务连时，正逢连长调任营长，他旋即被任命为连长，年仅16岁。

(2)又练了一次“脚劲”

1930年4月底，红7军攻打榕江城。

榕江城守敌有两个团，凭借坚固的城防工事进行顽抗。红军士气虽旺盛，作战勇猛，却没有攻城器械，弹药也不充足，结果从上午10点打到下午4点多，足足打了6个小时都没有攻下城来。下午5时，总指挥李明瑞下令发动最后一次主攻，可部队又一次被拦在城墙前。李明瑞气得火冒三丈，把烟斗往衣袋里一放，转身操起一挺机枪就要亲自带头冲锋。

“总指挥，不用你来，我带突击队上！”李天佑拦住他，抢着说。

原来，他见部队攻不下城，早就从特务连抽调了12名有战斗经验的老战士，组成了突击队，并且还准备好了攻城攀登用的竹梯和大竹钉。李明瑞深知李天佑作战勇猛果敢，果断地说：“好！你带突击队上，不入城内就不要回来！”

随即，他命令主攻部队用火力反击，掩护突击队登城。16岁的李天佑身轻如燕，跃出掩体，带领特务连12名战士肩扛竹梯，身带大竹钉，冒着枪林弹雨,不顾一切地冲过敌人的火力网,抵达了城墙边。然后,他们在纷飞的子弹中紧贴墙根,靠近缺口,有的架竹梯,有的把大竹钉一层一层往城墙缝里钉,开始以此当阶梯往上攀登。

守敌一见一伙“不怕死的”冲上来了,利用城垛射孔向城墙根又是射击,又是甩手榴弹,忙得不亦乐乎。李天佑不管这些,带着突击队冒着呼啸的子弹,从竹梯、竹钉上攀登着往上爬。城墙上子弹呼啸,弹丸纷飞,尘土石块飞扬,手榴弹也在城墙根一堆堆爆炸,但是他们全然不顾,一个劲儿地往上蹿。李天佑一手紧握驳壳枪,一手抓住竹梯,左右脚交替踩着往上攀登。突击队一个挨一个,像猴子爬树一样迅速往上升。他们越爬越高,可是竹梯却越来越摇晃不定,仿佛要折断了,李天佑左手抓住一个竹钉,右脚踩住一个竹钉,像侠客飞檐走壁一样,飞快地向城头攀登。最前面的一位突击队员上去了,他刚抓住城垛,守敌冲过来,用枪托把他推下了城墙。正在这时,李天佑从竹钉上一个鲤鱼翻身,跃上城垛,用驳壳枪对准敌兵就是一枪,守住了一个突破口!与此同时,其他战士也一个个敏捷地攀上城头,开始与敌拼杀,争夺城墙。

正在混战中,突然一阵机枪子弹扫来,李天佑突然感到大腿一阵麻木,低头一看裤脚已经渗出了鲜血,湿淋淋的,他立即趴在城垛间,不顾伤痛,一连摔出几颗手榴弹,敌人的机枪马上被炸成了哑巴。其他战士英勇地回击反扑的敌兵,一场白刃肉搏战后,守敌再也招架不住了,纷纷后退。城门被打开了,红军主力部队犹如洪水般涌入城内。

1 小时后,城内守敌被全歼。

这是红 7 军成立以来打的一大胜仗。但是,夺下城垛后,李天佑倒在了城头,幸好卫生员发现了他,将他从死尸中拖了出来,抬上了担架。

因这次又是脚板负伤,在以后的行军途中,20 多天内,他都只能躺在担架上。幸好此战缴获了不少的药品,经过精心治疗,他很快伤口痊愈。回到了特务连后,他说:

“嘿,又练了一次脚劲!”

(3)“脚劲”差点废了

俗话说:事不过三。他第 3 次负伤,又是被击中脚板。

这是 1930 年 6 月初的事情。

当时百色城被敌占领后，红 7 军又把它围了起来，准备夺回城池。城内守敌岑建英狗急跳墙，仗着大碉堡、大野炮，与红军对仗，双方打得百色城内外火光冲天。总指挥李明瑞见敌如此猖狂，气得大骂："天黑之前不拿下大碉堡，我就不姓李！"

随即，他发出命令："抬山炮来！"

一声令下，特务连战士们扛的扛，推的推，有的抬炮轮，有的扛炮筒，沿着陡峭的山路，硬是把近千斤重的山炮扛上了山顶。李明瑞看山炮抬上来了，对李天佑说："你带特务连埋伏在敌人碉堡的死角，炮声一停，冲锋号一响，你就冲进去！"

"是！"李天佑转身就走，率领全连隐蔽前进，埋伏在碉堡一死角待命。

李明瑞是讲武堂炮科出身，对山炮十分熟悉，用望远镜看了看距离，就校正了瞄准点。炮口随即直接瞄准了大碉堡。一切就绪后，他大喊一声："放！"

第一发炮弹呼啸着向前飞去，"轰隆"一声，敌人的碉堡火光一闪，烟尘飞起，被炸崩了一个大塌口。

"放！"第二发炮弹飞出去，碉堡又被打穿了一个大窟窿，泥土砖块腾空而起。

"放！"第三发炮弹把碉堡炸掉了半边。随即，冲锋号响了。李天佑率领特务连从埋伏地点一跃而起，冲向前去。他冲在最前面，沿梯子一直往碉堡的楼上冲去。不料，梯子下暗藏一个敌兵，从下对着梯子向上打冷枪！

"砰——"一枪不偏不倚，又将李天佑的脚板从下打穿。他忍住痛，一个回马枪，将梯下放冷枪的敌兵击毙，然后纵身一个飞跃，冲上了碉堡……

红军占领了碉堡，敌兵丢下大批尸体，狼狈而逃。红军分几路奔入城内，短兵相接，守敌无力抵抗，争相逃命，大腹便便的岑建英也不得不穿上一件孕妇衣裳，装成女人，坐上小船仓皇逃跑。红军一举收复了百色城。

当战士们冲上了碉堡后，李天佑觉得有些痛，但仍然忍住与敌人拼杀，可是脚底板黏糊糊的，一看碉堡里的楼板上，一步一个血印。原来又是脚板心被打穿。这一次子弹还穿过来，还伤了盘骨。他再次被送进了野战医院。

这是李天佑第 3 次负伤，并且伤势比上两次都重。幸好，不久伤又好了。

李天佑少时挑担叫卖练就了一副“铁脚板”，尽管3次负伤，但他在红军中仍是冲锋跑得最快、行军走最远也累不着的“铁汉”，战士们戏称他为《水浒》里的“神行太保戴宗”。但是一想起这3次负伤，他说：“我挑担卖柴，脚劲练了好几年。这3次负伤都差点把它废了，幸好天不亡我！”

5.小连长办大事

在红军时期，李天佑虽是个小小的连长，但总能在关键时刻担当重任，做出不一般的事情来，被战士们称为“小连长，办大事”。

（1）打武冈

1930年11月，李天佑和党代表吴西带领特务连跟随红7军主力，告别了右江革命根据地，经过1个多月的艰苦转战，向北来到了湖南一个叫武冈的地方。

这时季节已经是寒冬12月了，但红7军上上下下还都是单衣单裤。而武冈是湘西重镇，是一个比较富饶的地方。为了解决战士们的穿衣御寒问题，李明瑞决定攻下武冈城，解决一些给养。

当夜，红7军4个团一起攻城。但战士们仍遇到老问题：少子弹缺炸药。为了节约子弹，攻城时，李明瑞不得不下令放鞭炮来迷惑黑暗中的敌兵。守敌也很狡猾，立即在城边挂起灯笼，并向红军阵地扔火团。结果，几十个火团扔下来，城墙下亮如白天，不仅放鞭炮不管用，攻城战士完全暴露，而且还在一些地方引起大火，顿时伤亡大增。李明瑞一看情况紧急，立即对身边的李天佑下令说：

“你把特务连拉上去，对准灯笼打！”

特务连战士都是百里挑一选出来的神枪手，又受过严格的训练，枪法如神，别说打灯笼，就是天上的飞鸟也是说打就能打下的。他们在连长的带领下，拔出手枪，“啪，啪，啪”，一枪一盏，大显神威。不一会儿，便把灯光全部打灭了,城下立即暗下来。守军怎么瞄也难瞄准了,霎时变成了“瞎猫”。

但是,武冈城高池深,地势险峻,易守难攻,红7军攻打了5天5夜,仍没攻下,伤亡很大,结果湘军8个团赶来增援,李瑞明只好率部且战且退。谁知红7军撤退,城内守敌突然从城内冲出来,进行“追击”,红7军腹背受敌,又乱了起来。为了稳定军心,李明瑞、张云逸等站在山坡上指挥着战士们撤退。守敌已近在眼前了。又到了一个万分危急的时刻,李明瑞又对负责警卫的李天佑说:

“你带特务连掩护军部撤退!”

李天佑和吴西两人各带半个连,埋伏路边,交替掩护军首长和机关撤退。敌前卫部队都是湘西土匪出身的亡命之徒,撒腿死死穷追,边追边哇哇地喊,这还不说,他们火力猛,枪法又很准。幸好断后的特务连战士们也是精兵,他们沉着应战,边打边撤……因此,尽管土匪勇猛如恶狼,但还是被特务连这些“小老虎”们堵住,双方在一个个关口拼死地较量着。

激战中,突然,一颗子弹向党代表吴西飞来,他慌忙一躲,谁知反被射中了胸口,只听“铛”的一声,子弹掉了下来。他用手一摸,原来子弹击中了缠绑在自己身上的银元袋子上。这是全连的伙食费。他一摸,钱袋子里滚出一个银元,他一看银元竟然被打凹了,原来是银元“暗中护着”他才没伤着皮肉。李天佑听到子弹啸声,惊问:

“老吴,怎么样?”

吴西举出那块被打凹的银元,又瞧了瞧,然后把它一扔,幽默地笑道:“子弹有眼,银元护命。嘿!我命大!”

李天佑也报之一笑:“这子弹也爱钱哩!”

由于特务连顶住了追敌,红7军部队有秩序地向新宁方向撤退。大部队走了很远,李天佑才率领特务连边打边撤,然后摆脱了敌兵的追击,追赶军部而去。

事后,李明瑞说:“打武冈,打武冈,特务连,帮大忙;李天佑,李天佑,老天保佑,救了军部,救了7军。”

(2)连长抓纪律

李天佑年纪很小就带兵打仗,但他“治军很有水平”。

1931 年初,红 7 军攻打大城市不成,只得迎着寒风大雪,艰苦地行军转战。由于一路行军作战,部队严重减员,在风雪途中,特务连也有个别战士纪律松弛,经不住严峻的考验,开始违反行军纪律。于是,李天佑连长开始了"抓纪律"。

一次,两个刚转来特务连当战士的俘虏兵,在行军途中宿营时,住在路旁老乡的空茅屋里,晚上生火取暖,不慎引起茅屋起火,烧成灰烬。

李天佑知道后,非常愤怒,立即查究严办。两名战士的错误,按军纪可以处决,但他考虑到他们是刚当红 7 军战士不久的俘虏,便从宽处理,责令他们两人站在路边,给战士们当"活教材"。

其他战士从这里经过,看到他们"罚站",深受教育。

又有一次,几个战士宿营在老乡家中,看到老乡家中一只狗很肥,于是把它宰了吃肉,一来为打牙祭,二来可增加热量御寒。他们把狗煮了后,也没忘端了一碗给连长。

李天佑断然拒绝, 说:"老百姓的看门狗变成了你们碗中的肉, 我不能吃。"

随后,他集合全连专门讲为什么不能随便杀狗吃肉的道理,说:"山村常有豺狼出没,狗可以看门、报信,对主人非常重要。俗话说打狗欺主,你们还竟然杀狗吃肉,这是伤害群众利益的军阀行为。"

战士们深受教育,向老乡道了歉,并且赔了损失。以后特务连再也不打狗吃了。

几次受到教育,大家说:"李连长不仅会打仗,还是当政委的料子!"

(3)血战梅花村

1931 年 1 月下旬,红 7 军回师挺进粤北。

这个消息震动了南京。蒋介石急电湘粤两省军阀三面防堵。红 7 军连夜向星子镇进军,转战到了广东乳源县梅花村。

谁知就在红 7 军转战中, 粤军一个独立团突然悄悄地绕到了红 7 军后面,企图截断他们的西退之路。梅花村虽小,但整个地形就像一朵梅花,中间是盆地,周围是丘陵,东、南两边是高山,盆地像是花蕊,群山像是花瓣,只在村东有一个山口,是进出村的必由之路。这是一个天然打伏击战的"口袋”。军长张云逸认为机不可失,决定打一个歼灭战。

可是,激战一天,又发生类似攻打武冈城的情况,敌兵很顽强,红军伤亡大。黄昏已近,敌兵增到4个团,分兵3路悄悄地袭来。而此时战士们早已弹药所剩无几,每人身上子弹不到10发。敌我力量悬殊,又没弹药,红7军攻城不成,反被敌人包围了。张云逸断然决定:部队立即撤出阵地,特务连开路。

当敌军发觉红7军主力撤出阵地时,气势汹汹地顺着山梁和沟渠冲了过来。李天佑率领特务连从垭口边打边撤。突然,对面山坡的松林里一股敌兵正面扑来,躲闪已经来不及了,他立即下令:“以班排为单位,占据有利地形,扼守着山口进行阻击。”

敌人越来越近。

突然,李天佑拔出大刀,高喊一声:“同志们,冲啊!”奋勇当先,带头越过深沟,向敌兵猛扑过去。李天佑力气很大,他挥舞着大刀,向敌兵头顶砍去,边砍边喊:“抓人倠!”

抓人倠是广西方言,“肉搏”的意思。战士们端起刺刀,与敌兵展开了血肉纷飞的白刃战,许多人头纷纷落地,深沟里鬼哭狼嚎。粤军被这突如其来的冲击吓呆了,动摇了,连忙向后撤退。终于,李天佑和战士们杀开了一条血路。

趁着夜幕的掩护,红7军顺利地撤出了最后一个山头——大岭下王家。

在撤退中,为了迷惑敌人,李天佑又派人把一面红旗插在高地上,再吹了几声军号。敌兵退下去后,又被当官的赶着反转过身,又来“追击”。结果,看到高地忽隐忽现的红旗,兵分两股分别从两侧向山顶悄悄摸去,然后冲上山顶,咬着牙集中火力“嘎嘎”地猛打,可是对打了一阵后,才知道是中计上当。双方都以为对方是红军,其实打的全是“自家兄弟”。缓过神再来找红军时,连影子都找不见了。

梅花村之战,是红7军北上途中一次规模较大的战斗。虽然杀伤敌人1000多人,但自己在战斗中也付出了较大代价,战士伤亡600多人,干部伤亡三分之一。幸亏李天佑率特务连掩护成功,使得红7军逃脱了强敌的围追堵截。

李天佑又一次救了红7军。

(4)军长问计连长

红7军一路转战损失很大,张云逸等人决定率部上井冈山,与毛泽东率领的主力红军会合,1931年3月14日,他们抵达井冈山下一个叫黄泥潭的地方。

谁知他们还没挖灶煮饭,附近的地主武装胡风璋闻风就率民团紧紧地追击而来。这时部队很疲惫,敌我兵力悬殊很大。如何处置?张云逸军长把特务连连长李天佑找去,问道:

“打还是不打?”

李天佑沉默了一会儿,斩钉截铁地说:“打!只有打,才能灭了敌人的嚣张气焰。”

“敌人一个团,我们只几百人……”张云逸无不忧虑说。

李天佑说:“我们刚到,敌人摸不清虚实,又是乌合之众,而且我们久经战斗,不怕!”

“只有你们连战斗力强,其他连队大都是新组成的……”

“那我们冲在前,你指挥其他连在后面喊杀助威。”

张云逸点点头说:“好!”

这时,山上白雾缥缈,四周显得格外宁静。李天佑立即带领特务连占领制高点,埋伏在树林中,张云逸指挥非战斗连队和游击队则躲在半山腰的树林里。不一会儿,敌兵进了山垭口,在山沟里转了转,没见动静,团长一挥手:

“停下来煮饭,吃完早饭搜山。”

这正是一个乘敌不备、发动突然袭击的好时机。等团丁全部停息下来,懒洋洋地卸了枪弹躺在地上时,李天佑大声喊道:“冲啊!抓人傩!”

他一手举着驳壳枪,一手执着大刀,带领特务连,从高山上冲向了山沟。

团丁们猝不及防,仓皇拣枪还击。但李天佑和特务连已经冲进了人群,他们的大刀比刺刀还厉害,团丁人头像滚西瓜似的,有的掉在地上,有的滚到草丛里……这时张云逸指挥部队和当地游击队也从山腰上猛冲下来。这些地主武装哪是红7军的对手,不到半小时,便被打得落花流水,抱头鼠窜。

这次战斗，特务连活捉40多团丁，缴枪50多支，红7军无一伤亡。事后，当地人谈起这次战斗，说：

“广西兵打仗真怪，只见部队一冲，还没听到枪响，战斗就胜利了！”

但是，此战开始之时，一个堂堂的军长竟然问计一个连长，并且他才17岁，这似乎不可能。但《李天佑将军传》却详详细细地记载了这件事，可谓是白纸黑字。若干年后，这事引起了一些军史学家的注意，为什么军长竟问计小连长呢？史学家唯一的解释是，当时张云逸军长可能是几番转战，剩下兵力已经不多，此仗主要依赖特务连。

（5）政委读命令，天佑下决心

李天佑因为家里穷，读书不多，不识字，一打仗，上级来了命令，往往是政委吴西读命令，李天佑下决心。因此，部队流行一句话：政委读命令，天佑下决心。

（6）杀猪打仗

李天佑打仗很注重士气。

红7军到中央苏区后，随即配合中央红军反第二次“围剿”，他们奉命参加莲花的战斗。

当时，敌人占领了莲花县城附近的一个山头。敌人一个营，红军只有两个连，敌众我寡不说，还敌在山上，红军在山下，地势相当不利。结果，红军多次向山头发动攻击，都没能攻下来。李天佑奉命带领特务连前去收复敌占领的山头。

谁知他接受任务后，并没有立即攻打山头，而是回到特务连找司务长，给了他10块大洋，说：“你今天一定要买头猪来。”

司务长奇怪地问：“打牙祭？”

“嗯！”

“又不是过年过节，咋打牙祭？”

“这个你就不要问啦，快去快去！要是买不到，就不要回来见我。”

司务长高兴地望着小连长说：“是！一定办到。”

此时,在根据地买猪肉十分困难,但司务长很能干,不到半天,跑了几十里路,赶回一头80多斤重的猪,然后连夜杀了。为此,炊事班忙了整整一夜。而这时连队的战士们却都在安安稳稳地睡大觉。

第二天天还没亮时,每个班分到一盆红烧猪肉。多少日子大家吃不好,睡不好。现在是觉睡得足足的,而且又分到很久没吃过的红烧肉,战士们心中说不出的愉快。

吃完猪肉,战士们正在抹嘴巴时,突然连里紧急集合,李天佑站在队伍前面,大声问道:

"都吃饱了吗?"

"吃饱了!"大家响亮地回答。

接着,李天佑又问:"真的吃饱了吗?"

战士们立正挺胸,回答:"真的吃饱了!"

"好!"李天佑满意地笑了笑,然后,用手指着前面说:"吃饱了,就跟我攻下那个山头。"

战士们精神抖擞,齐声道:"保证拿下来!"

随即,战士们在连长的率领下冒着敌人的炮火就向山顶上冲去。结果,不到1小时,特务连就打垮了敌人,夺回了山头。

不久,红7军划归红3军团建制,在军团长彭德怀和政委滕代远的指挥下成为红一方面军的一支主力部队。对于这支部队,后来彭德怀有句著名的评语:

"黔军滇军两只羊,湘军就是一头狼;广西猴子是桂军,猛如老虎恶如狼。"

6.后两次手负伤

在李天佑的战斗生涯中,5次负伤,有趣的是,他前3次是脚板受伤,之后却不再伤脚了,后2次全伤的是手。对此,又有人产生疑问,问他:"你怎么脚不伤了,伤了手呢?"

李天佑笑说:“这还不简单?”

“这话咋说?”

“那是因为我找到了护脚的窍门,还没发现护手的方法。”

“那你的窍门是……”问者饶有兴趣。

“脚抬起就马上落地!”

问者愕然。

(1)

1932年2月,李天佑奉命率特务连随红3军团攻打江西赣州城。

这是在“左”倾教条主义占统治地位的中央苏区进行的一次攻打大城市的硬仗。

攻打十几天后,红3军团总指挥部下达了总攻命令。

“轰隆!”一声巨响,城墙下,3副棺材里的炸药一起爆炸,顿时火光冲天,尘土弥漫,城墙被炸开一道缺口。但由于爆炸威力太大,城墙向外崩塌,预先埋伏在城墙脚下的80多名敢死队战士全被埋进了土里牺牲了。当其他战士们争先恐后向东门城墙冲去时,又被阻在城下。此时,李天佑正在红7军指挥部附近警戒,看到爆炸的滚滚烟尘,听到战友们震耳欲聋的喊杀声,就是攻不进城去,急得要死。一会儿,军部传来重新组织攻城的命令,并要求李天佑:

“你们连组成敢死队,打进城去!”

李天佑立即带领从特务连挑选出来的70多名战士,从军指挥部附近进入东门外的街道,从街道旁被打通隔墙的房屋里穿过去,躲避过敌人从城墙上射来的子弹,进入了前沿阵地。

“轰”一声巨响,浓烟滚滚,沙土飞扬!又一爆破点爆炸了。李天佑两眼圆睁,盯着爆破口一跃而起,冒着纷纷降落的沙石,踩着坑坑洼洼的地面,带头向城墙崩坍的缺口冲去。

敢死队员跟着连长向前冲。

几乎是同时,被震昏了头的敌兵被呐喊声唤醒过来,一边猛烈地射击,一边组织兵力反击。敌兵数量多,武器好。李天佑率领敢死队冲来,登上城头就开始肉搏。由于城墙上敌兵拼命反扑,敢死队员死的死,伤的伤,在李天佑向一伙敌兵冲过去时,突然一个敌兵从背后扫射过来,子弹射中他的右手和背部,他3处受伤,站立不住,从高高的城墙上摔了下去,掉落在城墙下的尸体上,昏死过去了。

特务连通信员见连长掉下了城墙,赶紧跑下来,在尸体堆上找到了他。这时李天佑已一动不动了,他以为他牺牲了,哭喊道:“连长!连长!”

李天佑已是一个血人,没有一点反应。通信员把他往自己背上一背,撤出了阵地。谁知一离开炮火纷飞的战场,突然,“轰——”又一声巨大的爆炸声响起,它竟然把李天佑震醒了,喃喃着:“我……我……怎么啦?”

通信员见他没死破涕为笑,立即把他送往设在于都的野战医院。

这是李天佑第4次负伤。

他受伤后,攻城战斗仍在激烈地进行,但由于大批敌军赶来增援,红3军团指挥部只好命令部队撤退。红7军撤到了兴国南塘。王明“左”倾教条主义坚持进行的一次军事行动终于宣告失败。

这次负伤,李天佑可以说是死里逃生,但他攻城必打先锋已是名声远扬。住院两个多月后,他伤愈归队,并由特务连连长升为58团副团长,时年19岁。

不久,他又被派到瑞金红军学校学习,1933年1月结业归队后,升为该团团长。1933年夏,红7军番号取消,原辖的两个小团大部分编入红3军团5师13团,李天佑任第 任团长,毛贲虎任政委。

红5师师长寻淮洲是从井冈山下来的红军将领,他个子矮小瘦弱,但作战经验丰富,很精悍,善于爬山,绰号叫“猴子师长”。5师13团老底子是广西红7军的战士,大部分战斗骨干来自壮、汉、瑶、苗等族,英勇强悍,具有丰富的战斗经验;广西战士在高山峻岭里长大,也善于爬山,被称为“猴子兵”。李天佑虽人长得高大,但是率领一大群广西“猴子兵”,也被人称为“猴子团团长”。结果,“猴子兵”、“猴子团长”和“猴子师长”在一起,红5师被称为“猴子师”。

(2)

1934年4月,在第5次反“围剿”中,中央苏区红军5个军团与蒋介石的重兵反复激战后,被迫撤出广昌,退到高虎脑、万年亭一线,开始了艰苦的生死防御战。红3军团4、5、6师负责防守头陂以南、石城以北地区。

此时,李天佑已升任为红5师师长。他率红5师驻守在红5军团与红4师之间,其中,13团防卫石城的高虎脑和王土寨一带,这是敌人从广昌去石城的必经之地。李天佑和他的红5师承担的是最艰巨的任务:正面阻敌。

战斗打响后,双方在一二十里的山间激战。漫山遍野都是穿黄皮的敌兵。敌人为了夺取高虎脑制高点,派上了整整3个师的兵力。他们先由几个营发动集团冲锋,但红5师像钉子一样坚守在阵地;几个营冲锋攻不下,敌兵又改用几个团进行集团冲锋,势在必得。可在阵地最前沿的红13团3营与敌血战,打得粮尽弹绝,仍在艰难地阻挡着敌军的全线攻击。此时红5师13团、15团的每一块前沿阵地都承受着敌人的轰炸和炮击的压力。

这一场血战,持续了两个多小时。

李天佑来到前沿阵地时,一半以上工事已被敌军猛烈的炮火摧垮,没倒塌的工事也是东倒西歪,破烂不堪。突然,几发炮弹在他附近爆炸,呛人的火药味和炎热的烟尘直扑鼻孔。但李天佑全然不顾,和警卫员踩着炮火犁松了的山坡,时而卧倒,时而沿着交通壕走,越过一个弹坑又一个弹坑。突然,他停住了,用左手握着望远镜观察敌人的阵地。随即,一发炮弹飞来,"轰"地一声,他手中的望远镜跌落在地上。

警卫员大吃一惊:"师长,你负伤了!"

"轻伤,不要紧。"

警卫员一看弹片炸伤了他的左手腕,血正往下流,立即对他进行包扎。

一包扎好,李天佑又跑回到师指挥所,和师政委陈阿金一起指挥全师进行反击,几经拼杀红5师终于打退了敌人第9次冲锋,保住了阵地。

敌人第二天的进攻,更加残酷,更加激烈。战场上,刀光剑影,杀声震天,尸体遍地。在众多飞机和强大炮火掩护下,成营成团的敌兵气势汹汹地朝红5师阵地涌来。红13团、红15团全线告急,李天佑把红14团投入战斗,又一次挽救危局。

这次战斗连续打了3天4夜,最后,红5师终于把敌兵打得后撤了。这次李天佑负伤,伤势不算很重,也没有住院。

高虎脑之战,中央红军毙伤敌军五六千人。红军撤出后,敌人离石城只有40多里,一个多月仍不敢进石城。但由于"左"倾教条主义路线影响,部队死打死拼,损失惨重。随后,红5师又接连打了几个防御战,到瑞金集结时,有的营只剩下十几个人,师政委陈阿金也牺牲了。10月14日晚,李天佑带着红 5 师随主力匆匆离开中央苏区，实行战略大转移。

在全国解放后，李天佑说："我两次手负伤，完全是'左'倾教条主义害的！"

7.最会攻守山头

红军是一支英雄的部队，其将领大多数是 20 多岁的小伙子。在 1934 年长征开始时，红 1 军团军团长林彪才 28 岁，参谋长左权 29 岁，其 1 师 1 团团长杨得志 24 岁，2 师政委刘亚楼 23 岁，4 团团长耿飙 24 岁；15 师师长彭绍辉 28 岁，政委肖华 18 岁；红 3 军团 4 师师长张宗逊 26 岁。众战将性格、脾气各不一样，其战法和作战风格也大有迥异。在诸多红军年轻的师级将领中，李天佑最年轻，他才 20 岁，并且以擅长"攻守山头"而出名。

(1)攻山头，抢先一功

李天佑会"攻山头"的名声最早是在朋口阻敌时获得的。

1933 年 6 月，红 3 军团东征福建，13 团团长李天佑奉红 5 师师长寻淮洲之命，率团东进，配合红 3 军团其他部队攻打朋口城。

这天清晨，红 13 团正在准备过浅水河，李天佑突然获知连城的敌人一个团正向朋口增援来了。他正要命令部队准备迎敌时，山路上几匹战马飞驰而来。第一个跳下马的竟是红 3 军团军团长彭德怀。他不吭一声走来，见着李天佑，就指着山沟中前来朋口增援的敌兵和东面的大山，说：

"你看见没有，敌人就要抢占这个山头，我们晚一步就要占下风！"

李天佑一看，这座大山居高临下，确是敌我双方必争之地，不免心中一惊：连城出援的敌人必定会争夺这座大山；红军如要打援，也必须占领这座大山。于是他立即说："军团长，我们一定抢在敌人前面！"

说罢，他立即告别彭德怀，和毛贲虎政委一起率部过河。

1 营在营长赵壁率领下直插东面大山后面前去阻敌，前卫连则分成多路，前去抢山头。沿着山谷和山脊，抓着树枝，扒着岩石，飞快地向山顶上攀爬。团长李天佑心里仍十分着急。敌兵这时也许正在山的另一侧坡上往上爬呢。

这座山险峻又扼守山口，谁控制了这座山，谁就能赢得这场战斗。这完全是一个“定生死”的山头！谁爬得快，谁就能先占山头，控制制高点。在这场夺取战机的比赛中，前卫连能不能赶在前头呢？他目不转睛地望着前卫连的战士们，看着他们朝山顶一步步靠近。

“轰！”

突然，山头的松林里甩出了几个手榴弹，接着，奔出几十个嚎叫着的敌兵，他们有的握着闪闪发光的刺刀冲过来，有的躲在树林里使劲地打机枪……因为这一突袭，前卫连很快溃退了下来。原来，狡猾的敌兵早已抢占了山头，并且还一声不响地埋伏在山顶，所以突然之间发起了袭击！李天佑见状，立即命令身边的司号员：

“快吹冲锋号！”

司号员吹响了冲锋号，山上也响起了冲锋号，前卫连战士奋不顾身向山顶扑去。李天佑又命令：

“2 营硬攻，从正面上，抢占山头；1 营从背后打，夹击敌人。”

山前山后枪声激烈响起！一时之间，枪声、炮弹声和厮杀声混成一片。山顶上的敌军顿时腹背受击。正当他们犹豫不知所措时，2 营一个反冲击，冲上了山顶，敌兵被迫向山坡溃退，边退边倒下一片一片，鬼哭狼嚎。

此刻，李天佑带着大队人马也上来了，红 13 团快速登上了山顶。

因为占领和控制了山头，此战红 13 团果然占尽主动，敌人一个团反复冲杀，要夺回山头，可是不仅“打”不上山顶，反被红 13 团又是子弹又是石头块地打得人仰马翻，冲一次锋死一批人，敌军连冲 10 次，结果死伤过半，最后红 13团一个反冲锋，敌兵除少数逃窜外，绝大部分被歼。

由于红 13 团在此阻止住了援兵，据守朋口之敌也被红 3 军团其他部队歼灭。

战后，彭德怀高兴地说：

“兵法说，守险容易攻山难。李天佑后一步攻山，反倒占了先机，这伢子攻山很有本事啊。”

(2)守山头,一团歼灭敌一团

李天佑不仅会攻山头,而且还善于守山头。

1933 年 8 月, 红 3 军团又围困了南平县城。红 4、5 两师主力奉命到南平县境的西芹,待机消灭沙县来援的国民党 19 路军。

李天佑率红 13 团到达沙溪口后,心里一盘算:明天一定会和敌军在距西芹 30 里左右的芹山主峰一带遭遇。于是,他深夜 1 点钟就带领 13 团从芹山脚下出发,前去迎敌。

芹山很高很陡。路不好走,天又很黑。他们艰难地走了 4 个多小时,还望不见主峰。偏偏天不作美,突然又下起暴雨来,战士们无处遮躲,个个淋得像落汤鸡。天亮后,李天佑和战士们才爬到芹山主峰的半山腰。这时,侦察排突然来报告:

"割草的老乡说,前面有八九个戴着钢盔、穿着草绿军装的敌兵,人不人鬼不鬼的,正沿着小路从山上过去……"

李天佑心头一惊,心想这可能是敌人的尖兵班,其主力很快就会到来。两军相遇勇者胜。他当机立断, 命令:"机枪排马上占领前面的山坡阻敌前进,其他营连抢占主峰! 一定要快! 快! "

芹山主峰是地势最高的大山头。他一声令下, 前面已传来了稀疏的枪声,1 营先头连撑着战旗飞跑在最前头。大家紧随红旗,不顾一切地直向山顶冲去……当先头连的红旗一插上山顶,2 营也上来了。结果,他们从山顶往下看,好险啊! 敌军分两路正往山顶上爬,距山顶也只有几十米了。先头连马上开火,随即"砰砰啪啪"的枪声震撼着山谷。

红 13 团由攻山头立即转为了守山头。

战斗越来越激烈,迫击炮声、手榴弹声,响彻山谷,硝烟弥漫,芹山主峰上什么也看不清。过半个多小时,李天佑才看清楚主峰,可情况却让他大吃一惊,敌兵像潮水般向 1 营压过去,1 营抵挡不住,先头连已退下来了! 一旦敌人占稳了山头, 就可能把红军压下山沟; 红军只有占稳山头, 才可以胜敌。他正着急时,毛贲虎政委从山上满头大汗地跑来,问道:"怎么办?"

"通讯员快下山,调 3 营上来!"李天佑说。

通讯员飞跑而去。李天佑又命令司号员:"吹冲锋号!"号角是激励红 13

团将士斗志的兴奋剂。军号一响,李天佑朝主峰望去,只见1营营长赵壁一跃而起,挥枪大喊:“人在阵地在,冲呀!”被敌兵火力压住的战士们猛地纵身跃起,呐喊着冲上去。随即,退下来的先头连也稳住了阵脚,跟着营主力冲去。

按照以往的经验,这两个拳头一回击,这一两个连的敌兵肯定会头破血流。但此时他们的对手是19路军的精锐团——号称“公牛团”的61师366团,战斗就没以往这么容易了。冲锋号响彻云霄,双方在混乱中厮杀着,战斗又激烈起来。突然,赵壁冲出几步,腹部就中弹,肠子流了出来,倒在地上了。他眉头一皱,咬紧牙关,用手抓住血淋淋的肠子一把一把塞进肚子里,用最后一点力气,嘶哑地喊着说:“不准退,向前进攻!”然后倒在地上再也没吱声了。

李天佑亲眼目睹了这壮烈的一幕,心头怒火猛然而起,他挥着拳头,恶狠狠地说:“副营长代替赵营长,为赵营长报仇!”随即,李天佑拔出大刀,走向山顶,边走边喊:“共产党员,共青团员!跟我上!”

团长带头冲向主峰,红13团就像一只发怒的狂狮猛地扑向敌兵,全团展开了肉搏战,顿时,主峰上刺刀闪闪,鲜血淋淋,枪托的碰击声代替了枪炮声。

尽管61师366团有着公牛般的猛劲,但遇到有我无敌、敢打敢拼的红13团,终于招架不住了,开始节节败退。李天佑乘机跳上战马,率领13团紧追过去,这一追,一直追了180里,然后又把敌人压在了一条山沟里,366团残兵见红军打红了眼,慌忙扔枪的扔枪,举手的举手。敌团长见势不妙,急忙带领几个卫士骑着马,向高砂逃去。李天佑挥动马鞭,踩着满山遍野的钢盔、枪支、弹药和尸体,跟着猛追,一直追到高砂,将敌团长追上一枪击毙了,才返回身。

就这样,国民党19路军最精锐的、最有战斗力的、从来没打过败仗的61师366团,在芹山一战被红13团打了个全军覆没,从团长到士兵无一幸免。

战后,红3军团召开表彰会,为嘉奖红13团以一个团的兵力歼敌一个主力团的战绩,彭德怀亲自授予红13团“英雄模范团”荣誉锦旗,团长李天佑三等红星奖章。获得红星奖章是一件极不容易的事。在授锦旗仪式后,从来不轻易表扬人的军团长彭德怀,兴高采烈地拉着19岁的李天佑坐在自己的身旁，还拍着他的肩膀，说：

“小鬼，不错啊！年纪轻轻的，指挥打仗可真有本事，会攻山头，也会守山头，这本事可是红军一绝呀！”

(3) 最年轻的师长之一

芹山之战 4 个月后，李天佑刚过 20 岁，被任命为红 3 军团第 5 师师长。

李天佑看上去还“稚气未脱”，却成为了红军中最年轻的师长之一。此时，在彭德怀统率的红 3 军团中，下辖 3 个师，4 师师长张宗逊 26 岁，6 师师长曹德钦 25 岁。在红军包括红 1 军团、红 3 军团、红 5 军团、红 8军团、红 9 军团以及红 2、6 军团所有的干部中，团级干部较年轻的是 1军团 2 师 4 团政委杨成武，21岁；师级干部中较年轻的是 3 军团 5 师师长李天佑和政委钟赤兵(均为 20岁)、红 2军团 5 师师长贺炳炎(21岁)。无论是横比还是竖比，5 师师长李天佑年龄都算小的。彭德怀说：“我们红军几十万人，只有两个娃娃师长，一个是贺龙红 2军团的 5师师长，叫贺炳炎，才 21 岁；另一个就是我们 3 军团的 5 师师长李天佑，他比姓贺的娃娃还小 1 岁。这两个娃娃当师长，不是靠别的，就靠会指挥，打仗有本事！”

为了保护李天佑的安全，彭德怀还派给他一个连的警卫！

李天佑 20 岁就做了师长，结果他手下的 5 师几个团级干部个个都比他年纪大，其中较年轻的有：10 团政委杨勇 22 岁，11 团政委张爱萍 24 岁，13 团政委苏振华 22 岁，但他们都比师长年纪大。李天佑成了老大哥们的领头人。

接着又引出一个趣话。

14 团团长黄冕昌与李天佑都是参加百色起义的老战士，当李天佑还是军部特务连长，率部登上赣州城头时，黄冕昌已是红 7 军 55 团团长，并担任攻城前线指挥。1933 年，两人成为“平级”，都是团长。现在李天佑却变成了黄冕昌的直接顶头上司了。黄冕昌从李天佑的上级变成下级，有百色起义来的老战友问黄冕昌：

“你一直是小李的老上级，现在做了他的部下，你怎么想的呀？”

对此，黄冕昌说：

“没办法,他有本事,打仗我就是不如他！没办法,没办法呀！”

(4)3000 人打得只剩下 1000 人

李天佑守山头最出名的一战,是与桂军号称“钢军”的第 7 军的湘江之战。

1934 年 10,中央红军因为反“围剿”失败,仓促沿粤、桂、湘边境向西转移。李天佑率红 5 师担任红 3 军团前卫。11 月底一天,他们正在夜行军向湘江岸边前进,突然接到军团部命令:5 师的 14、15 两团立即行动,赶赴灌阳、新圩,阻击桂军,保证整个野战军的左翼安全,掩护中央纵队抢渡湘江。电文的语句像钢铁铸成的:

“守住山头,不惜一切代价,全力坚持 3 天至 4 天！”

李天佑立即率 14 团、15 团连夜赶到指定地,并在小山上匆匆地挖了简易工事。

此次李天佑扼守的山头,不仅山小,而且对手比以往更强悍。他们的对手是桂军,全是广西人,为李宗仁、白崇禧的王牌第 7 军的两个师和一个团,由夏威率领。李天佑的老上级李明瑞在北伐时曾任该军师长和副军长,攻打汀泗桥、贺胜桥时,该部跟叶挺独立团并肩作战,打出了声威,号称“钢军”。现在李天佑以两个团来对付“钢军”两个师加一个团共七个团,兵力十分悬殊。而他要守住山头,并且要坚持 3-4 天,这无疑是极大的考验。

第一天,双方激战一日,不分胜负。

第二日,从拂晓起,激战就炽热化。一开战,红 5 师情况就越来越糟,不仅前沿几个小山头丢失了,主官连连受伤,14 团团政委谢振华、15 团团长白志文、政委罗元发先后负伤;下一级指挥员也伤亡严重,15 团 3 个营长两个牺牲,伤亡 500 多人,全团几乎陷入无人指挥的窘境。

李天佑急得汗水浸湿了衣服,命令师参谋长胡浚前往 15 团指挥战斗。结果,胡浚一去,也在反击战中壮烈牺牲。

15 团陷入危急之中！

此时,2000 多敌兵又从右侧向红 14 团冲过来了。结果,翻过小山坡时,遭到红 14 团密集火力的封锁才暂停下来。敌兵非常狡猾,很快发现红 14 团左侧兵力薄弱,悄悄另派一股兵力从左侧往上冲。黄冕昌团长立即组织反冲锋,结果,他在激战中牺牲,副团长接着指挥反击,也不幸中弹牺牲,团参谋长继续进行指挥,最后也牺牲了,但红 14 团最终还是咬着牙把敌兵打退了。

一向能征惯战的“钢军”以 7 个团加 6 架飞机反复冲击,却拿不下灌阳、新圩一线阵地。白崇禧非常奇怪,是红军什么部队在阻击,他们长途跋涉哪来那么强战斗力?回报说是彭德怀 3 军团的红 5 师,从师长李天佑至战士多是参加过百色起义的广西人。白崇禧大拍大腿:“真是冤家路窄!这一仗是棋逢对手了!”

激战到第三日下午 4 点多钟,山头仍然控制在红 5 师手中。此时李天佑率部已激战了 3 天 2 夜,自师参谋长胡浚以下,团、营、连干部几乎非伤即亡,全师 3000 多人损失 2000 多人,偌大的一个师只剩下 1000人。但他们以劣势的装备和兵力,挡住了占绝对优势的王牌第 7 军,逐个山头死守,终于完成了上级交给的阻击任务。

中央纵队渡过湘江后,红 3 军团命令李天佑把防务交给红 6 师,红 5 师迅速过江。李天佑把来电仔细地看了两遍,轻轻地吐出一口气,紧紧地握住钟赤兵政委的手,说:

“好,中央纵队总算安全地渡过江去了。我们的任务完成了!”

红 5 师迅捷地撤离了血染的阵地。

李大佑善攻守山头的英名再次闻名红军之中。后来李天佑说:

“在 1934 年和桂系第 7 军湘江一战,广西人打广西人,那几个小山头红5师差点就没守住,是战士们用肉体和鲜血铸就了一道敌人迈不过的铜墙铁壁。守山头,不容易啊!是用血来堵、肉来挡地守啊!”

8.刀靶水失利挨批评

1935 年 1 月初,红军进入了贵州遵义城。15 日,党中央召开中央政治局扩大会议。在会议期间,红 3 军团 5 师受命在刀靶水地区担任警戒任务。

（1）

刀靶水在遵义城的南面，背靠遵义城，面向激流滚滚的乌江。红5师的主要任务是防止乌江南面之敌。

这几年来，李天佑常患疟疾，即“打摆子”。在湘江之战后，部队进入贵州，他的疟疾越来越重，由于没药吃，也吃不饱饭，最后病得骨瘦如柴，走路没力气，连骑马都坐不稳，最后不得不躺在担架上行军。进遵义城前，他的“摆子”打得更厉害了，时而清醒，时而昏迷，是在担架上迷迷糊糊地被抬入刀靶水师部的。

在刀靶水师部驻下后，他仍然处在昏迷中，躺在床上，虽然盖着厚厚的被子，仍然浑身发抖。

因为做师长的他病倒了，所以政委钟赤兵派了一个团对贵阳方向警戒，并立即下部队检查工作去了。半夜过后，李天佑才开始退烧，头脑也渐渐清醒了一些。他侧耳细听四周，一片宁静，只有寒风在呼啸。谁知几个小时后，快到天亮时，突然远处传来几声清脆的枪声，打破了黑夜的沉寂。

“有敌情！”他“呼”地一把翻身，从床上坐起，立即抓住电话耳机与各团联系。谁知电话线已被割断，他怎么摇也摇不通，无法与任何人通话。

枪声越来越急，越来越近。他判断：敌人偷袭来了，而且是向师部这个方向！他大喊一声：“警卫员！”可是，连喊几声都没人应答！他更急了，这一急马上从床上爬了起来。正要往门外走去时，几个警卫员冲进师部！李天佑斩钉截铁地说：

“立即通知师直属队，向后山撤退！”

此时天还没破晓，一片漆黑，在敌偷袭的情况下敌我混在一起，如果不快速撤退，部队会受大损失。他和几个警卫员匆忙拿一些紧要东西就迅速撤退。他拖着久病之身，摸黑穿过密林，踩着湿漉漉的泥浆路，跑到了刀靶水后面的一座小山上。此时，师部副特派员兼师直属队特派员周斌来了。接着，钟赤兵政委和政治部主任江华也来了。随即，师参谋长也带来了少数掩护部队赶来了。李天佑与他们简单交换了情况，立即向另一小村子走去，把冲散的人员渐渐集中起来。

幸好，这次偷袭是一帮土匪来抢钱财的。原来，他们发现红5师事务长和经理人员多次到集市用银元买这买那，以为他们油水很大，便跟踪而来躲到天黑后发动了偷袭，结果这些土匪抢了些银元和东西，不知道这是红 5 师师部，就匆匆撤走了。

(2)

此时，遵义会议正在召开。军团长彭德怀在会议上发言，尖锐批评“左”倾错误路线，批评洋顾问李德不了解情况，光看地图瞎指挥，为此，他还拍着桌子说：“所谓短促突击，突击几次也没有成功。真是崽卖爷田心不痛，要把一切都断送掉！”火气一起，他差点把桌子给掀翻了。

谁知就在这劲头上，有人来报告说昨夜里刀靶水遭到偷袭，彭德怀的 3 大主力师 6 师已经打完了，5 师这次连师部都给端了，李德立即开始说风凉话：“崽卖爷田，到底是谁要把一切都断送掉啊？”

这一下把彭德怀气得火冒三丈，一把抓起电话机，就把李天佑狠“尅”了一通。李天佑熟悉军团长的脾气，等他批评完了，才自责地说：

“不怪别人，是我的错误！”

彭德怀要掀桌子反受讥、李天佑挨批评，这成为遵义会议中鲜为人知的一段小插曲。

刀靶水 5 师连师部都被端了，后果是严重的，彭德怀的红 3 军团在遵义会议后被迫进行整编，红 5 师被编为独立团，军团调整了部分师团干部。由于刀靶水失误，李天佑由 5 师师长调任军团部作战科科长。

刀靶水遭袭，被李天佑认为是自己军事生涯的两大败仗之一（另一仗为三战四平），其被遭突袭的原因是侦察连长没有侦察到消息，未发现敌情，属于重大失误。事隔 35 年后，病重的李天佑提起这一仗还耿耿于怀，说：“当时真想一枪毙了他！”他的夫人杜启远说：“你怎么能这样啊？”他说：“我不毙他，有人就要毙我。”

他说的这个人当然是彭德怀，但是李天佑没毙侦察连长，彭德怀也没毙李天佑。这位侦察连长后来成为了我军的某军军长，1955 年被授予中将军衔。

(3)

1935 年 11 月，直罗镇战役胜利后，他调红 3 军团 2 师任副师长。直到第二年5月,党中央发表了《停战议和一致抗日通电》,红军由山西回师陕北,李天佑才调任红4师师长,官复原职。上任前,彭德怀特地找到他,说:

"在遵义我批评你,批评错了。我知道你正打摆子,发高烧,没有你的事。你要部队撤退也是对的,总不能叫人家一口吞掉嘛!我批评你,就是要你们接受教训,不要叫敌人一冲就垮!另外,就是堵堵李德的嘴巴!"

而李天佑则说:"那次真的好险,是我大意,其实该批评!"

9."八路军一个团人数比我们两个团还多"

1937年7月7日,侵华日军发动了卢沟桥事变,准备以武力吞并全中国。红4师整编为八路军115师343旅686团,李天佑任团长。8月底,他率部开赴华北前线,同时和115师杨成武独立团到达了黄河西岸的芝川镇,准备渡黄河北上。

芝川镇前面就是著名的黄河禹门渡口,渡口设有一个国民党军检查站,防范极严。686团是"正规军",而杨成武独立团不在国民政府规定的八路军编制序列之内,渡口检查站可能不准他们渡河。

李天佑灵机一动,对杨成武说:"我们把两个团合编为一个团,用686团名义要求上前线抗日。"

杨成武同意了。

下午,两个团的队伍开到了渡口,那里停泊着20多条大渡船。战士们一拥而上,先把渡船占住了。渡口检查站的国民党军见全是"符合规定"的八路军部队,一点儿没加阻拦。一个军官边看着他们渡河,边讥笑说:"谁说红军会打仗呀?你看你看。"

"看什么呢?"手下急问。

"他们一个团人数比我们两个团还多!"

战士们听到这话,忍住笑,帮着船工摇橹,很快,两个团就渡过了黄河。

若干年之后,杨成武还说:"北上抗日,我是被李天佑带过黄河的!他脑子灵活,胆子也很厉害啊!我们两个团混成一个团过河,竟然还把国军骗住了。"

10.平型关大战任主攻

1937年9月,八路军115师渡过黄河后,立即开赴到了山西抗日前线。

为了配合国民党友军坚守平型关正面作战,115师隐蔽集结于日军侧面,准备从敌后伏击日军。

自8月与日军交火以来,武器精良、训练有素的国民党7个军都被日军打得步步后退,几十万人马奈何不了3万人!115师师长林彪却决定率115师伏击日军最精锐的劲旅——日本陆军第5师团第21旅团,八路军第一把火就拿王牌开刀。

日军陆军第5师团是日军最精锐的机械化部队,师团长叫板垣征四郎,是日本国内公认的名将。他在1917年任日军参谋本部中国课部员时,就足迹踏遍中国,与土肥原、矶谷廉介同称日军"三人中国通",这些年来日军侵华在中国发动的件件大事都有他的份。卢沟桥事变后,他率领第5师团由广岛出发,经朝鲜釜山到达天津,一路进击,铁蹄践踏察哈尔,攻蔚县、占广灵、取灵丘、霸涞源……可以说是"所向披靡"。115师要伏击的第21旅团就是他手下的主力部队,号称"陆军之花"。

这无疑将是一场恶仗、血仗。

林彪指挥打仗也历来以"诡怪"著称,这一次,他把伏击战场选择在一个叫平型关的地方。

平型关,有人称它"瓶形寨",也有人称"瓶形镇"。不管它是寨还是镇,可地形却像瓶子一样,口小肚子大,险要得很。"瓶口"是险峻的老爷庙,"瓶肚子"是十多里长的乔沟,若扎住了"瓶口"进入平型关的蚂蚁都难逃出。就在平型关,林彪巧妙地设置了一个叫板垣征四郎叫苦不得的"口袋阵"。其中,343旅685和686团担任伏击战的主攻任务。李天佑的686团"唱主角"。

9月25日凌晨,天刚蒙蒙亮,第5师团第21旅团少将旅团长三浦敏事率领3个步兵大队、1个野炮大队护送辎重车队的大批辎重,大摇大摆地沿着灵丘向平型关公路西进而来。当林彪的"口袋阵"正张开了血盆大嘴时,三浦却一无所知,带着侵华以来胜利的傲气不可一世地率兵疯狂冒进。为首的日兵高举一面太阳旗,旗手后面是 20 多名尖兵,距离尖兵 20 多米是三路纵队的日军,刺刀迎着阳光,寒光闪闪。再后面日军由百余辆汽车打头,中间是 200 余辆马车,车上满载着全副武装的官兵和辎重,最后是牵引着92式步兵炮的骡马和骑兵。

突然,“轰”地一声,一颗手榴弹从天而降,掉在日军的队伍中炸开了,战斗随即就打响了。枪弹响成了一片。

21 旅团被这突如其来的袭击打蒙了,队形大乱,顿时死伤一大片。

但它毕竟是日军王牌,在枪林弹雨中,日军很快稳住了阵脚,以汽车、马车、山石、沟壑为依托,顽强抵抗,以单车、单兵进行苦战、死战。双方开始了厮杀。

在激战中,115 师师长林彪突然调整部署, 命 686 团打头,685 团打腰部,687 团打尾。李天佑被叫到指挥所,林彪命令道:“686 团冲下公路,把敌人切成几段,并以一个营抢占老爷庙,拿下制高点。”

李天佑接受了“关闸门”的重任。

一回团部,他立即把团里的其他几位干部下派到营里指挥,自己率 3 营抢占老爷庙。这时,有几个日本兵正往老爷庙爬。李天佑有些着急了,急令右侧山上的 3 营向老爷庙冲击。可日军很顽强,仗着武器好,在争夺战中抢先占领了老爷庙!不拿下老爷庙,就关不住日军,这场战役就完全失去意义。李天佑一咬牙:“命令 3 营再次冲击!”

此时,副团长杨勇刚回到团部,自告奋勇说:“我与 3 营一起去!”

他率 3 营向老爷庙的方向冲去。结果,3 营冲上公路后,遭到火力压制,冲到最前面的 9 连强行硬冲,连干部全部牺牲,全连只剩下 10 多个人,副团长杨勇左臂被炸伤,还是没冲上去。李天佑见状,又急调 2 营支援,最后两个营合力猛冲,终于占领了老爷庙制高点。

占领了老爷庙后,686 团扼守着瓶口,从公路两侧居高临下对日军进行打击。这时,日军的指挥官才猛醒过来,发现了自己战术上的失误,马上挥刀喊叫,指挥部队又开始争夺老爷庙制高点。双方处于近战胶着状态,日军的大炮、快速骑兵全都失去了作用,火力优势也发挥不出来,只有穿着皮鞋的步兵成群地往上爬。686 团则占尽优势,他们居高临下,对日军进行打击,打得敌人无处躲藏。日军冲上来,马上就垮下去。再冲上来,又垮下去。

结果,敌人一次又一次进行冲击,在老爷庙下面集结的人马越来越多,足足有五六百人,敌机也来凑热闹,低空盘旋着,寻找机会。但交战双方靠得很近,它们不敢轻易投弹。战斗进行到下午 1 时,687 团从后面攻上来,鬼子的后尾顿时乱了。林彪一见时机已到,下令各团立即发起攻击,把日军围在山沟里往死里打。

在混战中,被围于小寨村至老爷庙之敌,在 6 架飞机掩护下,再次猛攻老爷庙,但是一遇到 686 团就像碰击反弹力巨大的墙壁,撞击过来又被更大的力量反回去,怎么冲也夺不下这逃命的生死关口。而这时115 师集中全力围歼困在沟里之敌。至当日 13 时,战斗胜利结束。

日军精锐第 5 师团第 21 旅团 1000 多人被歼灭。

历史终于在 1937 年 9 月 25 日这一天被改写——115 师以一个漂亮的歼灭战打破了日军“不可战胜”的神话,八路军115 师平型关之战胜利了,并且胜得非常漂亮。

此战中,李天佑担任主攻任务和扼守“瓶口”,无疑功不可没。1938年年初,他被提拔为343 旅副旅长。

11.三战解围

1938 年 3 月,李天佑被任命为 343 旅代旅长,率部进入晋西吕梁山区作战,打击南犯之敌。

3 月的一天,343 旅直属队正在和当地友军、民众进行联欢。突然,115 师陈光代师长通知说,日军五六百人向大宁县午城镇前进,与 115 师直属队遭遇,情况非常紧急,令他率部救援。李天佑一看通知,着急地说:“鬼子意在包饺子, 救军如救火! ” 立即率 343 旅 685 团、686 团迅速往回赶前去解围。

第二天下午,他们跑步过了义泉镇,到达上下桑城、下寺德一带宿营。一驻营下来,他们故意弄出些动静,几个汉奸为了领赏钱,急急忙忙去报告。日军一听附近有八路,立即不去午城了,决定就地一战,“现场立功”。

这一下可好了，李天佑正好把向午城进发前去“包饺子”的日军一部拦住了。

天亮后，大宁的日军又派出五六百人，拖着两门山炮，开始向 685 团进攻，可是 685 团占据着有利地形，与敌英勇作战，进攻一一被击退，准备前去大宁的日军全被死死拖住了。

李天佑在这里拖住日军援兵，马上引起了“围剿”115 师直属队日军大队的危机！

原来，他们只顾追击八路军，没带多少粮食，一进入吕梁山区麻烦就来了，除了野草皮树根，什么吃的都没有，四下找寻，老百姓全跑光了，只有空空如也的断墙坏壁，给养立即成为了向前进军的最大难题。为了把给养和辎重送到前线，蒲城的日军用 6 辆汽车满载步兵，护送 170 多辆汽车往西开。谁知来到井沟以西的午城附近时，又被李天佑率领部下截获 6 辆。残兵死里逃生，拼了老命跑回午城，343 旅紧追不放，他们前脚进城，八路军后脚就到，结果，日军的汽车队和午城内 500 多守军全部陷入了 343 旅的东西夹击之中。

午城镇处于吕梁山脉中南部的山腹，有 3 条汽车公路在此交叉。附近的国民党友军也立即行动，开着汽车，用大炮切断了日军的后方联络，这下城内日伪军开始哭爹喊娘，慌乱得一团糟了。

李天佑决定强夺午城镇。

一个旅围攻近千名日军，这本来不符合八路军“集中优势兵力歼敌”的作战原则，但李天佑却有胆识去打这一仗。白天日军的火力强，很难攻击，他就进行夜袭，用近战胜敌。当晚，685 团两个连从东北向午城北面山上固守工事的日军展开猛烈攻击；686 团 3 营是有名的“夜老虎”，从西北向东猛扑，迅疾占领北山高地，随后就攻入了午城镇。

混乱中，城内日军余敌立即坐上汽车逃跑。但汽车一出城门，又遭到埋伏，被 343 旅的手榴弹打得连灯都不敢开，黑暗中，一辆车开进河沟里，前面的汽车又迷失方向，误入 343 旅出击沟地，后面的车跟着冲进来，跟着落网。结果，日军 172 辆汽车、3000 包大米和其他军用品，全部被李天佑缴获。

遗憾的是，343 旅从上到下没几个人会开汽车，大部分汽车无法及时运走，只好烧毁。霎时，河沟里燃起熊熊大火，烈焰腾空，照亮了黑夜的半边天空。

午城被围打，临汾的日军星夜驰援。600 名步兵、200 名骑兵和一个中队炮兵，由蒲城经井沟，向午城、大宁增援。拂晓前，李天佑又带领 686团赶来伏击，部分兵力埋伏在井沟、张庄以北的各条小沟内，游击支队则埋伏在南面山上，血盆大口又张开了。

日军因几天吃亏太多，这次比较谨慎，往前进时一面用火力进行搜索，一面缓缓行进。10 时，先头部队开进井沟、张庄，可是，一看到狭窄沟地里昨天被打死的同伴尸体，吓得立即停止下来，随后而来的大队伍马上由 1 路队形变成了 2 路、3 路密集队形，并不断地向东南面山上打炮。

这时，李天佑指挥 686 团 1、2 营全埋伏在井沟里，离他们只有 200 米远，可日军偏偏就发现不了，一边打炮一边继续小心前进。

正在他们缓缓走着时，突然，两面山上和沟道里飞出一大堆手榴弹，机枪子弹像雨点似的射出来，一时硝烟弥漫，灰尘蔽空，杀声震天。混乱中，日军先头部队占据了井沟、张庄的山崖和南面的龙王庙，负隅顽抗，4 门大炮像发了疯似的猛烈轰击。1 小时后，6 架轰炸机也来进行低空轰炸，连续投弹100 多枚。

但是，这一切都不管用。大队日军仍被 343 旅死死夹击住，死伤不断增多。激战中，日军妄图趁机突围，多次发动猛烈的反击，战斗异常激烈。但没到黄昏时分，龙王庙、井沟一带的 500 多个日军全部直挺挺地躺在地上，3 门大炮也被缴获。张庄的 100 多个日军大部分也被打死。

这一战，收获颇丰，战士们一直忙到天明才把汽车和缴获的枪炮全部运完。

几天时间，343 旅连打几仗，仗仗有收获，日军锐气被挫，全部逃去，115 师直属队就这样被李天佑三战解了围。

12.救了国民党战区司令长官

李天佑英勇善战、屡挫日军，使敌人闻风丧胆。

午城、井沟战斗之后，日军为报一箭之仇，于一个星期之后组织了千余人的兵力进行反扑。这时,国民党第二战区副司令长官卫立煌率领他的指挥机关渡过黄河到山西。可是,刚到大宁,就与这股日军相遇,双方发生激战。

日军找不着八路军,就拿国民党撒气,卫立煌不敌日军的攻势,退了下来。说来也怪,以后,无论他走到哪里,日军就跟到哪里,仗是一个接着一个,打得非常艰苦,最后他一个旅终于被打散了,剩下他这个光杆司令和几十个卫兵,形势非常严峻。卫立煌只好经八路军 115 师防地向东转进。同时,由于怀疑自己的部队里有奸细,他与其参谋长郭寄峤等人来到 115 师,要求八路军支援。

这时国共两党的关系还十分密切, 特别是八路军与第二战区的关系从七七事变以来一直不错。卫立煌当过孙中山的卫士,10 年内战时参加过对苏区的“围剿”,但在全国抗战初期,他任国民党第二战区副司令长官,统辖晋北全部中央军和晋绥军 10 余万人, 在晋西北忻口进行的抗日保卫战,历时 20 天,打了华北抗战中最激烈的一次战役,被国人称道。

为了团结抗日,陈光愉快地答应了他的请求,命令 343 旅代旅长李天佑率部前去救援。李天佑令686 团代团长杨勇阻击日军,掩护卫立煌部东进。

谁知第二日,卫立煌继续东进时在石楼、白儿岭时又遭到日军围歼,陷入险境,所率人马冲散。李天佑闻讯亲自选择白儿岭为阵地,掩护卫立煌转移。686团 2 营 5 连在连长王永禄带领下全连出击,利用两面悬崖峭壁、中间只有一条路的有利地形,构筑野战工事,顽强地顶住 800 多名日军的轮番进攻。

很快,卫立煌脱离了危险。他边走边用望远镜遥望着白儿岭,只见那里在日军的飞机和火炮的轰击之下,整个阵地已成一片火海。此时,前方拼杀的喊叫声仍惊心动魄,密集的枪炮声和飞机的轰鸣声震耳欲聋,炮弹炸断了山上的树木发出尖锐的呼啸声, 战斗非常激烈, 谁也分不清部队在什么位置。卫立煌手持望远镜看了一会儿,对杨勇说:

“战斗打得很激烈,请问杨团长,那里有几个团?”

“只有一个连。”

“一个连?不,杨团长不要讲笑话!一个连怎么能挡住这么多鬼子的连续攻击呢?”

“这是真的!如果你不信,一会儿他们撤下来的时候,你查查人数就清楚了。”

听杨勇说得这么肯定，卫立煌似乎相信了。他带着惋惜的口气，自言自语地说："这个连完啦！"

可是不久，这个连却胜利归来。卫立煌不相信，去一看，他们确实不足200人，并且在如此激烈的战斗中全连仅伤亡20余人，并且还缴获了日军的战马！真是不看不知道一看吓一跳，他不禁钦佩地说："八路军真能干！"

接着，他又对杨勇说："杨团长，这次多亏了你们的鼎力相助，才使我卫某转危为安。"

"抗日一家，不必称谢。"

此时115师所在的国民革命军第18集团军，是国民党第二战区内的部队，而卫立煌是第二战区的副司令长官。115师为卫立煌的安全而战，也是分内的事。所以卫立煌对杨勇称谢也许是客气，但他对八路军的佩服则是由衷的。事后，卫立煌对他的部下说："你们看看，人家八路军，还扛着梭镖，那么能打，唱起歌来也有精神。可你们垂头丧气的样子，像什么！"

为了表达对343旅救命之恩的感激之情，卫立煌特地派人送给八路军100挺轻机枪、10万发子弹。在整个抗日战争期间，卫立煌一直对共产党和八路军抱着友好的态度。后来，彭德怀在八路军干部会议上，谈起此事，笑着说：

"李天佑派一个连救了卫长官的命，这下可值得了，你们看，这么多吃的、用的，还团结了一位抗日将领！"

13.攻守哈尔滨

攻守东北要地哈尔滨，是抗战胜利后李天佑指挥的一次较大的军事行动。

（1）

1946年1月，中共中央东北局将挺进东北的部队划分为野战军和地方军，建立了北满、南满、东满、西满4个军区。李天佑被调去北满军区任参谋长，司令员高岗，下辖扩编后的山东第7师，陕甘宁第359旅，以及松江、合江、北安、嫩江和牡丹江等5个军分区。

在抗战中后期，李天佑曾有过一次“留学”的经历。

1939年，李天佑被党中央派赴苏联学习军事。1941年，苏德战争爆发后，他结束学习，辗转中蒙边界回国。结果，一行人住在中国驻蒙古大使馆，生活没有着落，只好边打工，边等待。

历经曲折后，1943年3月，他才好不容易辗转回到了延安。

1945年8月24日，林彪、肖劲光、邓华、李天佑等乘一架美国运输机由延安飞抵太行山八路军总部，受命前往山东根据地。

一下飞机，他们改骑马匹，立即往山东赶路。

9月19日，一行人到达了河南濮阳，突然党中央发来“万万火急”电报，命令他们立即转道奔赴东北。此时这一行人正在一所农家小院里歇息。林彪接到电报后，让人念了一遍，大家议论纷纷。可他本人二话没说，将战马牵出院子，跨上马，独自朝前奔去。肖劲光、李天佑等人见状，立即上马赶了去。

就这样，李天佑随林彪等人来到了东北黑土地。

北满军区成立后，国民党特务在南京组织反苏示威，要求苏联红军撤出东北，移交国民党政府接管。结果，斯大林突然命令苏军从东北各大城市全部撤走。这反把蒋介石弄了个措手不及！因为他的主力部队还远在沈阳，一时无力去接管其他各大城市。于是，中共中央东北局决定派兵进占哈尔滨，将其建设成为北满根据地中心，李天佑被任命为解放哈尔滨的总指挥，负责攻打解放哈尔滨城的战斗。

（2）

解放哈尔滨，是李天佑指挥东北抗日联军第一次军事行动，也是他在东北第一次夺取大城市的军事行动。

对于这一攻城战，他特别用心，由此也让手下倍觉奇怪，不可理解。

此时，东北十分复杂，日军残余、伪满分子、土匪和国民党特务乃至三教九流充斥东北各地，稍不留神，工作就会出差错儿。因此，他布置每项任务时，要求非常严格又具体，特别注意军事保密。一天，他把作战参谋陈锦渡叫到跟前说："陈参谋，你马上去一面坡，找到温玉成司令员，向他传达攻占哈尔滨的作战命令。"

陈赶紧掏出个小本，准备记录命令内容，但他却被拦住了，被告之说：

"只能心记，身上不准带任何有文字的东西。当天去，当天回。"

陈参谋点了点头。李天佑于是向他口述命令，总共200字左右。他口述了2遍，陈锦渡点头表示全记住了。可李天佑还不放心，说："你再复述一遍！"见他果然记准了，才放他走。在临行时，他又嘱咐说：

"路上不要多说话，对任何人都不要讲，到了一面坡，找到温玉成司令员后，只向他一个人传达。"

陈锦渡没想到这么机密，一路上一句话都不敢说。在一面坡军分区遇见一个熟人，对方热情地与他打招呼，他怕多说话，立即装作不认识溜走开了，弄得熟人很是奇怪：

"这陈锦渡，我们在1935年就认识，在晋北一起3年，又一起到东北。才不到半年，现在他居然不认识我了！"

这位熟人也是个"直肠子"，看着陈锦渡的背影，也不忌讳，大声说："人啦，就怕变！"

传达命令回来后，陈锦渡才松了口气，说：

"嗨！以前打仗都是把命令写在纸上，没想到这一次不仅要心记，还话都不能说。这么神秘的，老熟人肯定怪死我了！"

(3)

这一天，陈锦渡花了整整一上午时间，认认真真做完了战前作战计划的标图工作，送去交给李天佑看后，他也点头满意。但说来也巧，当陈锦渡拿回办公室后，上了趟厕所，却出现了一个意想不到的情况。

桌上那张新标好的图纸突然不见了！他一急连忙跑去问：

"首长是否拿去看了？"

结果，谁都说没拿。李天佑闻讯，马上脸色大变，立即命令封锁路口，分头搜查。随后，他气得大拍桌子，对陈锦渡发脾气说：

"你身为参谋，举足轻重，责任心哪里去了嘛？这张图标记着主力2、4团从哪里突进，分区独立团从哪里突进，整个作战意图全在上面，丢失了，哪还得了!”

陈锦渡吓得连话都说不出了。但就在这时,忽然听到桌后发出“哗啦”一声纸响。他拉开桌子一看,那张新标图纸被李天佑一拍桌子正好夹在当中,完整无损。

原是一场虚惊!李天佑拿着那张图纸,仍用责备的目光扫了他一眼,说:

“当参谋,做事情怎么这样呢?你出半点儿差错,战场上就不知要流多少血,死多少人呢!”

不久,攻城战就打响了。由于李天佑准备充分,哈尔滨很快就被解放,成为了我党在东北夺取的第一个大城市,中共中央东北局也随即搬进了哈城。

(4)

哈尔滨解放后,东北局势极为严峻。在美国的支持下,蒋介石十几万重兵向东北解放区大举进攻,四平、公主岭、长春先后丢失。为了对付敌军对哈尔滨的进攻,李天佑昼夜思考御敌办法。

一天,他拿着一份图纸,对陈锦渡说:“你以军代表的名义,去哈尔滨 36 棚铁工厂一趟,叫他们按照这份图纸做个大‘铁家伙’。”

陈锦渡问:“什么大‘铁家伙’?做什么用?”

“现在不用问,到时你就晓得了。”李天佑神秘地说。

很快,这个“铁家伙”做出来了,像个机车,足足有 4 间房子那么大,是个庞然大物,后面还有两支铁挠钩。它运来后,李天佑立即带着一批军事干部到市郊去,说是看试车。来到现场后,他指着卧在铁轨上的巨型“铁家伙”对陈锦渡说:

“今天你就晓得了,它是干什么用的。”

试车开始了。工人把这铁玩意儿后面的两支铁挠钩往下一插,启动了机车,它竟然在铁轨上“呼呼”地跑动起来了。这一跑,后面两道钢轨就像木匠刨起了刨花,立即“劈里啪啦”翻卷过来。陈锦渡恍然大悟:原来这铁玩意儿是破坏铁路用的!它的威力很大。几分钟时间内,好几里长的铁轨就被它掀翻在铁道两旁,横七竖八的。李天佑高兴地说:

“看上去真威风。”

原来,为了阻敌,他想出了一系列的破坏铁路、公路和桥梁的办法。“铁家伙”就是破坏铁路的“重武器”。结果,这些方法还真管用。当蒋介石的手下大将杜聿明催促着大军向着哈尔滨急急奔进时,公路被破坏了,烂泥坑又大又深,汽车和坦克、大炮陷在其中,走不动也拉不出,上下又气又急,杜聿明大骂:“公路不行,难道就不能走铁路吗?”

于是,汽车和坦克、大炮,还有兵员,一律装上火车,火车头拉着汽笛一路狂奔,向着哈尔滨“飞去”,突然“哐当”一声,车头连车尾全部翻到了山沟里,不仅坦克、大炮摔坏了,人还死伤了不少。李天佑听到杜聿明的火车翻了后,哈哈大笑,说:

“杜聿明别说打仗,就是玩行军运兵,也不是我军的对手。”

14.调任1纵司令员的风波

1947年5月,李天佑调任东北民主联军第1纵队司令员。

1纵是东北部队中的“大哥”,战斗力最强,打仗都是担当头等重任,号称“死打硬拼的头炮铁头”。

当东北民主联军1月在双城召开会议时,总司令林彪就做工作要1纵司令员万毅和李天佑对调。万毅死活不肯走,林彪谈了几次话都没调成。最后,双方还闹起了别扭。林彪没办法,不得不把他留下来,做1纵的政委。在留任谈话时,林彪对万毅说:

“你当政委可以不管政治工作,主要是学习打仗。”

林彪此话的意思就是一条:要万毅向李天佑“学习打仗”。此话说得万毅气鼓鼓的。

他万毅也不是一般的人!他不仅比李天佑大7岁,而且是原东北军的一员骁将,他进过张作霖的东北讲武堂,在2000名毕业生中成绩名列第一;做过少帅张学良的贴身副官;当过东北军的营长、团长、旅长、代师长、师长,可以说也是靠着打仗升官的角色。尤其是1938年春,他任东北军57军627团团长时,率军在连云港抗击日军登陆,血染征衣,歼敌百余;同年秋,又率部在合肥佯攻守敌,烧了日军机场,毁敌机9架;1939年初,他率部破袭津浦路，生俘日军少将原山方雄，1940 年年初，升任 333 旅旅长后，又率部袭击鲁东南大店，亲临山头指挥，歼灭日军两个中队，抗战可谓是功劳赫赫。在革命阵营中，他也名声在外，他因抗战反蒋，被蒋介石骂为“最反动的团长”；1944 年 10 月担任八路军山东滨海军区副司令员，日军中流行一句话：“不怕万一，就怕万毅。”在党的七大上，他还当选中央候补委员；此次来东北，又是毛泽东亲自点的将。

但是，这样一位战将在与李天佑共事、打了几仗后，对林彪的安排不得不服气了，由衷地说：

“他(指李天佑)是红军中的优秀指挥员之一。学习打仗，这话我服气。”

38 军后来的将士说，李天佑平时不爱说话，很普通，也不张扬，但是往部队前一站，往往就换了个人，一开口就是：“我是李天佑，1 纵司令！”一句话就把很多人镇住了。

15.三战、四战四平

在抗战胜利后的抢占东北的较量中，四平曾经两战，国共两军在此两次血拼，双方互为攻守，死伤无数，各自都是一胜一负。在 1947 年和 1948 年，林彪下决心打下四平，小小的四平，又经历两场昏天黑地的血战，史称“三战四平”和“四战四平”。这两场惊心动魄的血战指挥者，不是别人，正是以“悍将”和“善打硬仗”著称的李天佑。

(1)挖指挥所就伤亡了 4 人

1947 年 5 月上旬，东北民主联军开始了全线反攻的夏季攻势，从 5 个方向同时向蒋军发起突然进攻，四平、长春成为了蒋介石在东北两个孤零零的据点。为了扩大战果，林彪决定攻打东北战略要地——四平城，史称“三战四平”。

这是东北战场上第一次惊心动魄的大规模攻坚战。此战兵力为 7 个师，还外加5个炮兵营。由李天佑和政委万毅统一指挥。战斗打响前,为了便于随时了解战况,掌握战机,李天佑决定把指挥所设在离敌前沿阵地最近的地方。这天,他把军用地图递给作战参谋陈锦渡,用红蓝铅笔一画,指了个位置,说:

“你带一个工兵排,在此修个指挥所,下午4点钟前必须完成。”

陈参谋一看图上所标的指挥所位置,正在敌人阵地的前沿,哪有把自己的指挥所修到敌人阵地前沿的呀?!不禁心中一惊:司令员打仗真是胆子大得出奇!他伸了伸舌头,但还是与一个通信员先去勘选具体地点了。

一到此地,两人一看,这里确实地势高,视野广阔,前面之敌的一举一动都看得清清楚楚,便于指挥作战,但离敌太近!通信员咕噜说:“这么近,不安全……”话还没说完,忽然尖锐的呼啸声划过天空,一发炮弹落在他们不远处爆炸,强烈的气浪把陈锦渡掀翻在地,脑袋都震得嗡嗡作响,可他回头一看,通信员已仰面躺在自己身边,血流如注,刚才还活生生的通信员一眨眼就牺牲了。紧接着,又两发炮弹落在附近爆炸。

这时修指挥所的工兵排赶来了,见指挥所位置还没选好,就牺牲了一个通信员,怎么也不肯下铲动土。说:“此处这么危险,炸死了首长怎么办?!”陈锦渡跟随李天佑多年,深知他的脾气。但此时也觉得此处确实太危险了,觉得有必要请示一下,赶紧跑回去,向李天佑报告说:“司令员!那地方离敌人太近,我一去就炸死了一个通信员!工兵排担心你的安全,不肯动土!”

李天佑听后,却反问他:“前面视野怎么样?”

“好!能直接看到1师、2师的突击地段。”

李天佑一笑:“好,那就放在那!参谋长,你说呢?”

参谋长只好表示同意。李天佑对陈锦渡说:“要打胜仗,就要指挥靠前。这是我们头一次攻打现代化设防的城市,一定要打好。越靠前,就越看得清,好指挥。你去告诉工兵排,快挖吧!”

陈锦渡只好回到前沿,并选定了指挥所的具体位置。谁知工兵排刚动手挖土,一发炮弹又飞来,当场又炸死了一名战士。他们再挖,结果又牺牲了两个战士。就在炮火纷飞中,工兵终于在4点钟前挖成了像交通壕似的简陋指挥所。

工事刚刚修筑好,李天佑就领着指挥所的人员进来了。工兵排长说:“当这么多年兵,还没见过战斗没打响,挖指挥所就炸死4人的事情!这么近,李司令员真是打怪仗啊！”

李天佑说:“这是场硬仗,以后的战斗残酷不残酷,更难说了呢！”

(2)一招扭转战局

6月13日晚,攻城各部发起了攻击。

战斗打响后,接下来,整日整夜都是激战,各路进攻部队猛打猛冲,愈打愈烈。猛烈的攻击使得杜聿明和守将71军军长陈明仁大为惊骇,香港《华侨日报》沈阳特讯称:“四平街之争斗战愈演愈烈,16日上午有共军以4个团兵力冲入市区,当与国军发生惨烈白刃战。战况之惨得未曾有,为东北历次战斗所仅见。”李天佑一直在壕沟指挥所里,几天几夜没有合眼,不断地调整作战部署。可是,守敌越打越多。原来,战前侦察,四平守城兵力只有1.5万人至2万人,打起来,他却发现敌军竟有3万至4万人,多出了一倍还多。这一失误渐渐造成麻烦,攻城部队有的冲进了城拼杀,有的却还在城外攻打,结果使得原来设想的战局越打越困难,越打越残酷,许多连打得只剩下了七八个人。要打,兵力不足,不打,又弃之可惜。李天佑进退两难。

17日,他边向总部林彪报告战况,边咬紧牙关,狠狠地说:“打！”

李天佑一贯善于使用预备队。在每次作战中,他都会保存相当数量的预备队,在关键时刻拉出去,他称这一招是“放虎出山”。为了尽快攻下四平城,这次他不得不突破常规,没到决战时刻就果断地派出了第二梯队——龙书金的6纵17师。

6纵17师以擅长巷战出名。

“轰隆!轰隆！”

17师一投入战斗,就如猛虎出山,所向无敌。这次破城,龙书金想出了他们一种新的连续爆破方法:一个冲锋分成几部分,先打几个手榴弹,爆破队立即乘着手榴弹的烟幕冲上去爆破,爆破成功后,突击队再上……就这样,他们炸塌了一个又一个碉堡,清除了一道又一道的铁丝网、鹿砦、木桩和绊索。四平攻坚战一度停滞的时钟,竟然被龙书金拨动了。后来,林彪把这一战术总结为“四组一队”战术,龙书金在黑土地上也名声大振。

李天佑机动应变,派龙书金出场,一招扭转战局。

随即,不到两个小时,四平守将陈明仁在铁路以西的71军军部的核心工事也被炸毁了，他的胞弟、特务团团长陈明信等 2000 人被“生俘”。

结果，陈明仁不得不把 71 军军部后撤到铁路以东地区负隅顽抗。

(3)俘虏与美军操典

双方在逐屋逐巷的争夺战中进行着较量。爆炸声和枪声相互交织，疾风般的火箭炮、暴风雨般的重磅炸弹在四平城内汇成波翻浪涌的火海。就在这激烈的争夺战中，李天佑的指挥所里突然被送来了一名刚被捕获的蒋军炮兵测绘参谋。

他蓬头垢面，一进门，就神情十分紧张，看这看那的。正在这时，“轰！”一发炮弹在指挥所附近爆炸，弹片飞落在指挥所隐蔽部顶上，又引起一阵沉闷的回声。俘虏脸“唰”地变得惨白，“扑通”一声，跪在地上，着急地说：

“快，快把我往后送！我有重要情报要报告给你们团长，营部也行！”

这个不起眼的小壕沟就是 1 纵司令员李天佑的攻城总指挥所，而他却把它当成一个小小的连部了。指挥所里忍不住哄笑起来。这时李天佑走过来，看了看趴在地上的俘虏，命令道：“起来！”接着，他回头对作战参谋陈锦渡说：“你记记他的口供。”

俘虏似乎突然有所“领悟”，吃惊地问道：“这就是营部呀?！兄弟眼拙。”

指挥部里又荡起一阵笑声，一贯严肃的李天佑也忍不住脸上露出了笑意。

此时，6 纵一个联系工作的参谋进来了，边抹汗边说：“你们在这里呀，我边走边打听，都说在前面，走了好几里，还说在前面。要不是遇见警卫员，我还在外面瞎撞呢。”说着，把一份文书呈给李天佑。

这一来，俘虏更懵了。他呆呆地想了一会儿，猛地惊叫起来：“哎呀，这就是团部呀！”

这一喊完，他又说：“不可能呀！按照美军操典，团指挥所离散兵线不得少于 5 公里。再说，我们 80 多门炮向这里连打了 10 天，莫说是人，就是钢铁也给熔化了……呀，你们一定是刚转来的，快往后撤吧，在这里危险！一刻也别待了！”

李天佑正在看作战文书，听见这话，目光扫了他一下，说：“我们不是在这里吗？10 天了，好好的。”说完，又转动了一下身体。

参谋们看着司令员诙谐的样子和俘虏的傻相,都笑弯了腰。谁知这“洋相百出”的俘虏又神神秘秘地靠过来,对李天佑说:“长官,我有个重要情报报告。”

“什么情报?”

“我们的飞机今天已侦察到了你们纵队的指挥所,就设在后面那个无名高地上,今晚要集中炮火轰毁它,你快拍电报要你们长官转移吧。”

俘虏所说的无名高地距离此刻他们说话的地方还有 3 公里。李天佑问道:“你的情报准确吗?”

“准确,绝对准确!”接着,他按照美军操典又进一步论证了这个结论,最后还补充说:“长官,这是你立功的好机会啊,不要错过了呀!”

李天佑终于笑着说:“这功我不想立了,错过就错过吧!”

这个俘虏又傻了!摸着脑袋咕噜着:

“这些共军到底是怎么回事呀?到手的功都不去立!”

他哪里想到此刻他所站立的地方,正是陈明仁梦想要摧毁的高级指挥所呢!

(4)“他不后退,我 71 军就要打光!”

四平攻坚战是一场血战,经过十几天的较量,双方仍使出吃奶的劲在拼杀,攻守双方谁都想成为这场血战的赢家。

可是,仗越打越艰难,在东北指挥守城的最高指挥官杜聿明折兵损将,眼见四平城岌岌可危,急得一下病倒在床,硬是起不来了。蒋介石慌了神,急派儿子蒋经国携带亲笔信飞到沈阳。蒋经国深知这是一场生死之战,竟然跑到杜聿明病室,召来师以上官佐,当着他的面,在病床前进行宣读:

“……四平得失关系着整个东北局势的发展,要抱着不成功必成仁的决心,在四平街与共军大决战……”

所谓“成仁”,就是“杀身成仁”,四平之战已经打到蒋介石要手下将士“杀身”了!杜聿明已是自己上不了前线,只好又把蒋介石的信大量印发,每个连队一份,命令全军上下怀着蒋介石的“杀身书”去继续拼杀。

但攻城的力量还是猛不可挡。在猛烈的打击下,71 军军长陈明仁越打越退,最后被困在四平城一隅,不得已向病中的杜聿明连连急电,哀告:

“共军突破最后防线,危在旦夕,速来救援!”

为解四平之危,杜聿明挣扎着下床,调集全部机动兵力9个主力师,从沈阳、长春南北急速推进。四平城内,陈明仁看到了希望,为了守住城防,连连发出“十杀令”,宣布冲锋凡是退一步,格杀勿论;打仗凡是缩一头,也格杀勿论……由于守的死守,救援的急跑,随后战局又急转直下。结果,李天佑在四平又激战了5天5夜后陷入了杜聿明的反包围危险中。

此时攻守双方已经血战了17天,1纵和6纵歼敌1.7万人,自己也付出了伤亡1.3万人的代价,独1师师长马仁初牺牲。6月30日,1纵和6纵在啃下大半个四平城后,不得不终因敌南北援军将至而撤离战斗,退出了四平城。

这17天可以说攻击没有停止过1分钟,分分秒秒都是枪声、炮声,双方将士都在拼命厮杀,小小的四平城内外堆积的死尸近3万。李天佑指挥的这一场血战惊骇世人,连他的对手、国民党军中以“最会打硬仗”而出名的陈明仁都不得不说:“我和日本人在缅甸国打仗都没这么难,他是打硬仗的高手!他不后退,我71军就要打光!”

事后,李天佑也说:“苏联的莫斯科保卫战可能也没这么惨烈!四平血战,到处是血!是我平生打得最激烈的一仗,遗憾的是还是退了出来。”这一仗,是李天佑终生遗憾的两仗之一,后来他的秘书王平告诉李天佑的儿子李亚宁说:司令喝过洋墨水,当时可能求功心切,想显示显示。李天佑回国后的第一个大仗没成功,有的说没成功,败仗,有的说是打了个平手,有的说是试了71军的实力是败中有胜,至于原因,后来韩先楚说是没选好突破口,关键的还是东总的情况不准,守敌先是1万,一打是3万,四平是关东军就开始修筑的坚固工事。但是李天佑说是败仗,因为损伤了4000多人。此战后,李天佑压力很大,但是颇有大将风度的林彪替他揽了责任,后来四战四平,他又说:“上次败了,这次去出气吧。”

(5)敌我都在总结

1948年1月,东北民主联军改称为东北人民解放军。2月,1纵和其他兄弟部队由南满挥师北上,再次攻打四平城,史称“四战四平”。这次攻打四平,仍由李天佑和万毅负责。

今非昔比了。这次李天佑对四平是势在必得,说:“四平攻守打了3次,这再次不打下,我就不姓李了!”

他并不是只说不练的猛将。战前,他整日整夜地总结上一次打四平的教训,又是开会,又是闭门苦思。最后,定出了一个攻城方略。因上次突破口太小和兵力不足,这次选5个方向进行突破。对此,他说:“我们总结教训,就要多撕开几个口,形成两面和对角的多路突击。”

一般攻城,战法最多是两面攻击,而李天佑“多撕开几个口”却一下子要开5个口子,并且是“两面和对角”攻城,这一做法几乎是没有人做过,这样的打法也是最奇特的。

在李天佑总结教训时,四平守敌也在总结“去年的经验”。他们的方略是:把防御重点从路西转向路东,守军88师师部转移至城东北,死守路东的晓东中学和化工厂一带。

但是,到底谁的“总结”好呢?最后一战就定分晓了。

3月12日7时40分,总攻开始。

战斗打响后,守军死守东面,但他们万万没有想到李天佑是5路猛攻,结果守了这,防不了那,防了那,守不住这,漏洞百出。解放军攻城部队不到半个小时就冲进了城内,进行巷战。到第二日拂晓,1纵和3纵主力一部,在炮火掩护下,开始对最后一股残敌发起猛攻。7时,全歼该敌。至此,整个四平战斗历时23小时,1.9万余人的守敌被全歼,四平城终于落到了李天佑的手中。

四平城攻攻守守,林彪前后用兵4次,这一次李天佑终于把这个兵家必争的战略要地解放了。四平的攻克,对于东北全境的彻底解放具有深远意义,长春和沈阳之敌陷入孤立无援的境地。四平解放时,一个战士押着俘虏,高兴地说:

“嘿嘿,你还是那个坚固设防,还是那个王牌军守在这里,上次我没把你打下来,这次我把你打败,说来说去,还是我厉害!”

这句话是李天佑和四平守将对上次攻守四平的经验、教训总结效果做的最好的概括。

16.1 纵做了总预备队

1948 年 9 月 12 日，东北大军根据毛泽东的部署，将主力用于北宁线，置长春、沈阳敌于不顾，先打锦州。伟大的辽沈战役开始了。

这是国共两军在东北的战略大决战，也是第一次决战。李天佑一贯是以打头阵和打硬仗、恶仗闻名，1 纵是东北野战军的“大哥”。而在这一次波澜壮阔的辽沈大决战中，他和 1 纵却被林彪撂在了一边，派去做了战役总预备队。

所谓总预备队，就是在战斗打响后，为作战部队送送子弹、茶水，运运伤员，到了万不得已时才加入战斗。李天佑万万没想到林彪竟然这么安排，气得牢骚大发，说：

“预备队，预备队，堂堂 1 纵只‘预备’上了个尾巴。”

结果，有人说：“关东决战谁都是乐哈哈的，只有一个人不好受，他就是李天佑。”

尽管心有不愿，李天佑还是不得不接受命令，率 1 纵开到了锦州和塔山之间的高桥，担负锦州攻坚和塔山阻援的总预备队任务。

锦州是关东的门户，塔山是锦州的门户。林彪说：“守住塔山，胜利就抓住了一半！”为了保证锦州攻坚的胜利，守备塔山的吴克华 4 纵在敌人飞机、大炮的轰击下，跟数倍于己的敌人浴血苦战，打得十分英勇。在塔山阻击战最激烈的时刻，1 纵的任务是把各种类型的炮弹大量运往那里，为此，李天佑怕战士有情绪，想好了一个借口，交代手下说：

“这是我纵向战斗在塔山的兄弟部队学习和慰问的好机会！一定要珍惜好！”

但在炮火连天的时刻自己却带着手下扛箱送水，李天佑心里怎么也不是滋味，最后，还是忍不住亲自给守卫在塔山的 4 纵司令员吴克华打电话，说：

“我们奉命来做你们的预备队，已到达高桥待命；我代表 1 纵全体指战员向连日奋战的4纵同志致敬,如果需要的话,我们随时可以支援上去!"

谁知吴克华也是一位猛将,听到他的声音,高声回答说:

"4纵全体指战员向所向无敌的1纵老大哥致敬。我们有老大哥做后盾,更是信心百倍。你们远道赶来,请先休息,一旦需要,我们就请老大哥上阵!"

结果,吴克华在塔山打得天昏地暗,始终没有"请老大哥上阵",李天佑和1纵天天为4纵送运茶饭和子弹,眼看着塔山打成了火海,红光耀眼,热浪灼人,心里痒得作痛,结果手抓着枪,眼睛红得喷火,就是没机会上,"老大哥"们只得老老实实做着"小弟弟"的运输队。这下可好!个个把一肚子气撒在飞跑的双腿上,李天佑也亲自扛着炮弹箱上,边跑边骂:"快送,快送,炸死他个狗日的侯镜如和罗奇!"

侯镜如和罗奇就是进攻塔山最疯狂的敌将。10月15日,林彪以6个纵队的兵力攻克锦州,歼敌13万人。接着,长春和平解放。至此,李天佑和1纵扛箱送水已经忙乎了个把月,战斗没打上一场,人却累得也够呛了。突然,林彪来了一命令:"廖耀湘兵团撒腿西逃,1纵向辽西追击。"

李天佑得到了林彪参战的命令,精神一振,什么疲倦都没有了,呼地一把从椅子上站起。他一声令下,1纵立即像放缰绳的野马,一路狂追猛击。

结果,在辽西追击战中,他们行程2500里,进行了大小战斗20余次,毙伤俘敌2.9万余人,缴获汽车近400辆,战马3000多匹。这样,在辽沈战役中,1纵虽然做了总预备队,战果却并没有落下其他纵队。战士们这才算稍稍出了口气。事后,李天佑说:

"从平型关大战到锦州战役前,我历来就是打主攻。这次一点没劲儿,跑去沈阳放了几枪。"

17.打天津的趣闻

1948年冬,李天佑和政委梁必业率领由1纵改编而成的中国人民解放军第38军从东北入关,与兄弟部队攻打天津。

（1）

大概是“补偿”在辽沈大战“靠边站”的李天佑吧，东北野战军参谋长、天津攻城前线总指挥刘亚楼把“打纵深”的任务交给了38军和以善于巷战的43军128师。在部署作战时，他对李天佑说：“128师龙书金也归你指挥，你们协同作战！”

李天佑得了“打纵深”的任务，乐呵呵的。谁知因为上次靠了边儿，这次他竟然“以权谋私”，暗中打算由38军“独吞打纵深”的任务，把128师龙书金安排去完成一个不痛不痒的“攻打北洋大学”的任务。

128师就是在四平攻坚战中的原6纵17师，师长龙书金也是个“争仗打”的猛将，师长和这个部队“见不得敌人”在八九年前就出了名。一次，他们一个团和2500多名日军在鲁北陵县大宗家村干上了。仗打了一整天，团政委阵亡了，政治部主任也阵亡了，但谁都不走人，死扛着与日军拼。恶战越打越激烈，结果子弹打完了，战士们就拼刺刀，有的干脆拿扁担和棍子与日军搏斗，找不到扁担和棍子的则爬上屋顶用砖瓦、石头砸，团长龙书金3次下达撤退的命令，战士们个个打红了眼，谁都不愿撤，最后龙书金打得手臂中弹，手枪落地，大家这才“因为团长受了伤”撤走……这一次李天佑怀着“私心”，要“独吞打纵深”任务，打仗都打成“一只手”的“独臂猛将”龙书金哪肯干？结果，官司打到了刘亚楼那儿。龙书金又是吵又是闹，大声喊着：

“参谋长是不是也瞧不起我这一只手的？”

林彪在东北总结出来的“四组一队”战术就是龙书金和他的17师创造的，刘亚楼哪敢瞧不起这员猛将呢！眼看总攻发起，两个“打纵深”的，一个“怀私心”，一个闹情绪，刘亚楼没办法，只好对龙书金说：

“你的部队就归我指挥吧。”

龙书金愣了愣：“我们不是归1纵指挥吗？”

“我这个前线总指挥就不能指挥你啦？”

刘亚楼这一巧安排，128师就“升格”为攻打天津的5个军22个师中及两个炮兵师中唯一归天津战役前线总指挥部直接指挥的部队。这样，龙书金和128师上下才终于“没意见”了。38军终于如愿以偿了“独吞”打纵深的任务。后来李天佑说：

“刘参谋长帮了我一个大忙。不然,那‘龙猛子’缠着我,打锦州憋着的气还不知牛年马月才能出呢!”

(2)

李天佑打仗靠前,看地形也要靠前。

1949年1月初,他带着38军的师长们到天津城西和平门外侦察地形。当他们一行人潜到了离敌前沿工事不远的小村庄李家坟,接着往前走时,突然,敌工事上的守军发现了他们,枪弹“嗖嗖”飞射过来,可是他们仍继续往前走。这时警卫员说:“军长!太危险,回去吧!”

“再往前一点!”李天佑说。

113师师长贺东生号称“贺大胆”,一听军长这么说,更是来劲了,马上接口说:“对!往前钻!钻到敌人的城墙下!”

大家嘻嘻哈哈地往前走,贺冬生边走边说:“嘿嘿,军长,我们脑袋上又没有刻字,敌人哪知道我是师长,你是军长?往前走怕个啥呢!”

就在这时,“轰隆!”一颗炮弹突然飞来,在离他们不远处爆炸,气浪掀起的泥土和雪浆溅了他们一身,弄得个个衣服上、脸上都是泥浆和雪浆,而贺冬生脸上最多,鼻子眼里都是雪浆。

“呸!”

李天佑用手抹去脸上的泥浆,嘴里骂了一声。大家继续往前走去。蒋军仍然乱枪乱炮地放着。结果,这些军长、师长只好在泥里雪里爬着匍匐前进,好在个个身经百战,很快爬到护城河前,一下钻到了敌人的鼻子底下,然后拿出望远镜仔细观察攻击目标。

突然,在他们侧翼,蒋军的子母堡发射出了一阵阵的子弹。李天佑回头对主攻师师长贺东生说:“总攻前,敲掉它,省得碍手碍脚!”

贺东生历来喜欢打硬仗,豪爽地回答:“是!一定敲掉它!”

接着,守军子母堡的机关枪疯狂扫射起来。敌军见李天佑这伙人指指画画的,城内的搜索队也向他们扑来了。在这危急的时刻,李天佑毫不迟疑地对警卫班说:“这些不知好歹的东西,向他们还击!”

警卫班打着搜索队时,38军的军1师干部撤离而去了,贺冬生边走边说:“军长,你总是说我是贺大胆,其实你的胆子比我还大呢!”

“我胆子不大,能当你的军长吗？”李天佑笑着说。

事隔一天,李天佑又带着作战科到城郊小西营门周围侦察。

这次,他坐上没篷顶的吉普车,冲到了敌人面前。谁知守敌以为他们是“自己人”竟然视而不见,这一下让李天佑连望远镜都不要,从从容容把小西营门敌兵的部署和工事看了个够。这还不够, 他又对作战科参谋说:“选择突破口,光从一个方向看不行,有时从正面看,觉得可以,但到侧面看看,又会发现新情况。”说罢,又对司机说:“往前开,到侧面看看。”

于是,吉普车向小西营门南侧开去。

谁知在南侧守敌也对他们仍是一副不屑一顾的样子, 任他们走亲戚似的逛了个够。可是,正在李天佑和参谋们坐在车上议论着地形,“放肆”地纪录时,突然,吉普车“呼”的一声,车头转了个向,车上的所有人由于惯性险些被甩出车外。

原来冰天雪地,地上结冰打滑。李天佑看着掉转了方向的汽车,说:“唉,蒋军不管我们,车子却管起我们来了。我们该回去了！”

事后,李天佑说:“两次看地形,两次遇险。看来这天津城是非拿下不可了！”

(3)

1949 年 1 月 14 日上午 10 时整,东北野战军对天津守敌发起总攻。

李天佑一声令下,刹那间,炮弹呼啸着,从头顶上飞过去,成千上万发炮弹倾泻在天津城墙、堡垒和暗堡上。天津城下变成了一片火海。炮弹继续向突破口倾泻着。大地颤抖,突破口处的城墙也土崩瓦解。按照预定计划,炮火轰击是40 分钟,但在 30 分钟后,意外的情况发生了。左翼主攻师两个尖刀连的战士突然跳出战壕,高喊着:“冲呀！”向着和平门突破口冲击。随即,其他战士也跟着冲起来,穿过护城河的冰层,奔向突破口。

炮火袭击未停,尖刀连不听号令就擅自发起了冲锋,这打乱了原定全线发起突击的时间表, 也打乱了步炮协同作战的原定计划。李天佑感到十分惊讶,立刻被激怒了,抓起电话筒就对着主攻师 113 师师长贺东生吼起来:

“这么大的攻坚战,这么多部队协同作战,你乱弹琴！贺猛子！快查明情况,向我报告！”

此时炮弹在头顶呼啸,爆炸声震耳欲聋,战士们的性命危在顷刻之间。

李天佑毕竟是身经百战，对战场的瞬息万变应付自如，放下电话，马上又命令炮兵匡副司令员：

“各炮群停止轰击突破口，马上向纵深延伸射击！”

霎时间，炮群向敌纵深延伸，炮弹向上空呼啸而去。

很快，贺冬生把情况查明了。原来，友军39军为了迅速突击，在炮火中把被炸毁了的前沿障碍，插上了红旗做标志，方便部队前进。结果，38军113师尖刀连的战士一见到前面有红旗，以为39军已经冲上去，占领了敌军前沿。他们哪里甘心落在兄弟部队后面？为争相杀敌，于是也不管什么战前“炮火轰击40分钟”的规定，跳出战壕，提前发起了突击。尖刀连提前行动，立即牵动了从城西主攻的所有部队的行动，由此引起了提早冲击。

当贺冬生查清情况时，尖刀连已经在城墙上插上第一面红旗，前沿的战士们正像无数箭头冲过护城河，涌向突破口。原来李天佑一下令炮群向纵深延伸射击，大部队提前发起进攻，却起到了奇效，守军没来得及缓过神来进行反抗，解放军就已冲进了城内，于是双方开始了城内近战。

事后，知情人纷纷说：“这一仗真是打乱了，尖刀连乱了，指挥部也乱了，但是，我们就是在乱中取胜了！”

（4）

15日凌晨5时，东西两路主攻部队在金汤桥头胜利会师。在激战中，天津警备司令陈长捷的精锐151师，被他从城北调到市中心，又从市中心调到城北，窜来窜去进行防守，人称“部队大游行”。151师几下来回奔波，还没来得急“静下心”来，又陷入包围之中，结果，陈长捷的王牌师还没投入战斗就放下了武器。于是天津城内，枪声逐渐稀疏了。

胜利在望，此时李天佑忍不住兴奋之情带领警卫员走上了市区大街。当他们走在海光寺附近时，有个负重伤的蒋军军官躺在路旁，一手拿着五一派克笔和游泳表，见李天佑大喊：“同志，同志……”

李天佑走过去对他说：“喊什么？谁是你的同志！”

可是，这个受伤军官还是对着他大喊：“同志，给我一枪吧，都给你。”

“拿你的东西是犯纪律，补你一枪更犯纪律！我不做这种事。”李天佑说道。

“要死都不准，你真狠心！还是个当官的呢！”蒋军军官还是冲着他直嚷。

“狠什么心？！”警卫员对他怒目而视，“他是我们……”

李天佑拦住了警卫员，又开口说：“你好好躺着，马上就有担架队来救你。”

结果，解放军整个部队都过去了，笔和游泳表还在那个蒋军军官手里举着，又是喊叫着，又是诉说着“当官的”“狠心”。结果，李天佑军长“狠心”的笑话很快在部队中传开了。

(5)

在稀疏的枪炮声中，李天佑和政委梁必业来到了右翼主攻师112师师部。师长江拥辉、师政委黄玉昆扼要地向他报告了战斗的最后情况。最后，江师长指着离师部不远的一间房子说：“敌警备司令陈长捷就押在那里！”

李天佑对梁必业笑着说：“我和陈长捷还有一面之交哩！”

那是1938年夏天，日军正向晋西南进攻，在午城镇战斗前，386旅代旅长李天佑曾邀请陈长捷到685团团长杨得志那儿吃饭，商谈对日作战的配合问题。当时陈长捷是晋绥军的军长，手下有上万人，却染上恐日病，一心要向黄河南边逃跑。结果，“配合作战”的问题谈了一天，李天佑与他都没谈出什么结果。这次饭桌见面后，陈长捷就逃得无影无踪了。

如今，这位抗战逃跑将军又落了个束手就擒的“悲惨”下场。李天佑感慨万千，说：“这个胆小鬼，越打仗越不行。我们去看看他。”

来到了关押俘虏的房子前，李天佑在门口望了望，陈长捷比以前胖多了，但还是那个小个头，他一眼就认出了这位“老熟人”。他走了进去，问道：“陈长捷，你还认得我吗？”

陈长捷睁开疲惫不堪的眼睛，似乎有印象，但马上低下头，并且还把帽檐拉了下来。之后，任凭李天佑怎么说话，他就是闭口不言，半句话都不哼一声。李天佑讨了个没趣，悻悻而出，边走边对梁必业说：“这个陈长捷，真是没救了。”

“哈哈，他没理你就没救了？”梁必业开玩笑说。

“这倒不是。你看他这窝囊样，哪像个带兵打仗的呀！”

天津解放后，李天佑被任命为第四野战军第13兵团第一副司令员，挥师南下。

18.广西剿匪

1949 年 12 月,广西全省解放,李天佑被任命为广西军区副司令员,主管军事。

(1)剿匪被毛泽东批评为“最差”

广西是桂系经营多年的老巢,国民党特务和土匪成灾。刚刚解放之际,社会一片混乱,1950 年新年一过,国民党“反共救国军”总司令钟祖培煽动群众闹事,纠集几千名土匪恭城暴乱,高喊着“反北老”、“反征粮”,聚众攻打县城,抢劫公粮,闹了个“新年乱”。

在湖南的友邻部队的驰援下,李天佑平息了恭城暴乱,并且擒住了匪首钟祖培。

谁知恭城平暴后,平乐、玉林、柳州等地发生规模更大的土匪暴乱。几百股土匪,聚集了 9 万多人马,声势浩大。李天佑派兵围剿,在 3 个月内,剿灭土匪 4万,剩余的 5 万多人马才溃散,有的逃进了深山和岩洞里。3 个月后,美军入侵朝鲜的消息传到广西,土匪们以为美国佬又来帮助蒋介石了,匪乱发展到最高潮,全省 102 个县土匪蔓延到了 97 个县,500 多人被杀,公粮 2800 多万斤、牲畜 2.6 万多头被抢。土匪如此猖獗,李天佑天天剿匪,忙了个不亦乐乎,但是,土匪还是多如牛毛,剿灭不尽。

广西严重的匪患终于引起了毛泽东的关注。8 月份,他亲自起草一份电报,严厉批评说:“广西是全国剿匪工作成绩最差的一个省”,“领导方法上有严重的缺点”。无疑,主抓全省军事的李天佑对此负有主要责任。

李天佑戎马征战 20 多年,指挥打仗几乎是不打则罢,打则必胜;为什么这次剿匪“成绩”这么差呢?其实,这并不能完全怪他本人。关键是广西省委对待土匪的政策出了问题,在政策上,省委对土匪“镇压不力”,存在“宽大无边”的偏向。恭城暴乱的土匪头子钟祖培罪恶累累,在抓住后只是教育释放了事;其他匪首也是抓了就放,释放后,他们更加变本加厉,重聚匪众。另外,省委规定每县只杀一个首恶分子,而且只能由省委批准,而实际上罪恶深重的匪首很多,一地只杀一人,民愤难平,群众也发动不起来。因此,尽管李天佑天天忙于剿匪,全省土匪却“愈剿愈多”。为了帮助广西纠正剿匪工作中的缺点,11 月 10 日,毛泽东又亲自来电,限期广西省委要在 1951 年 5 月 1 日前完成肃清全省股匪的任务。5 日后,他再次来电,毫不客气地说:

广西解放在西南之前,而剿匪成绩则落在西南之后,为什么这样?请你们加以检讨,并以结果告诉我们。……务使全省匪患在几个月内基本解决。

毛泽东的批评使广西省委和广西军区党委大为震动，他们立即召开常委会,既做检查,又研究今后的工作方针和计划,并且电报毛泽东。几天后,毛泽东又回电说:“同意你们对广西工作的初步检讨和方针计划，望照此去做,取得成绩,以利主动地应付时局。”

毛泽东 4 封电报,就是 4 道金牌战令！他的批评和鞭策,使李天佑大受触动,说:“打了一辈子仗,没想到却在这土匪问题上摔了跟头,毛主席的批评像鞭子抽打着我！”他连夜制订了《广西省委四个月剿匪计划》和《全剿瑶山土匪计划》。

计划制订好后,为了实现毛泽东“在 1951 年 5 月 1 日以前完成肃清全省股匪的任务”的要求,他又和军区政治部副主任栗在山,带上 3 名参谋、一名秘书和一个警卫排,离开南宁,乘吉普车前往贵县,亲赴剿匪第一线。

(2)与四平对手联手剿匪

李天佑在桂东南地区重点指导剿匪,声势所指,土匪闻风遁逃。

一天,他突然接到省委通知:为了加强剿匪兵力,毛泽东派解放军 21 兵团 53 军来广西协助剿匪,先遣师 219 师已到达南宁,兵团司令员陈明仁率领后续部队也即将到达桂林。李天佑听到这个消息非常高兴,立即亲赴桂林迎接陈明仁。

这个陈明仁并不是别人，而正是他昔日战场上的老对手。在东北战场上，他率东北野战军1纵同陈明仁指挥的国民党军71军多次交锋，特别是在四平攻坚战中，陈明仁守城，他攻城，两人针锋相对，大战三百个回合，最后打成了个平手。有趣的是，在四平攻坚战后，国民党四平“守城功臣”陈明仁反被蒋介石明升暗降剥夺了兵权，调离了四平城。一年后，李天佑在四战四平中一举夺胜，打了个大翻身仗。

本来两人可以说是“缘分已尽”，从此各奔东西。谁知1949年陈明仁和程潜在湖南长沙举行和平起义，加入到人民解放军的行列，昔日的对手竟然殊途同归了！这次两人在桂林相会，知情人不能不说是极具戏剧性的一幕。

宴会上，李天佑举杯祝酒，对陈明仁率部来桂参加剿匪，表示热烈欢迎。他风趣地说：

“我们是老相识了，彼此了解，希望这次合作得很好。”

“没想到几年前我们还是兵戈相见的冤家！这次有幸在李司令麾下效劳，一定尽力。”陈明仁说。

“哈哈，不是冤家不聚头，老冤家现在成新亲家了！”

席间，两人自然地谈起当年的四平之战。陈明仁无限感慨地说：“你的部队真狠呀，我颁布了不知多少遍《十杀令》，还是拦不住溃兵啊！打仗我不如你呀！”

“四平一战，我也是豁出去了呀！我们都死了1万多人呀！陈司令员也是少有的将才！”李天佑说，“你在湖南起义，对人民有功，这次来广西，又是为人民立新功呀！”

“毛主席派我来广西，就是让我们联手唱好剿匪这出戏！”

“毛主席4道金牌令，这次派你到广西是一个激将法呀！我李天佑再不把广西的土匪灭了种，就对不起他老人家了！”李天佑说。

“哈哈……”

随后，李天佑详细地向陈明仁介绍了广西剿匪的情况，并授陈明仁全权指挥桂西北部队剿匪。

宴会后，陈明仁上书党中央和毛泽东，表示：“一定不辜负党的信任，坚决完成剿匪任务。”毛泽东收信后说：

“冤家变亲家，对手变同志，看他李天佑如何唱好这出戏！”

原来，毛泽东派陈明仁入桂，果然有激将李天佑之意！

(3)受到毛泽东嘉奖

在李天佑、陈明仁的正确指挥下,地方党组织大力协助,广大军民哪里有土匪就往哪里追,原来嚣张得不得了的土匪很快如同丧家犬,死的死,逃的逃,自首的自首,广西剿匪很快局势逆转。

李天佑亲自指挥瑶山剿匪,2 月底胜利结束,前后历时 50 天。主要匪首杨创奇、甘竟生、林秀山被活捉,韩蒙轩被击毙,其他骨干分子全部被歼,无一漏网,3.8 万多名土匪全部被剿。大瑶山获得了彻底解放。

随后,李天佑指挥部队回师桂西北,收回了放弃的地区。

与此同时,陈明仁在桂西南剿匪也卓有成效。

1951 年 4 月,广西共歼灭土匪 33 万多人,其中,军(纵队)级以上匪首 190 人或被捉或被毙,收缴各种武器 38 万余件,李天佑终于如期完成了毛泽东规定的肃清全省股匪的任务。为此,毛泽东两次致电进行嘉奖。

剿匪工作完成后,37 岁的李天佑升任广西军区司令员。

(4)马弁当了司令

在广西剿匪期间,又发生一件有趣的事情。

广西城乡各地张贴着李天佑签名的剿匪布告。当年,李天佑在军阀部队给一团长当过马弁。1949 年年底,国民党军打败了,这个团长仍然在广西为匪,他也流散在桂林,一天他看见剿匪布告,又惊又喜,惊的是自己当年的马弁竟然当上了大司令了,恰好 20 年一个轮回,马弁当了司令,他这个团长却做了土匪;喜的是他竟然又是剿匪司令,自己或许可以悔过自新。因为害怕和担心,他派儿子带了封亲笔信去见李天佑,李天佑热情地接待了他,还留他吃了饭,临别时,送给他一张自己的照片,照片背后写了一行字:为新中国而奋斗!

1964 年,李天佑的儿子李亚宁在广西干休所,人们听说他就是李天佑的儿子,纷纷来看望他,在聊天时,谈起他的父亲李天佑,一位老太太说:“我们这里一个电工,还有你父亲签名的照片。”

“有这事?”李亚宁感到惊讶,也很惊喜。

结果,老太太跑去把电工找来,李亚宁问起他怎么有父亲照片,原来,他就是当年这位团长的儿子。

19.广州军区代司令员逸事

1957年11月,李天佑出任广州军区第一副司令员。12月任军区党委第三书记。不久,军区司令员调出学习,他又被任命为军区代司令员,主持军区全面工作。

(1)

在战争年代,李天佑战功赫赫,凡是大仗都有他的份,并且他多是担任最艰巨的任务,但革命胜利后,他并不居功自傲,为人很谦虚。他任代司令员后,很多人在会上会下都不再称他副司令员,也不称他代司令员,而喊他为"李司令员"。每遇到这种情况,他就严肃地说:

"请你注意,中央军委只任命我为副司令员、代司令员,今后你最好叫我李天佑,或李副司令员。"

这一说常常弄得对方很是尴尬。

但是,军区机关呈送文件或报告,有的人仍继续称他为"司令员"。结果,他只好又重申:"这样的称呼不恰当, 不符合中央任命我的职务, 应当纠正。"为此,他特地又要秘书向军区司令部办公室传达他的要求,正式通知机关各部门纠正这种名不副实的称呼。在他一再严肃提出纠正后, 再也没人称李天佑为"司令员"了。为此,他高兴地说:

"你们没权力把这个'副'字拿掉,用上也不难!你们按中央规定办事了,我也不觉得你们拍马屁! 两全其美,这样多好呀! "

(2)

20世纪50年代末和60年代初,国内经济发生极大困难,国际上反华势力蠢蠢欲动，华南地区是美蒋势力在沿海发动武装入侵的前沿地区，国防任务十分艰巨。

谁知偏偏在这时，时任国防部长的林彪在军事设防问题上提出了一个"北顶南放"的战略方针，即在北方要处处设防，加修工事，而在华南地区则要"放"。所谓"放"，就是不搞设防，甚至可以废弃原有工事。1958年，林彪去海南岛走了一趟，回到广州后，在谈到华南防务时，在一张海南岛地图上批了10个大字：

"坚守五指山，全岛打游击"

这连个句号都没有的批语之意还是贯彻他所谓的"北顶南放"方针。为此，他还对李天佑等人说："一旦敌人从华南入侵，就任其长驱直入，放进来打。"

李天佑说："自古以来，没有一个国家不抵抗就直接把敌人放进自己的国土上打的，这不符合积极防御的军事原则。我们是统一的社会主义国家。中国长期存在的那种有军无防的状态必须结束。不管敌人现在来不来，但一定要设防。有备才能无患，无备就要挨打。'南放'方针，这不符合毛主席一贯主张的积极防御的军事思想，更不符合华南的实际状况。"

据说，在当年东北部队中，敢于向林彪提出不同意见，并且能为他接受的下属，只有两个人，一个是刘亚楼，一个就是李天佑。但林彪这次却没有接受他的意见："'南放'方针不能变，具体如何做，你去想办法。"

李天佑没办法，但他暗中对林彪的"南放"方针留了一手，搞出了一个"重点设防，搞纵深防御，有梯次的配置兵力，不搞一线式设防"的防御方案，其主旨是在敌人可能进攻的主要方向上层层设防，同时掌握强大的预备队。对此，他形象地说："绝不能让敌人一捅就破，同时要有拳头。"

按照此防御方案，广州军区在重要海岛、主要军事要地都配置了大口径的大炮，在必要时可以"有效地封锁航道"。另外，根据朝鲜战场的经验，各个部队还挖了许多坑道工事，能够防原子弹、防化学、防细菌武器的袭击。

李天佑的设防计划与林彪的"南攻"方针完全相反，得到了时任中央军委秘书长、总参谋长罗瑞卿的赞同。

(3)

1959年庐山会议后，广州部队因批判所谓的"单纯军事观点"，战备训练受到很大冲击。

一天，在工作安排会议上，李天佑说："军区工作要继续坚持以战备训练为中心。"

但是，许多人还是顾虑重重，不敢抓军事训练，军事干部也犯了难。李天佑发现此情况后，对他们说："当兵不搞战备训练，这和工厂不搞生产、农民不种地有什么区别？这怎么行呢？国家和人民会遭殃的！"

"抓战备风险很大，弄得不好，就会被扣上'脱离政治'，或'以军事冲击政治'的帽子。"

"风险再大，罪名再多，也要搞！"

由于李天佑决心很大，全军区继续进行严格的战备训练。结果，这一年广州军区的战备训练搞得轰轰烈烈，取得了显著的成绩。1960 年，中央军委把现场会开到了广州军区。

会上，李天佑又提出了一个要求：请中央军委批准广州军区建立装甲兵种。

这也获得了上级的批准。随后，广州军区率先在全国几大军区中建立了装甲兵。对此，他高兴地说："当兵就是要准备打仗，不然，仗打起来了，就没法赢了！当兵的搞战备有什么错呢?！"

20."文化大革命"中三次"救人"

1962 年 9 月，李天佑调任中国人民解放军副总参谋长，11 月，他到北京就职。"文化大革命"爆发后，他置身于旋涡中，却有 3 次"救人"的故事。

(1)

1966 年 10 月 5 日，林彪借军委和总政治部的名义，发出《关于军队院校无产阶级文化大革命的紧急指示》。这个文件下发后，在动荡中的军队院校更是火上加油，立即和地方院校一样大鸣大放，并且外出串连。

一天，总参二部副部长张挺出于关心，去招待所探望从南京外语学院来京串连的造反派学生，谁知他这一去，竟是“自投罗网”，造反派说他“历史问题不清楚”，反把他扣留起来了。

分管二部的副总长李天佑接到报告后，立刻赶去与造反派头头交涉，告诉他们说张挺副部长正在参加一个外事活动，要求他们马上放人。经过长时间的耐心说服，学生们答应第二天放人。

可是，第二天早晨，他一去上班，就接到两个电话，说造反派要带张挺回南京批斗，已去火车站了。他放下话筒，又立刻赶去火车站。

此时正是学生大串连高潮，火车站人山人海，十分混乱。因走得匆忙，他身边只有一个警卫员。但他不顾个人安危，在杂乱的人群中，找到了那些学生，再次劝诫他们以大局为重，并说：“有问题可以提出来在北京解答，不能把人带走。”

可是，谈了一个小时，造反派还是不答应，李天佑严厉地批评他们：“你们什么也不顾，这样做是错误的！”

“造反有理，革命无罪！”

李天佑没有办法，最后只好向学生们提出3条要求：一、必须保证人身安全；二、快去快回；三、只能解答问题，不能批斗。学生们终于同意了。

为稳妥起见，他与南京军区联系，请他们协助做学生的说服工作。3天后，张挺副部长平安地返回了北京，逢人便说：“李副总长救了我一命。”

（2）

在“文化大革命”中，李天佑大概是在东北时有赫赫战功，又是在林彪麾下，所以受冲击并不大，但他并不因此在运动中作壁上观，而是尽自己之力，保护同志和战友。

1967年夏天，武汉发生了震惊中外的七二〇事件，武汉军区司令员陈再道被视为这一事件的“黑后台”，遭到了批斗。不久，副总长彭绍辉的一位亲戚在武汉大学读书，从武汉来京，问及此事，彭副总长说：

“陈再道有什么问题？他是个好同志，是我们的老战友。”

谁知这位亲戚将这话记在了本子上。回到武汉后，此话被武汉大学的造反派发现，他们立刻上京，要把彭副总长拉到武汉批斗。

彭绍辉是毛泽东的湘潭老乡,从小就参加革命,在战争年代就成了有名的独臂将军。李天佑得知造反派要批斗彭绍辉后,亲自与学生见面,劝他们说:“我们总参的干部你们不能抓,有问题我们自己解决。”

由于李天佑坚决反对批斗彭绍辉,学生们只好悻悻回去了。可不久总参内部有人有意见,说:“七二〇事件是中央定了性的,彭说这样的话,就是替陈再道翻案。”

李天佑坚持说:“要核实后再下结论。”

事情查清后,彭副总长作了一般性检讨。不久,毛泽东在总参的报告上批示:

“我看还是这样处理好。”

彭绍辉随即恢复了副总长工作,见到李天佑后说:“谢谢你火线救人呀。”

(3)

1968 年 3 月,林彪、江青等制造了所谓杨(成武)、余(立金)、傅(崇碧)冤案,杨成武代总参谋长受到批判后被关押起来,黄永胜调任总参谋长。随后,全国展开审干工作。李天佑负责军队审干工作。

在审干中,有人在清查北京的敌伪档案时,发现了一个叫王德的特务,其姓名、籍贯,都与总参作战部副部长王德相同。这是一个重大的情况!总参作战部的副部长是特务,这还得了?!总参一位领导当即指示作战部将王德副部长隔离起来。作战部负责审干工作的肖剑飞副部长却认为,只凭一份材料,就将一位副部长关起来,太过于轻率,于是建议说:

“是不是待调查后,再视情况处理?”

这位领导坚持说:“如果我们作战部的副部长是特务,还不果断采取措施,行吗?去按我的意见办。”

肖剑飞思想不通,只好去请示李天佑。

李天佑听了汇报,赞同他的意见,说:“现在是‘文革’时期,我们审查干部更应当掌握好党的政策,按政策办事,当矛盾性质未弄清楚之前,应先按人民内部矛盾处理,不能轻易关人,党的一贯政策是不冤枉一个好人,也不放过一个坏人。”

接着,他交代肖剑飞:“要妥善安排好王德副部长眼前的工作,同时组织人员抓紧调查。那位领导同志的工作则由我去做。”

经过半年多的外调和查证，最后审干组查明：敌伪档案中的王德和作战部王德副部长并不是同一个人，他们是同县、同区，但不同乡，敌伪王德的年龄也比王德副部长大五六岁。这样，王德副部长就免受了一次不白之冤。

情况弄清楚后，李天佑说：“同名同姓，竟然还同县、同区，这么巧事还真不多！幸好，两人不同乡，不同年。不然，我们就冤枉一位好同志了。做工作不能不细致呀！”

作战部王德副部长则说：“大特务的罪名，谁担得起呀！幸好李副总长救了我一命！”

21.“冲击国防部事件”

在“文化大革命”中，李天佑救了别人，自己却遭过劫难。这就是 1966 年 11 月 7日在北京发生的震惊国内外的“冲击国防部事件”。

(1)

总参三部下属有一所军事院校，叫张家口技术工程学院。早在 1965 年院校整风时，李天佑曾带工作组去过这个学院。后来，三部副部长姜钟又带着工作组进驻学院。1966 年 8 月《关于无产阶级文化大革命的决定》公布后，工作组被迫撤出学院，一些学生进京“上访”，冲击三部机关，并因李天佑派工作组去学院，称他是“学院黑帮的总后台”，要求他出面“回答问题”。

李天佑先后 5 次接见学生代表，回答了他们提出的各种各样的“怪问题”。几天后，他又带领检查组前往学院，进一步了解运动的发展情况。他一进校门，就在学院办公楼门口接见师生员工。在讲话中，他说：

“学院的文化大革命运动，一定要在党委领导下进行，不能搞打、砸、抢。”

话音未落，有人当场喊起来了：“你不执行毛主席的革命路线！”

李天佑也毫不客气，立刻反驳："我怎么不执行？在战争年代，我执行毛主席的革命路线，所以才打胜仗；今天我一来就传达毛主席的指示，连大门都还没进，怎么是不执行毛主席的革命路线呢！"

那人哑口无言。

他在学院睡上一觉，第二天一早，谁知学院的大操场上就出现了"舍得一身剐，敢把天佑拉下马"和"打倒消防队长李天佑"的大幅标语，一幅李天佑拿着水龙头灭火的漫画贴在办公楼外最显眼的地方。李天佑看后，淡然一笑说：

"消防队长好呵，保护人民生命和国家财产安全，有什么不好！"

结果，此言一出又招来铺天盖地的大字报。不久北京好些地方也出现了批判"消防队长"李天佑的大字报。1966 年国庆节时，该院学生竟把"打倒消防队长李天佑"的大幅标语，贴到了天安门城楼下。

这张大字报竟然被天安门城楼上的毛泽东看见了，他诙谐地对李天佑说：

"天佑，天佑，'天保佑'！"

(2)

但老天爷并没有保佑李天佑。

国庆节后，林彪以军委和总政治部的名义发布《紧急指示》，张家口技术工程学院涌现出"革命造反团"（简称"革团"）、"红色造反联络总站"、"革命联络总站"三大造反派组织，并且开始进京串连。其中，"革团"的成员专门整理了一份"造李天佑的反"的材料，称"李天佑是镇压我院运动的罪魁祸首"，并且将攻击李天佑的大字报贴到了国防部大院里。

10 月 26 日上午，"革团" 的 15 名学生又闯到总参 "文化大革命" 办公室，要求和李天佑"辩论"，因为李天佑"在学院执行资产阶级反动路线"。他们还定下了"比武打擂"时间：要求 3 天内李天佑带三部彭清云副政委和姜钟副部长去学院作检查。

面对咄咄逼人的气势，李天佑当晚 8 时接见"革团"造反派，做了长达万言的讲话，一一回答了他们提出的各种问题，折腾到深夜才离去。

谁知他走后，造反派左思右想，突然又"不满意"他的答复，冲到国防部南门警卫室，大喊着："要再同李天佑辩论！"

结果,李天佑又不得不连续两次接见他们,反复进行解释,可是造反派仍不罢休,一直占据着警卫室,死活赖着“不走人”。

这时,社会上又刮起一股抢“黑材料”的风。“新风”一起,“革团”只好留下“精干小分队”继续占据国防部南门警卫室,“大部队”则返回学院,索要所谓“黑材料”。一回学院,他们强行砸开保密室的门,殴打前来劝阻的警卫战士,引起冲突,导致双方人员都受轻伤,酿成所谓的“10·31 事件”。

战事一出,“革团”并不就地解决问题,转而进京告状,声称学院派兵“打学生”,要求总参党委和“文化大革命”办公室惩办策划者,追查后台,交出“黑材料”,进行验伤;并且还提出要 4 名“受伤”学生上天安门观礼台参加 11 月 3 日毛主席的接见,如不答应,就“抬着受伤的同志到天安门示威”。中央文革得知此事后,不问原委,立刻要求总参查处学院领导一方。

此时,李天佑已获知“10·31 事件”真相,坚持说:“毛主席教导我们要实事求是。这件事情只有实地调查清楚后,才能再作处理。”

总政治部同意了他的意见,并组织调查组,学院两方派代表参加,实地调查。最后,“革团”不得不承认是他们一方先挑起事端,“理亏在先”。

可是,中央文革不等调查组返回北京,就对“10·31 事件”作出处理:学院负责保卫、保密室工作的 3 位同志停职反省;“革团”代表上观礼台参加毛主席接见,并对“受伤”的学生赠送镀金毛主席像章。甚至,中央文革还拟定了一个情况通报,准备发至全国。

后来,因李天佑等总参领导坚决反对,才未成为事实。

(3)

由于得到中央文革的庇护和怂恿,“革团” 又串连起几个全国有名的造反组织,策划更大的行动。11 月 9 日上午,造反派联合召开所谓的“控诉、批判、誓师大会”,并以《一场骇人听闻的反革命血腥镇压》为题,把炮制的“10·31 事件”铅印几千份传单,在全国各地散发张贴。甚至,正在广州举行的贸易交易会也贴上了,造反派的这些传单造成了极坏的政治影响。

可他们印刷几千份传单后,囊中羞涩了,又向总参“文化大革命”办公室提出 3 项要求:一、提供经费,二、提供会场、通信联络保障,三、“代印”传单 1 万份。这些荒谬的要求遭到了拒绝。11 月 7 日下午,“革团”代表提出要李天佑于当晚6时前答复，在答复之前，1000多人聚集在国防部南门口进行“示威”。

与此同时，他们在国防部大门外架起高音喇叭，对着里面，不断地高喊口号，“通牒”要李天佑和王新亭副总长出来见面。

晚10时，总参党委经过开会研究后，向造反派通告：不许开大会。

于是，造反派开始强行冲击国防部大门。为了越过警卫战士手挽手组成的十几道人墙，他们找来木板架到战士们头上作跳板，最后用木板撞开警卫室的门窗，然后，500余人冲进国防部，在大院里静坐，并拦截汽车。

这一闹，直到第二日晚上6点多才离开。

这一事件引起了中央军委和一些老帅的重视。随后，中央军委两次在工人体育场召开军队来京人员大会，贺龙、陈毅、徐向前、叶剑英等老帅分别在会上发表重要讲话，明确强调军队要保持稳定，对“文化大革命”出现的一些错误现象提出了直截了当的、尖锐的批评，几位老帅的讲话在师生中引起了很大震动，也给一些头脑发热的青年学生泼了冷水。

但是，这却违背了林彪、江青等人的意愿，12月31日，叶剑英被迫做了检讨，之后，李天佑也被迫作检讨。

震惊国内外的“冲击国防部事件”经过一个多月的喧嚣落幕了。

22.战将之死

在我军红军时期较年轻的3位师级将领中，只有钟赤兵活到61岁离开人世；贺炳炎于1960年在成都去世，年仅47岁，被许多人叹为憾事；李天佑也是英年早逝，1970年去世时年仅56岁。

(1)“即使敌人发疯，也只会搞局部突然袭击。”

1969年4月1日，中国共产党第九次全国代表大会在北京召开。李天佑被选为九大代表；会后，又被提为军委办事组成员。此时，他由肾病引起的腰痛和浮肿已很严重了,甚至没法坐着开完一个时间并不太长的会议,只能躺在休息室的活动床上处理工作。许多人为他暗暗担心。医生就他的病情专门向中央军委写了报告,建议让他离职养病。但是9月军委召开战备会议时,他正在医院治病,仍然坚持要去参加会议。大家劝他:

“你都住院了,就不要去了。”

他说:“我打了一辈子仗,怎么能不参加作战会议呢?总应该去听听吧!”

可在会上,总参谋长黄永胜等人大讲特讲“敌情”,严重得好像大战一触即发。听到这,李天佑实在坐不住了,立刻即席发言,说:“从一般大战的几个特征看,当前还没有爆发大战的迹象,即使敌人发疯,也只会搞局部突然袭击。”

他这一插言弄得总参谋长黄永胜好不尴尬。

尽管他对李天佑这个有理有据的大胆发言不理不睬, 但许多在场的人不免为李天佑感到担忧。果然,不久,李天佑因为“即使敌人发疯,也只会搞局部突然袭击”的这番话,而导致主管工作调整:黄永胜直接管作战工作,李作鹏分管通信等部门,李天佑改管政治思想工作。

(2)“晚了,他已病入骨髓。”

年底,李天佑的病情进一步恶化。

在检查中,医生发现他尿蛋白已增加到4个加号,他需要完全休息了。但离职休息的命令仍然没下来, 他的妻子杜启远只好直接打电话给总长办公室催问此事。

过了两天,黄永胜来找李天佑,说:“你主持开完‘四好’大会再休息吧。”

“我分管政治思想工作,这个会必须参加。”他没有任何怨言地答应了。

1970年1月中旬,李天佑终于接到休息的命令,但已经太晚了。一位曾在1964年给他治疗过肾病的著名老中医,在仔细给他做过检查之后,对杜启远说:

“晚了,已病入骨髓。”

事后,这位老中医感到很奇怪,对人说:“在现在的医疗条件下,李副总长的病根本不该发展到这种程度呀!”

李天佑因工作耽误了治病。

以后,他的病越来越严重,不得不卧床了。

(3)去世前的怪举动

1970年9月5日,一早起来,重病的李天佑突然说:“我去看看。”

“你想看什么呢?”杜启远问道。

他没有回答,然后不顾妻子的劝阻,硬撑着极度虚弱的身体,逐个地查看了家里的每一间屋子,甚至连平时用来堆放杂物的小屋也不例外,看了又看,最后,他又查看了整个院子。

这是过去从未有过的事情。他一直来是只管工作,不做家务,也不管家务。这一举动给家人留下了深刻的记忆。

两天后,他的病情出现异常,住进了301医院。

在医院里,他仍像往常那样:不让家人陪床。由于杜启远和众人一再坚持,他才允许他身边唯一一个警卫员留在医院里照顾他,其他人统统回单位上班。也许他意识到自己将不久于人世了,一天,突然向医生提出说:

“我要到天安门看看。”

“总参领导有指示,要首长在医院抓紧治疗。”医生告诉他。

“我坐车出去转转,到天安门看看,我再回来。”

但医生为他的病情考虑没有同意。以后,每次见了医生,他总是固执地提出同样的要求,遗憾的是,医生始终没答应他。几天后,他的手臂和腿部很快肿起来,手表都不能带了。随即,小便量也减少,不及常人的一半。医生不得不给他注射了利尿药溶液。

谁知这利尿溶液注射之后,他的小便不仅没增加,反而一点也排不出来了。

9月27日清晨,他已经不能说话了,连药也吃不进去了。妻子杜启远闻讯赶来,急得要死。护士告诉她说:“这是因为嗓子里有痰吸不出来。”

杜启远一听,当即俯下身去,口对口为他吸痰。谁知她用力一吸,吸出来的竟然全都是些酸水。李天佑一听说是水,吃力地抬着头对着墙上的毛主席像,“哇啦哇啦”地叫个不停,表情十分痛苦。

护士见了,赶紧给他找来一本印有毛主席像的书。他捧着书,仍然“哇啦哇啦”地叫,可是谁也听不清他说什么了。医生赶紧给他做人工呼吸进行抢救,他七窍出水,很快就昏迷过去。当日 18 时 35 分,一代战将李天佑终于被病魔夺去了生命,年仅 56 岁。

他从住院到去世,仅仅 20 天时间。

杜启远哭着说:

“他 16 岁当连长,20 岁当师长,连去世也比别人走得早。”

中将吴克华

1.穷得叮当响的祖父意外发大财

1913 年 12 月 7 日,吴克华出生于江西弋阳县曹溪区的芳家墩村。

(1)

芳家墩村,又叫芳家墩屋场,草木葱茏,群山环抱,住着几百户人家,破旧的村屋中有座砖木结构、前后两栋的四榀屋格外醒眼。这就是远近闻名的吴家大屋,也就是吴克华的家。

吴克华的祖上并不富裕,这吴家大屋要归功于他的祖父吴雨进。

吴雨进原是芳家墩屋场一个没地、没田、没屋、没吃的"四无"农民,穷困潦倒,平日靠卖豆腐维生,养活家人。谁知在 40 多岁时,他意外地发了一笔大横财,一下买下足够的田地、农具,还精心营造了一个引人注目的安乐窝,建起了宽敞高大的吴家大屋,高大的围墙护卫着宅院。

他到底怎么发的财,发了什么财,是抢是偷,或是什么贵人相送,还是挖了地窖宝藏,这意外横财到底有多大?没有任何人知道,只是这横财让他一夜之间从芳家墩最穷的汉子一跃成为弋阳县远近闻名的大财主。

华宅落成不久,年届五旬的吴雨进"送走"了结发妻子戴氏,娶了个比他年轻得多的第二任妻子——一个从安徽逃荒到江西来的漂亮女子。她就是吴克华的祖母。

吴家因为吴雨进的这一意外之财从此走上了富裕之路，一家人不仅过上丰衣足食的日子，衣食无忧，宅大田多，一字不识的吴雨进还给两个同父异母的儿子各买了个“功名”。

弋阳是个历史悠久的县份，堪称人杰地灵，历史上这里出过10多位尚书、宰相和数以百计的文武进士，全县有着读书求仕的风尚，建有12家书院。按当地的习俗，买了功名的人就能享受进宗祠的权力和宗族的奖赏。吴雨进虽大字不识，为吴克华父亲吴关先买的功名叫贡生，为吴克华的伯父吴和先买的功名叫周司马。

贡生有6种，即恩贡、拔贡、副贡、岁贡、优贡和例贡，前5种须经正式的科举考试方可取得，社会地位略高于秀才。吴雨进出资为吴关先买的贡生，就是当属后一种例贡，例贡基本上是个虚名，不用考试，只要花钱就可以“捐”到。吴雨进财大气粗，就是个虚名，也乐得花这个钱。

吴雨进的家业全盛时除拥有20多间瓦屋外，还有1600亩土地，两所私塾和1个加工稻米的水磨坊，堪称弋阳一富。吴和先虽然浪得虚名，结婚生子后，也为自己4个儿子中的3个买了“功名”，显赫一时。但是，吴克华出生时，他的4个堂兄都已娶妻生子，至少有10个堂侄子年龄与他相当。在这人丁日趋兴旺、关系日渐复杂的大家庭中，他没有众星捧月的地位。在他初记事时，家产远不如从前丰厚，但还是衣食无忧。因此，幼年的吴克华并没尝过什么饥寒的滋味，他时常能吃上母亲精心制作的菜干、荷包辣椒、芋头蒸肉等。

他的母亲罗香莲是位清纯秀丽的农家女子，虽不通文墨，却聪明伶俐，心灵手巧，待字闺中时就以一手好针线活扬名弋阳城乡。她视吴克华为掌上明珠，宠爱有加。吴克华5岁时，抱养的表姐夭亡，他更是成了父母唯一的寄托和希望。在母亲的关怀下，他的童年时光无忧无虑，衣服不多，却总是穿戴得整整齐齐，干干净净的。

（2）

俗话说：“外财不扶人，横财不持家。”这话在吴雨进和他的子孙们身上很快得到了应验。吴家并没在富裕之路上走出太远，便家道中落了。吴家大屋由盛转衰，几乎就是几年间。吴克华的命运也随之发生急剧的变化。

8岁时，吴克华进入村人吴少清开办的私塾，发蒙读书，第二年春，破败的家庭就无法支付塾师的学费,他面临着辍学的危险。幸运的是,远嫁县城游家、家境相对殷实的三姑妈向他伸出了援助之手,把他安排在自己婆家人办的私塾里,这样,吴克华才得以继续学业。

好景仍然不长。11 岁时,吴克华还是失学了,并且离开热闹的弋江镇,返回了寂寥的芳家墩。他辍学的原因,一是家庭的经济状况进一步恶化,二是家里劳动力短缺。为了维持生计,吴家的田地、房屋已变卖得所剩无几,水磨坊给无情的洪水冲毁了,逢年过节,上门讨债的债主聚集一屋。一次,债主没讨到钱,把他家床上的棉被都抱走了。吴关先仅剩一块菜园、一片荒山、几间寒舍,未满 40 岁的罗香莲里外操劳,苦撑着这个摇摇欲坠的家;而吴关先病恹恹的,一副落魄书生气,终日萎靡不振。

对中途失学,小小年纪的吴克华开始并没感到什么不幸,在他尚不谙世事的心中,读书还不如上山打柴好玩呢!每天,他打打柴,割割草,做些力所能及的活儿。但在失学的第三年,病入膏肓的父亲终于撒手归西,撇下吴克华和罗香莲孤儿寡母。

这年吴克华才 13 岁。

吴家从地上跃到天上,又从天上掉到地下,现在连唯一的病恹恹的"顶梁柱"也倒了,有人同情,有人幸灾乐祸,有人冷嘲热讽,吴克华品尝着世态炎凉,也开始了他人生的磨砺。

父亲一死,现实生活便向孤儿寡母展示出严峻的脸孔,如何生存下去?罗香莲只好找人介绍儿子去"打工"。年幼的吴克华来到了弋江镇的一家杂货店里当杂工,这里只管饭,没有薪水,吴克华并不介意,临别前对母亲说:"凭自己的力气弄到饭吃,不看别人的白眼就好了。"

但事情不像他想的那样。杂货店伙计,除了白天没天没日地干活外,晚上还要为老板娘倒便桶、涮烟袋、侍候店主孩子吃喝等,全是肮脏下贱的活儿,这哪是从小被娇宠惯了的吴克华能适应得了的?尝够店主的羞辱和打骂之后,他咬牙切齿,"撂"掉了杂货店的"饭碗",又回到了芳家墩屋场。

吴克华有个奶妈,为人善良,见吃着自己奶长大的克华可怜,劝说自己做皮匠活的丈夫说:"克家(吴克华原名吴克家)好歹也是我的半个儿,积财千万,不如薄技在身,你就带带他吧。"

为了让有口饭吃,于是吴克华又跟着奶父当上了皮匠。

当地皮匠并没什么皮活,主要是做布鞋。奶父乐意将自己的手艺传授给吴克华，但心高气傲的吴克华却没看上奶父的这一“薄技”，内心里不愿步奶父后尘，做一辈子出息不大的皮匠，他期望有一天能出人头地，但他又无法改变命运的安排，只好腰间系着那张脏兮兮的皮匠围裙，跟着奶父在皮匠铺干活，或者挑着皮匠担子，走村串乡，游乡做鞋，一天天过着自己养活自己的日子。

（3）

老话说“财去身安乐”。这一艰苦的人生磨炼，对于吴克华影响至深。在他参加革命后，他也因此“受惠不少”。

一是1928年冬，方志敏、邵式平等人领导赣东北农民暴动的热潮再次兴起，吴克华的家乡曹溪（第六区）也变“红”了，他参加了名副其实的儿童团。不久，他因为是皮匠，以工人身份加入了手工业工会组织，参加抗租、抗债、抗税等斗争。走入困境的吴克华母子也分了6亩田，那些让他们愁肠百结的借据、契约，在胜利的欢呼声中统统付诸一炬了。

后来，吴克华由衷地感慨说：“革命使得我们无依无靠的母子获得了解放。”二是穷苦的生活经历使吴克华被苏维埃政府选中，推荐到红军军校学习。

1929年弋阳、横峰秋收暴动后，弋阳第六区也成立了苏维埃政府，区苏维埃机关就设在芳家墩。中共信江特委决定扩大它的正规武装，为仅编5个连的江西红军独立第1团创办信江军政学校，为培养第1团培养干部。一天，吴克华正挑着皮匠担子在县城，住在坤兰姑妈家里，突然，侄子吴全德匆匆忙忙跑来，说：

“你马上去吴家墩，去读书。”

“去读书？”吴克华很奇怪。

侄子吴全德告诉他是吴克华的表姐夫吴思清叫他来通知的。至于上什么学校，读什么书，他也说不上来。吴克华猜想是类似县立高等小学那样的学校。因为此时全县苏区已办起5所完备小学，芳家墩还专门为偏远村庄的几户和独户人家的适龄儿童创办了列宁巡回小学。不管它什么学校，既然是表姐夫推荐的，他决心去“读书”。因为他特别信赖这个参加共产党的表姐夫。回到芳家墩屋场的家里，他简单收拾一下行装，就跟吴思清去吴家墩。表姐夫问：

“要不要等你娘回来跟她说一声。”

吴克华犹豫片刻，说：“不用，全德会告诉她。”

他主要是怕母亲不同意。这两三年来，他跟着奶父走南闯北做皮匠活，已经很独立了，对母亲、对家庭已不怎么依赖。但此刻他还连去上什么的学校都不知道呢，边走边问：

“到吴家墩我读什么书？”

吴思清不正面回答他，只是说：“到吴家墩就明白了。”

吴家墩距芳家墩约20公里，属第九区。自1925年起第九区就是弋阳乃至整个赣东北农民革命中心，这里几乎每个村子都有火灾留下的累累创痕。地主烧农民的茅棚木屋，农民焚地主的深宅大院，到处是废墟和残垣断壁、坟堆，就连山坡上的树也都只剩下些白惨惨的树茬，那是豪绅地主组织的“砍树队”留下的“杰作”——因为茂密的山林是暴民的藏身之所。国民党军第7师王钧部开进第九区，唯草木是问。结果，这里连树木都被砍光了。两人在吴家墩祠堂跟前停了下来，祠堂前挂着“信江军政学校”招牌，聚集着百余名农民装束的青壮年。吴克华便和他们一起成为了苏维埃信江军政学校的第一期学员。

军校的学员，部分来自红军部队，部分是当地的党组织和苏维埃政府推荐来的。进这个学校的，都是被党组织认为是政治上绝对可靠的贫苦农民和工人，而吴克华则是双重成分，既可算作农民，也可算作工人。因此，被选中。

1929年10月，吴克华进入信江军政学校，就开始了他漫长的军旅生涯。后来他说：“我扛枪当红军，准确地说，迈出这一步的是书本，而不是红军的钢枪。”

这一年他16岁。

(4)

吴克华参加红军后，他的家乡芳家墩一直是赣东北轰轰烈烈红色赤潮的大本营。后来，由设在弋阳第九区的信江特委和设在景德镇的东北特委合并而成的直属中央领导的赣东北特委机关也设在了这里。赣东北特区第一次工农兵代表大会是在这里召开，赣东北革命委员会也在这里办公，赣东北特区贫民银行也设在芳家墩。1930年，蒋介石在中原大战胜利后，没等发烫的枪管冷却下来,便对准闽浙赣苏维埃红军,10 万大军开始"围剿"江西赤区,3 万重兵"压"向赣东北苏区。1931 年新年一过,国民党军 55 师便向芳家墩杀过来,多数村民弃家跟随红军赤卫队跑到深山老林中躲了起来,小脚的罗香莲像往常一样没有走,待在家里,守着几间空空的老屋。

此时,她已 55 岁,基本上不用到地里去劳作,苏维埃政府除派人代耕分给她的 6 亩地外,还有人负责照顾她的日常生活,她过着"没有劳力的红军家属"才能享受到的待遇。国民党军一来,"眼红"她的村民居心叵测,告发她:

"她儿子是红军的排长。"

于是,厄运便降临到这个孤寡无助的妇人身上。她与芳家墩村苏维埃主席等人同时惨遭匪兵杀害。

罗香莲倒下数小时后,吴克华才带着队伍赶回来。但国民党军已逃之夭夭。在乡亲们的帮助下,他把母亲葬在村旁一面低矮的山坡上。母亲一死,土改分到的 6 亩地让卷土重来的地主收回, 几间空空如也的房子也被还乡团放了一把火, 烧了个一干二净。出生于家财万贯的吴家大屋的吴克华成为了真正的一无所有的"无产者",了无牵挂。对于这些,吴克华更加坚定了对革命的信念。

(5)

对于吴克华的身世和他革命后所经历的这一切,有人说:

"吴克华就是命好,小时候家里是大财主,有钱有势,过着好生活;要革命了,吴家大屋就衰落,他家孤儿寡母最苦,小小年纪又是当杂工,又是做皮匠。他穷人出身一点也不假,还不是做作的。老天爷真是看重他!"

此话传到吴克华耳朵里,他笑着说:"我们大家都是穷人,这样比较,我小时候因为祖父那笔横财余荫是比你们过得好!确实,没有吴家大屋的大变故,我这个大少爷就难说会参加革命! 我参加革命,和你们一样,是自然的,但对于吴家大屋来说,这可能真是天意! 我参加革命,就是要毁灭这个穷人只能靠意外横财才能富裕一时的罪恶社会!"

对于吴克华祖上的传奇财富经历,后来,东北野战军 4 纵副司令员胡奇才知道后,开玩笑说:

"大千世界无奇不有,财神爷一高兴,让你的祖上一夜暴富,抱了个金山;财神爷又翻脸,吴家大屋又一夜衰落,这让你这个吃香的喝辣的小公子变成了臭皮匠。财神爷翻脸，让你吃了不少的苦，却为我们培养了一位将军。”

吴克华也哈哈大笑:“我们芳家墩当时是赣东北红色赤潮的大本营,我参加革命,主要是党的指引。”

2.信江军校的“枪案”

吴克华在信江军政学校学习,发生过著名的“枪案”事件,是方志敏救了他。

1930 年元旦过后,一个大雪天的早晨,吴克华扛着梭镖正在村外站岗,恰好国民党军戴岳部和赣东北 8 个县的靖卫团兵分六路“围剿”磨盘山。远处突然传来“啪、啪、啪”的声响,毫无实战经验的吴克华以为这是积雪压折竹子发出的响声,没想到这就是“枪声”！幸亏值星班长发现了,跑了过来说:

“你赶紧回校报告敌情。”

吴克华跑回村里时,队伍已经集合好了。信江特委委员、军委书记邵式平和校长邹琦说:“我们没枪，撤出吴家墩，让独立团对付这股来势汹汹的匪兵！”

此时,独立团装备有长短枪约 400 支,还有一挺机关枪。结果,刚扩编为 6 个连的独立团与国民党军较量了半个多月,终于把他们打跑了。这给吴克华他们上了“枪”的第一课。

军校学习第一阶段结束后,吴克华被分到独立团特务连“实习”。连长发给他一支只有半截枪管的“老套筒”。吴克华扛着这支锈迹斑斑的破枪,还是由衷的高兴。因为不少战士手中仍握着鸟铳或大刀呢，枪对赣东北红军来说是难得的宝贝,“老套筒”虽“破”但枪毕竟还是枪。

吴克华一到未接受过正规训练的特务连,就领着战士们操练,充当小教员。独立第一团的团长叫周建屏，在北伐军中当过营长，率领他们频频出击,与靖卫团等地主武装交火,也和国民党军正规部队较量,仗一个接着一个,吴克华先后参加了莲塘、团林、鸣口、万年等战斗,尽管也是枪林弹雨,但都是些小仗。在这几次战斗中,他没有战绩,因为子弹从他那半截枪管飞出不远就落地了,而且他的子弹袋里能打响的子弹,通常仅有 4 发,根本不够用,因此,在战场上很难“杀中”敌兵。这支残枪不但没给他带来什么荣耀,反而差一点毁了他的革命生涯。

“你的枪呢?”

一天拂晓,俘虏兵出身的班长厉声叫醒还在酣睡的吴克华。平时,部队要求战士任何时候枪不离身。吴克华对这“半支枪”也丝毫不敢怠慢,总是枕着枪背带睡觉的。此刻,班长一叫,半睡半醒他立即伸手往枕头下一摸,没摸着,他“呼”地一下跳了起来,可在地铺附近也找不到。他以为是班长或战友开玩笑把枪藏起来了,急着说:

“你们不要开这样的玩笑嘛!”

可抬头一看大家的神态,才知情况严重,那支只有半截枪管的“老套筒”确实不见了!枪是战士的生命,丢失手中武器,这是独立第一团绝对不允许发生的事情,吴克华急得哭起来:

“我头枕着枪背带,门口又有岗哨,怎么还被偷了呢?”

随即,他被扣押起来。尽管他抽泣着反复诉说不是故意丢失的,但还被调出了正在国统区活动的特务连,送到后方接受审查。被关了一个月禁闭之后,“枪案”终于弄清楚了。原来他的那位俘虏兵班长准备携枪逃跑,特意把吴克华的枪也偷了,结果,当他在随后的一次作战中,背着两条枪逃跑时,被特务连击毙。把吴克华害苦了的“枪案”才真相大白。

不久,独立第一团在芳家墩召开全团军人大会。赣东北特区革命委员会主席方志敏在会上宣读了对近期发生的几起枪案的处理决定。在独立第一团直属队当干部的邵式平的侄女被给予警告处分,她的枪被盗去资敌;一位临阵弃枪脱逃的战士因为“贪生怕死”被枪毙,吴克华幸免于处分。但方志敏严肃地对他说:“你要在战斗中杀敌立功。”

吴克华咬着牙,点了点头。

方志敏不处分他,是考虑到他年纪小和响当当的工人出身身份,才免除了他的处分。后来吴克华回顾丢枪事件时,没有宽恕自己,说:“我太麻痹大意了,缺乏应有的阶级警惕性。”会后,他便调回特务连去了。很快,他又振作起来，也成熟了很多。不久，他当上了副班长。

不久，他的军政学校学习也结束了，被任命为独立第一团1连见习排长。

1930年7月，红10军成立，编3个团(第1、10、19团)和1个特务营，共2000多人。吴克华任1团2营副排长。

3.两次受处分，两次因此“逃”得性命

在吴克华的战斗生涯中，他有两次受处分的经历。号称我军“军神”的刘伯承都是“见证人”。

(1)

1933年，吴克华调任红7军团20师60团1营营长，20师师长为粟裕。不久，苏区第五次反“围剿”战斗开始了。11月1日，中革军委计划在抚河上游地区寻机与国民党军会战，红3军团和红7军团则夹抚河北进，力求在敌军运动中与之会战。11日，3军团4师政委彭雪枫受病中的彭德怀委托，指挥3军团和7军团攻击占据浒湾八角亭之冷欣部。

浒湾、八角亭在抚州金溪县境内，两地相隔约5公里。国民党军指挥官冷欣率编5个团的加强师扼守这片山林地。

配置于浒湾北面高山的7军团19师的任务是扼制浒湾之敌，截断金溪至浒湾的公路交通；阻八角亭之敌向浒湾移动，吴克华所在的20师配置在浒湾东北。红军落后的通信使担负正面攻击任务的7军团与负责迂回侧击的3军团无法协同，联手攻击变成各自为战。有2000余众的20师攻击正面近10公里，作一线式配置，既没有纵深，也没有预备队的20师摆出孤注一掷的态势疾风般卷击八角亭。

战斗打响不久，20师60团1营营长吴克华在冲锋时，一块弹头削去他的一块头皮。他简单地包扎一下，又继续指挥战斗。

此时他已经有5年兵龄了。

祸不单行。第5天，在激战中，又一块疾速飞行的弹片击中了他，子弹穿透他的右腮帮，敲掉他的几颗牙齿。左胳膊也被打断了。他浑身是血，扑倒在地，被抬到后方医院。

由于缺医少药，他先是在没有施用麻药的情况下接受手术治疗，取出弹片，并剔除坏死的腐肉，但没能对伤口及时采取措施，伤口很快化脓感染。然后，便是漫长的极度折磨人的伤口愈合期。红军简易医院连碘酒都没有，只能靠盐水消炎，且又是伤者经常需要活动的口腔和胳膊，伤口不易愈合，吴克华喝水吃饭都成了难题。一个冬季，他只能靠稀粥和菜汤维持生命。

在病床上苦熬了将近3个月，吴克华才伤愈出院。他本来就很消瘦，经过这一番折腾，更加瘦削不堪了，脸色苍白，颧骨明显地突出来，眼睛深深地陷下去。出院后，他没再返回20师，被安排到红都瑞金，到红军大学学习。

1934年7月，中央军委调他到隶属江西军区的红21师任团长。从营长直接提拔为团长，官升两级，这喜讯却并没让他高兴起来。这时，“阵地防御结合”、“短促出击”这些蹩脚的战术，仍被只会纸上谈兵的博古、李德等人视为至宝，广为使用。前方指挥员没有任何机动权，只能听凭“左”倾教条主义者“瞎指挥”，而丢失阵地，或“拼”掉了部队，不是被革职，就是被罚作苦力。因此，吴克华并不愿去当这个像卒子一样的团长。另外，他听说红7军团将改编为北上抗日先遣队。这是他的老部队，有许多同乡，并且他还听说他们要打回赣东北去，与方志敏领导的红10军会合。因此，他有心回到老部队去。

当红军总参谋长刘伯承找他谈话时，他回答说：

“让我指挥一个团，我难以胜任，我当个营长，指挥还都勉勉强强呢。”

之后，任凭刘伯承如何做工作，他就是一条：这个团长我死活当不了，没这个能力干不下去。随后，红军总司令朱德找他谈话，他还是婉言谢绝，并且固执地说：“我坚决要求去7军团仍当营长或团参谋长。”

结果，朱德一怒之下，给“胆敢抗命”的吴克华“口头警告处分”，然后，大笔一挥，说：“不去21师，7军团也别去，调任少先队中央总队部参谋长。”

吴克华受了处分，并且到了少先队中央总队部。做了一个月参谋长后，他就开始后悔了。

原来，他虽然平时文质彬彬的，但骨子里却是带兵打仗、在战场拼杀的“料”。在少先队中央总队部，天天搞的是“机关文书”，全是文字活，不是看就是写。而只念了三年书的参谋长对各省少先队送来的报告看不大懂，一拿起那些冗长的少先队工作报告就头大如斗，但他又不敢怠慢，生怕一出差错就给党的事业造成不可挽回的损失。因此，这参谋长当得简直是比坐牢还“苦”。

但是，他又不敢提出调动工作。结果，时间越长，他就越是度日如年，苦闷得竟然到了吃不下饭的地步，最后实在是“熬”不下去了，只好“置自己的面子于不顾”，鼓起勇气，主动敲开了刘伯承总参谋长的门。

结果，他一落座，眼泪一下子就涌了出来，把折腾多日的苦衷和盘托出，说着说着，竟然忍不住号啕大哭起来。这把刘伯承逗得哈哈大笑，说：“吴克华，你才当参谋长一个月呀，就受不了啊！有事就说事嘛，你哭什么呀？”

吴克华还是眼泪鼻涕一大把地抽泣着。刘伯承见状，爽快地说：“那好吧，你就到8军团21师去报到吧！”

几天后，吴克华到刚组建起来的红8军团21师63团任团参谋长。

这次吴克华的“调皮”，若干年后，朱德还记忆犹新，1949年在北京时，朱德见着已是41军军长的吴克华说：“当年当团长不去，被我处分了的那个调皮鬼，是你吧！”

吴克华脸“唰”地红了，“啪”地立正，然后回答说：“老总，是我，那个口头警告处分至今还没有撤销呢！”

朱德哈哈大笑：“你这个调皮鬼呀，当大军长了，还是当年的那个样子！”

在场的当年20师师长粟裕说：“克华呀，老总的这个处分救了你一命啊！我们红7军团后来执行东征，3个师基本上全打光了，幸亏你没回去呢！”

(2)

1935年6月，长征途中的红一方面军和红四方面军懋功会师后，吴克华所在的红5军团改番号为第5军，在沙窝会议后，编入以红四方面军为主的左路军，吴克华的39团改番号为37团，他也由参谋长晋升为团长。结果，他又一次受到张国焘处分——撤职及留党察看“双重处分”。

这时，张国焘分裂党和红军，“打到成都去吃大米”的南下计划失败后，煞费苦心组建起来了一个“临时中央”。

黄超是张国焘的干将，在整编时出任红5军政委，他上任后的第一项改革，就是把红一方面军官兵在江西苏区时就戴在头上的八角帽换下来，说这种军帽是招惹国民党军的旗帜，红5军之所以走到哪里都不得安宁，就是因为头上这顶倒霉的帽子。这近似胡说八道的“改帽理论”引起戴八角帽的红一方面军官兵的反感。吴克华对此大为不满，常常“不分场合”地公开非议政委，又向一位倒向张国焘的原红一方面军某师宣传科长披露自己对张国焘另立中央的看法，结果，引起黄超不满，经常借故对吴克华进行训斥。

其实，吴克华与张国焘是地道的江西老表，就连弋横革命的领导人邵式平开始也都被张国焘“拉”住，最后因为黄超骂毛泽东，邵式平才打了他一个大耳光，因此闹翻。但是，吴克华一开始就对张国焘一伙“不靠把”。他自然被他们视为打击对象。

随后，张国焘等人两次进行别有用心的混编，把红四方面军的一些部队编进红5军。吴克华曾经指挥过的39团则与31军37团对调。这样，戴八角帽的官兵在红5军所占的比例已不到半数。吴克华的37团是红一方面军在红5军中仅存的部队。在整编中，吴克华又与黄超等人发生争执。

为了削弱红一方面军的战斗力，在整编中，张国焘等人只允许37团每连留一挺轻机枪、全团留6挺重机枪，37团的轻机枪是装备到班的，一下子调走大部分机枪，这种直接影响战斗力的不正常举措，作为一团的最高军事长官，吴克华因此有抵触情绪，在执行收枪命令时“打折扣”，没按规定指标上交，而且交上去的，不少是行军作战中损坏了的，这令黄超大为不满，批评吴克华本位主义，对于坏枪，指责他工作失职，对部属“故意毁坏武器放任不管”。

黄超的刁难、打击，使得吴克华在整编之后留在川康边策应红2、6军团北进的几个月中，灰心丧气。没完没了的战斗和错综复杂的政治矛盾纠葛在一起不说，恶劣的生存环境，尤其是缺粮，更让他坐立不安。37团驻扎在懋功县时，吴克华未征得上级的准许，擅自带领1个营武装筹粮，结果，伤亡20多人，又受到黄超的批评。随后，在围攻岷县城的战斗时，部队开拔，37团因携带给养延误半小时，结果，马拉松式的围攻岷县之战还没有结束，黄超就“策划”了一场批斗会，给吴克华扔过去一顶“右倾机会主义残余”的帽子。

“右倾机会主义”是张国焘1935年仲秋在阿坝送给星夜挥师北上的洛、周、毛、博等中央领导人的“分手礼”。血气方刚的吴克华站起来准备为自己辩护，但“发言权”都被黄超“剥夺”了，随即，黄超宣布给予吴克华撤职和留党察看的双重处分，并把他投进了保卫局的禁闭室。

幸好红5军军长董振堂还是赏识吴克华的，听到吴克华被“双重处分”，说：“吴克华在我手下差不多两年，他斗争有历史，革命态度是坚决的。”由于董振堂的出面，吴克华免受了许多皮肉之苦，最后，在红5军侦察科当科员，接受“监督改造”。

无端受到打击，吴克华又陷入极度的苦闷之中。在痛苦中，他想起了一个人，这个人就是他“当年抗命”的刘伯承总参谋长！

1936年9月中旬，红5军参谋长李屏仁到岷县的三十里铺的红军总司令部开会，吴克华闻讯，立即找到他，请求他与数月前恢复红军总参谋长职务的刘伯承说清情况，将他调离红5军。

李屏仁也是江西老表，是追随董振堂参加宁都起义的原37团团长，对吴克华的处境深表同情。没过多久，吴克华便接到去红四方面军红军大学学习的调令。但是，当他见到任红四方面军红军大学校长的刘伯承时，刘伯承“劈头盖脸”地批了他一顿，说：

“你真是幼稚，在那种情况下犯自由主义，乱讲话是自找危险。”

后来，吴克华说：“我在近60年的军旅生涯里，接到过许许多多的调令，当中，这一纸十分普通的调令或许称得上是至关重要的。”因为当时被张国焘投入保卫局的人几乎全被“肃反”“肃”掉了，而刘伯承这一纸学习的调令把他救出了“火坑”。

10月，红军一、二、四方面军在会宁会师，此时，吴克华已在“红大”高级科团职干部班当班长了。

不久，1937年1月，红5军在董振堂军长率领下参加西路军西征，结果，军长和3000多名官兵在临泽、高台地区与马家军激战，寡不敌众，又弹尽粮绝，几乎全部壮烈牺牲。3月，中央政治局扩大会议批判张国焘分裂主义错误。吴克华找到“抗大”总支书记邓富莲汇报思想，反映自己在红5军时受到的错误处分，不久，组织上批准“无条件取消吴克华在去年8月背上的党内和行政处分”。就这样，吴克华回到了党组织的怀抱。

而这次处分，如上次处分一样，使吴克华在不幸中逃了一命。在西路军阵亡的140多名团职以上军官中，相当一部分是红5军的或者在红5军任过职的，除军长董振堂、军参谋长李屏仁、军政治部主任杨克明外，骑兵师师长董俊彦(原 39 团团长),37 团的团长李连样、政委何志余、政治处主任钟立彬及 39 团政委周畅昌、军部特务团团长徐志贞等,全部牺牲。因此,有人说:“吴克华因祸得福,真是福将。”对此,刘伯承说:“吴克华因祸得福,是因为他身上有一种宝贝。”

“什么宝贝?不是什么护身符吧?”

“这可以说护身符,也可以说不是护身符。”刘伯承笑着说,好像“吊”人的胃口。

“那是什么啊?”有人问。

“这就是吴克华身上那一种明辨是非的能力和坚持自我的硬骨气!这就是我们共产党员应该有的东西!”刘伯承严肃地说,“他两次受处分,我都是当事人,第一次他对博古、李德的教条主义不满,敢于坚持自我,不当团长,就是朱老总和我的命都敢抗!他是个光明坦荡的人;这次面对黄超、张国焘的错误,他又闹起来了,没有像一些人那样倒向张国焘,这就是吴克华骨子里的硬气。”

4.中央红军的“铁屁股”

吴克华是参加过长征的战将。吴克华所在的军团一直是中央纵队的后卫。由于他们英勇善战,被称为是长征红军的“铁屁股”。

一路上,沿途都有国民党军衔尾追击,“铁屁股”这个角色并不是那么容易扮演的。一旦走在前面的部队,由于通讯联络不通,或道路不畅,或组织指挥不力等误入歧路,或出现混乱拥挤状况而耽误时间,与趁机扑上来的追敌拼杀的事,就自然落在首当其冲的后卫部队身上。

打阻击的命令随时可以接到,而似水蛭般的追兵追击而来,并不是好对付的,没有两三个小时,甚至一天时间,往往是休想摆脱它的纠缠。因此,血拼苦战,是长征路上的常事。但是,他们英勇地完成了这一重任,保障了红军的安全。

（1）

在长征途中，开始时，吴克华是红 8 军团 21 师 63 团参谋长。

1934 年 10 月，组建才几个月的红 8 军团从古龙岗出发。

在甬道式的行军序列中，红 8 军团先是在位于右翼红 3 军团的后面，担负着中央纵队和庞大的后方机关的安全保障重任，一路上，尽管它有一些战斗部队，也无法离开甬道向前去捕捉战机，也不能在运动中消灭敌人。他们只能在后面，与装备占绝对优势的国民党军打消耗战。

湘江一战，万余人的红 8 军团就拼得很惨烈。11 月 25 日，前卫红军在界首和龙风嘴之间抢渡湘江。当他们孤注一掷，一次又一次地发起成营成团甚至成师的冲锋，前仆后继地冲击蒋介石那张密实的围歼大网时，红 8 军团在湘江东岸一个叫水东的地方被国民党军截为两段，吴克华所在的 63 团落在 5 军团的后面，四面受敌。

为了尽快脱离死亡陷阱，吴克华与团长罗占云、政委黄志勇等人率领 63 团与来势汹汹的追兵边激战，边奋勇向前。横飞的流弹击穿罗团长的裤裆和背包，却没伤着他一根毫毛。但在突围战中，掉队、逃亡现象空前严重。特别是在 8 军团在匆匆组建起来，官兵素质相对较低的部队，掉队、逃亡现象更严重些。午后，在离湘江不远的地方，63 团停止前进，准备埋灶造饭时，在不远处，许多饥肠辘辘的落伍士兵朝他们涌过来。前面部队也是掉队的比没掉队的还多。5 军团 13 师师长陈伯钧称："我师夹杂着比我多两倍的落伍人员。"因奉命接应殿后的 5 军团 34 师，一直等到黄昏，吴克华才和团长罗占云、政委黄志勇等率领 63 团渡过湘江。

鏖战湘江，只有 3 万多红军官兵过了湘江，红 8 军团也只剩下 1000 余名，还有不少的伤员。

吴克华幸运的是皮毛未损。把伤员简单安置下来后，穿着单衣单裤的吴克华集合起队伍踏着薄薄的晨霜，披着凄清的月色又出发了。

（2）

渡过湘江，红军继续西进，进入广西境内。

一天晚上，走在后面的63团饥寒交迫地来到了一条流水潺潺的小溪旁的村子里，正要宿营时，吴克华发现小溪那边也有部队活动，他机警地对一参谋说："你派人去问问是什么部队。"

参谋一去，也不细看，竟然隔岸喊道："哪个部队的？"

对方回答说："是13师的。"

他便以为是红5军团的13师，回来报告说："5军团的13师。"

吴克华听了却有些不放心，借着月光往前一看，发现他们的帽徽是青天白日的，才弄清楚他们是国民党军周浑元部的13师。他急忙退了下来，立即带领战士们悄悄撤出村子，然后追赶走在他们前头的红5军团13师。

(3)

一路上，组建不久的红8军团越打人数越少。

12月5日，红8军团一部在竹子水占领阵地，阻击从通罗江方向迂回追过来的国民党军；军团主力在华江占领第二道阵地，梯次掩护红5军团通过。结果，这一战红8军团又打得十分惨烈，全军团伤亡惨重。

任务完成后，第二日，进入苗族和瑶族聚居的越城岭山区。在高耸入云的越城岭下，兵员严重缺乏的8军团，显得有些力不从心。7日晚，力不能支的8军团只好把断后掩护的任务交还给5军团之后，在5军团前攀登矗立在湘桂边境、当时称作老山界的越城岭。

12月18日，红8军团在黎平县城奉命并入红5军团，结束了一个军团的历史。吴克华所在的63团编入红5军团后为军团直属39团，吴克华仍然为团参谋长。红5军团在长征中一直充当中央红军的"铁屁股"——后卫，随中央纵队之后跟进。而吴克华所在红5军团直属39团则是红5军团的后卫，成为了"铁屁股"的"铁屁股"。

(4)

1935年1月遵义会议后，红军兵分三路从遵义、桐梓、松坎地区直奔赤水。

1月25日，39团过桐梓朝土城挺进。

中央纵队走在红5军团前面。在土城以东的木栏坝,他们突然遭遇迎面开来的川军刘湘部突袭,大队人马被川军火力压在山坡下面。警卫连迎头扑上去,寡不敌众,眼看着力不能支的关键时刻,39团“呼呼”从后面及时赶到。

吴克华带领两营上来了,他们不由分说,握着上好刺刀的钢枪,就像一股强劲的阵风朝川军阵地卷去,迅速占领两边的山头。

39团的强大攻势,立即使得中央纵队脱离险境。

黄昏时,中央纵队的马蹄声远去了,39团才由37团替下来,红5军团交替掩护,节节抗击,退至土城东面的青杠坡、石羔嘴一带。事后,军团长董振堂说:

“39团后来追上,立了一大功。”

(5)

土城是赤水河东岸的重要渡口,三面山岭连绵,地势险峻。红军北渡长江、赤化四川,就要攻占并巩固土城。27日上午,中央军委抵达土城后,当获悉尾追中央红军的是川军模范师第3旅廖泽部4个团,约六七千人。认为红3、5军团两个军团完全能吞下刘湘送上来的这块肥肉,于是,决定朱德、刘伯承分别到红3军团和红5军团指挥,采取诱敌深入战术,把川军引到土城以东的屋基坝、黄金湾一线山谷地带加以歼灭。

战斗打响后,两个军团撕咬半天,仍没撕开川军的口子。朱德这才感到老谋深算的刘湘扔过来的是一块难啃的骨头,随即审问俘虏,结果,从俘虏口中才得知他们企图一口吞下去的川军其实是刘湘教导师郭勋祺旅、潘佐独立旅以及模范师第3旅廖泽部,共9个团,至少1.5万人——敌方人数比3、5军团的兵力还多,并且红军旧枪旧炮,他们则武器精良。

39团作为红5军团的第一梯队,在刀壁山展开,与39团对垒的正是郭勋祺旅某团。这一仗打成拉锯式的消耗战。双方你来我往反复争夺,冲锋10余次。在与川军进行的旷日持久的殊死搏斗中,39团弹药不足,只得挥舞大刀迎敌。在第三次反冲击中,7连连长黎宏军阵亡。两小时后,新任连长刘伟耀也躺在了担架上。

“再给我派个连长来!”指导员、江西老表廖鼎祥向参谋长吴克华紧急请求。

“我手头没有连长储备了,你自己当吧。”

“我不是那个料。”

结果，吴克华只好把因喝醉酒做错事而被贬到重机枪连任副连长的原警卫连连长吴文再调到7连当连长,但吴克华提醒说:

“你得保证不再喝醉酒。”

“现在连水都没得喝,去哪弄酒!”39团由于在第一线迎敌,战斗打得极其艰苦、激烈。吴克华在1、3营阵地来回穿梭,指挥一线部队作战。阵地上,炮火纷飞,吴克华总是往一线跑,靠前指挥,结果,团长、政委抱怨:

“你老是跑到前面去,谁来接电话呀!”

但是,吴克华眼看战斗这么激烈,哪里坐得住“接电话”?

1营林营长中弹负伤了,他奋不顾身地跑上去,冒着枪林弹雨,背起他就走。“不要背我,去指挥部队。”林营长趴在他背上喊,并使劲摇晃他的臂膀:

“放我下来,你赶快去指挥战斗。”

吴克华将他放下,转身去找人来照料,没走出多远,林营长的枪响了……

刘湘部的武器装备远较别部川军精良，郭勋祺硬是突破红5军团的防线。吴克华的39团团部与处在一线的战斗营一度被川军分割开了,川军向土城步步进逼。郭旅第8团甚至一直打到设在土城东面的中央军委指挥部前沿。幸好干部团及回援土城的红1军团2师火速投入战斗,这才重创孤军深入的郭旅8团。

但当郭旅预备队、机炮营、手枪营以及潘、廖两旅向土城扑去时,战斗马上又呈胶着了。在激烈的反复冲杀中,红军于傍晚时分退出战斗。39团在土城之战中,打得十分惨烈,被红军总参谋长刘伯承称为“打出了红军的威风。”

(6)

当后卫,一方要追击,一方要阻击,打的全是硬仗。

3月19日清晨,吴克华率领两个营继续扼守茅台河西岸,抵御企图强渡赤水河追击3天前从茅台附近的渡口三渡赤水进入四川古蔺地区的中央红军的郭勋祺部。

结果,他们在茅台河西岸守备了两天三夜。

当他们黄昏才开始撤退,向红5军团主力集结地两河口转移。他们夜行30多公里,赶到两河口时已近黎明。红5军团主力正在打点行装准备开赴下一个宿营地时,军委又令红5军团扼守茅台河西岸的两营仍回原地守备,进行阻击。结果,吴克华等人率领部队又继续返回,在茅台河西岸继续扼守、抵御。

当39团完成掩护主力部队转移任务,准备撤出阵地时,突然,又接到军团长董振堂下达的继续阻击敌人的命令。于是,吴克华等又指挥部队打了两个小时。

后来,他们才知道,这场阻击战的后半截是为掩护女红军、中共闽粤省委书记陈慧清分娩。有的战士不理解:“为了一个婴儿,牺牲这么多战士值得吗?”

吴克华说:“我们革命打仗,不就是为了下一代吗?”

(7)

4月18日,39团在永宁镇以西黄土塘阻击3个旅的追兵,掩护5军团从把草渡北盘江进入云南。

这时,尾追的国民党军距渡口约40公里。朱德总司令来到39团指挥所,对部分连以上干部指示说:

“原来获悉敌人有一个旅,我们可以全歼它。现在敌人增到3个旅,向我们反扑,我们要打退敌人的反扑,保证全军胜利前进。”

面对数倍于己的强敌,39团的指战员们毫不畏惧,连续向国民党军发起了10多次冲击。5连战斗在最前沿,打退了国民党军10多次进攻,因伤亡惨重先后5次更换连指挥员。勇猛顽强的39团歼敌1000余名,再次得到军委的通令嘉奖,5连获得军委授予的“英雄红5连”称号。

沙窝会议后,吴克华所在的红5军团改番号为第5军,编入以红四方面军为主体的左路军,吴克华由39团参谋长晋升为37团团长。

红军队伍中流传着这样一句话:“红1军团打先锋,攻无不克;红5军团殿后,守无不固。”后来,刘伯承见到吴克华和红4团的王开湘团长时,说:

“你们两个,一个是铁脑壳前卫,一个是铁屁股后卫。”

5.折腾一通后,“到山东吃大饼”

1937 年 7 月,在吴克华“抗大”毕业时,全国抗日战争已经爆发。红军按抗日战线的战斗序列改编为八路军——第 18 集团军。但在 18 集团军官兵名册上,却并没有吴克华的名字。

吴克华哪去了呢?

原来,颇有军人气质且给人以成熟、稳重之感的吴克华被挑选出来,执行一项特殊使命,到大都市上海去发动群众,组织抗日游击别动队。这是一项新的特殊的任务。为此,党中央专门开办了一个 20 天的短期训练班,受训后,他就和“抗大”二期同学彭林、余立金随教员张爱萍前往上海。

张爱萍是吴克华在少先队中央总队任参谋长时的总队长, 此刻被任命为中共江浙省委委员兼军委书记,是四人行动组的组长。8 月,他们抵达位于黄埔江畔的大上海。

随后,吴克华等几乎都在上海市区活动,利用国民革命军的合法番号组织游击别动队,进行秘密活动,主要是在上海青年救国战地服务团军事部,为培训游击别动队骨干开办的训练班讲授游击战术。可是, 上海在日军的控制下,隐蔽斗争在沦陷区难有大的作为。按照张爱萍的指示,11 月下旬,他兜里揣着 15 元活动经费,在地下党两位联络员引领下,前往无锡地区去发动群众。

谁知他们还没到无锡,就已戒严,进不了城,15 元的经费也用完了。正当走投无路时,他们意外地得到的三张“难民条”,然后转赴南京,找八路军办事处。可当三人好不容易来到南京时,八路军办事处又已经迁往汉口,日军正在准备攻打南京城,吴克华说服两位同伴北上西安,结果,混在难民和逃兵堆里,没有买票就挤上了北去的列车。

到达西安后, 八路军驻西安办事处处长伍云南和办事处秘书孔石泉接待了他们,并且把他们的情况报告了延安。不久,党中央电示吴克华等到武汉找博古、周恩来,由他们安排工作。在武汉办事处,吴克华又与张爱萍、余立金不期而遇，几人绕了个大圈，又会合在一起了。

1938年1月，吴克华和余立金随八路军参谋长叶剑英前往驻湖北黄安县七里坪的新四军第4支队，拟委任两人为刚组建的4支队的团长、政委。但4支队政委高敬亭以支队的团职干部满编为由，未接纳他们。

"你们俩先在七里坪暂住"，叶剑英对站在一旁不知何去何从的吴、余说，"过些日子我在武汉给你们分配工作。"4支队政治部主任萧望东是吴、余的抗大同学，三人还是同一个学习小组的。于是，吴克华便住在萧望东的政治部里。

2月，八路军驻武汉办事处高级参谋、原抗大第二期第4大队大队长聂鹤亭在七里坪开办青训班。办事处方面让吴克华担任青训班大队长，负责行政管理和军事教学事务。这只是个临时性的工作。4月，吴克华送走青训班第一期的学员，到武汉办事处等候派遣。不久，周恩来拟调吴克华到刚由南昌移到皖南的新四军军部工作。与此同时，山东省委书记黎玉及中共驻武汉办事处高级参谋张经武奉命"招人"到山东开辟抗日根据地。这时，山东境内已经爆发多次抗日武装起义，正缺乏军事干部。张经武是靠近井冈山的湖南酃县人，他热情地邀请"半个老乡"吴克华。

"跟我去山东干吧！"

吴克华还没答应，他又笑着说：

"去山东吧，那里天天吃大饼。"

就这样，张经武一句"到山东吃大饼去"的玩笑让吴克华做出了一个历史性的选择——到山东去。随即，吴克华被任命为临时组织——行军指挥部的作战科长兼军事干部组的负责人。然后，他们带着160多名军事、政治、后勤干部，经山西长治、河北南宫，奔赴山东。途经山西沁县八路军总部时，八路军副总司令彭德怀、副参谋长左权又送给黎、张一份厚礼——一支约300人的游击队，全是装扮成"土八路"的八路军正规武装。在冀南，路过八路军129师师部驻地时，129师师长刘伯承又"赠送"黎、张大约一团的兵力。当吴克华见到自己的老首长时，刘伯承乐呵呵地说：

"你要到山东吃大饼去，好啊！那里的姑娘也不错啊，是不是还娶个媳妇回来呢？"

在临别时，刘伯承送给了吴克华一个卫兵和一匹马。

就这样，经过3个多月的长途跋涉，他们到达山东沂水，12月27日，八路军山东纵队在沂水王庄成立。吴克华被任命为第 5 支队副司令员，下辖 3 个旅 6 个团约 9300 人。随后，他率领 61 团(欠 1 营)和 55 团 1 个连押运物资到沂水，与山东纵队特务团合编成山东纵队第 2 支队，吴克华任支队长，阎世印为政委。第二年 8 月，他就与山东姑娘张铭结为了夫妻。后来，张经武开玩笑说：

“老吴，你是乱闯了一通，然后到了山东！你看，刘师长的话又中了，哈哈，还娶了鲁中媳妇不是！”

吴克华哈哈大笑：“还不是被你‘到山东吃大饼’的鬼话骗来的，鬼子日日‘扫荡’，我们天天吃草根，哪来的大饼啊？”

6.灵活的战法

1939 年 12 月，吴克华调任山东纵队第 5 支队支队长，后 5 支队改为第 5 旅，吴克华为旅长，下辖 13、14、15 团。

吴克华指挥作战，非常灵活。

1942 年 3 月，5 支队刚刚粉碎日军的万人大“扫荡”，在招远休整。西海军分区司令员贾若瑜率 14 团和特务营（欠 1 个连）、骑兵营并负责指挥西海、南海军分区，去胶济铁路北侧，迎接友军国民党山东保安第 1 旅姜黎川部到根据地休整。

这时，青纱帐尚未起来，贾若瑜带这么多人的部队到敌占区空旷的平原地区活动，目标很大，势必引起日伪军的联合攻击。临行前，5 支队有的领导说：“你们要记住，既要完成任务，又要避免作战。”贾若瑜认为这一原则难以遵循，因为在敌人严密控制的最敏感地区活动，不打仗是很难完成任务的，于是向旅长吴克华提议：

“旅长，你让我能够自主地指挥部队，我坚决完成任务。”

吴克华旅长同意了他的建议。结果，贾若瑜有了“自主权”，巧妙地声东击西，结果，虎口拔牙，把平度东南的李付庄据点“拔”掉了，又歼灭了伪军赵保原部特务第 2 团。赵保原闻讯，立即亲率主力 3 个团另 1 个营和 2 个保安团前来平度“与八路军决战”。谁知他率主力西进时,老巢莱阳立即空虚了,造成了战机。

吴克华迅速抓住战机,发起了五龙河战役。

随即,贾若瑜接到吴旅长的命令,率部在西线拖住赵保原主力,保证5旅东线的机动。胶东八路军紧急行动,集中4个团的兵力(5旅13团、15团,5支16团、17团)突袭赵保原空虚的后方。5支16团突袭大夼,歼灭赵逆的补充团。5旅13团包围左村赵保原部一个保安团;其他团分别监视莱阳和万第的日伪军。赵保原正在前方“追击”贾若瑜,突然得知后方被突袭,只好立即调整部署,率部回师东援。两天后,他的3个主力团和莱阳保安团在拂晓前渡过大沽河,与贾若瑜率领的14团等隔岸“对峙”。第二日,赵保原留下莱阳保安团在渡口布防,以阻击八路军的追击,自己则率领主力向莱阳城撤退,前去“护窝”。

贾若瑜也立即率领14团、旅特务营强渡大沽河,莱阳保安团阻拦不住,退到荆山,14团跟踪追击,击溃赵保原的后卫掩护部队后,直追莱阳城外。

这时,赵保原率部与日军“共住”莱阳城。14团孤军深入,不宜攻莱阳城。但贾若瑜也知道他不可能久住莱阳城,必将迅速返会万第。而他返回万第的路线只有3条,但经昌山院据点走南线的可能性最大。于是,贾若瑜利用夜暗化装奇袭昌山院据点,未放一枪就夺占了这个据点,随即又在拂晓前完成了伏击部署。第二日上午,赵保原果然率部朝昌山院方向开来,结果,掉入贾若瑜预设的“口袋”,赵保原主力3个团加1个营全部击溃,并被歼灭一部分。然后,贾若瑜率领14团和特务营渡过五龙河,在姜疃与旅部会合。

随即,吴克华旅长亲自指挥13团、14团强攻包围赵保原部保安团的左村。当日下午,就占领左村正北、东北和西北的外围碉堡,瞰制左村。2个小时后,侦察员突然报告:

“敌人大约1个团的行军纵列,队列不齐,又无重型火器装备,从西南方向进入左村。估计是投降派1个团的援军。”

吴克华说:“左村新增兵力是支疲惫不堪的投降中队。”

接着,又有人报告:“左村南面的穴风庄的鬼子、伪军据点也从青岛来了一部兵力,有向左村方向增援的迹象。”

军情急似火,但是,吴克华是胸有成竹,说:“我旅两个主力团,攻歼左村守敌是有把握的。”当机立断命令13团、14团于黄昏时分强攻左村,要求他们在零点前结束战斗，拂晓前撤出战斗。

他这个命令具有灵活性，又有极大的风险性。但是，经过7个小时的激战，5旅果然在凌晨2时将守敌两个团（赵保原的保安团和由姜黎川部分划出来的山东保安1旅1团）1000余人全部歼灭。

在短短的一周中，5旅全歼赵保原3个团（含山东保安1旅1团），并在野战中给日伪和投降派3个主力团联合行动的部队以沉重的打击，从而剥夺了赵保原的战役主动权。这一战役的胜利巩固了南海平原抗日游击战争根据地。胶东军区司令员许世友说：

"吴克华有勇有谋，军政皆优，指挥作战以稳、细、准、狠见长。"

7.奇怪的起火

1940年农历腊月二十九日早晨，吴克华率领5旅旅部和警卫营驻进了下马戈庄村。这是平度县一个近200户人家的山村，位于大泽山下，四面环山，地形险要。胶东抗日军政机关常驻在这里。

这次他们是准备在这里过新年。一进村，骑兵开始喂马，步兵开始摊铺盖，机关人员正收拾办公的地方。忽然，村民张明家传来了喊声：

"柴禾垛起火啦！柴禾垛起火啦！"

战士们听到喊声，立即丢下手中的事儿，纷纷跑去救火。正在忙乱中，两股日军从村口的长岭方向杀气腾腾地扑过来。一进村口，一股自东向南，一股自北向西，几分钟的工夫就把下马戈围了个严实。正在万分危急之际，哨兵的报警枪声响了！吴克华立即下令：

"突围！"

幸好战士们都熟悉地形，在日军合围之时，警卫营用机枪在前面扫，其他人马迅速从鞍子口的上下洞方向撤去。结果，虽然部队仓猝应战，但由于指挥得力，只牺牲了一名旅部军医主任，没有其他人伤亡。

这次突然遭袭，吴克华奇怪不已："怎么我们一到，鬼子就马上跟着扑来了呢？"可在事情还没弄清楚，事隔三天后，也就是正月初三，怪事又出现了。

初三,按风俗是到村外上坟送年的时间。拂晓,吴克华又率领5旅旅部和警卫营从山西崖刘家开到达了下马戈庄。部队正安排住房时,突然,村西北角村民董照普家又喊起来了:

"草垛失火了,草垛失火了!"

众人还没来得及去救火,日军又分别从南边的西李戈庄和东北边的大田方向将村子包抄过来了。这次与上次偷袭不同,一开始日军火力就很猛,像早有准备,打得非常激烈。吴克华率领战士们从村西的齐顶沟突围。这是一条上窄下宽的狭谷,冲到尽头再往上走时,没料到的是,正好踏进了日军预先摆好的重机枪射程之内。结果,5旅伤亡30多人,旅政治部副主任张铎和除奸科长孟林都中弹牺牲。

两次以起火为号,两次遭袭,吴克华感到事有蹊跷,便将部队集中在郑家、方安一带进行整训。在整训中,他和大家一起细心查询,并且进行侦察,结果没发现5旅内部有什么泄密的迹象。失火之事像个谜,就是解不开。但在一个多月后,他终于把事情查出了个水落石出,经查,是下马戈庄情报站出了叛徒。

一天,驻在兰家的侦察连林队长和谢副队长,突然接到了下马戈庄情报站张修刚送来的情报:

"平度县城最近增加了日军千余,汉奸无数。"

他们得到这一情报,立即派人与城里的地下侦察员窦盛三等联系核对,结果,却意外发现这个情报是假的;吴克华立即叫他们把张修刚叫过来进行审查。结果,终于查出张修刚已被日军收买。5旅两次遭到偷袭,情报都是他送的,火也是他放的。这一次,他故伎重演,还想把侦察连"引"去钻日军的"口袋"呢。林队长立即把桌子一拍:

"来人!把他绑起来。"

失火的谜团破解了。

为了防止内部出叛徒,并教育其他情报员,农历二月下旬,吴克华在方家召开附近情报员大会,会上历数了张修刚的罪恶后,当场将他处决。

吴克华的"细"和"狠",由此一见。

8.谨慎的稳将

吴克华外表看起来,不是那种虎将,他指挥打仗细、准、狠,属于稳将。他善于打硬仗、恶仗,而很少打冒险仗、消耗仗,不打不准备的仓促仗,是我军少有的把积极战斗与慎战稳打思想有机地统一起来的战将。

吴克华说:"战争指导者,不但要有高度的战斗积极性,敢于藐视敌人,积极主动地打击敌人,还必须紧紧把握慎战思想,在任何情况下都不能轻视敌人。要把死老虎当作活老虎、假老虎当作真老虎打。决不可怒而兴师、愠而致战,必须坚持慎战思想,做到'非利不动,非得不用',不打则已,打则必胜。"他这样说,也是这样做的。

吴克华的慎战思想在全国抗战时讨伐汉奸赵保原的万第之战体现最充分。

全国抗战时,山东有五大汉奸,兖州吴化文,鲁中孙耀彩,淄博张景月,德州杨毓洵,胶州湾的赵保原,其中赵保原更是臭名昭著,也罪大恶极。1944年,他出生的老家蓬莱县万民百姓上书山东军区司令员兼政委罗荣桓,要求处决"蓬莱败类"。这时,许世友司令员已去山东军区学习,胶东军区由林浩政委和副司令员吴克华负责。罗荣桓对吴克华说:

"胶东将来归谁,最关键的,是你们看能不能把赵保原消灭掉!"

讨伐赵保原,成为胶东军区的一件大事,列入了战斗计划。

(1)

1944年八九月,胶东军区决定讨伐赵保原,在组织对日秋季攻势的同时部署讨逆决战。

但是,战斗就要发起时,吴克华一检查,发现战备工作要到年底,甚至要到第二年初才能够完成。9月秋季攻势结束后,有人就提出要同赵保原部进行战略决战,完成山东军区赋予的任务。

吴克华分析了客观实际后，坚持慎战，强调说：

“赵保原是山东的大汉奸，实力不可小觑。我们准备不充足，就可能打不下万第。”

提起赵保原，胶东军民无不恨之入骨，咬牙切齿。这时秋季攻势打了不少胜仗，战士们还是众情激昂，纷纷求战：

“赵保原抢我们的给养，杀我们的下乡人员，洗刷我们的标语，组织‘抗八联军’，还与青岛的鬼子勾结，他们抓壮丁，征民工，修据点，筑炮楼，到处烧、杀、抢、掠，百姓家破人亡。不打万第，我们对不起胶东老百姓！”

全军区上下争先恐后请战，吴克华不因胜战群情激昂而轻敌，说：“怒而兴师、愠而致战，我们就可能抓不住赵保原，打仗要稳打，要有准备，不能打冒险仗。”

最后，他还是说服大家，抓紧时间备战，待完成作战准备工作后，再同赵保原部进行决战。随后，胶东军区经过充分讨论，统一了思想，决定推迟5个月决战，讨逆战役初定于1945年2月11日至19日进行。

（2）

讨赵战役的核心是攻打万第。万第是莱阳县最大的集镇，是赵保原盘踞经营多年的老巢。为了拿下这“铁打的万第”，吴克华为稳操胜券，战前，进行为期近3个月的作战组织和准备。

一是在兵力和人员上做了准备。

在布置讨赵战役中，胶东军区调动了胶东3个主力团，以及北海、东海两个独立团，另5个营（其中1个炮兵营）的兵力，动员组织了10余万群众和民兵协助作战。

二是开展战前军政大练兵。

从1944年冬至次年开春，胶东部队开展了战前的军政大练兵运动。攻打万第的关键在于攻坚。各个部队为战役做准备的军事演练中，设置了鹿砦、铁丝网等障碍，壕沟、围墙和碉堡一应俱全，俨然一个个敌据点，演练场设在多处地方。这完全是按照敌人兵力部署和工事构筑的实际情况设置的。

三是开展侦察。

吴克华和贾若瑜参谋长等人亲自到万第周围现地勘察，参战部队从连排长到班长和战斗小组长都在夜晚轮番实地去看了地形，有的还化装混入被敌强迫去修工事的民夫中现地观察。

几经实地侦察，战士们对要攻击敌碉堡有几个什么样的枪眼，要过的壕沟有多深多宽等，都搞得一清二楚，然后进行有针对性的准备和演练。

四是战前准备检查。

这时，胶东部队还没有飞机、大炮和坦克，攻坚主要靠爆破，炸药包必须药份当量，导火索长短适度，捆扎稳贴牢固；一副桥板做的长度不足，牢度不够，便无法通过敌人的壕沟，炸药包就送不上，每一个细节都不容忽略。吴克华多次到训练场地，和干部战士一起商讨对策，结果，研究出通过壕沟的桥做上支架，一推便可又快又牢地架妥；炸药包支杆上装上了滑轮，能既快又能准确地靠上爆破点，为肃静接敌，他还想出了一个办法，突击队运动时穿上棉袜子等。

这样的准备充分细致，为了取得作战的胜利和少牺牲奠定了基础。一些干部高兴地说："吴副司令员想得真细。"

吴克华说："爱兵不是一句空话，战术上强调爱兵，就要注重提高部队战术水平和战术技术结合，重视战前准备，不打无准备的莽撞仗。不然，你怎么去爱兵？"

(3)

同时，吴克华认为打仗还要有高昂的士气。为此，他又有自己激励士气的招式。

一是控诉、声讨赵保原。

战役开始之前，胶东军民掀起了声势浩大的控诉、声讨赵保原活动。部队为了广泛进行思想动员，多次把老百姓请到部队，让他们对赵保原的罪恶进行血泪控诉；有的海、莱籍战士也登台上场，讲述亲身的所见所闻，部分战士的亲属到了部队，也被请来"诉苦"。赵保原在胶东杀人放火，闹得胶东十室九空，民不聊生，穷得十八九岁的大姑娘都没裤子穿。一桩桩血泪事实，每个人都可娓娓道来。老百姓和战士自身的深重苦难，激发起部队为解救人民群众、为亲人报仇的高昂情绪，求战请战的决心书如雪片飞到了军区。

二是战前号召。

为了最大限度地孤立敌人,1945 年 2 月 5 日,胶东军区临时参议会也发出了《告胶东同胞书》。这份告同胞书也是声色俱厉,全是愤怒控诉赵保原投敌叛国、破坏抗战、残害人民的罪行和号召胶东人民起来、与赵保原算总账的战斗檄文。胶东一带稍有爱国心的人,不管是地主老财,还是教书匠、小店主,都纷纷表示:“打赵保原这个大汉奸,我们要和他势不两立,血战到底。”

三是对敌展开政治攻势。

赵保原的部队,多是山东本地人,有的是受骗上当,有的是为了吃粮活命,做了顽军。胶东军民向敌据点散发传单,进行喊话,一些敌兵亲属还跑到据点炮楼,劝说自己的儿子、老公“回家”,不走就“拉”。吴克华又命令部队释放一些经我教育后的战俘。这些措施招招击中敌兵的心理要害,赵保原部除了几个“铁杆分子”,没走的也是身在曹营心在汉,上下“人心浮动”,军心瓦解。

四是战前临时“再点火”。

16 团出发时,全团指战员和参战群众集结在环山围绕的一处野地上,团长田野站在一张方桌上扯着嗓子在做临战动员,还请来遭受赵保原戕害、苦大仇深的老乡代表请战讨伐,一些战士代表登台表决心。从团长到老乡、战士,个个心怀大恨,声嘶力竭。这样临战前再次“点火”,结果弄得全团高举手中枪,参战群众高擎担架,一个个嗷嗷地高呼:

“打翻碗底,活捉赵保原!”

战后,吴克华遇到田野团长,问道:“你们喊的打翻碗底是什么意思呀?”

“嘿,副司令,‘碗底’,是战士自己发明的,就是‘万第’的谐音。”

吴克华一听,也忍不住笑了起来:“田野,你这个鬼精灵,战前这把火烧得真猛呀!”

“嗨,还不是学副司令的啊!”田团长笑着回答。

吴克华这些激励士气的方法,在战士和支前群众中烧起了堆堆熊熊大火,事实证明是很有效的。重视激励士气,是吴克华带兵的一个特点。后来,他把这些“励士”方法还运用到了塔山保卫战中,效果也是“很佳”。这是后话。

（4）

讨赵战役终于开始了，吴克华首先攻击万第。

整个部署原定于1945年2月11日，即农历大年三十夜23时30分向万第发起总攻。谁知担负进攻敌外围碉堡的13团9连战士在将炸药包靠上围墙时，被敌发觉，一梭子打过来，已经被战前“烈火”烧得嗷嗷叫的连长，一看不好，也不管什么纪律不纪律了，大喊一声：“冲——啊！”带头就往前冲，他一发起进攻，全团各部队也马上跟着呐喊着投入战斗。

结果，总攻战斗就比吴克华原定的总攻时间提前两小时打响了。

这时，16团还没来得及展开战斗队形，眼见13团的战斗已经打响了，团长也顾不得什么了，就提前发起攻击。

此时赵保原的部队上上下下正在过大年呢！突然，枪声骤响，接着八路军就已经冲进城门来了，敌人惊慌丢下碗筷、酒杯立即乱成了一团，真有不少人打翻了碗底。但赵保原不愧是老兵痞出身，遂即在混乱中缓过神来，集中兵力向13团突入部队连续发起反冲锋，一“反”就是8次。而这时，胶东其他部队由于突然提前发起攻击，仓促投入战斗，有的战斗组织不够严密，有的甚至还未到达指定位置，结果后续部队进展不顺。13团突入部队得不到后续部队的及时增援，且弹药接济不上，天将拂晓，如继续攻击，突入部队有被歼灭的危险，同时也会增大后续部队的伤亡。在此情况下，吴克华与林浩政委当机立断，命令：

“突入部队暂时撤出，依托已得阵地打击出击之敌，继续拔除外线未克之敌堡，调整部署，准备黄昏继续攻击。”

各部队撤出后，吴克华又下令抓紧时间开展“战评活动”。战评，就是按分担不同任务的战斗组织召开战评会，讨论、找出上一仗出现的主要问题，然后研究解决问题的办法。这一天，攻城部队自下而上、自上而下各层次都召开了战评会议，总结经验教训，研讨再战措施。吴克华与林浩政委在军区指挥所召集13、16两个团的主要干部开会，根据检查总结出的问题，重新调整了部署，采取一些新的相应措施。

开展战评活动，是吴克华带兵的独创，这传延到解放战争时期，形成了传统。在他统率的41军开展战评，不仅战中有，战前、战后都有，这对提高部队战术技术水平很有效果，历经作战不断完善，总结了一套比较完整的战评经验。1948 年他还在东北野战军全军师以上政工干部会议上专门做了介绍。

进攻万第头日未果，次日入夜继续攻击。

晚上，13、16 两团同时发起总攻，全线加强了炮火准备，吴克华集中了军区所有的重炮，包括两门钢炮、两门重迫击炮，6 门 82 迫击炮，共 10 门，向万第实施猛烈的火力急袭。团营经过战评，调整了对连队火力的加强和支援。一场成功的攻坚战展开了，在全线组织的火力急袭下，突击队用火力压制敌人的射击，破坏组首先在昨日扫清敌防御工事的基础上开辟了更顺畅的通道，架桥组接续而上，爆破组遂即躬身过桥、匍匐前进接近敌碉堡，轰然一声，爆破成功，梯子组闪电般向前竖起梯子，突击队一阵喊杀声，穿过突破口，冲进敌人围墙，展开巷战，各处都打开了突破口，冲进敌围墙。全线仅用 10 多分钟，攻城部队就从万第左右两面突进敌围墙，不到 1 小时便占领部分围墙和碉堡，迅速扩张战果，向纵深发展。在强大攻势下，赵保原一面命令部队增援前万第，一面带着心腹和家眷，从西万第仓皇逃窜。

历经 4 个半小时，万第被全部攻克。

部队稍事休息、准备，又乘胜攻克了与万第相连的左村等其他据点 10 余处。2 月 19 日，吴克华指挥的讨赵战役胜利结束，莱阳除日军占据的县城外，全境解放。

这次讨逆战役的圆满胜利，充分说明了吴克华指挥作战的慎战和打稳仗的特点。

9.初战喋血黑土地

1945 年 10 月底，离辽东最近的解放区——山东胶东军区 5 师 13 团、14 团、15 团，6 师 16 团、17 团和北海军分区独立 1 团 1 万余人在副司令员吴克华、政治部主任彭嘉庆、副主任欧阳文率领下，从蓬莱县栾家口起航，横渡渤海，前往东北，执行党中央“发展东北”的战略。

11月初,他们顺利达到辽宁安东、庄河、营口等地,编为东北人民自治军第2纵队,归东北人民自治军辽东军区领导。吴克华为2纵司令员,彭嘉庆为政委。不久,东北人民自治军改称东北民主联军。

1946年2月初, 吴克华率领的2纵和胡奇才率领的3纵合编为东北民主联军第4纵队,吴克华为司令员,彭嘉庆为政委,胡奇才为副司令员,隶属辽东军区领导。

(1)

4纵一组建, 蒋介石派来抢占东北的国民党王牌新6军就向西满和辽东发起了进攻。

新6军全部美械化装备,全部是远征印缅的"归国将士",号称"天下无敌",下辖第14师、新编第22师、第207师,其中新编第22师是主力师,尤其擅长山地战和正规战,被廖耀湘称为"虎师"。"虎师"在秦皇岛登陆后连续打下盘山、台安、辽中等地,一路北进,几乎是"所向披靡"。2月10日,竟然打到了4纵的"家门口"——辽河以南的沙岭村,直指辽阳、鞍山和营口等城市。

"虎师"的前锋66团和教导营,来势凶猛,第一个回合就让4纵10旅29团吃了败仗,沙岭村失守了。吴克华在山东一贯是"战无不胜",哪曾吃过如此败仗?一贯儒将风度的他红眼了,说:

"这个新编22师也太猖狂了!"

随即,他亲自调兵,4纵7个团主攻沙岭村,合力痛打22师一个团另一个营。

15日,吴克华率领纵队6个团多路开进,直指沙岭。

沙岭是个上千人的大镇,公路连接盘山、海城、营口等战略要地,敌66团很狂妄,眼看吴克华兴师动众来攻打,根本不把他放在眼里,66团团长放出狂言:"不用援兵,我一个团打他土八路一个军。"

第二日黄昏时,吴克华一声令下,9门日式山炮打响了,一个波次的炮火袭击后,炮火还没打破阵地,前头步兵就呐喊着冲了上去,4纵兵分三路从四面八方向沙岭村猛打猛冲。4纵老八路多,全是从山东来的,都冲上去了。但是,接下来,31团占领了河堤,再向村内进攻受挫;28团也向敌进攻,2营向前突击时,被敌炮火阻断,攻击受挫,随后再攻,因2营指挥员全部牺牲，群龙无首，撤了下来，随后团长胡润生命预备队加入战斗，但敌已加强了防御，数次冲击均未突破；29 团在黄昏后包围马家，可马家店地势险要，一夜攻击无进展；32 团在九台子担任北面警戒，发现七台子有敌活动，迅速调派部队围歼，战斗至拂晓，除少数敌人逃脱，大部被歼，但也仅仅俘敌 60 余名。攻战一夜，吴克华没有拿下沙岭村。

拂晓时，亲临现场指挥的辽东军区政委萧华命令部队撤回休整。经过激烈争论后，决定夜间再战。

重新调整部署后，吴克华决定亲自率纵队警卫团上阵。

17 日晚，3 个团再次向沙岭之敌发起强攻。一夜猛攻，付出了惨重的代价，除 32 团 2 营突破并向村内发展进攻和 28 团曾一度突破前沿外，其他方向毫无进展。司令员吴克华火了，副司令员胡奇才也火了，两个人都要带队冲锋，说："和 22 师拼了！"但他们要"冲"时，都被警卫员死死拖住了，没有"冲"成。然而，战斗仍然在继续。

为争取时间尽快消灭敌人，18 日，萧华政委衡量利弊，说："白天继续攻击。"

吴克华又调 12 旅 34 团，自村东投入战斗。这样，攻击沙岭部队已达 4 个团，基本形成了四面围攻之势。

15 时，在炮火支援下，部队再次对敌人发起进攻。28 团 2 个连猛冲猛打，很快突破村沿，占领敌工事和村沿两座民房。可敌兵又疯狂反扑，他们坚守 2 个小时后，后续部队迟迟没跟上来，因伤亡过大，又不得不撤出了村子。拂晓时分，34 团赶到了村东，一心急，团长也没仔细研究敌情就仓促下令："进攻！"结果，这一攻，主攻的 2 个连受挫，再冲，再受挫，再攻，最后死打硬拼，伤亡 180 多人，终于拼不动了，无功而返。驻马家店的 33 团也对敌发起了攻击，由于攻势猛烈，终于把敌兵打慌了，一伙敌兵西窜逃命，但旋即又被打退了回去，敌兵只好利用地形进行抵抗，而 33 团仍然死攻，并一味地从正面冲击，3 个连在 1 个小时内连续冲击 7 次，都被敌人集中火力压了回来。结果，4 纵几个团几乎激战一天，毫无进展。黄昏之后，吴克华眼睛都红了：

"坚决打进去！"

各部队继续投入战斗。谁知敌人又玩了个诱敌之计，攻击部队一冲进去，到处又是一派空荡荡，指挥员仍不能清醒分析敌情，以为敌人已逃跑，盲目挺进,结果,再往村里走,突然一阵炮火打来,战士被大量杀伤。

战斗一直持续到19日拂晓,战斗正在拉锯着渐渐出现转机时,忽然,侦察员来报告说:"盘山之敌2个团来援!"久战不决,并有被反包围的危险,吴克华只好下令:"撤出战斗。"随后,沙岭之敌乘机逃回盘山。

沙岭之战,4纵激战3昼夜,3次受挫3次再攻,虽重创敌新6军22师66团,歼敌674名,但自己付出的代价更大,伤亡达2159名,且全是来自山东的战斗骨干。挺进东北,第一次和国民党军打硬仗吴克华就"栽"了,打了个地地道道的败仗,这充分暴露了八路军从游击战转入运动战这一过渡阶段中的问题和弱点。吴克华痛心地说:

"再不打赢,4纵的牌子就要砸了!"

沙岭之战后,部队转移到鞍山、辽阳、营口一带。

(2)

3月16日,苏军撤离沈阳城,国民党52军进占沈阳,蒋介石对东北民主联军发动了全面的进攻,3个军向本溪进犯。20日,廖耀湘刚刚"取胜"的"虎师"咬住4纵,追着屁股直扑4纵大本营辽阳。

守,还是撤?在辽阳城内一户地主庄院里,4纵召集几位主将商讨下一步如何走。众人各持己见,主战的说:"丢人丢到家了。新22师太猖狂了,硬是要把4纵往墙角上逼,我们就和它来个刺刀见红!"

但也有主撤的说:"我们暂时敌不过新22师!也守不住辽阳城!沙岭村一战,该清醒了!力不如人,我们只有撤,打运动战。"

结果,两派争得面红耳赤。司令员吴克华也难以决断,是进是退,事关辽东大局。这时新22师已打到离辽阳城不远了,4纵11旅正在顽强阻击,在冰天雪地里和新22师扭打成一团,方圆百里白皑皑的雪地都打成了一片猩红,情况万分危急。当天夜半三更,辽东军区政委萧华忽然推开了庄院的门,进门便问:"辽阳守不守?"

众人还是争执不下,结果萧华在副司令员胡奇才屋里,一语不发,抽了一夜烟卷,抽到天亮时,把烟头一扔,说:"留得青山在不怕没柴烧,撤吧!"

21日晨,吴克华下令撤退。4纵迅速跳出辽阳,转移到大安平待命,只留12旅33团,与敌纠缠3小时,然后也主动退出。这样,新22师便以劈竹之势“打”进辽阳城，立足未稳，他们又呐喊着追杀而出，14师也来助战，紧咬住4纵屁股，向鞍山方向“攻击前进”。

“不能再跑了，给我进！”吴克华一声令下，11旅32团在首山设下一个“袋型埋伏”，与14师激战两日，这一仗毙敌400多人。同时，纵队警卫团迅速回头，占据沙河一线，截击猖狂已极的新22师。警卫团复仇的烈火点燃了，上上下下都把牙齿咬碎了，一连3天，双方反复冲杀，隔河大战，把雪白的大沙河熏黑了，又涂红了。冰天雪地，居然引出鱼群片片，在猩红的河水里翻波逐浪。警卫团个别班排竟冒着暴雨般的炮火，勇猛过河，拼死与新22师肉搏，以泄“血海深仇”，结果，廖耀湘的“虎师”7次进攻，7次被杀退……然而，新6军毕竟是王牌军，它不仅勇，而且讲智；不仅火力猛烈，而且战术手段也相当出色。就在大沙河尸山血海之际，“虎师”趁着夜色，抽出主力迂回前进，直捣吴克华的纵队警卫团侧后的鞍山城，把个警卫团晾在河滩上，仅用小股部队纠缠扭打。

4月2日黄昏，鞍山城内突然枪声大作。4纵12旅35团和新22师又打起了阻击战，与敌短兵相接后，他们主动撤出了鞍山城。

这时敌95军5师、70军新8师及新6军14师已层层叠叠，向鞍山、海城、营口方向扑来，大有吞下4纵之势。但它们的目标是本溪，本溪有煤有钢，还是沈阳门户。4纵在摸清敌军企图后精神振奋，决心争取主动，以一当十，坚决拖住这股重兵。于是，4纵团对师，旅对军，山上山下，水里雪里，终于找到了自己的“最佳作战地域”，一群一帮，忽隐忽现，在林海雪原展开了“游击式的阻击战”和“运动式的伏击战”，先后毙伤敌1500余人，紧紧拖住了敌4个师的侧翼大军，搞得他们焦头烂额，步履维艰。他们这一举有效地配合3纵击溃了本溪城下孤立无援的敌25师，迫使他们丢盔弃甲，四散奔逃，困在本溪城外的大雪里挨冻。

至此，一保本溪战斗结束。

(3)

廖耀湘首次进攻本溪失败之后，4月7日，新6军14师再犯本溪，解救25师之围。

两日后，吴克华急调10旅北上姚千户屯一带，截击老对手敌14师。他交代10旅长说：

“北进解围之敌，从辽阳到朱家屯，要跑好几天，部队一定疲惫不堪，你们以逸待劳，一定要猖狂的敌人致命的重击。”

结果，果如他所说的，为解25师之危，敌14师不顾一切，死赶死跑，贸然挺进，被10旅一举击溃，然后，仓皇向沈阳外围南长岭子、二道岗逃窜。结果，又被28团在长岭子“抓”住，发起突然攻击，逃敌仓促应战，手忙脚乱。

4月10日，进犯本溪之敌被全部击溃。4纵计毙伤俘敌14师副师长以下1380人，俘600余名，残敌逃窜至苏家屯。敌人第二次进攻本溪宣告失败。

4纵第一次在敌强我弱的情况下，取得了击溃敌1个师的胜利。当3纵司令员曾克林向吴克华祝贺时，吴克华说：

“4纵才打它一个师，还是便宜了廖耀湘！”

（4）

两次进攻本溪失败后，这震动了东北战场的国民党将领。

4月27日，廖耀湘再率10万精兵，向本溪“攻击前进”。结果，军长赵公武率52军从左路南犯，廖耀湘率新6军从中路东犯，71军的88师从右路东犯，88师因71军军长陈明仁在沈阳暂由廖耀湘指挥。

本来本溪有3、4纵两个纵队，可在战斗打响前，3纵主力奉命北上，只留下9旅与4纵作战，结果，两个纵队的防御重担全落在了4纵身上。吴克华倍感压力大，告诫部下说：

“廖耀湘的新6军是只虎，赵公武的52军是只狼，陈明仁的88师是只兔子。虎狼兔子都来了，气势汹汹，不可小视呀！”

副司令员韩先楚说：“不能跟他硬拼，这可是头狼！”

“我们要虎、狼、兔子一起抓。”吴克华说，“当然，既要注意自己的脖子，防狼；也要注意自己的脚后跟，防虎。只要我们能够首尾兼顾，不管他是狼还是虎，都不用怕了。”

随即，他决定4纵主力进至本溪以西上平州、虎头崖、响山子进行防御。10旅于大安平集结待命，其中30团防御松树岭；11旅31团毗连30团于大河沿、上下虎把什沟组织防御；32团于辽阳南响子山、望宝寨地区组织防御；33团仍驻扎于海城东南析木城，牵制海城之敌184师，并随时阻击；12

旅34团于大安平北游击沟集结待命,35团、36团分别在辽阳东之石咀子东北高地及石咀子西虎头崖组织防御;纵队警卫团在35团右翼大洼山、上平州、吊水楼一线。各旅紧急行动起来。

这次,新6军的14师竟然抢在"虎师"前行动了,从辽阳沿太子河北岸急速东进。4月29日,先头部队就与4纵警卫团在上平州遭遇,1个团向上平州、吊水楼一线猛攻。激战一日,4纵阻住了敌人疯狂进攻之势。当夜,吴克华急令加强大洼山一线阵地守备,调34团接替警卫团防务。

5月1日,34团继续与敌激战一日。晚上8点,辽东军区命令34团奉增援本溪3纵,防务由35团接替。正在这时,新6军的"虎师"由桦子沟经唐堡子、鸡冠山向松树岭的4纵30团阵地发起猛烈进攻。30团也是4纵的"老虎团",两虎相争,一交手就打得天昏地暗。可在激烈的交战中,"虎师"仗着人多,竟然还兵分一路,进犯下虎把什沟,大河沿一线,结果又撞到南墙,遭到31团迎头痛击。

但第2日,他们还是越过阵地,由太子河南岸进犯桥头西河家堡子,遭伏击后,缩回北台沟,尔后又东犯,谁知在半路上与增援本溪的34团遭遇,双方又是一场激战,各自损伤都很大。就在这时,左路的"狼"——赵公武却乘机占领了本溪。于是,"虎师"像打了吗啡似的,拼着老命向4纵各防御阵地攻击。吴克华认为本溪已失,再阻无益,于是在黄昏前下令各部主动转移。

这一日,东北保安司令长官杜聿明指挥两支精锐部队"捷报连连",各路人马"进展良好",正喜气洋洋呢。谁知就在这时,新6军军长廖耀湘从本溪前线打来电话:

"第88师师长胡家骧不服从指挥!"

"他怎么不服从指挥呀?"杜聿明漫不经心地问。因为这类告状的事在军中太多了,每逢打仗就有发生,多见他也就不怪。

"我命令他率领部队经太子河南岸向共军进攻,可他出去不久就不再动弹了,还同我争吵。现在丢下部队不管了。"

"怎么个不管法呀?"杜聿明还是轻松地问。

"他人都跑掉了,部队群龙无首!"

杜聿明这一听火就窜上来,对廖耀湘吼道:"战事如此紧张,他胡家骧竟敢丢下一个师不管?你赶快把他找回来!"

那边廖耀湘一派哭腔,回答道:"我到哪去找呀?现在找他回来也来不及了,只有赶快调整部署,不然共军就跑了啊!”

“不是跑不跑的问题,而是88师会不会被共军吃掉的问题!”杜聿明终究是想问题更全面了,可他这一想,自己也急出冷汗了,急令52军火速“攻击前进”,以防共军发现88师的弱点“乘机吃掉”。正在杜聿明提心吊胆时,胡家骧跑来了,向杜聿明诉苦:

“廖耀湘指挥不公,将全部作战任务压到我们88师身上。而新6军的部队几乎没动,我们88师已经打得精疲力竭了,无法再向前进了。”

杜聿明喝道:“功过是非战后再说,我命令你迅速回师指挥去,立功赎罪。”

胡家骧是个愣头青,硬是不服从命令,说:“我现在回去也是白搭,88师快打光了,我完不成任务。”

杜聿明见自己堂堂总司令竟然“指挥不动”一个小师长,恼怒万分,大叫道:“来人,把胡家骧给我押下去!”

宪兵们闻声一拥而上,将胡家骧绑了个结实,拖了出去。

随即,杜聿明来了个“举贤不避亲”,任命自己的妻弟外甥韩增栋为88师师长。88师是71军的,他怕这一徇私之举在71军军长陈明仁那通不过,结果,71军换个师长竟然连军长都不知道,陈明仁资格与杜聿明不相上下,这下两人又弄成了“红脖了”。

就在杜聿明上下“闹人事纠纷”时,中路廖耀湘部落后于赵公武部进入本溪,4纵守城部队从容撤退,吴克华率部安全转移到了安沈路南坟、连山关、草河口一带。至此,第三次保卫本溪之战结束。

4纵虽然毙伤敌1200余人,活捉225名,但是“丢”了本溪,三保本溪后,吴克华因为四战两平一胜一负,被调任辽东军区为副司令员,胡奇才升任4纵司令员。初战黑土地,吴克华有点“水土不服”。

10.辽鞍双捷

1947年10月,吴克华重返4纵任司令员。

1948 年初，东北野战军冬季攻势取得重大战果，为了不失战机，东北野战军司令员林彪调动 6 个纵队重兵，开始夺取鞍山、营口。

他以 4 个纵队把沈阳至辽、鞍线隔断，并准备歼灭从沈阳南援之敌，4、6 两个纵队包围辽阳，负责在攻克辽阳之后依序夺取鞍山、营口。在执行攻城任务中，4 纵吴克华司令员被林彪指定为南线攻城司令员，说：

"你统一指挥 4、6 两纵队和辽南独立 1 师，并配属总部炮兵师，从北向南打，一口一口吃掉辽、鞍、营三地之敌。"

这是吴克华第一次指挥 7 个师的兵力进行的一个战役。

(1)

但是，这时辽、鞍、营三地敌情也不容小看。辽阳守敌为新 6 军暂 54 师，还有新 5 军的部分留守部队，加上一些游杂武装，总兵力达到 1.3 万；营口守敌除了王家善的 58 师及交通总队一部外，总人数虽在 8000 人左右，但主要是些地方游杂、土匪，装备较差。鞍山守敌就是曾被 4 纵歼灭的"千里驹"25 师重建起来的 25 师。25 师在鞍山驻防较久，防御工事基本构成体系。三处敌军的战斗力以辽阳城暂 50 师较强，筑城工事也是以辽阳城为强。

在团以上干部会议上，吴克华说："责任大，担子重啊。但是我决心和全纵指战员一起，完成上级首长交给的一切任务。"

然后，他分析说：

"从敌我力量对比来看，我每攻一城可以集中 5 至 6 倍兵力于敌，火力也占压倒优势，以泰山压顶之势锤击敌人。三城的地形道路我纵是熟悉的，鞍山我们已解放过两次，辽阳、营口我们也各解放过一次，那里的工人、市民是向往我们的，并有地下工作配合。天时、地利、人和我们都占，但切切不可掉以轻心、麻痹轻敌。敌人即使是猫子，这只猫也要当狗来打。"

在随后的攻城战术上，又体现出吴克华指挥打仗细密的特点。他的要求是：

一、首先做好攻城前的准备工作，先反复看好地形，选择好攻城突破口。

二、看清敌人的工事火力点，用最强的班、排、连、营担任突击队尖刀部队，先行进入突破口登城。

三、组织好火力组、爆破组。

四、掌握强大的二梯队，适时的投入战斗，保持攻击突破的持续力量。炮兵要为步兵开道，摧毁敌之工事火力点，压制敌之炮火，密切步炮协同。

五、因为攻城部队是两个纵队，兄弟纵队之间要密切联系配合，纵队内部之间要发扬团结友爱。

他在这五条之外，还对政治、后勤等工作提出要求。

在随后的战役发展和三城攻克与解放，完全是按照他的部署进行的。

（2）

1948 年 2 月 6 日，经过几日的准备及扫清外围战斗后，辽阳城攻坚战开始。

4 纵 11 师，配属东总炮师，担任主攻，突破口选在辽阳城东门高丽门；12 师配属纵高炮团，突破口选在小南门；6 纵 17、18 师，在城西南分别选择突破口。

总攻开始后，东总炮师 60 门重炮对准高丽门猛轰，重炸 20 分钟后，突然一阵天崩地裂，在硝烟翻腾中，高丽门被轰开个宽 20 多米的大斜坡。担任尖刀任务的 11 师 31 团 4 连，不失时机的冲上突破口。

由于重炮火力已延伸射击，附近守敌则用火力阻挡尖刀连的前进道路，不少战士倒在血泊里。在这千钧一发时刻，战斗组长范垂礼大呼："共产党员冲锋在前，同志们跟我来！"他挺起机枪奋身跃上辽阳城头，成为第一名登城英雄。战后，吴克华亲自授予他"毛泽东奖章"。

随着范垂礼后边冲上来的第 4 连，迎面和守军一支冲锋队展开白刃战，在一片烟火弥漫瓦砾横飞中，经过一阵猛烈厮杀，4 连守住了突破口。但又由于突破口过于狭窄，拥挤而进的部队过多，仅在突破口附近，11 师各团便伤亡数百人。与此同时，12 师 34 团突击部队在炮火掩护下，用 200 斤炸药炸开了小南门，也长驱直入冲进城内。6 纵 17、18 两师也从西南城角突破。很快，4 纵 8 个团突进城中，加上 6 纵 6 个团，14 个团在辽城中展开对已陷入一片混乱的敌 54 师进行攻歼战。

辽城之敌依赖的是城墙，城内市街工事薄弱，残敌在市公署以转盘街为中心抵抗一阵之后，又妄图向北越城逃窜，但是，一一成为泡影。经过 8 小时的激战，至下午 3 时半，辽城敌暂 54 师遭到全歼，辽城解放。战后，吴克华轻轻一笑：

“所谓‘铁打的辽阳’也不过如此而已。”

这一仗，4纵俘敌正副师长马彻、曹济民以下5140人，缴获武器弹药一大批。

（3）

16日上午8时，解放钢都鞍山的战斗又打响了。

这次吴克华的战术是三面进攻，4纵3个师攻打鞍山东侧，摧毁敌人以铁架山为中心的主防御体系，炮师集中炮火支援；6纵2个师从西进攻；辽南独立1师从南向市内进攻。

4纵12师36团是夺取鞍山市东郊铁架山的主攻部队。

铁架山坐落在东南方向，因上峰顶上高耸着两座高压输电线塔而得名，它与市中心只10余里。但这座山高400多米，山的东南侧悬崖峭壁，地势易守难攻；山的北坡地势较平，是守敌的防御工事中心。4纵要摧毁敌东郊工事的防御体系，首先必须夺取铁架山。战前，吴克华对12师江燮元师长说：

“你记住，必须准时夺取铁架山，否则影响战役全局。”

早晨7时炮轰开始，一个多小时后，铁架山的表面工事差不多全被摧毁，连那两座高耸的铁塔也被炮弹炸塌，倒在山顶上。可是进攻的36团却迟迟攻击不上去。时值东北隆冬季节，铁架山上下积雪太深，悬崖峭壁上冻成一道道垂直的小冰川。36团进攻的突击连、营，一次次攀崖仰攻，都被山上敌兵成排的手榴弹“打”回来。战斗打了3个小时仍无进展。吴克华就在离铁架山不远的纵队前线指挥所，见此情况，拿起电话对12师江燮元师长说：

“老江，你们进展得不快，有没有把握不失时机拿下这个山头？”

江燮元是吴克华手下一员猛将，吴司令这么轻轻地一问，他立即敏感起来，本来打了3个小时还没打下来，他有些恼火，这下觉得“有压力”了，他在电话里大声回答：

“请首长放心，我们马上把铁架山夺下来。”

他立即来到设在炮兵阵地附近的36团指挥所，甩掉大衣，怒声说：

“让我到前面去指挥。”

说罢,他握着手枪向铁架山上冲去。36 团政委潘德彪忙把师长江燮元抱住,这下哪抱得住? 这时团长江海立即说:

"请首长放心,我们马上把铁架山夺下来。"

说罢,他跃身下了山坡,跑到了铁架山高峰下面。

36 团进攻部队一次次受挫,连营长们正在山下研究组织再次进攻。江团长一到阵地,立即组织突击火力组,说:"什么悬崖就上不了? 搭人梯上!"

他立即又与阵地炮兵群联系,在他的命令下,炮兵把轻型火炮向第一线靠近,进入前沿后,连连发响,隐藏在谷沟中的几处暗堡立即被摧毁,突击组一路攻击,快要到达山顶时,又被一座筑在巨石后边的敌堡挡住了。敌堡里 4 挺机枪"突突突"地响着,几个送爆破筒的战士接连倒在敌堡下,班长李致明见到这番情景,猛然跃起来,对副班长石法令说:

"你用机枪压住这个地堡,我去送爆破筒。"

石法令大声说:"不! 你掩护我上去!"

李致明严肃地说:"我去!"

石法令还是争,李致明喝道:"咱们都是兄弟,你去我去还不是一样!"说罢,他捡起爆破筒,奋身向敌堡冲去,倏地又倒下了。石法令接着飞身而上,抱起李致明扔下的爆破筒箭,冲向敌堡,"轰"的一声巨响,敌堡飞上了天,前进的路被扫开,前卫突击连营踊跃攀上峰顶,全歼守敌一个营,占领了铁架山敌主阵地。

江师长见攻击成功,便向吴司令员报告,吴克华说:

"见到了,你们打得好,要给 36 团报功。"

(4)

打下铁架山后, 整个鞍山的防御体系完全暴露, 战场形势逆转,4 纵 3 个师逼进市区主防御工事,辽南独立 1 师也尾追守敌,进逼市郊。

2 月 19 日凌晨。吴克华亲临第一线指挥,下令:

"向鞍山发起最后的总攻击。"

炮兵进行猛烈的炮火准备后,17、18 师由安刘门突破, 向市区西郊扩展。4 纵 10 师攻下贮水池和立山高地,残敌死守神社山、对炉山,可是攻城部队一冲进来,号称"千里驹"的敌 25 师吓得四处窜逃,攻城各部随即尾随到处捕俘。

在混乱中，约 2 个连守敌守在鞍山轧钢所。他们钻进了 6 个炼铁高炉中，在炼铁的大高炉里居高临下，又是打枪又是扔手榴弹。战士们围住“铁桶子”，再三喊话争取，他们就是不缴械投降。最后，战士们调来一只野榴炮，对准高炉一炮轰去，高炉立即被击穿了许多洞，拒不投降的守敌，有的被炸得从七八丈的高处跳下来，跌得粉身碎骨，有的被炸死在炉内，其余的立即大喊起来：

“不要打了，我们投降！”

可是，大高炉的梯子早被他们抽掉毁坏了，现在要投降都下不来了。结果，战士们好不容易又调来一辆吊车，才把他们从高炉上“吊”下来。

对高炉用大炮轰击，违背了战前吴司令员“保护鞍钢重要资财”的命令。战后，战士们写了检讨书上交司令员，请求处分，吴克华说：“敌人不投降，只有消灭他们。这个处分免了！”

辽、鞍双捷后，吴克华挥师南下，盘踞营口的 58 师师长王家善，在内外夹攻下，先行“逮捕”52 军副军长郑明新，并解除了城内的交警武装，然后宣布起义，向 4 纵投降，营口解放。

鞍山战役，4 纵俘敌副师长罗守恒以下 1.55 万人，毙伤敌鞍山市长罗永年以下 2439 人，缴获野炮 4 门、轻机枪 350 挺等一大批军用物资。鞍山解放后，人们敲锣打鼓，万众欢腾。当地党政和群众代表向 4 纵赠授了一面锦旗，上面写着：“钢都纵队”。

从此，4 纵“钢都纵队”名扬四海。

11.塔山阻击战

吴克华指挥的 4 纵，能攻善守，号称“东北一只虎”。自古以来，名将和名战是分不开的。吴克华指挥的塔山阻击战是我军历史上有名的阻击战之一，也是吴克华在东北黑土地上的一个丰碑。

（1）

1948年9月12日，震惊中外的辽沈战役打响了。

东北野战军12个纵队一拉开战役序幕，吴克华率4纵攻克了北宁线上的兴城，毙伤俘敌3540名。3纵一举攻克锦州北义县城，东北野战军步步进逼锦州城郊，10月1日，锦州城就陷入四面包围之中，就连锦州机场也被炮火封锁了。

锦州一合围，蒋介石便急如热锅蚂蚁了。锦州在沈阳西南，是通向锦西、兴城、绥中、山海关的枢纽，也是东北蒋军逃向关内的大门，大门一关，东北蒋军便被死死分割包围，无路可逃了。蒋介石急飞沈阳，定出了一个两路驰援锦州的救急方案，廖耀湘率5个军12万兵力组成"西进攻击兵团"，从辽西急进援锦；侯镜如率11个师10余万人组成"东进攻击兵团"，从葫芦岛、锦西攻击塔山东进援锦。蒋介石这一着东西夹击，意在既解锦州之围，又与东北野战军在锦州城下"决战"。

在东西两路驰援中，葫芦岛、锦西离锦州不过30公里，因此，东进兵团成为蒋介石救锦和决战的最大希望。葫芦岛上一时国民党三军将领云集，蒋介石的空军总司令周至柔、海军总司令桂永清、总统府华北督战官罗奇等人全部披甲上阵来了。蒋介石恶狠狠对团以上军官说：

"你们这次援锦有决定性的意义，这一仗必须打好。打败了什么都没有了，什么都完了！"葫芦岛、锦西成了蒋军在东北战场的战略要害部位。

而对于东北野战军来说，确保锦州城的按时攻克，必须做好打援，即粉碎敌东西两兵团的东援与夹击。其中最重要的是挡住葫芦岛东来的援敌。林彪组成了以程子华为司令员的西线打援兵团，直接指挥4纵、11纵和热河独立4、6师在塔山阻击侯镜如的东进兵团。

其中，吴克华4纵防守塔山正面主阵地，右侧翼为11纵阵地，热河独立4、6师佯动于锦西以西牵制敌人。4纵主阵地是抵挡敌援军关键，1纵配备在4纵后方，为战略总预备队，林彪的命令是："1纵随时支援4纵，可以不做任何请示。"

战前，东北野战军罗荣桓政委亲自对吴克华说："你要记住：塔山阵地，是我们'关门打狗'的门，'瓮中捉鳖'的瓮底，如果门被敌人攻开，这个狗有打不成的危险，如果瓮底被敌人攻破，这只鳖就会溜进大海。塔山阻击战的成败，关乎大局，一旦出问题，就会引起连锁反应，东北战场，我们就是败军。”

这也就是说，吴克华和4纵是阻击侯镜如东进兵团的主力和关键。塔山阻击战前，一日下午，4纵接东野总部电报，派作战处处长苏静至4纵作联络员，参加党委会，不发表意见；苏静单独与总部联络。他与总部的来往电报他人无权知之。

后来，苏静说，林彪派他赴塔山，主要目的为督战，担心伤亡过大，指挥员动摇。塔山一战的重要性和艰巨性，可想而知。

（2）

塔山，又叫塔山堡，坐落在锦州湾的近海，是座200余户人家的大村庄。北宁铁路从村西南向东北斜伸而过，附近有一个小站名叫塔山站，锦西通锦州的公路穿村而过。高达800米的辽西名山虹螺山在村子西北，村东南是碧波浩瀚的锦州湾。西南方的葫芦岛，是敌东进兵团的出发地，离塔山近处不过10里；锦州在村子的东北方，距塔山25公里。塔山村是锦州和葫芦岛的“卡子”，自古为兵家必争之地。

吴克华接受任务后，立即对4纵的防御阵地及兵力作了具体部署。12师34团、35团、36团3个团在以塔山为中心的第一线阵地；10师暂为二梯队，在12师左后侧铁路沿线，准备随时投入战斗；11师在12师右后侧占领阵地，部分兵力使用在第一线。全纵的阵地呈“品”字形。在火力配备上，因有东总炮兵部队及热河炮兵旅参战，全纵阵地有火炮110余门（不含六〇炮），其中山炮28门，野榴炮26门，高射炮9门，分为东西两炮兵群，三线配备，一个目标以塔山为中心，一个目标支援步兵，纵队组成阵地炮兵指挥所，以直属炮兵团团长兼纵队炮兵主任王一萍为总指挥。纵队首长也作了分工，李福泽参谋长指挥炮兵；胡奇才副司令员赴12师第一线协助指挥。由于葫芦岛离锦州太近，阻击任务太艰巨，吴克华下决心说：

“即使我们打掉二分之一或四分之三，也要坚决完成上级首长交给我们的任务。即使打掉吴克华，还有莫政委、胡副司令员。我们誓与阵地共存亡，要使来敌尸横遍野，有来无回，决不能让敌人前进一步。”

司令员的坚强和自我牺牲的决心,成为全纵指战员的榜样。

吴克华还向全纵传达了远在西柏坡党中央、毛主席的声音, 说:“毛主席、中央军委给我们发来了电报,要我们打好这次阻击战,以保证东北全局胜利!”

党中央、毛主席的声音,极大地鼓舞着全纵指战员。

10 月 9 日下午,34 团 1 营冒着饮马河对岸敌人的火力封锁, 进入了塔山堡村,然后,沿着饮马河一线赶修工事。34 团副团长江雪山按团领导的分工进入塔山堡阵地协助 1 营指挥。

傍晚时分,纵队吴克华司令、莫文骅政委和 12 师江燮元师长、潘寿才政委,一起来到塔山村阵地。吴克华一见江雪山便问:

“你觉得有把握有信心守住阵地吗?”

江雪山坚决地回答:“请首长放心,我们决心守如泰山,决不让敌人前进一步。”

附近的 1 营指战员们齐声回答:“我们誓与阵地共存亡, 一定完成上级首长交给的光荣任务。”

这时阵地正处于一片繁忙赶修工事中,吴克华等人一起停下来,和指战员们抬铁轨扛枕木,一起挖掘工事,一直忙到吃晚饭时,各连炊事班送来了苞米饼了和素炒大白菜及开水,他们和战士们进餐,吴克华夸奖说:“嘿,关东的苞米要比别处苞米香得多!”

吃完饭,在回去的路上,吴克华遇见一位搬运木料的老汉,他竟然把自己准备多年的寿木扛来给部队做工事木料。吴克华拉着他问:

“老大爷,你舍得这些木料吗?”

老大爷捋着胡须笑了笑说:“有什么舍不得,只要把‘蒋该死’的人打走了,我们老百姓过上太平日子,子孙享受无穷,这几块木料算个啥?”

吴克华听了老大爷的话, 对莫政委等人说:“塔山这道钢铁防线正是军民共筑的呀!”

(3)

10 月 10 日,东北野战军打响了攻锦外围阵地战。集中在葫、锦的国民党东进兵团在拂晓也发起了对塔山阵地的猛攻。

这天,敌出动 54 军暂 62 师、8 师,62 军的 151 师,但第一日的进攻具有很大的试探性,他们乘4纵阵地尚未巩固,警戒疏忽,1个营在拂晓夜雾迷蒙中袭占了12师34团左翼阵地的打渔山。

打渔山虽是一个临海小岛,但一旦为敌所占并巩固,对4纵全线的左翼阵地威胁却很大。吴克华在指挥所得到这个报告后，在电话中严肃地批评12师,说:“战斗第一天便丢失阵地,严令34团迅速组织兵力夺回来。”

但由于海上开始涨潮,打渔山被海水包围,须得落潮后才能攻击。敌军试探性的攻击是宽大正面的,一线8公里,处处枪炮声密集,进攻的重点是沿海铁路线的塔山堡,先后发起10次进攻,但均被34团击退,到晚上,34团在炮火掩护下于盐滩发起反击战,俘敌280余名。同时,吴克华命令10师29团参战,一个营在34团配合下,终于夺回了打渔山阵地。

第一日作战中全线阵地稳定,毙伤俘1870余名,4纵伤亡319名。当日晚,吴司令命令各师、团很好地总结第一日作战经验,迅速抢修工事,准备迎接来日激战。

10月11日，敌人进攻进入高潮。这次出动的兵力比第一天多1个师,共4个师,天上尽是飞机,地上大炮猛轰,重兵猛力冲击塔山堡。战况进入白热化。34团1营与进攻之敌浴血奋战,接连打退敌军12次进攻。在战斗最激烈的时刻,吴克华在指挥所里就给34团团长焦玉山、政委江民风打电话,激励指战员勇猛杀敌,决不后退一步;一面命令炮兵猛轰敌军。

塔山阵地在吴司令等首长激励下,一次次经受住进攻之敌的锤击。但在该日下午,由于1连伤亡过大,该连前沿阵地的数座房屋为敌所据,防御线出现了危险。在这危急时刻,1连连长刘景山、指导员王金钟,率领从前沿阵地退下来的几十个人,死守突破口后的一座院落不退,在阵地左后侧的副营长鲍仁川发现这一危情，立即率领身边少量通讯勤杂人员和组织1连退下来的零散人员,及时地堵住突破口。很快,营团的预备队也赶到,随即把突进防线的敌兵消灭,战局转危为安。

在黄昏打退敌最后一次进攻时,34团伤亡300余人,阵亡连长刘景山、周炳义。4纵全线毙敌2850余名,自己伤亡563名。两天激战,4纵伤亡的人数接近1000,而敌人伤亡3000多。

10月12日,这天敌步兵活动突然变少。

原来两日受挫之后,东进兵团的指挥官、华北督战主任罗奇做了新的全线“部署调整”,正在调集他的“老部队”——“赵子龙师”独立95师,准备让他们上阵。

当天,敌步兵虽很少动,但地面炮兵、海上舰炮及空军却异常猖狂活跃。他们集中摧毁4纵炮兵阵地及步兵工事,炸弹纷纷下落,东西两群炮兵阵地和全线硝烟弥漫,沙石腾空。但4纵炮兵也毫不示弱,不断变换阵地,巧伪装,加强工事,结果,敌炮火的猛烈轰击往往落空。而4纵炮兵一旦熟悉敌炮阵地,就悄悄移上去,突然集中炮火使劲地打,接连摧毁援敌20多门野榴山炮阵地,这一打,打得敌炮兵哑然无声。对于海上的军舰,吴克华还命令威力大、射程远的十五榴九〇炮轰击,吓得敌海上重庆号巡洋舰和灵南号铁甲舰不得不向深海远逃。高射炮连也重伤敌机两架。

吴克华在指挥作战的同时,审视战局,根据两日作战经验,认为12师尤其34团的防御线过长,纵深配备较弱,适时地决定把12师的战线缩短,将10师主力投入战斗,接替了34团左翼铁路线至海边一线阵地,11师部分兵力加强右翼36团的防线。当晚,34团侦察英雄纪仁祥率一个侦察组深入敌防线后方,捕捉住敌副团长高禄臻及其警卫共2人,获知敌"赵子龙师"独95师已进入阵地等重要情报,吴克华的这一布置正好使前线各部掌握了战局变化的主动权。

10月13日,是塔山守备战的高峰,更大的厮杀开始了。这日敌军出动4个师,号称"赵了龙师"独95师打头阵。这个"赵子龙师"据说自成军以来没丢过1挺机枪,傲气十足,一开战就以集团波浪式进攻之势,它与敌8师、暂62师好几万人马,像潮水般地"压"向4纵10师20团守卫的铁路桥头堡阵地及34团塔山阵地。海上几十门舰炮和十多架飞机也配合地面炮火,拼了老命似的狂轰滥炸。激烈战斗,造成4纵不少的伤亡,但塔山防线就像钢铁一般就是越不过去。

在一场接着一场的激战中,西至白台山下。东至海边,8公里的阵地前沿,敌人尸体枕藉,愈来愈多。结果,傲慢成性的"赵子龙师",不但没"逞"成威风,反而被打得溃不成军,死伤累累,越冲越死,最后大败而归。

是日,吴克华指挥全线共毙伤敌4130多名,自伤亡1048名。

10月14日,东北野战军对锦州城的总攻击开始了,早晨蒋介石就对锦西的东进兵团司令侯镜如发出了"死命令":

"拂晓攻下塔山,12时占高桥,黄昏到达锦州。"

这死命令一下,侯镜如虽连日碰壁,伤亡惨重,也只得全线出动。他选择的重点，是攻击白台山及七号一线阵地和塔山及铁路线阵地，企图从4纵"主阵地的一边"打开缺口，"绕道"去高桥。结果，他几十门大炮猛轰，重兵又是"持续攻击"，激战到下午，还是进展甚微。

这时，吴克华发出了命令：12师35团、26团及11师31团、32团进行全面出击，把进攻之敌逐回饮马河以南敌原阵地。而进攻塔山及铁路线的侯镜如各师，还在"死战"，发起10多次进攻，仍然被一一击回。傍晚，吴克华一声令下，全线反击。

这天，4纵毙伤俘敌3200余名，自己伤亡745名。

第二日，锦州城已被突破，4纵部队正在肃清残敌。但相隔就几十里的锦西侯镜如却并不明锦州情况，还带着部下一字排开，使劲攻打前面的"拦路虎"，企图突破一点夺路东进。4纵虽然已经6天浴血拼搏，但士气愈战愈旺，各阵地一面阻击，一面举行全线反击，侯镜如的各路进攻大军终于不支，一路路败回原阵地。下午4时许，折腾了一大通的他才获悉锦州守军已遭全歼，消息一出，他的手下们纷纷缩回原阵地，有的还破口大骂侯镜如："真是官僚，锦州早就丢了，还害我们盲目攻击了大半天！"

该日，4纵毙伤敌1750余名，自己伤亡470名。

吴克华率领4纵在塔山浴血阻击6天6夜，毙伤俘敌团长以下1.38万余名，妄自尊大的"赵子龙师"也被打得损兵折将，10000多人的甲种师最后只能缩编成1个团，浩浩荡荡的大部队站出来，就变成了那么"一溜儿"。但4纵也付出高昂的代价，伤亡3145名。塔山阻击战的胜利，保证了攻锦胜利。后来林彪说："塔山堡那个营安得好，像个钉子。"

罗荣桓政委则说："4纵队打得好，像这样的阻击战战例，在我军历史上还是少有的。"

战后，东野后勤部长周纯全将锦州城缴获的一批军鞋送给4纵，连日来的激战，4纵上下衣衫褴褛，多数人的鞋子都破烂不堪了，吴克华非常激动，说："苦尽甘甜来！"

（4）

塔山阻击战我军全胜，保证了锦州战役的胜利。它以光荣的战绩和我军英勇顽强的战斗精神，载入了史册；但是，指挥塔山保卫战的4纵将军们忘不了牺牲在塔山的战友们。

1987 年 2 月，吴克华中将病逝于广州，弥留之际，他留下遗愿："我永远忘不掉塔山阻击战牺牲的战友，忘不掉塔山用鲜血染红的每一寸土地，塔山阻击战是那样的辉煌那样的残酷，我是幸存者，死后我一定要回塔山和牺牲的战友在一起。"

他是第一位魂归塔山的将军。

胡奇才在解放后出任工程兵副司令员，曾经 4 次回到塔山。每次，他站在当年指挥所位置、前沿阵地的地方都是长久地沉默。回北京后，他告诉老伴说："我是塔山的幸存者，做梦都梦到这地方，死后一定要回塔山，这样我的灵魂才安稳。"1997 年 7 月 4 日，他因胃出血溘然而逝。临终前，他最后的愿望就是能归葬塔山。

1998 年 11 月 2 日，塔山阻击战时的 4 纵参谋长、后任国防科工委副主任的李福泽少将，塔山血战主力师——12 师师长，素有"黑脸将军"雅号的广州军区原副司令员江燮元少将，"塔山英雄团" 首任团长、后任广州军区副参谋长的焦玉山少将和胡奇才 4 位开国将军的骨灰也葬在这里。

耐人寻味的是，江燮元、焦玉山将军是 1990 年去世的，李福泽是 1996 年去世的，胡奇才在 1997 年 7 月故去，他们的骨灰为了魂归塔山，都等待了好长一段日子。有人说 5 位将军是"有约在先"，也有人说这是"不约而同"，但无论如何，都改变不了他们对塔山的深厚感情。然而，故事还没有结束。

2000 年 5 月 31 日，指挥塔山阻击战的 4 纵政委、原解放军装甲兵政委莫文骅中将在北京逝世，享年 90 岁。莫文骅逝世后，骨灰没有立即安葬，暂放在八宝山革命公墓骨灰寄存室，他在"等待"着一个老战友。究竟是"等待"谁呢？

3 年后，人们找到了答案。2003 年 6 月 12 日，塔山阻击战中的 4 纵副政委兼政治部主任、解放军报社第一任总编辑、原第四机械工业部副部长欧阳文中将在北京逝世。按照惯例，开国中将逝世应在央视《新闻联播》中播出，可直到 7 月中旬，人们才从电视媒体中得知欧阳文逝世的消息。7 月 1 日，在建党 82 周年纪念日，莫文骅、欧阳文两位将军的骨灰被运回了塔山。在 743 位烈士合葬墓的北面，又矗立起两座汉白玉墓碑。

至此，指挥塔山阻击战的第 4 纵队首长全部长眠塔山。7 座将军墓并列成一排，墓碑的样式、规格、材质一致，正面都镶嵌着烤瓷的将军半身彩照和一枚红五星，墓碑的背面是将军的生平简介。寥寥几行"碑文"，囊括了将军们的百战人生。

七将军与战友魂聚塔山，从此不再分离。

这是塔山阻击战的后话。

12.康怀张追击战

塔山阻击战后，4 纵继续驻守在塔山阵地，以确保东线聚歼廖耀湘兵团。直到沈阳解放前几天（10 月 30 日），忽接东野首长命令：4 纵与 11 纵等部组成东北野战军入关先遣团，迅速隐蔽地挺进冀东，配合华北野战军歼灭华北守敌，解放全华北。

1948 年 11 月 1 日，部队在吴、莫等首长的部署下，从塔山阵地撤下来，除炮兵部队匆忙去锦州领取火炮、弹药外，其他各步兵师均未作休整补充，立刻向冀东夜行晓宿进军。

（1）

东北野战军入关，华北的傅作义守军成了惊弓之鸟。慌张失措的傅作义把兵力一字“长蛇阵”摆开，东从塘沽、天津，西至北平、张家口，而又把他赖以起家的嫡系布防在北平通往张家口一线。正徘徊于从海上南去，还是西逃绥远的打算。

随即，平津战役开始了，华北军区部队和东北野战军 11 纵队军先后在平绥路东段把傅作义的各路大军分别包围在张家口、新保安、怀来、康庄和南口，其中，傅作义所属嫡系除 35 军 262 师在北平外，全被分割包围在张家口以南各据点。

12 月 3 日夜，2 兵团命令 4 纵，配合华北兄弟部队作战，由驻地蓟县出发尾追 48 军向西进至延庆。随后，吴克华又接到 2 兵团命令，要求 4 纵于当夜迅速突然插入怀来、康庄、八达岭之间，包围康庄守敌，堵击敌人主力西窜，阻击北平方向敌西援。军情似火，战役序幕刚刚拉开，原来傅作义主力全部被包围，他为了保住老本，拼命要把起家的主力拉出来，命令南口 16 军西进，接应被围困在新保安的 35 军，又命令 104 军 5 个团从怀来沿公路、铁路向西攻击。4 纵的作战任务是迅速切断敌西窜道路,不让南口的 16 军与新保安的 35 军靠拢,斩断傅作义的长蛇阵。

在吴克华紧急行动时，毛泽东亲自签署了命令，要求 4 纵加快速度前进,必须于 8 日赶到指定位置。这时 4 纵除 122 师到达指定位置外,121、123 两师尚在行军途中。吴克华果断地决定说:“122 师插入康庄、怀来之间;121 师包围康庄之敌,123 师切断康与岔道城间敌之联系。”

当夜各师陆续到达指定位置。

9 日拂晓,4 纵 8 个师突然出现在平绥线上的康庄、怀来、八达岭一带,按照部署投入战斗。由于部队行动神速,一下子“逮住”了在康庄的敌 16 军军部、106 师全部、94 师 1 个团、22 师 66 团等。康庄的傅军本来有强固的工事,什么深沟高垒,什么鹿砦荆刺早早就准备好了,完全可以固守一阵,可是突然“剿总”司令部来了个密报:“来康庄的,是共军守塔山的吴克华部”,傅作义在密报上还亲自补上一句“要特别注意”几个字,这密报不发还好,一发康庄就乱了阵脚,守军一听开来的是进关的东北四野大军,立即吓破了胆,哪里有心组织防守?个个坐立不安,好不容易熬到天色黑下来,然后上上下下全乘着夜色向北平逃窜,很快蹿出了康庄,恰好,他们钻了 362 团和 369 团的空子,从两团的结合部“钻”出去。谁知,他们在半路上还发了颗逃跑信号弹,这下被 362 团团长卢仕胜发现,当即派出侦察排往康庄侦察,然而,侦察排如泥牛入海,许久没有发回信号。团政委刘玲立即带着七八个参谋干事出发查敌情,结果,公路上尽是些灰暗的人影在仓皇地移动,他带着这十几位参谋窜到了逃兵的前头，他们在一个土坎边刚伏下，敌人就过来了。他的手一挥,十几个人同声大喊:

“你们被包围了,赶快缴枪!”

几乎是同时,这伙逃兵屁股后面响起了枪声,追击部队也赶上来了。

另一股突围之敌已经“突”到了 369 团 3 营的防区。团政治处保卫股长阎寿湖本已查哨回来了,可怎么也睡不着,总觉得会出问题。于是又从床上爬起来,想去看看 9 连那个哨兵是否又打瞌睡了。谁知刚走出门不到 100 来米，就发现一大团灰影在几十米外闪动，他差点就问口令了，猛然发觉不对,部队怎么会突然行动?想到这,他出了一身冷汗,赶紧鸣枪示警。阎寿湖鸣枪报警时,个别战士稀里糊涂爬起来,还以为部队又要开拔了。好在团长江海和政委赶到了阵地,立即组织部队抢占有利地形,马上阻住了这伙逃窜之敌，同时，迅速向师里汇报。

随后121师、123师主力一起追击，从9日拂晓打到10日天明，前后作战25个小时，除16军军长袁朴率其警卫营一部和22师66团一部潜逃外其余全部被消灭。4纵毙伤敌694名，俘敌6191名，共歼敌6885名。

4纵入关作战，打了第一个胜仗。

怀来敌主力104军，在军长安春山指挥下，以269师、27师沿铁路线向西攻击，企图援救35军，于沙城附近受到华北部队猛烈阻击不得前进。这时，得悉16军被4纵歼灭的消息，只得仓皇回怀来，预感到困守孤城有被全歼的危险，决意向北平南逃。104军是傅作义的主力军，有大量的汽车辎重。在临逃前，他们在车站焚烧了军火，烈焰冲上天空，爆炸声响彻不绝；接着又恃其炮火强烈，对我布防城南热河骑兵旅阵地猛袭。看到烟火及听到炮击爆炸声，吴克华司令员驱车来到前沿阵地，向365团参谋长刘云亭询问敌情，刘云亭汇报说：

“怀来城上空烟火弥漫，道路上尘土飞扬，大量敌人向城外拥出，并有人正在渡河，方向是城南十八家子。”

吴司令员针对敌情的变化，决定军主力向南靠拢，迅速展开追击。吴司令员下令，以122师364团、365团为前卫，沿着十八家子跟踪追击，直插镇边城。121师以两个团抄近路经大山口，从左侧取小道直奔内长城边的横岭。123师尾随121、122师主力前进。全军穷追逃敌。

由于追击战的匆忙，各部队全天吃不上饭，不管敌机如何狂炸，4纵对逃敌衔尾不放，终于在横岭抓住104军主力，立即展开大规模的捕歼战。12月10日午夜12时，121师383团已插到横岭并占领横岭西侧高地，把逃敌去路切断，将104军军部和250师堵住了。这时前锋追击团365团3连在连长带领下，像一把利刃插进敌群，以猛烈火力将敌打得混乱不堪，使104军军部和250师完全失去指挥，到处乱窜。3连利用火力掩护，占领有利地势，配合团主力将大批敌人压缩在山谷中。敌人像被赶散的羊群，东一堆西一堆，躲在山沟里。解放战士张克勤、史文岳向敌大声喊话说：

“我们是东北兴城解放过来的，这边对待我们很好，你们过来缴枪不杀，还受优待，咱们家家都有亲人，枪是老蒋的，命是自己的，快快放下武器吧！”

这么一喊，这一大伙人马立即就地缴械，说：“快投降，快少受吓！”

敌人纷纷缴械投降。战斗很快结束,365 团俘敌 3000 余名。

横岭捕歼战在 121 师、122 师共同配合下,于 11 日晨 8 时结束,除敌军长安春山率一部突围,后被兄弟部队消灭外,4 纵共毙伤俘敌 8115 名,缴获汽车 189 辆,野炮山炮 13 门,和其他大批战利品,自己只战斗减员 250 名。

吴克华率领 4 纵从康庄到怀来,不到 3 天时间,走了 200 里,连打两个大胜仗,歼灭傅作义两个军部,毙伤俘敌 1.5 万。2 兵团司令员程子华说:

“吴克华,4 纵真是打响了入关第一炮啊!”

(2)

康、怀追歼战结束后,4 纵奉 2 兵团令进占南口、八达岭一线阵地,准备参加攻击北平或堵截北平之敌逃窜。12 月 17 日,忽接东野总部来电:令 4 纵暂归华北杨成武 3 兵团指挥,配合华北主力歼灭张家口之敌。

张家口是傅作义的发家基地。这里驻有傅作义 5.7 万余人的兵力。4 纵冒着塞外风沙,向西北飞速进军。三日后,4 纵抵达宣化城,华北 3 兵团杨成武司令说:

“张家口之敌已被我们包围,你们先休息,视情况再接防。”

吴司令对莫政委说:“我们是来消火张家口敌人的,为了防止敌人逃跑,必须继续前进。”随即,他们向东总首长发了请示电。当日中午即从 3 兵团转来东野司电报,命令 4 纵于当日下午赶到张家口外围接防。

12 月 22 日 17 时,临近张家口新保安之敌 35 军的两个师及其军部被华北主力全歼。傅作义立即密令张家口守敌 11 兵团司令孙兰峰,急率张家口所有部队向察哈尔北部的德化逃窜,然后再西撤去绥远。

23 日上午,4 纵司令部传来华北 3 兵团首长命令,通报张家口之敌已倾巢突围。命令 4 纵展开追击。

全军向张家口攻击前进。途中只有少量未及撤走的敌人进行轻微抵抗。当日黄昏,塔山英雄团进入张家口市。由于敌人临逃时施展狡猾伎俩和饵兵之计,把逃跑的行军路线在丢弃地图上标向不同方向,并把大量骆驼、汽车、大炮、物资堵塞大镜门及市道路。一时造成大镜门内外乱成一团,团长江雪山和团政委郑戈令说:“吴司令员说过,哪里枪响哪里去,敌人逃到哪里就追到哪里。”排除一切困难,冲出大镜门,又急追猛进。

在继续追击中,3 连在 1 营副营长鲍仁川指挥下,于二道岭子抓住大股敌人;他和 3 连连长于连忠奋勇当先,首先用一部兵力火力把敌逃路堵住。结果,在敌军中抓住一位师长和他化装成勤务兵的老婆,在许诺保证他们人身安全条件下,这位敌师长向他的部下喊话:

“放下武器,放下武器,共军不杀人!”

不到 1 天 1 夜时间,全团共俘敌 1.3 万余人,战马 800 余匹,战利品一大批。

康怀张战役,4 纵消灭 1 个兵团部、3 个军部,俘敌 4.1 万人,胜利地完成配合华北兄弟部队解放全华北的光荣任务。从塔山阵地下来的指战员们曾说:“打守备战,抓俘虏、缴枪不多,这次算是解了馋、解了渴。”

(3)

康怀张战役结束,天津解放,北平和平解放,平津战役结束。4 纵被中央军委选定为警备卫戍北平的部队,吴克华军长兼任警备司令部副司令员。

在此期间,4 纵受到北平各界人士的热烈欢迎,参加了入城式,参加了毛主席、朱总司令等中央领导的阅兵,深受殊荣。

11 月 14 日,吴克华率领 4 纵隐蔽到达蓟县、玉田休整。

1949 年 3 月,4 纵改编为中人民解放军第 41 军, 吴克华为 41 军军长,隶属第四野战军 14 兵团。

13.为吴克华请功

1950 年, 吴克华率领 4 纵在广东清剿分散各地的游兵散勇和土匪,经过将近一年的时间,消灭国民党军残渣余孽 2.5 万多人,基本上平定了广东的匪患。9 月调广州任 15 兵团副司令员。

吴克华就要离开这支他指挥了差不多 10 年的部队了。4 纵从胶东到东北,再从北到南,吴克华在 4 纵工作近 10 年,在部队有着很高的威信,全军上下都是难分难舍。为了给尊敬的军长送别,4 纵军直党委决定为吴克华“请功”。

12 月 25 日,军直党委经各支部讨论,在惠州盐场拟就了请功报告,一致建议上级党委给予吴克华“荣建三大功”。28 日,4 纵党委也为前任军长“请功”。

所谓“三大功”,是哪三大功呢?报告说,根据吴克华在 4 纵的 10 多年从山东胶东抗战到解放战争所做的卓越贡献,“就其在上级正确领导下所具体圆满完成有名的战斗,如塔山守备战与康、怀、张追歼战各记大功一次;及其一贯对党忠诚高尚的阶级品质,对群众民主、团结,作风上的艰苦朴素给予记艰苦大功一次,共三大功。”

1951 年 1 月,第 15 兵团党委会在广州又向上打请功报告,同意 4 纵党委提议,给予吴克华记有名的塔山守备战与康怀张追歼战的战斗大功各一次,记一贯积极工作艰苦大功一次,共记“三大功”。

5 月,吴克华晋升为由 15 兵团兼广东军区改称的华南军区参谋长。从此,他离开了一手“带”出的 4 纵。

14.为了一次读书打了 15 次报告

1952 年 7 月,吴克华被任命为海南军区司令员兼 43 军军长。1954 年初,吴克华正在广州养病。2 月一天,中南军区干部部部长刘兴元突然通知吴克华:

“总政罗荣桓主任说满足你上学的要求,调你到南京军事学院第一期战役系学习。”

一听这消息,吴克华欣喜若狂,高兴地说:“罗政委终于还我的欠账了啊!”

读书一直是吴克华的夙愿,在吴克华读书这事上,吴克华的老领导罗荣桓还真“对不住”他呢。

那是在山东抗战的事。当时罗荣桓是山东军区政委,吴克华作为他的部下，先后多次向山东分局提出“学习进修”的要求，但都因战斗紧张，干部缺乏，没有机会。每次罗荣桓说：“克华，先欠着账吧，等有机会就安排你去学习。”结果，吴克华先后提出过 14 次学习的要求，都因战事而没有机会。罗荣桓这账一直“欠”到抗战胜利后，在他正准备“还账”时，毛泽东又调兵东北，吴克华读书的要求只好暂时又取消，率部渡海北上。

在东北黑土地上，一仗接着一仗，并且仗越打越大，吴克华哪好意思再向老领导去提读书的事？只得在打仗的空隙暗暗自学，“在战斗中提高”。全国解放后，战争结束，转入和平建设，上级又有培养训练干部的计划，1950 年 7 月 26 日，吴克华又给老领导林彪写信，请求给他离职学习的机会，系统地、全面地探索战争感受和经验教训，从理论到实践总结自己的战争生活经历。他在给林彪的信中说：

> 中央军委拟办轮训师以上干部的军事、政治学校。我要求调我参加首期学习。……我本身的情况首长是很了解的。从抗战至今，在实际工作中摸索前进。对于军事、政治理论及党的各种政策，缺乏专门的有系统的学习。随着客观形势的发展，日益深感能力有限，难以适应任务的需要，尤其考虑到将来新的战争更趋复杂，今天不提高进步，等到将来就晚了……

他原来以为国家进入了和平建设时期，上级又有培养训练干部之计划，他早已抱有之学习的愿望成为可能了。谁知他“求学”的“拳拳之心”，还是没有打动林彪，第 15 次离职学习请求还是未获批准。

就在他几乎“死心”了的时候，又过了 4 年之后，盼望已久的学习机会才终于来了。7 月，他除携妻带子之外，还带上了保姆吴素珍，一起前往南京，到刘伯承创办的南京军事学院第一期战役系学习。

吴克华这次好不容易得到了学习的机会，珍惜得不得了。但是，他只在 20 年前年读过 3 年私塾，战役系的这些高深课程他哪里弄得懂？许多字还都不认识呢？可是，他有自己的办法，天天“缠”住当年的老部下、老战友贾若瑜。这个贾若瑜入伍前就受过中学教育，在胶东军区时是全军区有名的“秀才”，这次也在战役系学习。因此，吴克华又是找他补课，又是要他辅导，又是对笔记，还进行学习问题探讨。结果，第一个学期一下来，吴克华就因学习成绩优异得了学院的奖——1 个红色小闹钟和一部 120 回的《水浒全传》;第二个学期,他 3 科获得 5 分,两科得 4 分,以优异成绩取得预科结业证,开始了正科学习。

在学习期间,1955 年吴克华被授予中将军衔。

1957 年,吴克华的三年学习结束了,被重新分配,任命为济南军区第一副司令员,他乐哈哈地说:“30 年河东,40 年河西,读一次书,想不到又回到了魂牵梦绕的齐鲁大地。”

15.将军下连队

1958 年 10 月,为了响应党中央的号召,吴克华和任济南军区副政委的老搭档彭嘉庆中将、军区政治部副主任何柱成少将,率机关部、处、科长和参谋、干事、助理员等 30 人出发到海防守岛连队当兵。

这次下连队当兵,他们要和战士们同吃同住同操课同执勤,不仅要“从行动上而且要从思想感情上”和战士打成一片,确确实实成为普通一兵。

(1)

10 月 29 日,吃过早饭,吴克华和彭嘉庆、何柱成三位将军和其他人样,头戴栽绒帽、身穿士兵军装,领章上缀着列兵的一颗星,背起簇新的背包,然后和队伍一切出发了,先是坐火车到青岛,再转乘登陆艇到目的地薛家岛。

驻守薛家岛的是青岛警备区某部 4 连。吴、彭、何等同编在 13 班——军训功臣班。

他们的身份除了指导员李茂东知道外,其他没人知道。为此,吴克华还特意吩咐说:“李指导员,这次我们下连队,就是普通一兵,你一要为我们的身份保密,二不能和战士们有任何的特殊化。”

吴克华等以列兵的身份走进这个守备连,一放下背包,就跟着李指导员查看地势，他们沿着崎岖的山路了解连队防区地形、敌情、兵力分布等情况。

在一处险峻的海岸边，指导员介绍说："过去曾有敌特在这里登过陆；不久以前，一个坏分子企图偷渡，被我们的巡逻哨逮住了；夜里经常发现有来历不明的信号弹。"

吴克华一听后，立即说："对，对，这个地方很重要，要特别注意防守。"

"哈哈，老家伙，你这个当兵的，怎么对指导员做指示呢！"

吴克华忘了自己此时扮演的角色，老搭档彭嘉庆立即叫起来了。

这下吴克华大拍脑袋："忘记身份了，要改要改。"

（2）

由于吴克华等人的真实身份是秘而不宣的，在薛家岛上服役的连队官兵，此前哪里见过这些远在济南的将军们？只把他们当成一伙老兵。

"吴克华同志，你是什么时候参军的？"

一天，与吴同班的一位姓姜的真正列兵好奇地问。他大概发现吴克华脸上的皱纹与领章上那颗孤星极不协调。

"你问新军龄还是老军龄？"

"哎呀，你还有新军龄老军龄？犯过错误？"姜列兵认真地问。

吴克华笑笑说："我的新军龄从今天算起，老军龄于1929年起算。"

"哎呀！"这位22岁的列兵大吃一惊，"你参军的时候我还没出生呢。"

吴克华地笑了笑，说："可是现在我是个新兵，希望你们多多帮助我。"

"好的，我们是军训功臣班，你放心，我们都会帮助你的。你犯过什么错误，我们一定帮助你改掉。"他满脸真诚而又认真的地说。

吴克华等人在班里，当的是真正的列兵。听到班长呼喊自己的名字，马上答"到"；接受工作任务时，立正说"保证圆满完成"；见到连队干部到宿舍来，会毕恭毕敬地起身让座，端茶递水；早晨提前起床打水、扫地、擦玻璃，每天抢着打饭、刷碗、整内务、冲厕所。

李指导员暗暗啧舌："这些首长角色转换和适应生活环境的能力还真强啊！"

(3)

这是个先进连队。

吴克华很快发现，下连当兵如果不处处争取主动，那简直就没有事可做。因此，他们这伙老兵几乎每天都跟连队战士争活干，扫地、抹窗、冲洗厕所，为战士们洗衣服。有时争得简直不可开交，干着干着，手里的工具就被战士们夺去了。

老搭档彭嘉庆为此常常急得直搓手，只好再去四处觅活干。而吴克华却有办法，他不知从哪里找来块破布，每天擦拭完门窗玻璃后，便把它塞进裤兜里，战士们抢走了他手中的扫把，他就会像变戏法似的，从裤袋一摸，掏出这块破布条又抹起窗户、桌子来了，因此战士们根本难不倒他。对此，老搭档彭嘉庆只骂："老伙计，就你狡猾！"

谁知吴克华对着他耳边一咕噜，就连下岗回来到开饭前的一点时间，他们也有事干了，两个人拿着蝇拍在食堂里，到处追打苍蝇。

吴克华、彭嘉庆的言行举止没有一点首长的味道，班里的年轻战士哪里会想到他们是大首长！跟他俩打扑克时，一个个扯着嗓门直嚷：

"把这两个老家伙赶下台去！"

(4)

在这些士兵眼里，将军们是"真正的列兵"了，但清楚吴克华等身份的指导员李茂东，思想上总是转不过弯来，在他的脑子里，他们仍然是军区首长。因此，考虑到他们的身体，他没有安排这些"列兵"担负站岗、放哨，特别是夜间巡逻之类的任务，结果，吴克华等在支部大会上以党员的身份放了他一"炮"，说："李指导员，我以党员的身份，向你提个意见，你看不起我们这些老兵！"

"没有啊！"

"那你为什么不安排去站岗、放哨，特别是夜间巡逻？"

结果，这伙老兵硬是"争取"到了这些列兵应有的"权利"。

11 月 5 日 20 时，一身冬装的吴克华和彭嘉庆披上子弹袋，背起冲锋枪执行巡逻哨的任务。此前,他俩已放过白天的瞭望哨和夜间的复哨。

今晚的口令是“兄弟”。自 1933 年冬,他们在瑞金红军大学同窗时认识至今,20 多年了,他们在山东、在东北、在济南,差不多每个时期都有一段不短的时间在一起共事,而且合作得都很愉快,按照彭副政委的话是:“这样的兄弟缘分在许多战友中间都是不多见的。”

这夜没有月光,两位兄弟般的战友沿着陌生的坎坷不平的海岸警惕地摸索前进。四周万籁俱寂,只有在黑沉沉的夜幕深处传来的浪涛拍岸声清晰可闻,薛家岛初冬的夜晚气温已很低,阵阵冷飕飕的海风也没让他俩产生寒意。这口令像一堆寒夜里点燃的篝火,使他俩同时感觉到了温暖。

45 岁的吴克华端着冲锋枪,像开路尖兵似的在前面潜行,49 岁的彭嘉庆小心翼翼地跟在后面。遇到复杂的地形,“小弟”便及时向“大哥”发出停止前进的信号,然后独自前去观察、静听,判断海岸线上可能发生的情况;查清之后,再卧倒,掩护“大哥”通过。两人就这么相互交替掩护着通过沟壑、丘陵、海礁、荆丛等复杂地段。身材匀称的“吴小弟”做这雄单兵战术动作还算敏捷、准确。明显发胖的“彭大哥”却要费劲一些。当要跃过一道沟时,“小弟”率先纵身跳过去之后,向“大哥”伸出双手,试图拉“兄弟”一把,以免在战争中右眼负伤失明的彭副政委看不清掉进沟里。“大哥”不以为然地摇摇手,他很清楚,“吴小弟”那条伤残的胳膊力不从心。两个多小时后,他们终于走完六七公里的海岸线。

回到宿舍后,他们又像慈爱的父亲那样给战士们掖了被子,才分别在那张不足 1 米宽的床上躺下来。

这个星期正赶上连队进行文化补习,为了让士兵们有更多的时间学习文化,27 名特殊列兵将连续 5 天的复哨、巡逻哨、瞭望哨、流动哨统统“承包”起来了。5 天里,吴克华放了 5 个通宵的复哨、2 个军士哨、3 个半天的瞭望哨。

在这一个月的列兵生活中,吴克华掌握了手枪、步枪、冲锋枪、轻重机枪等步兵武器的特点和使用方法以及迫击炮、海岸炮的战斗性能。他对炮兵科目是外行,过去虽然见过不少,但没亲手摆弄过。经过这次学习,他体会了要领,悄悄地对彭嘉庆副政委说:“老伙计,如果需要的话,我也可以将炮弹打出去。”

（5）

一个月的列兵生活很快结束了。

11 月 27 日晚饭后，吴克华等 8 名列兵到海岸边一个军士哨位接岗时，几个战士拎来大半桶热气腾腾的海蛎子、小海螺和小螃蟹，说是专为他们准备的。“听说你们后天就要走了，没什么送你们——刚出锅的，你们快吃吧。”他们热情地招呼，又指着两暖瓶开水说，“渴了，这里有水。”

吴克华等坚持要把这些海味带回去“和大家吃”，但战士们执意要吴克华等就在这里“当场吃”。

“你们不吃，我们就不回去了。”一位战士说。

谁知这时，另一个“二愣子”战士从帽子上拔下一根针，剔出一个海螺肉，就往吴克华嘴里送。吴克华一惊，立即张开了口；盛情难却，众人于是围着铁桶又野餐一顿。平时连队的主食是稀饭、地瓜、馒头，吴克华他们光吃稀饭、地瓜，把馒头留给战士们吃，吃了将近一个月粗粮、素菜，这下这些“列兵”们个个吃得嘴巴吧嗒吧嗒响，说：“这一顿荤腥味道好极了！”

最后，吴克华回忆说：“就连那聊以佐餐的开水和涛声也别有一番滋味。”

29 日凌晨 5 时，几乎一夜未能成眠的吴克华和彭嘉庆副政委起了个大早，悄悄带着其他特殊列兵，不声不响地分头在俱乐部、伙房擦起玻璃窗和桌子板凳来。忙完了，又去清扫院子，打水冲刷厕所。

7 点钟，他们告别了不寻常的列兵生活，离开了薛家岛。临行时，吴克华坦诚地说：

“在漫长的几十年里，无论是哪一次调动工作，从来没有像今天这样不舍得分离。”

回去以后，吴克华还专门写了一篇《下连当兵散记》文章，并且一直和薛家岛上官兵保持联系。4 连几乎每年都派代表探望吴克华，向他汇报工作。1969 年夏，吴克华在青岛疗养时，曾重返薛家岛。

16.军中儒将

吴克华统率千军万马，从山东杀到东北，又从东北一直杀到南海之滨，屡战屡胜，在许多人心目中是位浓眉大眼、膀粗腰圆的虎将，甚至有人说：“这样的将军，肯定是位一跺脚，连地都发颤的壮汉子。”

然而，他并不是人们想象的那样。

吴克华身材清秀，气宇轩昂，白净的面孔有些瘦削，却风度翩翩，语言儒雅，完全一副儒将模样，但他又不完全像一位“学者”，气质颇如东汉末年羽扇纶巾的大将周瑜。

他的老部下郑戈令在东北战场时有一首小诗，生动地描述了吴克华的儒雅气质，现录如下：

筹幄胜算掌指中，
武略文韬儒将风；
将军叱咤山河动，
谈笑轻取辽鞍营。

作为我军的一位杰出将领，吴克华戎马生涯，征战四方，有着高超的带兵打仗艺术，这些带兵打仗艺术又有着鲜明的个人特色。

(1)

吴克华刚到胶东任5旅旅长时，用兵如神，一场伏击战，全歼了县城出来的日军，并缴获了一挺九二式重机枪。几仗下来，他就成为一位传奇的人物。在某连，连长经常讲“旅长的故事”，说他能掐会算，百步穿杨，战士们听了，个个崇拜不已，更是以为旅长是个威武剽悍、力大无穷的虎将，不是梁山好汉，也是位猛张飞。但后来一见面，他们大吃一惊。他，身材清秀，白净的面孔有些瘦削，穿着十分合体的褪色军衣，乍一看，倒像个穷教员。小战士肖玉参军不久，一见到旅长吴克华就愣住了！

“怎么了，小鬼？”旅长见他那股呆相儿，轻轻地问道。

小战士讷讷了半天，才说：

“你，就是我们的旅长么？”

“不像吗？”

小战士肖玉把自己听到的传说绘声绘色地讲了一遍。吴克华听罢，爽朗地大笑起来，说：

“能掐会算，那不成了神仙？我可没有那个本领。我也和你一样，是个受苦的孩子，参加了红军，跟着党为人民打天下，在战火的锻炼中，学会了一点指挥而已哦。”

（2）

吴克华带兵，对下属严格要求，但多是耐心教育，并以表扬奖励为主，即使是批评，也让人心服口服。全国抗战时14团发生打莽撞仗一事的处理，颇能体现他的这一独特风格。

1942年是胶东地区抗战最艰苦、最困难的一年，不仅战事频繁，人员伤亡也较大。为此，1943年春，八路军总部专门下发了通知，强调部队不打无把握之仗，在战术上要避免莽撞，不跟敌人硬拼。

2营4连是14团的主力连。一次，4连完成护送军衣装备任务后，返回根据地，在招（远）、莱（阳）边的游击区，突然遇到日伪军混合的抢粮队，共有200多的人马。这时敌人人多势众，来势非常凶猛，通常应避其锋芒。可4连连长却是位“一见鬼子就眼红，一贯作战勇敢，战斗积极性相当高，时有莽撞”的指挥员，4连硬是同敌人打了起来，战士抢占有利地形后，虽经过一番苦战，终于战胜了日军，重创日军和伪军，最后残敌也不得不拖着尸体狼狈而逃。本应避免的一仗，4连却莽撞地打胜了，但伤亡甚大，也付出了相当代价。

吴克华时任胶东军区副司令员，他听说了14团这一战后，亲自来到了4连，参加这次战斗的总结座谈会。会上，他高度赞扬了这位连长的战斗积极性和勇敢精神，在全连战士面前给这位连长以极大的鼓励。然后，他又亲切地说：

“作为基层指挥员，也要注意掌握中央的指示精神，改进战术指挥，不跟敌人硬拼,要学会以小的代价换取最大胜利的指挥艺术。"

他这表扬里"含"批评的一席话,给那位连长很大的"启示"。

最后,吴克华告诉大家说:"战略反攻即将到来,那时,我军将要扩大多少倍,需要大批有勇有谋的指挥员,以适应革命形势的需要。"

在座的人听了这一消息之后,深受鼓舞。大家欣喜若狂,觉得浑身有使不完的劲。

这就是吴克华对一次莽撞仗的处理和教育,即使是批评,也有表扬,还有"振奋人心的好消息",让人在寓教于"乐"中接受批评,改正错误。

(3)

吴克华带兵很有远见。

胶东部队开赴东北组成4纵后,扩编组建不久,原有的武器装备不足,而新的枪炮又尚未补充下来,纵队机关干部缺编,一天,吴克华把纵队警卫团政委周绍明叫到了他的办公室,坐下后,他就对周绍明说:

"现在我们同国民党军队作战,跟当年同日本鬼子作战,双方的条件都有所不同了,只有大力加强炮兵的力量,才能有效地打击敌人。现在各种大炮都可派上用场,据说总部和兄弟部队都掌握着一些大炮,你代表机关去一趟总部,要些大炮回来,先配备在你们警卫团。"

周绍明接受任务后,翌日一早,就带上一个参谋和纵队司令部写的介绍信,登上了运煤的火车,冒着零下的严寒来到沈阳找到总部。

这时正值总部忙于准备撤出沈阳和选派干部下乡发动群众, 无暇接洽他们。在总部招待所等了几天后,作战部的同志才通知他们,说总部首长已经研究过了,枪支大炮会发给你们的,你们先回去。

果然没过多久, 总部就给4纵下拨了一批山炮, 并装备到警卫团炮兵营。后来随着火炮的不断增加,纵队便组成了一个装备充实的炮兵团。

周绍明后来说:"这虽是一件小事,却体现吴司令是位善于思考、颇有远见的军事指挥员和组织领导者,他带兵打仗想得很细,很远。"

(4)

吴克华打仗,不慌不乱,即使在战斗最激烈的时候也是镇定自如,他指挥作战没有大脾气，也没有火爆性子，说话如平常，但是下决心果决、坚定，并且很及时。因此，他的部下说："吴司令的'和气'，丝毫不影响他对战斗的掌控和有效指挥。"

1947 年 10 月，在秋季攻势作战中，4 纵为了配合北满 10 纵夺取吉林城，4 个师发起对沈阳抚顺东、以营盘为中心之敌 207 师的进攻。

207 师称学生军，怯于野战长于固守。这一仗也是打得上下冒"烟"。

对营盘之敌发起总攻时，组建不久的 4 纵炮兵团，因匆促中选择的炮阵地相距营盘守地的外围屏障 213 高地过远，约有 10 里距离，且射界极不开阔；当步兵急呼炮兵支援时，多次射击，都支援不上。大批敌机又飞来扫射投弹。炸得炮兵阵地烈焰飞腾，硝烟弥漫。

指挥作战的团政委郑戈令和刘参谋长正着急时，纵队指挥所打电话，要两人去指挥所见首长。

他们急跑而去，在东山顶的几株大树旁边看见吴司令。吴克华手执望远镜正对前方 213 高地观望。一见两人来了，放下望远镜说：

"王一萍团长开会还未回来吗？指挥的任务落到你俩身上了。"

接着，他又说："为什么你们的炮准确率差，不是打偏便是打近？"

郑政委回答："首长，这是由于天黑进入阵地，射击目标距离过远，所以打不准。"

吴司令点点头，又举起望远镜对南望望，说："现阵地距离目标多远？"

刘参谋长答："5000 米。"

吴司令点头"喔"的一声道："是太远了。那你们如何满足攻击的要求呢？要前进多远才行？"

郑政委立即回答："前进 3000 米至 1000 米，距离目标 1000 多米保险打得准。"

这当儿，10 多架敌机在指挥所及炮兵阵地上空盘旋扫射骚扰。吴克华对着敌机挥挥手，说：

"在这种情况下，你们能运动吗？会有损失吧。"

郑戈令说："请首长放心，可以向前运动，受损失也不怕，支援步兵第一。"

刘参谋长说："我们有 12 挺高射火器，可以梯次组成两个射击组，掩护各炮前进选择新阵地，支援步兵尽快拿下 213 高地。"

“好!我在这个山头观察你们的行动。”

吴司令下达命令后,郑戈令和刘参谋长返身急跑回阵地。经与作战参谋研究后,立即下令把阵地前移2000米至1500米。这段运动距离要前移3000米。各炮连及高射火器连迅速察看前进道路及运动路线,作了阵前动员,要求大家在强大敌机火力覆盖下,不畏险阻牺牲,迅速完成转移阵地任务。高射火器连分成两组以1里距离为阵地,轮流实施对空射击,以保障各炮运动安全。各连各炮只携带前车,相互50米距离,以最快速度依次向前推进。敌机聚集上空,向他们俯冲、投弹、扫射,高射火器连发挥了威力,把一架敌机打冒了烟,向西栽了下去,其他敌机见状,立即骤然升高,乱炸乱打。但是前后不过20分钟,各炮就完成了运动任务,倏然进入阵地,铺上伪装网,就一齐向213目标射击,发发命中。不到5分钟光景,步兵28团8、9连跟踪炮火突破敌工事,完全占领213阵地。

这一切吴司令都看在眼里,高兴地说:

“炮团有进步,打得好,打得好!”

傍晚,作战科长又给郑戈令打来电话,说:“吴、彭首长说,你们在强敌火力下,以勇敢无畏精神进入阵地支援步兵的行动,反映出人民炮兵的英雄本色,值得永远发扬光大。”

(5)

吴克华统率千军万马征战四方,很爱护自己的部下们。

1948年12月,在康庄、怀来追歼战中,一天午夜,4纵362团发现被围的蒋军已向南口方向逃逸,团政委刘玲见情况紧急,没等师部命令,便带领3营沿公路追击。刘玲自己一马当先跑在最前面,身边只带几个参谋干事。在公路上,他们发现了敌人,便放开嗓子喊话,要敌人赶快缴枪投降。开始蒋军被吓蒙了,一个个把枪扔在地上,当看见他们只有几个人时,就重新操起武器抵抗。幸亏后面的部队及时赶到,才把这股垂死挣扎的蒋军消灭,避免了一场重大伤亡。

事后,吴克华在全纵队团以上干部大会上表扬刘玲,说:“这种英勇顽强、灵活机动的战斗精神,实在是可嘉!”但他又带着半赞赏半责备的口吻,语重心长地说:

“以后可不要把自己当班长使用啊!”

吴克华要别人“不要把自己当班长使用”,是出于关心爱护干部的思想;而他自己就经常“把自己当班长使用”。早几天一个清晨,吴克华和政委莫文骅以及参谋长李福泽,带着电台、参谋人员和一个警卫排向新的指挥所前进。此时战斗还没完全结束,枪声不断,部队正在展开抓俘虏竞赛。在战场上行走随时都可能遭到残敌的暗算。但吴克华根本没有考虑这些。当他们牵着马翻过长城,正向山下走去时,看见一个班在路边休息,旁边还架着机枪。莫政委问:“哪一部分的?”

“报告长官,是军部的。”

那个班还全体起立正站在路旁。吴克华一听他们的答话不对,细细一看:原来是一伙敌兵!装作没事一样,说:“坐下。”

这时候,他们才发现电台工作人员和警卫班没有跟上。吴克华掏出手枪,悄悄地从蒋军眼皮下走过,然后,莫文骅才小声交代身边的参谋:“回去缴这些蒋军的枪。”

沿途三三两两的散兵还不少,他们一边走一边抓俘虏,抓多了就怕管不住了,于是,叫俘虏把枪栓拿下来给他们自己拿,让俘虏扛着空枪走,后来,枪栓他们也拿不下了,只好叫俘虏把武器扔下,空手跟着他们走。就这样,走了20多里,吴克华等人才把俘虏交给押送俘虏的连队。

吴军长这么“把自己当班长用”,4纵将上是大有意见的。这时他批评刘玲,刘政委则在台下大喊:“司令员,你的批评我接受,你也‘以后可不要把自己当班长使用啊’!”

众人哄堂大笑,随即掌声四起。

(6)

吴克华爱兵如子,对自己的部下很有感情。

他在5旅工作时,有位叫梁海波的红军干部牺牲了。20世纪50年代,这位烈士的遗孀和女儿住在东北的一个城市,生活十分困难,多次给政府写信反映都没有得到回音。时任济南军区副司令员的吴克华得知这一情况后,立即派人到东北找到这母女俩,然后把她们接到济南,住在了自己的家里。他嘱咐家里人说:

“我的女儿有什么,烈士的女儿就要有什么。”

结果，烈士女儿用的毛巾、牙刷都和吴克华的女儿一样，就更别说其他吃的穿的和玩的了。

后来，他根据这位遗孀的要求，通过组织将她安排在青岛工作。多年来，他一直关怀着这母女俩，扶助烈士的女儿考上大学。

(7)

在解放之初，吴克华在广州工作期间，衣着整洁，言行举止表现得更加有涵养。在出门时，他总不忘了带上一叠裁成巴掌大的旧报纸。

警卫员很奇怪，首长带上这旧报纸干什么？

很快，他就发现，这一叠裁成巴掌般大小的旧报纸，首长是做卫生纸用的。除了上厕所外，他要吐痰，往往不动声色，从口袋里掏出来，把痰吐在上面，然后包裹好，扔进垃圾箱。

解放了，条件好了，吴克华仍保持着战争年代艰苦奋斗的作风，但颇有他的儒将风度。

吴克华虽然身为我军高级指挥员，但有着一些很好的待人习惯，他要求身边工作人员替他找下属时，不管是什么人一定要说："吴司令员请××……"他每次下部队视察时，不许列队欢迎；而离开部队之前，必先向炊事员和服务人员致谢告别，与在场的战士们握手，一人不漏，有时和战士们握手，握得人数太多，把手都握痛了，他仍亲切从容。

17. "不近人情"的司令员

1975 年 4 月，经毛泽东批准，党中央决定吴克华任铁道兵司令员、党委第一书记。

(1)

吴克华清正廉洁，严格照章办事，从不搞特殊，从不以权谋私。他到铁道兵工作后，仍住在炮兵招待所。铁道兵要给他建房，请他审查图纸时，他不看，并说：

“住房有标准，绝不能超过。不要豪华，要简单朴素。”

吴克华到部队视察工作，都是约法三章：事先通知所去的单位，不准通知地方党政机关，自己部队有住的地方，就不住兄弟部队的招待所，军队有招待所就不住地方招待所，不准安排宾馆。

一次，吴克华因公到某市，被安排住在一所高级宾馆里。这虽是同志们的热诚相待，他却感到十分不安，只住了一夜便很快下到部队去了。在返回某市之前，又专门给驻军领导打了个电话：

“你们不是有个招待所吗？”

“有。”

“我们明天回去，住你们的招待所。”

“这……我们的招待所太差。上面的首长来，都是住在宾馆里。”

“哦，我也是一个普通战士。说定了，我就住你们的招待所。”

于是，吴克华再回到某市的时候，就住在驻军的普通招待所里。

吴克华到部队视察工作，到部队不准列队迎送，吃饭不准上酒，不准超过四菜一汤，也不准变相加菜。

但是，身边的工作人员建议说：“不必规定太细吧！”

他说：“你不交代清楚，他每个盘里放上几种菜，你吃还是不吃？”

一次，吴克华到某师检查工作。谁知这个师的师长是胶东人，在全国抗战时期就在 13 团当基层干部，见到老首长感到很亲切，吃饭时非上酒不可。吴克华说：

“中央、军委有明文规定，我们不能违反。”

师长说：“首长，你今天第一次到我们师来，就是撤了我的职，也得喝一点。”

但是，吴克华说：“我不撤你的职，也不喝你的酒，咱们还是一起吃饭吧。”

师长无可奈何，只好作罢。

（2）

吴克华对亲属要求很严，甚至严得“不近人情”。

一次，他到青藏线视察，因为有顾问、原铁道兵政委和一位身体不大好的副政委同行，破例乘坐公务车。

在返京时，他爱人的外甥女儿托人在西宁买了辆自行车，送到了公务车上，恳求带回北京。他发现后，对秘书说：

“国家规定不准物资倒流，为什么给她带自行车，赶快拿下来，给她说明道理，解释清楚。”

那时，“走后门当兵”成风，而吴克华没介绍一个“后门”兵。一次他到白山铁路支线视察工作时，到吉林市，他连襟的女儿再三叫姨夫请求批准她当兵。他说：

“你再叫姨夫也没用，反正不能走‘后门’，还是经过地方武装部门批准才能当兵。”

对部下，他也是秉公办事，不搞例外。原炮兵有位部门领导要求把外地的孩子调到铁道兵过渡一下，解决进京问题，然后再转到炮兵工作。他硬是不给他面子，没有给办。

18.“两肩挑三山”

1978年年底，我国南部发生战事，西北某国陈兵边境，1979年1月，65岁的吴克华从成都军区调任新疆军区司令员。吴克华此举被誉为“两肩挑三山”。在新疆，他踏遍了边区哨所，也留下了许多佳话。

（1）

一天去博尔塔拉军分区时，因为途中顺利，他们比预计时间提前一个多小时到达。那天午饭，军分区为吴司令员一行准备了一道叫阿渭蘑菇炖鸡的当地菜，需要提前用文火炖。可是，吴司令却要抓紧时间“看望部队”，只好提前开饭了。

结果，那道菜的鸡没有炖烂，众人就只好用手来撕，弄得很狼狈。军分区

司令员看着不是滋味,就当着大家的面批评食堂管理员。可吴克华不仅不埋怨他们,反而风趣地说:

"这个你就外行啦,我听说这道菜主要是吃阿渭蘑菇喝鸡汤,营养全在汤里,吃不吃鸡尚在其次。这叫抓主要矛盾。"

说得大家哈哈大笑,尴尬的场面便在笑声中化解了。

还有一天,吴克华去某哨所,路过奎屯兵站,中午在兵站休息。

兵站条件差,睡的是硬板床。在午睡时,吴克华睡着睡着,突然"轰"的一声,床板塌了下来,他本人也掉进床框中间的地上,爬都爬不起来。随行人员在隔壁房间,突然听到响声,赶紧跑过来,扶他起来的时候,众人神情很紧张,生怕把吴司令摔坏了。没想到吴司令只是笑了笑说:

"城门失火,殃及池鱼,把你们都吵醒了。快把床支起来,大家回去抓紧时间休息吧!"

结果,那个中午,兵站站长和政委一直等在门外,准备向吴司令员作检讨。起床后,参谋把情况报告了首长后,吴克华说:

"检什么讨,好马也有失前蹄的时候嘛!"

(2)

吴克华到边防站去看望部队,常常喜欢和战士们照相。他说:一个士兵,能见到大军区司令员的机缘实在太少了,我很乐于和战士们相互认识一下。

一次,他去吉木乃边防站。出发时,他不让带摄影记者,离开边防站时,又提议与战士们合个影留念。幸好军区政治部办公室的屈全绳科长随身带了个照相机。但这个相机是淘汰了的海鸥120,镜头也不清晰。他本来带着个旧相机练习摄影的,摄影还是个外行。可是这个拍照的任务就落到了他的头上。结果,他几经折腾才把这次合影任务完成,弄得满头大汗。吴司令员见他有些紧张,顺手拿过相机,拍了拍,说:

"工欲善其事,必先利其器。嗨!今天浪费了我不少表情,不是屈科长的技术不过硬,是这个家伙太陈旧。"

说得大家哈哈大笑。

拍完照正准备登车启程,这时刚好回来两个刚下岗的战士,吴司令员又单独跟他们合了一张影才出发。两个战士乐得直憨笑,双手一个劲地在衣服上搓。

19. “好像一个突击司令似的，哪里急需就去哪里”

1980年2月1日，吴克华飞往华南，任广州军区司令员。在复出后的短短5年间，吴克华担任过4个大军区(兵种)的司令员。如此频繁地调换工作岗位，在同行中颇为鲜见。他的老战友莫文骅说他：

“好像一个突击司令似的，哪里急需就去哪里”。

(1)

吴克华十分重视基层的来信来访。

一次，海南军区某基层干部给他写了一封反映所在连队长期短缺生活用水的信，信中甚至尖刻地说：“你们首长少盖一栋小楼，部队这问题就解决了。”

吴克华接到信后，不仅没有责怪信中的不实之词，还关切地指示有关领导认真予以解决。事后，他还亲自督促检查，直至用水问题解决为止。

对此，他说：“真正的战斗力在基层。当干部的就要了解下情，懂得战士的心，要让战士们在你身上感到温暖，这就是部队的凝聚力，也是战斗力。

(2)

在广州军区时，60多岁的吴克华司令员有一个流传甚广的“休息论”。

每到一地，吴克华见到战士就亲，会停下来问长问短；到了连队，不光看伙房和饭堂，还要看菜地和猪圈，因此事前安排的日程，十有八九要被突破。因年纪大了，过度的疲劳常使他的心脏病发作，身边的工作人员和医生常常劝他注意休息。

但每当他们劝他的时候，吴司令就会说：

“疲劳和休息都是相对的。就以打排球为例。看球的人是文化休息；打球的人，却是十分紧张的工作。一般的人下棋是休息，下象棋的专家，却把它视为战斗。当领导干部的，到部队和战士多聊聊，心情特别愉快，疲劳也就不翼而飞了！”

说多了，他的这一“休息论”很快便流传各地。

20.“你们到了部队跟战士一起吃饭，要这个干什么”

1982 年 10 月，吴克华从广州军区司令员位置上退了下来，成都军区司令员尤太忠接替了他的职务。

退居二线，吴克华赋闲在家。一年之后，他毕业于石家庄高级陆军学校的儿子吴晓伟分配到了广州军区。当有关部门就吴晓伟到军区机关还是基层部队任职问题征求吴克华的意见时，他说：

“吴晓伟当兵没打过仗，应该到有战斗任务的野战部队去锻炼。”

1985 年初，吴晓伟率部向剑拔弩张的第一线阵地开进。在该部队医院工作的妻子李里也托人将出生未满 6 个月的孩子送回广州，随部队开赴前线。后来，吴晓伟携眷到某部任副团长时，吴克华不同意他们带走一张用几块木板钉成的极普通的饭桌，说：

“你们到了部队跟战士一起吃饭，要这个干什么。”

尤太忠任广州军区司令员两年之后检阅某部时，才偶然见到了那位年轻英俊、引人注目的副团长，问道：“那个精干的高个子叫什么名？”

“吴晓伟，吴克华司令员的儿子。”身边的人告诉他。

当晚，尤太忠拨通了吴克华的电话，抱怨吴克华这样的事也瞒着他。吴克华乐哈哈地说：“告诉你做什么？还不是不要你来照顾！这样对孩子成长不好。”

1987 年 2 月 13 日 11 时，吴克华在广州逝世，终年 74 岁。

中将聂凤智

1.人称“铁胆小鬼”

聂凤智是湖北省礼山县(今大悟)吕王镇聂家湾人,1914年出生于一个贫苦农民家庭。因为家庭贫寒,他幼时放牛砍柴,以后虽然上过3年小学,但很调皮,不久就因为家贫辍学。

聂家少吃缺穿的,有一回,疼爱他的爷爷、奶奶用仅有的一点粮食,为他换了一件破旧的小和尚服,聂凤智穿上后,遭到村里许多人的戏谑。他第一次穿上棉衣,是到了延安以后的事情。

礼山县,是湖北最早发生国民革命运动的地方之一。1927年春夏,国民党右派叛变革命后,9月26日,中共黄安、麻城两县委根据中共八七会议精神及中共湖北省委“秋收暴动计划”的指示,发动两县贫农举行秋收起义,因缺乏经验,未获成功。同年11月14日,黄、麻两县再次起义,攻克黄安,成立了黄安历史上第一个工农政权。

13岁的聂凤智举着红缨枪,也参加了黄麻起义。可没多久,国民党第12军来“剿”,对革命群众进行血腥镇压。豪绅地主勾结敌军进行报复,在北乡残杀群众1000多人。聂凤智也是被抓对象,幸亏他跑得快,躲在高山树林里,才得以逃了命。

敌人走后,他一下山,眼前却是大大的“人头阵”,全是他熟悉的人。敌人摆成的“人头阵”是把人杀死后,人身埋在土里,头露地面;惨状目不忍睹,他暗下决心:“我要为乡亲们报仇!”不久,他参加了少年自卫队,接着又参加了农民自卫军。

他年纪虽小，却成为自卫军中最勇敢的一员，站岗放哨，为红军带路，侦察敌情，样样能行，人们称他为“铁胆小鬼”，不久，他加入中国共产党青年团，并于1933年转为中国共产党党员。

20多年后，他已经是华东军区空军司令员，回了一次老家，但家里的亲人有的参加革命后牺牲了，有的被反动派迫害致死了，已不剩什么人了。幸运的是，他花费精力，竟然找到了已80多岁的自己的入党介绍人，聂凤智给他买了夏天用的蚊帐，做了冬天的棉裤，还置办了一些生活必需品，高兴得这位老党员乐呵呵地说：“你这个铁胆小鬼，这司令当得还真威风呢！”

2.张才发的勤务兵

1929年，红军扩编，聂凤智随所在的自卫军集体入伍，参加了红军第31师。参军时，聂凤智才15岁。由于年纪小，身体弱，个子小，部队不收他，他什么也不说，默默跟在队伍后面，走了七八天，团长张才发见他人小决心大，破例收下他，让他当了自己的勤务员，开始了他充满传奇的军事生涯。

（1）

聂凤智参加红军时，鄂豫皖边区正在进行反“围剿”斗争，他跟随着张团长转战各地。1931年上半年，张国焘到达鄂豫皖地区；11月，成立红四方面军，聂凤智编入红73师，参加黄安战役。

在作战中，红军缴获的“列宁号”飞机伴着轰鸣声，飞越红军阵地后，在黄安城上空盘旋。满城的敌人做梦也没想到红军已拥有飞机，以为是自己的飞机呢，纷纷从白雪覆盖的工事里跑出来向飞机挥手，眼巴巴地等待着空投粮食和慰问品，谁知飞机的翅膀一抖，落下了几颗黑糊糊的炸弹和雪片似的传单。随着沉闷的爆炸声，硝烟带着泥土腾空而起，十几个敌兵当场送了性命。敌人如梦初醒，哭爹喊娘，一片混乱。

以往都是红军挨敌人的轰炸，受尽敌空军的气，这次红军战士目睹自己的飞机袭击敌人，使敌人惊慌失措，大家高兴得流出了眼泪。此役攻下了黄安县城。歼敌1.5万余人，缴枪7000余支、迫击炮10余门、电台1部。聂凤智和战友们高兴得一起唱起歌谣：

小小黄安，人人好汉；
锣鼓一响，四十八万；
男将打仗，女将送饭。

若干年之后，当年的小勤务兵聂凤智竟然成为了共和国的军区空军司令员，他对这次的“列宁号”轰炸敌人战役还记忆犹新，说：“在‘列宁号’飞机上扔炸弹、撒传单的，正是我红四方面军高级指挥员、政委陈昌浩。今天看来，真是不可思议，那么大官甘冒如此风险，很了不起。”

(2)

聂凤智在早期军事生涯中，第一次立功，就是一次抓了两个俘虏。

黄安战役后，红军又取得了商潢战役、苏家埠战役以及潢光战役的胜利，粉碎了敌人的第三次“围剿”。1932年夏，蒋介石又集中了30万兵力，对鄂豫皖苏区实施第四次“围剿”。尽管被胜利冲昏了头脑的张国焘在严重的敌情面前，采取冒险的进攻战略，但红军英勇作战，在一些战斗中，仍然取得不少的胜利。

这时，聂凤智仍然当着他的勤务员，一次，他所在的73师向麻城进攻，控制了外围的霸王山、麻姑洞一线阵地，战斗十分激烈，攻下陡坡山时，全歼敌31师一个团，那些冲锋陷阵的战士个个有了缴获，这让他羡慕得不得了。接着，红军又进行了冯寿二和七里坪战斗，在战斗中，仗打得十分激烈，而且又是那么的痛快！作为勤务员，聂凤智只是保卫首长，就是冲锋陷阵，也只是跟在团长后面“搞保卫”，眼看自己的战友们打了这么多的仗，想缴枪的缴枪了，想抓俘虏的抓俘虏了，而他却“一点战绩都没有”，心里又是焦急，又是痒痒。

偏偏不久，73师转移到七里坪地区的大小雾咀山、古风岭布阵，准备夹击来敌卫立煌、汤恩伯等部，这时，发生一件极为感人的事情，终于激起了他的“最后决心”。

原来，当地群众见红军主力到来了，兴奋异常，倾家荡产全力支持红军。这时新谷还没熟，粮食极为困难，老乡就将自己留用的麦种拿出来给部队当粮食吃，有的干脆从田里选早熟点的稻谷现收现打，供应军粮。这使战士们很感动，纷纷表示说：“吃群众一粒米，就要消灭一个敌人！”聂凤智也感动得不得了，暗暗发誓：“我一定要捉一个活的来给乡亲们瞧瞧！”

他说话算数，当晚，他背着团长一个人悄悄下了山。

他走过十几里山路后，淌过一条小河，向对面敌兵驻扎的寨子摸去，当趴在村边时，他便躲在稻田里“听动静”。这时卫立煌的先头部队已经进到了寨子，饿慌了的敌兵也正在抢粮的抢粮，做饭的做饭。聂凤智手提驳壳枪，悄悄地等待着机会的到来。

不久，前面出现两个人影，一高一低，一前一后，前面的小矮子提着桶子，后面的大个子跛着脚，手里拄拐棍，大个子边走边发牢骚：

“真倒霉，红军没剿到一个，倒把老子的脚跌伤了！”

“你可以回后方啦！”小个子操着川音道。

“你龟儿子说得好！当官的哪个管啦！”大个子学着川腔说。

突然，聂凤智冲了出来，用枪顶住了大个子的腰部：“不准动！”

“老总，不要开枪！不要开枪！”大个子扔下棍子举起手。

这小矮子见状，把桶子一放，也举起手，说：“俺走，俺走，俺已走过贵军3次啦，再走一次没关系咧！”

就这样，聂凤智一人俘虏了两个敌兵。结果，消息传出后，许多人都不相信，说：“他才15岁，敌兵个个比他年纪大，竟然被他俘虏了？！”当确信无疑后，个个又由不相信转为敬佩。

(3)

聂凤智还有一个感人的故事，这就是他做护理员的经历。

在聂凤智一人俘虏了两敌兵后，红73师发起了古风岭战斗，在激战中，团长张才发身先士卒在冲锋中负了重伤。于是，照顾负伤团长的任务，就落在了小小年纪的勤务兵聂凤智身上了。

本来照顾负伤的病人就不是一件容易的事情，偏偏又由于张国焘的战略错误，红军没能粉碎敌人的“围剿”。在敌大军压境、前堵后追的严重形势下，聂凤智护理团长因此变得特别的艰巨。

敌人重兵压境而来，张国焘由盲目轻敌、狂妄自大，一下变为惊慌失措，说：“红军只可打第一仗，没有打第二仗的力气！”率领红四方面军就向西突围转移。结果，红军在河口发生激战，战线摆得很长，从河口东北的仙人洞到邹家集、两河口一线都是炮火纷飞，战士们用手榴弹、刺刀与敌兵拼死血战，但是由于敌情非常严重，战斗是险象环生。战斗就在聂凤智和张团长藏身的山脚下发生，相隔不过几百米处，炮弹纷飞，子弹“嗖嗖”地从身边飞过，战况十分危急，聂凤智是一边给团长喂水喂饭，一边手里握着个大手榴弹，随时得准备和可能突然出现的敌兵拼命。幸好敌兵没有出现。在炮弹纷飞的紧急情况下，他跑东跑西，设法保证团长的安全和治疗。

在战斗期间，部队日夜行军，秋雨连绵，而且总有敌兵的堵截和尾追，小小年纪的聂凤智，把全部精力放在照顾张团长上，每到一地，先找避雨处，一安置好团长，就唤来医生换药，换完药后，又烧水给张团长擦澡、换洗衣服、弄吃的，简直就像个“小保姆”。

由于敌人的层层阻击，红军由向西改为向北，经襄阳入豫西，在近似逃跑的急行军中，战士们赤脚前进，忍饥耐寒，冒着严霜冷雨，昼夜行进。在行军路上，聂凤智坚持两条，一是不论战斗怎样频繁，环境怎样恶劣，绝不掉队；二是不能让首长的伤口化脓或再次负伤。一天夜行军，阴雨绵绵，伸手不见五指，脚下河水刺骨，抬担架的民工和部队一样，一天多没吃一点儿东西，民工抬着担架走不动了，聂凤智饿着肚子，把自己的干粮分给民工吃。又有一次过河，脚下卵石滚滚，一位民工跌倒，膝盖跌伤了，聂凤智毫不犹豫地将背包一扔，抬起担架就往前走，山路弯弯，加上天黑，他也几次跌倒，把脚摔成重伤，但他不吭一声，咬紧牙抬着担架继续前进，紧跟部队急急地跑。

部队历时10天，经新野、邓县，在淅县以南徒涉丹江，于11月初，到达鄂豫陕交界之南化塘。这时，敌人四个师从三面逼近红军，红军只好经鄂陕边的漫川关向汉中迈进。谁知漫川关又被陕军抢占，红军的去路被挡住了，眼看就要被“聚歼”于悬崖峭壁的峪谷中。在这个紧要关头，张国焘惊慌失措，竟然提出让部队分散突围。如果这样，必将为敌各个击破。总指挥徐向前毅然决定从北面向敌兵的薄弱环节突击，冲出包围圈，当即命令："12 师、73 师相互配合，杀出一条血路前进。"战斗空前激烈，经过反复冲杀，终于夺占了北山垭口，从敌第 44 师两个旅的结合部打开了一条血染的通路。这时，张才发团长伤势好转，已能勉强乘马了。聂凤智将他扶上马，随突围部队夺路前进。

但在距敌人几十米以外时，马不能骑了。他索性扔掉马，背起首长就往前跑。这是一场夺关的生死逃命，他背着张团长拼命地跑，跌倒了又爬起来，他只有一个念头：背着首长突出重围。至 13 日夜，他终于背着张团长冲破了敌人火力封锁的山垭口，然后翻越野狐岭，脱离了险境。

漫川关战斗后，红军两日行军 200 多里，一路上都是聂凤智和警卫员轮流背着团长拼命跑，他们没有掉队，张团长的伤口也没化脓或者发炎。

11 月中旬，红军到达陕西的商县，张才发的伤基本上好了。聂凤智"舍命救主"的英勇行为让张才发很受感动，说："你救了我的命。"

大概是因为这段做护理员的经历，以后，聂凤智养成了对病人特别照顾的作风，对负伤的干部战士，他常亲自去看望，或专门指派政治处的干部带着东西去慰问，说："负伤了，一切都不容易。我们需要多关心。"

3.马和炒面

随着反"围剿"的胜利，部队迅速扩大，聂凤智先后担任副营长、营长、教导员、副团长等职。1933 年 7 月，红四方面军进行扩编：将 4 个师扩编为 4 个军，聂凤智升任 31 军 91 师 271 团团长，这时，他才不过 20 岁，身材不高，朴实无华，是个典型的工农干部。

(1)

在爬雪山过草地时，团以上干部都专门配有马匹，可是，聂凤智的那匹马，他却很少骑，他的马总是驮些干粮，跟在他的屁股后面，每当看到一些战士饿得走不动了,他就停下来,给上半碗炒面,然后,鼓励他们说:“在我们红军面前,没什么克服不了的困难,相信你一定能走出草地!”

一次,聂凤智走着走着,发现93师政治部的干事尤太忠,越来越迈不动步子了,他一问,才知尤太忠已经一天多没吃东西了。正好碰上271团收容队的牲口过来了,驮着一点粮食。他立即给尤太忠盛了满满一碗炒面:“快吃下去吧。”

谁知尤太忠不好意思,又不忍心多要,只要了半碗,吃了后,又继续上路了。可没多久,聂凤智又遇上了他,他又饿得饥肠辘辘,聂凤智又给他盛了碗炒面,这一次尤太忠坚决不要,说:

“上次的真顶用,这次再也不能要了。”

聂凤智见他饿成这样,坚持不要自己给的炒面,对人说:“尤太忠年纪轻轻的,却是条汉子!将来肯定会有出息!”

送走了尤太忠,一支兄弟部队与271团走到了一起,聂凤智见他们饥饿疲劳至极,立即说:“分些炒面给他们。”

事后,师长和政委知道了,极为赞赏,说:“这个聂凤智做得不错。”

(2)

由于张国焘搞分裂,长征时,聂凤智过了三次草地。

第三次过草地时,红四方面军上下已经被折腾得筋疲力尽,为了把队伍完整地带出草地,聂凤智制定了一条规定:团里、营里所有干部的马,都要让给重病号骑。他自己更是带头。在过草地的路上,他没有骑过一分钟的马。不但如此,他还帮战士们扛枪,最少一支,有时扛好几支,简直就成了运输兵了。可是在茫茫草地上,越走重病号越多,结果,全团把所有的马都给重病号骑了,还有4个重病号没有马骑,但这没难倒聂凤智,他组织团部的干部轮流抬,而他自己也参加抬了4天。

在抬重病号的4天当中,他的粮食也让给病号吃了,自己吃了4天草根。其实,这时聂凤智也是一个病号。

4.老虎团的老虎团长

1936 年 11 月，山城堡战斗后不久，西安事变发生，聂凤智调 279 团任政委，红 31 军南下三原，成立援西军。三原整编后，聂凤智便到红大学习去了。不久，全民族抗战爆发，聂凤智并没有在战场上施展雄风，而是去了抗大第一分校胶东支校当校长，进行"敌后办学"，主要是为教导军区培养营、连、排三级军政干部。1943 年春，胶东部队进行大规模的整编，聂凤智被派到 13 团任团长。许世友调聂凤智去 13 团时，说："强将带精兵。"

胶东 13 团是胶东军区的一支骨干，它在聂凤智的率领下，成为胶东的"老虎团"，战斗力最强，爱打硬仗、险仗和恶仗，而团长聂凤智被称为"老虎团的老虎团长"。

（1）

13 团是胶东的老虎团，战士本来就是打仗高手，一下了来了个"教书匠团长"，个个意见大着呢，说："秀才造反三年不成，打仗更是不成。"有几个"二愣子"战斗英雄还"打心眼"瞧不起新团长呢。

在聂凤智还在当校长时，齐鲁大地上，日军和伪军几乎闹翻了天，为了分割、"蚕食"和封锁抗日根据地，每次"扫荡"后，就在抗日根据地"建据点"。1942 年，两万日军对胶东大"扫荡""扫"了两次后，才在青烟公路栖霞县的蛇窝泊村，修起了一座号称"鲁中第一堡"的大碉堡。这个大碉堡的确名不虚传，光作掩蔽部用的底层厚达 3 尺，不包括顶部堞墙，从下到上 3 层射孔，对着公路可以四面扫射；它的顶部的堞墙，既可瞭望，又可扔掷弹筒，步枪、机关枪都可以射击。里面可驻 1 个加强连。这样的大碉堡可想像它到底有多大，日军和伪军到处吹嘘"蛇窝泊的大碉堡是鲁东第一大碉堡"，一点也不假。但是，青烟公路上耸立这样一个大玩物，严重阻碍抗日根据地的东西交通，自然也是八路军的"眼中钉子"。

为了打破日伪军的封锁，上任伊始，聂凤智就瞄上了这个在蛇窝泊的

“鲁中第一堡”。但是,13 团还没有平射火炮,要打掉这样的大碉堡,自然难度很大,聂凤智说:“没炮,就是靠炸药炸也要炸掉它!”

他把这任务交给了 3 营营长,务须认真研究、充分准备。经过仔细研究,决定对蛇窝泊这种厚度的大碉堡进行外部爆破,这在我军还是第一次。因此,作战方案报团部经批准后,聂凤智要求进行模拟演练,而后实施攻击。

5 月 24 日,在当地民兵的配合下,3 营运上 500 斤烈性炸药,直接从外部爆破,结果,一声巨响,名声在外的“鲁中第一堡”在飞扬的尘土中塌了一大边,正在里面驻守的一个日军加强连全随着“鲁中第一堡”崩塌变成了一群孤魂。

原来“鲁中第一堡”名传鲁中,这下被炸倒消息传得更广了,一问起谁干的,老百姓就骄傲地说:“13 团。”13 团的战士也暗暗吃惊:“没想到这个新团长气魄还真大,第一下就把鲁中大碉堡干掉了!看来打仗有名堂。”结果,一打听,新团长在红军时就是员猛将呢,这才渐渐“服了团长”。

“鲁中第一堡”被聂凤智派人炸塌了,这更是合胶东军区司令员许世友的“口味”,见到 13 团的那些“虎崽”们就说:“你们可不要小看读书人。”

“许司令,聂团长没读过书呢,据说他以前把姓聂都写成姓‘叶’呢!”

聂凤智把自己的姓“聂”写成“叶”,这确有其事,连许世友都知道,这下他没话说了。这时政委林浩开口了:“聂凤智没读过书,这几年当校长,文化比谁都多。你们 13 团就是要文化人带带。”

(2)

聂凤智指挥 13 团把鲁中第一大碉堡炸塌后,也震动了日军和伪军,很快他们又想出了一个对策,把碉堡建成双层的,即一个碉堡两堵外部围墙,八路军炸塌了一堵围墙,里面还有一堵围墙。日军这把种碉堡叫作“围堡”。

“围堡”出现后,一时还真难住了八路军。13 团曾两度攻击大汉奸赵保原的平度保安团李得元部据守的丈岭据点都没有打下来,因为这个据点的碉堡就是这种类型结构的“围堡”。结果,日军和伪军高兴得手舞足蹈,弹冠相庆,说:“这是对付八路爆破的大发明”。结果,到处跟风,日军和汉奸据点到处大兴土木,兴建“围堡”,甚至好些个汉奸“上书”侵华日军山东司令土桥中将,要求对“围堡”的发明者“颁奖”。

土桥中将亲自视察丈岭据点“围堡”被炸现场后，左挑毛病右挑刺，最后“自己都没说服自己”，不得不承认说：“我认为这种工程结构的据点，是行之有效的控制地盘的手段。”

谁知正在他回到济南后，有关部门正在研究如何“颁奖”时，前方传来消息莱阳西北的河源据点王子绍部的“围堡”被炸了个“底朝天”！

原来聂凤智率领13团对投降派、莱阳第5区区长兼保安大队长王子绍部的河源据点两次攻击失败后，干部战士都不服气，叫嚷着要第三次非打下它不可！聂凤智吃了败仗，也决心把它拿下来，为以后解决“围堡”难题找到一个方法。

对此，聂凤智亲自领着13团的营连排干部对河源进行现地勘察，为了“集思广益”，他还把战斗骨干都带上了。13团这些“虎崽们”会打仗不仅仅靠的是勇敢，而且个个心灵手快，还眼尖，几次观察，“围堡”的工事结构、地形特点、作战特点等凡是与守敌有关的情况摸得一清二楚，回去后，聂凤智把“诸葛亮会”一开，众人争着发言，个个提问题说对策，从破“围堡”的主要手法、作战时应采取的战术，到物质保障、技术保障、战斗保障一一谈到，最后连政治保障方面的问题都没有遗漏。会后，聂凤智把这些充分发扬民主产生的好意见、好方法、好思想反复进行研究，一一进行甄别，最后采纳大家提出的富有创造性的作战方法，搞出了一个破“围堡”的“秘籍”。

他进行沙盘操作后，验证是行之有效的，于是派上一个营出发，结果当晚对敌发起进攻，第二日凌晨前攻克河源据点，全歼守敌。

这次作战，为尔后13团进攻同样工程结构的据点提供了经验，增强了信心。同时，也使据守 “围堡”的敌人，丧失了坚守的信心。结果，一个河源据点的围堡被炸，接着就是江源、河中、河尾一连串的“围堡”被炸。河源围堡被炸后，坏消息一个接着一个传来，土桥中将大发雷霆，一怒之下，把那几个上书建议“颁奖”的汉奸全部斩头示众，原因就是：“除了不务正业外，还脑子笨，留着还要坏皇军的事。”

谁知几个“进言”的汉奸被杀，土桥又很快发现他们在汉奸和伪军中造成了“言路堵塞”，遇到什么情况，日军一询问，这些汉奸和伪军就支支吾吾，明明知道是怎么回事，就是结巴半天说不出个所以然来，结果，又耽误了许多似火军情。

13团听到这些像笑话般的故事，个个乐开了怀，说：“鬼子真是重症不治了！”胶东军区政委林浩听到这些事情时，也是忍不住哈哈大笑，然后说：“敌我两次集思广益，一成一败，鬼子一个中将还不如我们一个团长。”

(3)

在八路军的打击下，在胶东，日军和伪军的据点往往就是一个大碉堡，为了防止碉堡爆破，他们在碉堡周围挖着深深的大壕沟。这些壕沟通常为一人多深、七八米宽。13团要去炸碉堡，首先就要先越过这宽宽的大壕沟，这无疑是增添了战斗的风险性。

但是，13团的“虎崽”们却是无所不干的，在攻打黄县石良集的战斗中，2连想出了个在长板下安轮子的办法架桥，结果“轮板桥”遭敌破坏，连人带桥一起掉进沟里，导致战斗失利。

这事让聂凤智团长知道了，他没有发火训人，而是鼓励他们说：“不要气馁，要认真总结经验教训。”

一次，他到连队去，看到有几名干部战士在刚挖的壕沟边摆弄一挺轻机枪。结果，他们从机枪脚架上受到启发，设想在长梯下边安装两只活络支撑脚，靠支撑脚抵住沟底，再用力一推，使长梯架在壕沟上。他们一做，长梯果然就可以稳稳当当地架在壕沟上。试了几次，效果非常好。就这样，攻坚作战中跨越壕沟的一大难题解决了。聂团长高兴地称赞说：

“这是战士们的一个了不起的创造！”

随后，他起名为“活络撑脚桥”。

这种“活络撑脚桥”开始由13团运用，在打碉堡跨越壕沟时很管用，结果，很快推广到整个胶东部队和山东军区，后来还传到了晋察冀军区。他的老熟人、老战友徐深吉听说这“活络撑脚桥”是聂凤智发明的，高兴地说：“聂凤智聂凤智，就是有智慧！”

据说，后来，聂凤智见着他做了更正，说：“这‘活络撑脚桥’是战士们发明的，我只是参与了而已。”

(4)

聂凤智是员猛将，但是他打仗却有着极高的智慧。

1944 年 8 月 29 日,他带着 13 团攻打马连庄。1 营从西南角攻,他指挥 3 营从东南角打,战斗进行得很激烈。正在敌我双方僵持不下的时候,忽然前方碉堡内敌机枪哑了，还传来枪栓来回拉动的咔咔响声，他立刻判断说：“敌人机枪出了故障。”

于是,他抓住这个机会大喊一声:“上！”

他一喊,爆破组、突击组接连冲了上去,冲入敌碉堡内一看,敌人的机枪果然拆卸开了。

战后,聂凤智命人把机枪零件全部收集起来,战后组装起来,13 团又多了挺九二式重机枪。

(5)

13 团在聂团长的带领下,在胶东抗日前线屡战屡胜,越战越勇,成为具有强大战斗力的老虎团。凡在 13 团的,不论是战斗部队的战士,还是搞后勤的人员,没有怕死的。谁怕死,在这里一天也蹲不下去。他东奔西杀,南征北战,英勇顽强,战斗力随时都是旺盛的,被老百姓称为“神兵”,而装备也越来越好,名声越来越大。

敌人一听说 13 团来了,就绕道避开。结果,胶东一些游击队遇到紧急情况,有时为了威慑敌人,也常借用 13 团这个番号。

13 团打了胜仗,根据地的老百姓又是杀猪又是宰羊,打着锣鼓赶来慰劳。他们一听说 13 团来了,哪怕是深更半夜,也起来为部队烧水、弄铺草。谁知有时消息并不准,许多人常常是白忙乎了一通。

人民群众打心眼里热爱、敬佩聂团长和打遍胶东无敌手的 13 团官兵。而 13 团官兵也沾沾自喜,问他们是哪个部队的,他们把三八大盖枪拍得当当响回答人家:“13 团的！”团长让他们抓紧时间苦练三大技术,他们说用不着,照样可以打胜仗。这常常使得政委抱怨工作量大增。

为什么呢？

因为他得和团长一起为这克服“骄傲自满”想辙儿。

(6)

1945 年 5 月，胶东军区司令员许世友要调聂凤智去中海军分区当司令员。团长提升了,可13团的上上下下却不高兴。因为大家舍不得他离开,可命令就是命令,舍不得走也得走。临走那天,聂凤智开了一个全团军人大会,近2000人集中在一个大沙河滩上,中间放了一张八仙桌,他站在八仙桌上给大家讲话。

讲着讲着,他变得轻声慢语了,说:

"同志们,因为我要离开你们了,今天我讲了你们许多好话,讲你们人也好,枪也好,能打仗,能吃苦,这也好,那也好。你们还有没有缺点呢?"

全场鸦雀无声地等着听。

"我看有那么一点。有点骄傲了!"他一字一顿地说了出来。然后,大声说:"你们和兄弟部队在一起,认为老子天下第一。老乡杀猪宰羊慰问你们,你们觉得自己功劳大,这是应该的。问你们是哪个部队的,你们把三八大盖枪拍得当当响回答人家。让你们抓紧时间苦练三大技术,你们说用不着,照样可以打胜仗。这些都是不对的。"

团长这些批评的话,尽管讲得并不严厉,却揭了揭大家平时并不以为然的"疤",个个脸上红一阵、白一阵地低下了头,感到难为情。团长接着又讲:

"我想,你们的尾巴有点翘到天上了!这样发展下去……"

说着,他自己把双手向上伸去,做了个滑稽的动作:

"你们是不是还想到天上摘个月亮玩玩?"

团长的话音刚落,竟有人喊了一声:"想!"本来,这时会场的气氛是很严肃的,被莫名其妙的一声"想",逗得全场大笑。

团长也跟着笑了起来。但是,慢慢地,大家从这笑声中悟出了团长批评的分量,这是团长临别赠言,也是他的批评和希望,于是笑声变成了掌声,掌声越来越响。这掌声似乎表达了全体指战员的心情:"您讲的都听清楚了,批评得很对,我们坚决改正。"

聂凤智走后,"上天摘月亮"的这句话,好长时间成了13团人人皆知的警句。善战的13团历任团长把与打仗并立的第一件事就是"防止部队骄傲自满的情绪",并且作为常抓不懈的工作。

5.两个"团长"和"团长儿子"们的故事

在胶东抗日根据地时,有两个最有名的团,一个是因戏唱得好而出了名的京剧团,另一个就是因打鬼子打得好而出了名的13团。

京剧团团长叫栾少山,大家习惯叫他"老栾";13团的团长自然就是聂凤智。

13团打了胜仗,京剧团就来慰问。京剧团有演出,男女老少就赶去看,去鼓掌,叫好,有时一二十里路也赶去。而13团对文艺宣传演出,也十分重视,聂团长说:"这也是抗日工作很重要的组成部分,宣传鼓动工作做得好,有时能抵几千几万兵呢。"因此,一有演出,13团就都像过年一样,十分隆重也十分热闹。

就这样,聂凤智和"老栾"交上了朋友。

因为"老栾"编演的时事活快报《大臭虫》风靡一时,聂凤智是当面称他"老栾",背后就叫他的绰号:"人臭虫"。但是,谁都知道,有个唱京戏的"老栾"是聂团长好友。如果有人问及此,"老栾"也是打着哈哈说:"嗨,我们是两条战壕里的战友。"

"老栾"有个儿子,就是后来有名的剧作家、《霓虹灯下的哨兵》的作者之一的漠雁。当时他还是个乳臭未干的小伙子,由于有老子的这层关系,就有事没事来聂家玩,成了聂家的常客后,每当有演出了,他就来逗聂凤智的大儿子庆荣,说:

"要不要看戏啊?要看,就到你爸那儿偷两包香烟来换戏票。"

聂凤智的老大才三四岁,最欢喜看戏,一逗就上当,只是不敢"偷",遇到"小栾"的逗,就来缠母亲要。这时,聂凤智在旁边就哈哈大笑,一面给烟,一面骂:"'老栾'生了个'臭小子',净弄些'大小孩骗小小孩'的把戏。"或者,他干脆放两包烟在孩子够得着的地方,让他自己拿。然后,全家就高高兴兴地一起去看戏。儿子呢,跟着漠雁自然就得到了一个最好的位子。

后来,漠雁也参军了,到了9纵,开始跟随聂凤智转战南北,从胶东到济南,从淮海到渡江,尔后又到了南京、上海。漠雁也从一个普通的文艺兵,成长为一位著名的演员、导演和作家,和聂家的来往一直不断。

1975年,“老栾”来南京军区总医院住院,聂凤智还专门买了筐橘子,带着一家去医院看望他,“老栾”激动得热泪盈眶,聂凤智的爱人何鸣感叹说:“半个世纪的交情,多么不易啊!”

两个“团长”,半个世纪的情缘,这无疑是一曲友情的赞歌。

6.一到过年过节就打仗,喜庆之日往往成为敌人的丧日

作为一员杰出的战将,聂凤智打仗,有三个突出的特点,一个是重视侦察,一个是快,还一个是善于出奇兵。对于出奇兵,他不仅在战法上、突破口等方面常常出敌不意,在作战时间上,他也善于出奇兵。在带兵打仗中,聂凤智好几个胜仗都是在节日上出兵的,因此27军有的手下说:“越是敌兵要休息的时候,聂军长就越可能叫他们打仗。我们的敌人好多都是在过年过节的好日子里丢城丢命的!”

此话并不假。

(1)

在胶东,有个出名的大汉奸,叫赵保原,他也是聂凤智的死对头。

赵保原本来是山东蓬莱县芦洋大赵家村的小混混,跑到东北后,混进了东北军;九一八事变后,27岁的他又投靠伪满洲国当汉奸。七七事变后,他于1938年率部以伪满洲国派遣军李支队(旅)的番号,随日军入关,盘踞山东胶县一带。不久又“反正”,在胶东一站住脚后,他就开始制造反共磨擦,并与驻青岛日军秘密勾结,1942年3次配合日军向胶东根据地大举进犯,烧、杀、抢、掠,惨无人道,在其统治区内,强制推行保甲制度,组织“抗八小组”,征调民工,修筑据点,大肆捕捉壮丁,苛捐杂税名目繁多,百姓被逼得家破人亡,成群结队逃往根据地,1944年,海阳、莱阳80万民众联名上书山东军区司令员罗荣桓,强烈要求兴师讨伐通敌叛国的大汉奸赵保原。1945

年2月,胶东军区决定对赵保原实行“斩除性”决战。

2月11日拂晓,胶东部队向赵保原盘踞在莱阳万第的老巢发起了猛攻。13团团长聂凤智率部为决战主力团,与友邻部队16团、炮兵营、特务营及民兵投入了这一场决战。

第二天正好是农历除夕,老乡们顾不上过年,农救会、妇救会,青救会等抗日团体发动了5万多群众,挑着担子,牵着牲口,推着独轮车,抬着担架,组成浩浩荡荡的支前大军,赶来助战。战斗一打响,赵保原正在和手下铁杆汉奸一起推杯换盏,大吃大喝,包着饺子过大年呢!突然几个手下脸色发白,跑来报告:“八路开战了!”

结果,赵保原饺子没吃成,仓促间提着驳壳枪赶到村口应战。

原来,13团9连负责进攻外围碉堡,由于缺乏经验,在接敌运动中,战士碰响了鹿砦上的铃铛,惊动了敌人,9连以及友邻部队不得不提前2个小时发起攻击。万第处在一片火海之中。炮火冲天,硝烟弥漫,杀声震天。13团突击部队接连打退敌人8次反扑。这次战斗,由于组织得不够严密,结果造成了被动局面,第二天拂晓前不得不暂停下来。这时左村的敌第3团10个连及第25团1个营分别由左村、乔家泊向万第增援,但遭兄弟部队截击,增援未能得逞。这一次决战,打得非常激烈,每个地方都是反复拼杀争斗,第二天,13团重新调整了战斗部署,于黄昏再次发起总攻,不到1小时,就占领了前万第多处围寨碉堡,并向纵深发展。经过4小时激战,全歼前万第守敌5个营及第北区专署,赵保原被迫从后万第仓皇逃窜。随后,各个部队乘胜追击,先后拿下西万第和左村,这场战斗一直到正月初七才结束,不仅拔除了万第赵保原的老巢据点,而且还解放了海阳、莱阳大片地区。

战后,海、莱人民欢欣鼓舞,纷纷宰猪杀羊,慰劳人民子弟兵,个个喜气洋洋,说:“赶走赵保原,新的一年气象新。”13团的战士们则说:“都说过年要热热闹闹,我们大年三十就打仗,5万老乡来助战,真是过了个热闹年呀!赶走赵大汉奸,来了个开门红,又过了个欢乐年呀!”

事后,侥幸逃得一命的赵保原说:“没想到八路这么缺德,大年三十搞决战!”

聂凤智闻讯,说:“兵法曰:奇者,出敌不意也。就是要打他个措手不及!”

(2)

1945年春夏,由于南海军分区战斗频繁,无力顾及烟台、青岛公路以东的新解放区，胶东军区决定组建中海军分区，13团团长聂凤智调任中海军分区司令员。5月1日，多智善谋的聂凤智去上任，结果，他在军分区成立之夜就演绎了一场出奇兵的故事。

5月1日是五一劳动节，当晚，中海军分区召开成立庆祝大会。五一节前，中海的6个营陆续集结于五龙河东姜疃一带。在会上，聂凤智司令员和刘中华政委都讲了话，他们主要是讲形势和任务，另外，就是强调各营来自“三团四海”，要互相学习，还要军民团结，共同建设新中海。最后，聂司令说：“大鬼子、二鬼子，我们都不怕，我们一定要为建设中海新区而团结战斗！”

台下哗哗掌声一片。

聂凤智说完，宣布：

“为了庆祝军分区的成立，胶东文协派来了京剧团，下面演出马少波的新编历史剧《闯王进京》！”

众人又拍手欢呼起来。

由于早有演出消息公布，附近村庄的老乡也赶来看戏，四周围满了人群。一出《闯王进京》演得精彩，观众也看得津津有味，喝彩声不断，好些战士鼓掌鼓得手心都是又红又紫的。这场《闯王进京》演出无疑是非常成功的！

约10时半，演出突然中断。聂司令一声令下：“部队立即集合出发！”

随即，中海第1、2营在他的率领下急行军直奔水沟头，一支利箭向着烟(台)青(岛)路上的一大重镇飞去。

水沟头是烟青路上的一个重镇。讨赵战役前，因为盘踞在万第的赵保原在这一带掌控着，日军没在这里建据点碉堡。当赵大汉奸被大年三十一战打跑后，这一带便成了解放区，这下日军慌了，决定在莱阳城和孙受据点之间的水沟头增建据点，堵住这个缺口。聂凤智上任之时，水沟头据点尚未完工，因此他决定抢在据点还没修好前，拔掉这颗“钉子”。但是，谁也没想到他会在军分区成立当晚就奔袭水沟头！

几个小时的急奔之后，下半夜战斗就打响了，进展非常顺利。前来“监修”据点的日军，前一天傍晚已撤回莱阳城“休息”去了，只留下一部分伪军在守护工事，枪一响，伪军撒腿就四散逃跑，战士们首战只抓了几十个浑身哆嗦的俘虏。随后，聂凤智一声令下：

“把工事捣毁！”

战士们推的推，挖的挖，三下五除二，就把日军和伪军已筑成的工事碉堡全摧毁了，然后，战士们在聂司令的率领下安然返回。

谁知他们离开水沟头不久，就得到消息：莱阳城的日伪军也乘军分区成立之机前来偷袭，结果扑了个空。

原来，莱阳的日军听说中海成立军分区，哪里睡得着？中队长派了几拨人马才探听军分区成立大会的日期、地点，然后说：“来他个急奔偷袭，给八路个下马威！”五一当夜偷袭，他们还采取了个战术：“夜间行动、拂晓袭击。”他们却万万没有想到聂凤智却“算定”了军分区成立，必是鬼子心头大患！必定会来“捣蛋”，也早就派了侦察兵进城侦察，摸准情况后，来了个“一手硬一手软”，自己带兵奔袭水沟头，刘政委等人在戏散后组织当地群众立即疏散。结果，大队鬼子气势汹汹地猛扑过来时，姜疃一带已是坚壁清野，杳无一人，连个狗吠都没有。鬼子马衔枚，枪上膛，刀出鞘，扛着大炮，潜越好几座高山，跑了一夜，累了个半死，却扑了个大空。

事后，战士们得知这一情况，啧啧地说：

“没想到聂司令在军分区庆祝大会之夜会出奇兵，并且，还有‘双重用意’！”

人人赞叹不已。老百姓更是说：“聂司令真是会打仗，料事如神，我们看了大戏，还打胜仗！”

(3)

1946年年底，胶东军区5师15团驻扎在山东平度县的蓼兰，为了欢度日本投降后的第一个春节，全团都在包饺子，准备除夕会餐。大年三十从中午开始，全团的驻地洋溢着欢声笑语，战士们和老百姓一起动手擀皮、剁馅、包饺子，一派喜气洋洋。团长官俊亭检查完布防情况，回到团部，也和战士们一起包起了饺子，谁知几个饺子才下锅，电话就来了。他快步进屋，拿起了话筒。

“老官吗？”

原来是聂凤智师长。他心中一喜，嗨！老领导大年三十就提前来拜年了啊！立即答道：

“是我，师长，新年好哇！来我们这儿过年吧，我们全团都包好了饺子！”

“嗬,谢谢你!”师长笑着应道。

“不用谢,我们应该感谢师长提早为我们拜年呀!”

谁知电话里老领导的口气却没了拜年的那么轻松了,严肃地说:“我不是给你们拜年的呀!看来你们的饺子是吃不成喽。”

“怎么,又有情况了?”

“顽8军不让我们过个好年!据可靠情报,在青岛的国民党第8军李弥部几个团就要开拔西犯,想打通胶济铁路,威胁我胶东根据地呀。他们要真刀真枪打内战了!现在最吃紧的是胶济线上的塔耳堡,那里只有西海分区的平南独立营200来人。形势紧迫,刻不容缓!现在我命令你团立即出发,连夜行军,前出至塔耳堡,死死守住,决不能让顽8军前进一步!”

“是,立即执行!”

官团长毫不犹豫地回答。但他转念一想,撇下这些刚刚下锅的美味,多可惜呀!战士们谁不想吃了饺子再走?!于是,又说道:

“不过,师长,我们包好的饺子怎么办,有的都下锅了呀!”

“老官,军情似火呀!来不及了,把饺子全留给老乡。告诉战士们,不要舍不得这顿饺子,打完这一仗,我保证给你们补上。”

“好,我们马上就走!”

就这样,15团的上上下下撇下锅里正翻滚着的大饺子,咽着口水,迅即集结出动了。在急行军路上,一些战士还心疼那锅饺子,气呼呼地说:“顽8军不让我们吃饺子,我们就包他们的饺子!”因为“带着气”,尽管朔风凛冽,战士们不到6个钟头,就跑完了蓼兰到塔耳堡有80多里路,午夜时分,抵达塔耳堡,与平南独立营会合了,及时在塔耳堡为顽8军进犯砸下了一个铁闸门。

塔耳堡只有百户人家,是胶济线东段的一个小站,周围地势平坦,站东北一座不大的小山包是全镇唯一的制高点,除此无险可守,打阻击很不容易。官团长把最强的1个营部署在山包上,2营、3营和平南独立营在铁路西南侧沿塔耳堡至朱扬村一线展开。一安顿好,战士们不顾行军疲劳,立即构筑工事。就在大筑工事中,不觉已是晨曦微露,新的一年开始了。

谁知大年三十的饺子没吃,急急赶到塔耳堡,到了这里,筑了工事后,却一连两天,平静无事。于是战士们意见可大了,连司令部的参谋们都沉不住气了。但就一个人不慌也不乱,他就是官俊亭。因为,在他心目中师长一向多谋善断,不会轻易下决心的,安排了就一定有戏。

到了第3天,天刚破晓,师部派人传达命令,要官团长立即赶去师部,并派了两个便衣侦察员来接送。谁知他们策马才走出大约10多里远,身后突然响起激烈的炮击声。官团长说:

“聂师长真是料事如神,前沿阵地打响了。”

结果,他来不及请示,匆匆地向两名侦察员交代了两句,立即返身赶回团部指挥作战。

当他赶到团部,战斗已打得很激烈。

原来天亮时分,就在官团长离开不久,1营阵地前来了3个身穿便衣的人。领头的一个老远就喊:“我是8军的副官,要见八路长官。”战士们把他带到了营指挥所。见了“八路长官”,这家伙非常傲慢,开口就说:“你们立即让开路,我们要过去!”

“凭什么要我们让路?你们这些顽固派,8年抗战,你们不仅不打鬼子,还竟与我们闹磨擦。小日本投降了,你们就来抢胜利果实!”教导员气愤地说。

“我们有4个团的兵力,如要抵抗,必败无疑!”

他如此狂妄,却没想到撞上的1营是15团的“老虎营”,坐在旁边的营长周长林不仅会打仗,而且脾气也是火爆得出名,平时他仗着会打仗,眼中除了团长、师长就没什么别的人,因此也多次挨团长的“批”。这位顽8军副官狂妄的几句话当下就惹得他怒不可遏,“啪!”就是狠狠一记耳光,然后,他喝令他:

“滚回去!”

副官没想到撞上个“愣头青”,捂着脸就跑,远远还传来周营长的吼声:“你们休想从这儿迈过去一步。”

赶走顽8军副官后,周长林刚用电话向团部报告完毕,战斗就打响了。顽8军的战防炮、山炮、野炮、重迫击炮像雨点般地打过来,1营阵地上一片火海。接着,全副美式装备的敌军像潮水般地压了过来。1营是在8年全国抗战中打出了威风的老部队,像钢钉一样牢牢地钉在阵地上,顶住了敌人的进攻,用劣势的装备一次又一次地把敌人打退。教导员牺牲,营长也挂了花。但官兵越打越勇,从清晨打到午后,敌人除了在阵地前留下大量尸体,始终未能拿下这个制高点。

官俊亭边指挥战斗，边派通信员向师部报告战况。因为15团孤军在外，离大部队至少有一天一夜的路程，援军一时难以赶到，为了应付战场上的复杂局面，他把大部兵力留着不动，以便作必要的机动。下午三四点钟，敌人的炮声稀少下来了，看样子他们在调整部署，是时候了。他命令2、3营出击，从右翼包抄。憋足了劲的战士们像猛虎下山，扑向敌人。平南独立营的战友们也主动出击，配合15团向敌人压过去，打得机智勇敢。这支突然出现的生力军，使敌军弄不清楚我们到底有多少兵力。敌人害怕了，停止了进攻，开始收缩，在15团阵地东侧的村落构筑工事，伺机反扑。

形势是严峻的，一天的激烈战斗，15团伤亡很大，携带的弹药也不多了。而面对的则是蒋介石的嫡系部队，全副美械装备的4个团。明天如果敌人再发动进攻，形势很难预料。这时电话铃响了，是聂师长打来的。

“老官，情况如何？”

“师长，从清晨开始，我们顶住了敌人多次进攻，战士们打得很勇敢。不过我们也有伤亡，1营教导员阵亡了，弹药也快打光了。”

“哈哈，老官，你放心。不怕！”

“我们急需增援。”

“13团、14团已开始向你们那个方向运动，拂晓之前就可以到达。”

“太好了，师长！”听了这番话，官俊亭心里一热，“师长太及时了！派兵也没这么快呀？”

“这些我早就考虑到了，他们一天前就早出发了！”

冬夜，天寒地冻，敌军那边黑漆漆的一片沉寂。战士们也没怎么合眼，孤守待援的滋味可真不好受。鸡叫三遍，激动人心的消息在阵地传开来，聂师长带的大部队赶到了。官俊亭老远就看到师长的身影，迎上前去，结果一双手早被师长紧紧地握住了，来不及多说，师长问明了敌我双方的态势，立即部署部队。谁知顽8军也许是察觉了八路军的动向，害怕被“聚歼”，有气无力地开了几炮，灰溜溜地撤退了。

顽8军妄想西犯打通胶济线的图谋就这样被粉碎了。望着仓皇后撤的敌军，聂师长乐哈哈地说：“老官，你们打得好。我要兑现我的诺言，为你们包饺子，一是补过年，二为你们庆功。”

若干年后，他的老部下官俊亭与人谈起这次大年三十丢下刚下锅的饺子没吃去打仗，战后聂凤智又为他们“补”饺子的事，还说：“那一顿饺子的味道真美。后来，每当我吃年夜饺子时，都会回想起那顿不寻常的饺子，想起我们老师长聂凤智同志。”

而其他 27 军的战士则说：“聂军长打仗就是怪，过年过节，本来是喜庆的日子，往往就成了敌人丧日，难怪鬼子、汉奸骂他是克星呢！”

7.海阳的地雷战

有一部著名的电影叫作《地雷战》，它讲的就是山东抗日军民用地雷袭击日军的故事，它反映的就是聂凤智在中海任司令员时的抗战故事。海阳县是胶东的抗日战斗模范县，也是中海军分区的地盘。这里的地雷战远近闻名，在和日军较量中，当地民兵制造出了大量的地雷，布设在大道、小路、草丛、树上、树下，使日军一踏进根据地，就寸步难行。

聂凤智来到中海夜袭水沟头后，各路日伪军就集结 4000 多兵力向中海“扫荡”。聂凤智在布置反“扫荡”后，特地找来了海阳县武委会主任，对他说：

“海阳是山东地雷战的正根儿，这次反‘扫荡’，你们要充分发挥地雷战的威力，给鬼子一个下马威！”

“我们一定为主力部队创造战机。”武委会主任表态说。

全县民兵立即行动起来，群众坚壁清野，进行转移，民兵则在敌军必经的大街小巷、山前路旁和房前屋后，到处埋下了“铁西瓜”，在重点地方还布置了雷区。海阳的“铁西瓜”最让鬼子胆战心惊，每次“扫荡”，光“平白无故”地踏雷就死伤不少人。这次日军“扫荡”，怕踩到地雷，就让伪军在前边寻雷、起雷。

谁知，民兵们发现后，立即“研制”出一种“真假子母雷”。这“真假子母雷”名字挺玄乎的，其实很简单——假雷在上，真雷在下，用线相连，一起假雷，真雷就炸。结果伪军起到“真假子母雷”，“轰”的一声巨响，整个人炸飞了。开始日军直骂伪军“心不细”，可是最心细的日军也一“起”，雷也被炸，这下日军才明白其中有玄机了，不敢再“起雷”了。每次出动，发现可疑的地方,就用石灰粉在周围撒个白圈,警告后面的队伍“此处有雷”,或者把写有“雷田”字样的纸条压在那里;遇见了“绊雷”,就远远地用铁钩子钩住雷弦,将其引爆。谁知民兵们比他们还聪明,他们在没埋雷的大街和道路刨起新土,用石灰洒上白圈或压上“雷田”字条,在标记的旁边或另一条大街和道路上埋设地雷,结果,日军见着白圈就“绕路走”,正好又“绕”到地雷上。

挨炸太多了,日军也变聪明了,想出了更毒辣手段,抓了老百姓,就强迫他们走在前面踏雷开路,找不到老百姓,用牲口拖着木耙开道,自己则在后面远远地跟着。谁知民兵们连夜发明出一种“长藤雷”,把引爆索线加长,等前面的群众或牲口安全走过以后再拉弦,前面踏雷的走过后,平安无事,后面的日军一上来,还是躲不过地雷,脚下还是“开花”。

日军不敢走大路,只好走小道,谁知小道也处处有雷,无奈日军只好顺着河滩走,但没想到就连河滩也有地雷。日军被炸昏了,炸累了,见路旁有两块石头,想坐下休息一会儿,谁知一屁股坐下去,石头就炸开了花。走到村头的菜地,几个日军见到萝卜长得正好,口渴难耐,伸手使劲一拔,“轰隆隆!”没有吃上萝卜,却吃了一顿“铁西瓜”。

海阳的地雷战简直叫日军胆战心惊。仅爆炸英雄赵守福和于化虎所在的4个村,8天时间就炸响了103颗地雷。若按一颗地雷最少炸死炸伤一名敌人计算,少说也杀伤敌军百余人。

聂司令肯定和赞扬了地雷战的威力,提出要把地雷战由防御转向进攻。他亲自向海阳县村民兵连连长、县“赵守福爆炸队”队长赵守福交代任务,说:“你选调10多名爆炸能手,在牙前县大队的掩护下,把地雷埋到莱阳城关去。”

一个伸手不见五指的黑夜,赵守福带领爆破组,背着地雷,拿着木牌子,悄悄地摸到了莱阳城关的日军据点外。他和一个民兵爬到离东门十几米处,插好牌子,在木牌下面埋设了三角雷,然后把雷弦挂在木牌上。天亮后,日军起床后,一抬脚,见城门外竖着几个木牌,上面写着:

“小鬼子,不要动。动一动,要你命!”

这还了得?八路挑衅“挑”到家门口了!日军气得两眼冒火,几个汉奸跑过去对着木牌就踢,顿时被炸个粉身碎骨。

第二天,冲着据点门口,又站着个草人,上面写着:

“小鬼子,不要怕。这里面,没有啥。”

日军一看，又气又怕，套上几十米的绳子，趴在地上把草人拉倒了。等了好一阵子，也没见地雷爆炸。日军摸不清是怎么回事，趴在地上好半天，才敢爬起来。

过了几天，赵守福他们又扎了十几个草人，趁着天黑，到日军据点外栽好，在草人的侧旁埋上连环踏雷。这次，狡猾的日军先用绳子拉倒一个草人，见没有地雷爆炸，便把绳子一扔，动手拔起草人来。正拔得起劲的时候，“轰隆隆”的爆炸声连续响起，炸得日军横七竖八躺倒一大片。

又一个深夜，赵守福带了4颗地雷，摸到行村碉堡门口和据点南门埋下两颗地雷，这是为一个叫作“麻子所长”的汉奸准备的。接着，他用木棍揭开“麻子”办公的登记所的窗子，在堂门上埋下第三颗地雷，然后，又把最后一颗雷放到办公桌边的废纸筐里，把雷弦拴在椅子腿上。

第二天一大早，敌人开南门时地雷就炸响了，“麻子所长”心中忐忑不安，立马跑向登记所，想严查行人，不料一推门，地雷响了，脑袋被炸开了花。当日军赶来收尸时，匆忙中又拌响了室内那颗地雷。七八个日军同罪行累累的登记所一起飞上了天。

与此同时，民兵在村边、路口、房子内外埋地雷，用“铁西瓜”对付“扫荡”的日军；老百姓中往往是父子、夫妻和兄弟全家都上阵，个个埋地雷。在山上，民兵则打起了“麻雀战”，全是用“冷枪”歼敌，但他们歼敌有点不同，“专打”骑马的指挥官。结果，“扫荡”的日伪军进入根据地，山上打冷枪，地下响地雷，行军一小时也走不了几里路。

日军被“骚扰”得头疼，5月17日，集中2000多兵力进入了小纪、索格庄一带，企图寻找聂凤智的主力决战。小纪一带山岭，有摆驾岭、槐树底、亭儿崖和笤帚夼等5个村庄，这几个村的民兵却是“最不好惹的”，他们一贯实行“联防作战”，一村有警，四村来助，大汉奸赵保原的抢粮队就多次被他们打得屁滚尿流。这是胶东闻名的“五虎村”。

2000多名日伪军分驻各村后，立刻被各个山头的民兵包围起来，聂凤智则率领军分区1、2营在北边山上隐蔽待机。小纪村北有一小高地，日军指挥官为保障村内的安全，“不惜代价”控制了这个制高点，然后派出一小队日本兵，携带轻机枪1挺，在南坡隐蔽处搭起帐篷住宿，通宵“熬夜”监视着北山。

因为日伪军集结在几个村内，不利于主动攻击，聂凤智几次想出击，因为风险太大，没有下决心。但南坡这个位置突出的排哨，却引起了他的兴趣。他先派了个侦察员去“摸情况”，嘱咐说：“注意看看鬼子有什么活动规律。”

侦察员一回来，说：“有规律。”

“什么规律？”

“鬼子在午夜12时换哨。”

聂凤智一听暗暗笑了，说了声“这些鬼子”就没再说了。第二天，找来了2营的营长和教导员，在房子里叽里咕噜了一通。当夜，2营挑选1个排的战士，也不说去做什么，全戴上日军的钢盔，就由教导员领着出发了。在午夜时分，这排战士悄悄到达了小纪村山南坡的小路边。这时刚好是11点45分，村里换哨的日军正准备起床，教导员一挥手，战士们从容不迫地走上高地，两个哨兵见对方个个戴着钢盔，以为是自家人提前来换哨哩，高兴得叽里呱啦喊起来了，战士们哪听得懂这东洋话？但他们也有自己的回答方式，突然之间，向帐篷里扔出一排手榴弹，“轰！轰！轰”，这个小队的日军全在睡梦中被炸死了，两个哨兵来不及反抗，也立刻被击毙了。这场战斗仅五六分钟就结束战斗，2营一个排就缴获20多支38式步枪，装备一夜之间全“改善”了。

这2000多日军带着伪军虽然“住”在村子里，但是无水无粮，“决战”又找不到对象，还“送”上了一个小队，“扫荡”的带队司令只好命令回撤。日军一撤，聂凤智一声令下，军分区1、2营和“五虎村”的民兵，16团1营、海阳独立营和索格庄一带的民兵，一路追杀，结果，密集的枪声伴着地雷的轰鸣，2000敌军落荒而逃，脚底下地雷不时炸响，只好小心翼翼地顺着来时汽车轮子轧出的辙往前走，但走着走着，脚下还是爆炸了。

原来，聪明的民兵战士埋完了雷后，又用车辙做了伪装。最后，日军对他们要走的路，只好一段一段地用望远镜“望”，发现破绽就起雷，谁知又碰民兵发明出的“马尾雷”，这种地雷的雷弦细如马尾，就是走到跟前睁大眼睛地“找”，都很难发现蛛丝马迹。因为这些雷的引线是用女民兵孙玉敏的秀发捻起来做成的，头发丝的小玩意，日军就是用上最“先进”的望远镜也还是看不见呀！结果，日军尽管一路远望，除了浪费时间外，还是派不上用场，一路上炸得人仰马翻。一场声势浩大的大“扫荡”就这样在中海以彻底失败而告终了。

5 月反“扫荡”，对新建的中海分区来说，是一次大考验。聂凤智上任之初，就率领全区军民大打地雷战、麻雀战，取得了令人瞩目的战绩。6 月初，军分区召开英模大会，表彰部队和民兵中涌现出来的大批英雄、模范。女民兵英雄孙玉敏，身材矮小，聂司令还特别奖给她一支短小的新马枪，说：“小人配小枪。”羞得女英雄孙玉敏满脸通红。

地雷战成为了海阳军民最灵活、巧妙的战法，日军一听要上海阳去“扫荡”，脑壳就变大。在海阳地雷战中，战斗英雄赵守福一人就炸死、炸伤敌人 183 名，先后 6 次获得胶东军区授予的“钢枪奖”。他的大名威震敌胆，为了捕捉他，日军和汉奸四处张贴布告：

“活捉赵守福者赏洋 10000 元，割他的头者赏洋 5000……”

但是，他们就是“活捉”不到赵守福，“割”他的头颅几乎更是说梦呓。后来，赵守福、孙玉敏成为了著名电影《地雷战》中的爆破队长赵虎、女英雄玉兰的生活原型之一，而聂凤智就是他们的“上级”之一。

8.打“快仗”

聂凤智为人耿直，爽快，做事果断，麻利。他带兵打仗还有个特点，就是快。一仗，从开始到结束，不拖泥带水，迅速麻利，小仗是几分钟到几十分钟，大仗也比预想的要快，往往是“提前结束”。在抗战胜利前后的三进即东和灵山之战，他打的就是几场速决战。

（1）

1945 年 5 月底，反“扫荡”结束后，聂凤智和刘中华政委分工，政委发动新区群众，建立新政权，他指挥各营转入对敌进攻作战。

首先，他打烟青公路上的孙受据点，激战仅仅半个小时，炸坍了两座碉堡，全歼伪军，缴枪 100 余支；这一速决战拦腰切断了烟青路，打通中海和南海之间的联系。

随后，他瞄向了南面的敌占即东地区。在中海演绎了一出“三进即东”之戏。

为了顺利进入即东，他先派侦察股长率领侦察员南下侦察。几天后，侦察股长领着即东独立大队队长秘密来见他。这是一支挂靠在伪军名下的武装。聂司令热情地接待了他，告诉他说：“德国已经投降，鬼子的末日来临也不久了。”然后，他对照军用地图，详细地询问了即东县的敌情。队长汇报说：

“即墨城有鬼子伪军重兵守备，城北 50 里处有一牛齐埠据点，既是即墨的门户和前哨，又控制着即东地区的中心地带，位置很重要。赵保原的残部约 2000 人，即墨县保安团褚华林部 1000 多人，多在牛齐埠南活动。”

聂凤智详细询问了顽军常驻的村庄和活动规律，侦察股长也根据侦察所得作了补充。送走了即东独立大队队长，聂凤智要警卫员泡上一壶热茶，说：

“你守候在门外，不准任何人进来。”

然后，他一边饮茶吸烟，一边对着军用地图陷入沉思。这是他筹划新作战方案的一个习惯。等到地上扔满了烟头，茶也喝完了，他胸有成竹地走出了屋子。

6 月下旬的一天夜晚，聂凤智率领 3 个主力营越过公路，进入即东敌占区，半夜到达牛齐埠。然后，按战前分工，16 团 1 营和中海 1 营担任攻坚，各打一个碉堡；2 营向即墨城方向派出警戒，准备打援。部队随即展开行动。当战士翻越围墙时，敌哨兵才发觉、开枪，但已来不及了。营房里的敌兵刚醒过来，就糊里糊涂做了俘虏。伪军中队长穿着裤衩跑出来，想召集部队，被战士们一把冲上来就生擒了。随后，“轰轰”几声炸药爆炸响，两座碉堡全塌了，那些“手脚快的”顽敌全被压在碉堡里，被埋进了现成的坟墓。仅 15 分钟，战斗即告结束。

这场速决战俘虏中队长以下 80 多人，缴获轻机枪 1 挺，掷弹筒工具，长短枪 70 多支。即墨城的日军还没来得及派出援兵，聂凤智就带着战士们胜利返回了。

(2)

牛齐埠战斗后，聂凤智留 16 团 1 营保障西侧的安全外，派 2 营在牛齐埠以北活动,为地方干部开辟新区扫清道路。赵保原的残部和褚华林部保安团见着16团,就像老鼠见了猫,纷纷向南退避。谁知日军正在加紧修筑青岛外围工事,却不准他们退入崂山。

原来,日军此举就是要利用这些挂着国民党招牌的伪军,挡住八路军南进的去路。于是,赵、褚两部的3000兵力只好退缩在即墨城以东、崂山脚下的鳌由卫以北、店集以南、东临黄海的狭窄地带。

聂凤智认为要打开进军崂山的通道,必须首先消灭即东这一带的顽军。于是,再次率部进军即东。

7月初,他率中海1、2营夜晚出发,沿着顽军经常驻防的几个村庄,一路搜索前进,在皋虞村发现了褚华林部的1个营。1、2营勇猛进攻,战半个多小时,将敌军大部歼灭,俘敌、缴枪各200多。

第二仗打满贡,又歼灭了赵保原的1个营,时间也不过30分钟。

经过这两次打击,赵保原部逐渐向即西转移,褚华林的保安团向南退缩在崂山脚下,像热锅里的蚂蚁,东躲西藏。他们边躲边相互告诫说:"八路军打仗就有那么两下快,千万要小心啊!一有疏忽,就可能被他们带着骨头咽下了喉咙!"

(3)

8月上旬,聂凤智再率中海1、2营,第三次秘密进入即东,在牛齐埠以北的寄马埠等村宿营。他们白天封锁消息,夜间出发奇袭。部队走出不久,遇上倾盆大雨。行至即墨城东20多里处,因河水猛涨,挡住了去路,只好在河西岸的村庄,封锁消息宿营,原作战计划不能执行了。警卫员正在给聂凤智烤衣服,1营营长前来报告:

"一个打皋虞时抓来的俘虏兵,因表现积极被补入1营,在站岗时,泅渡过河,向东逃走,十有八九是向敌人通风报信去了。"

这个坏消息的突如其来,聂司令闻报皱起了双眉。营长一面检讨,一面建议回兵休整,再找战机。聂司令吸着烟未表态。当夜,他没有上床睡觉,一面要侦察股长找老乡了解河水的涨落情况,一面又看着军用地图陷入沉思。天亮时,大雨终于停了下来。侦察股长报告:

"老乡讲,这条河平时水并不深,雨下得猛,它涨得快,雨停了,到中午河水准会退去。"

聂凤智一听,心里有了底,又思考了好长时间,才躺下休息片刻。

第二天上午,他召集营的干部开会。他说:“敌人遭我两次打击,已向南、向东退缩。从地图上看,鳌山卫离我最远,它北面的四舍山,山虽然并不大,山高也只有320多米,但却很可能是敌军的藏身之地。我决心奔袭四舍山,部队提前在11时前吃完午饭,白天就出发。我估计即墨敌军可能来袭。具体布置是:1营在北路,2营在南路,两个营齐头并进。枪声就是命令,哪里打响,部队就向哪里靠拢。如果扑了空,部队从四舍山沿途搜索返回,再杀它个回马枪。”

提前吃罢午饭,侦察员来报告,河水已降至1米以下,他们已试着过了河。部队集合在河边,准备过河东进。大白天在敌占区实行奔袭,这还是第一次。敌占区的公路路面较宽,聂司令命令部队排成五六路齐头并进,为的是缩短队形,抢时间增强奔袭的突然性。

下午3时半左右,两个营接近了四舍山。

突然,从前面的四舍村里,传出了开饭号的声音。聂凤智精神为之一振,命令1营跑步猛扑过去。村边的哨兵一面鸣枪,一面向村里跑,1营也跟着进了村。敌军一个多营扔下饭碗,边抵抗边向四舍山上撤退。2营在山南面听到枪声,立即抢占了山岭的制高点,协同1营来了个南北夹攻。逼得敌军无路可走,被迫向东溃逃,被追到海边,只有投降。一些顽军慌忙跳进大海,可海水越来越深,怕被淹死,又被迫上岸当了俘虏。

这场战斗从开始到追到海边抓俘虏,前后也不过1个小时,全歼敌军,还俘虏两个训练班,50多人,都是被骗的当地青年学生,经宣传教育后当场释放。

战后,战士们找到敌军的营部时,桌子上正好放着褚华林的一份命令,大意是:根据可靠人士的报告,共军聂凤智部,昨夜因雨受阻于即墨城东,今夜必将故伎重演,向我进行偷袭,各部应提前开晚饭,向南转移,以避敌锋云云。当战士把命令读给聂司令听,他哈哈大笑:

“不就是那个逃跑的俘虏兵报的信吗?”

许多干部都争着要看这份命令,一致称赞:“聂司令料敌如神,又快又精,敌人再狡猾也逃不出他的手心。”

（4）

1946年9月下旬，警备3旅由于疏忽，守灵山没有守住，灵山被前来摘取胜利果实的顽8军暂编12师占领了。

灵山位于即墨城北，是胶东前线要点之一，既是通往胶东腹地莱阳的大门，又可从侧背威胁敌军的后方青岛、崂山。灵山失守，直接威胁到胶东八路军一线作战的侧后安全。

这时，西线国民党第8军已开始向东挺进。在山东战场，大凡许世友指挥的较大规模的战役，主攻任务一般情况下都交给聂凤智和他的部队去担当。这次为了尽快地拿下灵山，集中全力对付胶济路的敌军，许世友又决定调大将，反击灵山。

谁知这时候，他的大将聂凤智患急性阑尾炎，刚动了手术。许世友一个电话，叫聂凤智去指挥。

作战参谋在电话中报告说："聂师长阑尾炎开刀了。"

许世友问："开好了没有？"

"昨日刚开过，不能活动。"

谁知许世友说："告诉医生，用绷带给他扎扎紧。用担架给我抬上去。打完了，再回来好好休息。"

聂凤智果真被医务人员用绷带像打绑腿那样，把肚子缠得紧紧的，用担架抬到了战场，他躺在担架上指挥打仗。结果，调了3个团的兵力，以猛虎下山之势向灵山扑去，前后只用了5个半小时的时间，就胜利地结束了战斗，全歼守敌暂编第12师第1团，俘该团团长刘安太。这一仗打得机智、勇猛、干净、利索。战后，许司令员曾对5师的战士们说："要是有扁担、绳子，我看你们准把灵山都能抬走。"

聂凤智带伤指挥，仗打胜了，前后5个小时就夺回了灵山。战斗胜利结束，许世友说："你再去住院吧。"

聂凤智说："都好了，还住什么院。"

许世友打开绑带一看，刀口果真愈合了，说："看来战场和医院差不多。"

对于这一速决战，吴东峰在《开国将军轶事》中更有传神记载：

聂凤智将军患阑尾炎，住院开刀。术后次日，许世友将军来坐，沉默良久，不发一言。将军知有难言之事，追问之。许世友告之，灵山久攻不下，死了不少人。聂凤智将军抚伤而起，以一丈多长之绸布，扎紧刀口，跃马挎枪，急赴前线。灵山大捷后，许告聂曰：'你继续住院吧。'将军解绸布视之，刀口已愈合。

9.两打大汉奸

1945年下半年，中海军分区撤销，8月，聂凤智调6师任师长。

遵照党中央关于"发展东北"的战略方针，山东八路军抽调大批主力部队开赴东北。胶东军区抽调10个团，只留下了13团，胶东军区在地方党委的支持下，迅速扩大武装力量，陆续重建5师、6师和警备旅等。聂凤智又调任5师师长，刘浩天任政委。

在抗战胜利后，聂凤智威震胶东，有两个大仗，一个惩处胶东大汉奸王铁相，一个击毙大汉奸赵保原。两大汉奸，被聂凤智两战解决。用许世友的话说是："我决策，聂凤智打头阵，两个汉奸，一手抓了一个，一个活的，一个死的。"

（1）

1945年8月，日本宣布投降后，胶东八路军开始大反攻，猖狂一时的日军和伪军在胶东腹地能够"容身"的城镇，只剩下一座平度城了，而把守平度的主要是大汉奸王铁相，被逼得无路可走的招远、掖县等地的伪军也被赶得纷纷窜入平度，结果，小小的平度城人满为患，除了600多日军外，6000多伪军和杂七杂八的土顽充斥满城，到处是污瘴。

王铁相是老牌汉奸，这些年跟着日军在胶东威风得不得了，坏事干尽，成为胶东"大恶"，日军宣布投降后，这下他惶惶不可终日了，立即向胶东军区联络，要“放下屠刀，走向光明”。可当蒋介石派人用一顶“中将”官帽拉拢时，他摇身一变，成为了国民党第9军的“中将军长”，这下又恢复了当年日军撑腰时的神气，他仗着有日军装备的枪炮和经过日军教官训练的“兵”，又有了平度坚固的城防，对八路军反攻处处拦截。许世友平生爱憎分明，“最恨”说话不算数的人，王铁相出尔反尔，气得他大骂：“什么铁相？是个混蛋羞！”于是，决心为民除害。

许世友亲任攻城前线指挥部司令，调集胶东军区部队，组成了两个攻城梯队，东西对攻平度城。西梯队攻打西门，由他的手下大将聂凤智指挥，13团、西海独立团、特务营、军区炮兵营全部上。东梯队，由贾若瑜和廖海光指挥南海独立团、北海独立团2个营和平南独立营，由城东攻击。两把尖刀刺向了王铁相。

聂凤智的西城攻击是主攻。

在攻城前，9月5日，许世友向王铁相发出通牒，限他48小时内投降，否则就要攻城了。王汉奸收到通牒后，拒不投降，还竟然枪杀八路军送通牒的人员，扬言“八路主力去东北了，来攻城的都是土八路。平度城固若金汤”，然后叫嚷：“要在20里内杀得鸡犬不留。”打入王铁相部的东海军分区敌工科长辛冠吾寻机逃出城来报告这个情况。

聂凤智听到这些话后，气愤地说：“真是可恶之极，不投降，就坚决消灭他！”

他拿起电话，就向许世友报告：“部队与地方群众召开了动员誓师大会，群情激昂，要求打平度城，活捉王铁相，就等你下命令了。”

“你们打，狠狠地打！”许世友当即下了“电话令”。

9月7日夜，东西对攻平度城的战斗打响了，打得异常顺利。不到半夜时分，东关、西关均相继突破。驻在城里的日军原来一直怂恿王铁相坚守，一看情况不妙，立即夺路而逃。

结果，王铁相顿时失去了大半个依靠，陷入孤城的重围之中。为了选好攻城的突破口，聂凤智亲自化装进城侦察，发现攻西门比较有利。城墙外是密集的民房，便于部队隐蔽接近；城墙内隔开一条小路，又是大片民房，部队攻入城后容易取得立足点。9月9日晚，各部正式攻城；聂凤智指定13团担任主攻。13团代理团长夏侯苏民是由南海军分区调来的一员虎将，打起仗来果敢顽强，在指挥上又善于动脑筋，带领13团打了不少好仗。他指挥1

营先用土钢炮轰击,头一炮就打得好,不偏不斜,恰恰命中城门顶上的大阁楼,不仅阁楼被炸飞了,城墙垛子也塌陷了一片。再打第二炮,却打不响了。仔细看了看,炮身已经炸裂开了。夏侯苏民当机立断,命令1营3连赶快往上突。3连把所有轻、重机枪手一齐集中起来,爬上民房的屋顶,用火力压制住城墙垛口两侧的敌兵,全连一鼓作气,占领西门城门楼。其余各连争先恐后从西门涌入城内。在漆黑的夜空,爆炸火光,闪闪烁烁。部队厮杀得狂吼呐喊,如巨浪翻腾,几乎淹没剧烈的枪声、炮声。

聂凤智亲临第一线,指挥部队集中兵力、火力,猛攻王铁相司令部。激战到天明,司令部全部被拿下,战斗基本结束。可在清点俘虏时,却偏偏没有找着王铁相。聂凤智说:“各部仔细搜寻,一定不能让这个家伙漏网。”

这是初秋的清晨,光灿灿的朝阳跃出云霞,聂凤智和政委李丙令站在一处土坡上,看着战士们清扫战场,李政委喜悦地说:“平度激战三昼夜,伪军伤亡700多名、被俘5000多名,可算一场干净利落的攻坚歼灭战。”

“美中不足的是没有抓住王铁相。在这个节骨眼上,让他跑掉,就太遗憾了。”

聂凤智说。正在这时,前面有人嚷起来:“瞧,王铁相抓到了!”

转眼之间,几名战士把王铁相押解到聂凤智的面前。王大汉奸当初那副趾高气扬的狂妄劲头,早已荡然无存,面色惨白,目光呆滞,脸上的肌肉不停地抽搐,全身萎缩成一团。聂凤智问:“王铁相,你还有什么话说?”

他从沙哑的喉咙里,费力地挤出两句话来:“我罪有应得,罪有应得!”

聂凤智正想训斥他一番,“轰——”冷不防一下猛烈的爆炸声响,把聂凤智“炸”起飞到半空中,摔出了好几丈远。如果不是坡上土层松软,不跌个脑震荡才怪呢!王铁相呢?这一炸,大半截身子被埋进了土里,杀猪似地一声接一声嚎叫。战士们把他从土堆里扒了出来,上下看过,没见他一处伤着。

事后查明,原来是夜间一位战士抱着炸药炸土坡另一侧地堡,结果中了弹,炸药包没拉响。岂料隔上好几个钟头后,它却在打扫战场时引爆了。聂凤智感慨地说:“这些汉奸最难抓,又臭又硬,还像这炸药一样邪气重。”

这一仗,6000名伪军悉数被歼,日军逃往青岛。这是胶东军民大反攻以来歼敌最多、缴获最大的一次战役,至此,胶东、渤海两个解放区连成了一片。

（2）

胶东的汉奸头子中，打掉王铁相，还有最大的一个祸害，他就是赵保原。

国民党第8军侵占胶东后，大汉奸赵保原摇身一变，成了国民党军暂编12师师长，盘踞在胶县、高密、即墨一带，师部在胶县。

1946年夏季，山东军区发动“讨逆战役”。这一战役先打胶县，“砸”赵保原的指挥中枢，并一再强调，这次一定要隐蔽接敌，保持战役的突然性，争取速战速决，再不能让赵保原逃掉！

5师和北海独立团受领主攻任务，在茫茫夜色中向胶县开进。消息封锁得很严实。许世友多路人马插入胶县四周，赵保原还茫然不知。

各部预定在6月8日23时发起攻击。聂凤智检查完一线部队的准备情况，返回师指挥所。刚跨进院落，就听得西关附近枪炮声大作。他看了看手表：22时50分。与此同时，指挥所响起急骤的电话铃声。

作战参谋接电话。几句话一说，原来14团向城关运动时，被城关上头的敌人发觉，战斗提前10分钟打响。聂凤智命令：“13、15团不要再等了，火速投入兵力，向敌人发起猛攻。”

13团2营5连一马当先，首先突破城垣。敌人用山炮和多挺机枪构成交叉火力，旋即把突破口封死。5连进城后孤军奋战，硬是打退敌人10多次冲击。

其余部队被阻于城外。这时有人提出：“在城墙涵洞置放炸药进行爆破。”

一试，果然炸开一道口子。由于城墙较厚，炸药量又不足，爆破口狭小，只断断续续挤进一部分战士。天亮以后，敌人的反击愈加猖狂。为了不让赵保原再玩弄什么花招，聂凤智严令各部从四面八方把胶县城围得如同铁桶一般，继续全力攻城。13团集中20多个掷弹筒，一字儿排开，猛轰猛炸。3营7连冒着浓浓硝烟，杀上城头。其余各部相继多路突破，投入纵深战斗。城内大多是地痞、流氓等亡命之徒，凭借街头巷尾拼死顽抗。由于是在白天战斗，敌人的活动暴露得一清二楚。聂凤智各部穿街过巷，哪里有敌人，就在哪里围歼，把他们收拾得干干净净。一部分残敌仓皇窜出奎光门，被13团兜头截住，死的死，降的降，无一漏网。

战斗一结束,聂凤智就下令寻找老对手赵保原,可战士们四处查找,翻来覆去查了好几遍,几乎翻遍了全城,却一直没找到他的下落。

这时许世友隔一会儿就来个电话催问。他越催,聂凤智越发急。赵保原实在罪大恶极,胶东军民恨不能剜他的肉,剥他的皮。上次打万第,直捣赵保原的老巢,最终被他逃脱了,聂凤智心头总觉得压着一块沉甸甸的石头。这次如若再让他滑过去,按照聂凤智的话说是:“我们不仅无法向胶东军区首长交代,简直可以说无颜见胶东父老了!”

手下参谋说:“胶县四周戒备严密,赵保原肯定逃不出去。”

聂凤智说:“活要见人,死要见尸。”

赵保原究竟藏在哪儿呢?非查他个水落石出不可!聂凤智转到奎光门附近,几个战士急冲冲跑过来,说:“城门外躺着个黑胖子,可能是赵保原。”聂凤智的精神陡然一振,紧随着他们出了城门。

结果,一出城门,就看见不远处并排躺着一具具尸体,靠近些一看,其中一具尸体胖得像肥猪似的,龇牙咧嘴,露出一排金牙,果然是赵保原。

因为聂凤智曾在高密军事调解处执行小组会议桌旁见过他一面。他当时佩戴着国民党授予的“少将”军衔,有恃无恐,神气活现。这次这家伙终于完蛋,结束了他罪恶的一生。

“赵保原打死了!”

“好啊,这狗养的打死了!!”

兴奋的激流马上传遍了整个参战部队。师部门前打谷场上,被人群围得水泄不通。

华东军区宣传部长张家洛高兴对聂凤智师长、刘浩天政委、肖镜海参谋长说:“到底死在八路军手里,老对手今天算断了交情啦!”张部长的话引起了阵阵欢笑声。

随后,胶东军区乘胜追击,打下高密、即墨,三战歼敌9000多名。这次战役,正当国民党反动派公然撕毁停战协定、挑起大规模内战之际,胶东军区抢在国民党军向山东发动全面攻势的前夕,痛快淋漓地收拾掉了赵保原。

两次打汉奸,铲除了长期盘踞在胶东内地的心腹大患。

10.打朱阳

1945 年 11 月,国民党第 8 军在美国舰队支持下,从青岛登陆,迅即沿胶济路西进。

这时,胶东军区部队都已前去东北,胶东军区留下的最高指挥员是许世友司令和林浩政委,直接带兵打仗的唯有聂凤智等数人,胶东留下的主力 5 师刚组建,仅 1 个建制团——13 团,只有 1000 多人。敌我力量对比悬殊。打头阵的国民党第 8 军,美式武器装备,来势汹汹,不可一世。

刚刚见晴的胶东半岛上空,一时又满天阴霾。

敌第 8 军出青岛,沿胶济铁路西进到安邱县朱阳,企图和占领潍坊的杂牌部队会师,以打通胶济铁路,占领整个山东。在胶东军区的统一指挥下,聂凤智师长审时度势,毅然大胆地向立足未稳的朱阳之敌发起进攻。据白天的侦察,村中驻有 1 个团。13 团 1 营以迅雷不及掩耳之势,突破敌前沿阵地,开始向村内纵深冲杀。敌人从惊异中猛醒过来,迅速发起猛烈反击。空中不断升起照明弹,减弱了 13 团善于夜战的优势。一串串曳光弹,"嗖嗖"地从战士身边穿过。在激战中,敌人使用火焰喷射器造成火墙,冲在前面的战士一批一批倒下,后面的继续冲上去,战斗打成僵局。凌晨 3 点,13 团团长夏侯苏民把政治处副主任丁锐从 1 营火线上叫到设在村头的团指挥所去。

"情况怎么样?"夏侯直截了当地问。

"火力太猛,敌人不像是 1 个团,打不动!"丁锐说。

"据俘虏讲,在周围驻的是 1 个师。这样打下去,天亮了,我们要撤也撤不走。"

丁锐同意夏侯团长的这个看法。形势是严峻的,必须当机立断。夏侯见丁锐同意自己的分析,便说:"老丁,你打电话报告聂师长,请求准许立即撤出战斗!"

"我是政治处副主任,政工干部,怎么可代表指挥员提这种要求?"丁锐说。

“只有你这政治处主任,从客观上提出建议更合适。尤其还有你同聂师长共同战斗了几年的亲密关系。”

他没等丁锐表示同意,就把电话摇到师指挥所。夏侯团长报告了战斗进展情况,丁锐提出撤离战斗。聂凤智一听果断地命令:“3点钟开始撤出战斗。”

丁锐与夏侯团长这才如释重负,随即组织部队后撤。天明了,丁锐站在一个坟丘上回望还冒着硝烟的朱阳,村内村外,洒满了战士的鲜血。夏侯团长离开厮杀后的战场时,两名战士抬着一位烈士的遗体,匆匆从他们身边走过。

战后,聂师长对丁锐解释说:“我命令13团打朱阳,是出于对我亲身带过的部队的信任,也包括13团对我的信任。接受你的意见,决定撤出战斗,也是出于对13团战斗作风的了解和信任。13团是从不说‘熊话’的。13团同我休戚相关,指战员们信任我,并能把我的决心变为他们的英勇顽强的战斗行动!”朱阳一战,从局部看,显示了聂凤智打仗的灵活性;这一撤兵,从全局看,为后来的争夺胶济铁路之战奠定了基础,同时也给嚣张狂妄的第8军以沉重打击,使它不敢轻举妄动,为许世友争取了时间,迅速组建起了数个师旅,稳住了胶济铁路中段战局。

半年后,丁锐与聂凤智重逢在胶济线。聂凤智幽默而不无自豪地告诉他一段趣事:

“我作为共产党方面的驻军代表,被邀请参加了胶济路上的调停谈判。美国人不算。就参加的中国人里,我的个子最矮,但我的胸脯却挺得最高。没料到冤家路窄——第8军军长李弥,竟主动过来同我握手,并说:‘聂将军,朱阳一战,令我佩服!我万万没想到,你竟敢用少于我几倍的兵力,攻打我1个师。我是把5平方公里防区内的全部炮火联成网,随时可对防区内任何地段进行火力支持。我还有1个大口径远射程榴弹炮团,能进行火力追击数十里!你撤出战斗后,没考虑我会追击吗?’”

“我的兵力是1个师。”聂凤智礼貌而表示高他一筹地说,“我们都是军人,战争本身就意味着冒险。阁下既长驱直入,大军压境,我怎能不应战!我知道你炮火密集,但咱们短兵相接。你的炮火无法发挥威力,打我,也打着你自己!将军可能得知,我撤退得很自如。我料定贵军初来乍到,受到如此突然的袭击,你还不可能弄清情况,我算定你不会轻率追击的!”

他这一席话让李弥感受到了一员杰出战将的胆识和智慧。

时过仅仅 3 年，已经升任兵团司令的李弥同聂凤智的 9 纵部队又出现在淮海战场上，结果，在这场大战中，李弥只落得孤身漏网而逃，流落异国他乡。

而聂凤智所部却大展军人的风采，与兄弟部队一起，赢得了这场战略决战的胜利。

11.5 师师长

随着抗战烽火的熄灭，饱经战争灾难的胶东人民渴望恢复生产，振兴家园。然而蒋介石却要抢夺胜利果实，在美国的支持下，国民党军气焰嚣张，蜂拥压来。胶东军区的主力部队，大部分奉命跨海北上东北。在胶济铁路中段，仅留下包括 13 团在内的 4 个主力营。聂凤智原本也是受命去东北，鉴于胶东情况危急，被许世友强行留了下来，他又一次于危难之中受命扩建部队，边打边建，以原第 5 师师部为基础，以 13 团和 14 团 1 营为基干，扩建组成新的第 5 师，聂凤智任师长。

(1)

聂凤智打仗胆子十分大。

俗话说，“大炮不能上刺刀”，意思是说炮兵只能配置在一线步兵的后方，在远距离上以火力支持和掩护步兵作战。但胆大包天的聂凤智却敢于让大炮“上刺刀”。

在 5 师创建初期，武器装备大多被带去了东北，自己的武器相当简陋，炮兵很少，打敌工事、碉堡，主要靠炸药包，也就是说派人抱着炸药包去“炸”。1946 年胶(县)高(密)即(墨)战役中，战士们终于缴获了敌人 7 门山炮。刚缴获了敌人的山炮后，战士非常高兴，可是会操作的人很少，射击技术低下，有的炮连瞄准镜也没有，只好用俘虏中的炮手来操炮，但又觉得不太稳妥,万一他使个心眼,打一炮“炸向”冲锋战士,后果就不堪设想。聂凤智只得派政治上可靠的战斗骨干改行学炮兵,由于各方面条件限制,他们的射击技术一时往往难以提高。在一次战斗中,炮兵连发射数发炮弹都没命中目标,突击部队长时间受阻。聂凤智急了,果断喊道:“叫人把炮抬上一线阵地,用炮筒直接瞄准目标打!”

一射击,这一招还真管用,一炮打掉一个碉堡。而用这种直接瞄准、抵近射击的方法,既射得准,打得狠,又节省炮弹,指战员高兴地说:“咱们的大炮上了刺刀!”

在以后的多次战斗中,炮兵总是靠前配置,用抵近射击的方法,轰敌工事,炸碉堡,而且愈打愈顺手。但这种抵近射击的方法,也是很危险的,很容易遭到敌兵的火力杀伤,甚至敌兵一个反冲锋就可以来“缴炮”,但是,聂凤智为了战斗的胜利,却有着这样的大智大勇。

(2)

聂凤智为人正直坦诚,深得部下的敬重和爱戴。在任胶东军区5师师长时,一些下属闲来无事,总喜欢聚集在他身边,无边无际地“神聊”。一次打塔耳埠的仗打得不理想,个别连队伤亡大一点,战士们围在他身边,你一言我一语议论开了。一个参战的干部埋怨道:

“黄瓜打驴。驴没打痛,黄瓜丢了一半。”

聂师长马上接过话茬!说道:“出手要狠,落子要准。你手上拿的不是拨火棍,更不是冲锋枪,只不过是根黄瓜,戳它的眼睛还行,能把它戳瞎,打它的屁股准断,关键的关键是要打要害!”

这句话说得那个干部笑了,不好意思地说:“看样子要打好仗是得好好学点战术,要不,弄得不好还会挨打。黄瓜打断了事小,被驴踢一脚就不值得了。”

“好啊,脑门子开窍了。”聂师长朝战士们边挤眼睛边说,“我们以后等着瞧他的战术吧!”

笑声在我们中间炸开了。聂师长拍了拍那个干部的肩膀对大家说:“打仗嘛,有勇还得有谋,要不断地总结经验教训,不断地学习,我也一样。”

（3）

在5师时，有个理发员叫“迷糊”，因为他老打瞌睡因此得了这么个绰号。一天，他被师长叫去。师长对他说：“迷糊，今天天气挺好的，给我理个发吧！”

迷糊说：“行！”

于是，赶忙回去把理发工具拿来，警卫员搬来一张板凳放在院子中间。师长坐上去，又叮咛了迷糊一句：“迷糊，刀下留情啊！可别睡着了。”

迷糊笑笑说：“哪会。”说着，把剃头刀在档布上蹭了几下，就剃了起来。刀剃一下，师长把脸紧缩一下。迷糊问：

“痛不痛？”

“不痛，剃吧！”师长说。

过了一会儿，师长觉得不对劲，怎么刀不挨头皮了？他抬头一看，理发员又迷糊过去了！刀还在空中一上一下地动着。他悄悄地从板凳上挪出身子来，向身边的人作了个鬼脸摆摆手：你们不要作声！便走开了。

过了会，警卫员拍了迷糊一下说：

“迷糊，首长哪去了？”

迷糊睁眼一看：师长没了！他慌慌张张地喊道：

“师长，你在哪？”

这时，师长顶着“阴阳头”站在门口说：“我在这！”逗得大家哈哈大笑。

12.激战孟良崮的指挥

聂凤智指挥作战，语言简单时，就惜字如金；要细时，却又细得让人烦，简直就是啰嗦。

他的老部下、73团团长兼政委孙同盛在孟良崮一战中就深有体会。

1947年1月，胶东军区5师、6师组建华东野战军9纵，许世友为司令员，聂凤智任9纵25师师长,4月起任9纵参谋长,6月任副司令员兼参谋长。王牌13团成为25师73团,孙同盛为73团团长兼政委。5月,9纵参加围歼国民党精锐主力整编74师的孟良崮战役。

25师73团是纵队先头部队,在途经纵队指挥所时,聂凤智给他下达作战任务,他说:“围歼74师,按指定的路线前进。遇到敌人就打,风雨无阻。”

简单明确,没一个多余的字。

就“带”着这么“几个字”,晚7时许,孙同盛就率部继续开进。14日凌晨,在马牧池地区与敌58旅警戒部队遭遇,他遵照此命令,将其击溃,接着强渡汶河,攻占牧虎山、330高地,并乘胜占领大老峪西山、黄石山。一路上,他可以说是完全按照聂凤智的命令,一字不漏地执行。直到下午4时,他接到师部“部队立即出发”的命令,“立即”命令部队:“带上饭和水，边走边吃。”

结果,73团边组织,边动员,于夜12时许,到达指定位置唐家峪子、胡家沟地区。15日拂晓,师部骑兵送来命令:“敌整编74师已被我华野包围在孟良崮地区,你团任务立即向孟良崮地区开进！”在到达孟良崮后,73团在540高地、600高地遇敌,天黑后,他下令向东西两个高地发起攻击,战斗相当激烈。每争夺一个工事都要付出较大伤亡,攻占后,敌立即实施反冲击。经过一夜激战,未能攻占东、西两个高地,部队伤亡较大。16日晨5时,孙团长接师电话指示:“华野命令，敌人准备逃窜，我军立即全线出击！你团任务,仍然是向540、600高地攻击！”天刚拂晓,部队再次发起更加猛烈的冲击,一举攻占东、西540高地。但攻击600高地进展迟缓！这时,聂凤智的电话来了,问孙团长:

“瞎子,前面情况怎样了？”

孙同盛报告:“一路上完全按照你的命令,遇到敌人就打,现在打600高地进展迟缓！”

聂凤智一听,说:“74师被围在600高地上。陈毅司令员命令,这一地区的所有部队都要向600高地攻击,谁攻上600高地,谁就是战斗英雄！”

接着,他又说:“26师已攻占雕窝峰,你们打下540高地很重要,砍断了张灵甫一只臂膀,为攻击600高地,围歼74师创造了有利条件。要发扬连续作战,不怕牺牲,不怕困难的精神,我们困难,敌人比我们更困难,我们有伤亡,敌人比我们伤亡更大,坚持最后5分钟就是胜利！要边打边组织,多采用单兵投弹、小组突击的战法。你们的炮兵、重机枪没有跟上来,可利用缴获敌人的山炮、重机枪,从俘虏中寻找炮手、射手打敌人,掩护部队攻击。要很快把部队整顿好。立即向600高地发起攻击!”

“请首长放心!我们坚决完成任务!”孙同盛高声回答。

他遵照聂副司令的指示,调整了组织,立即向600高地发起攻击。部队打得很艰苦,一个一个工事地争夺,进展仍迟缓。于是,他把从俘虏中找出来的几名炮手组织起来,又搜集了数十发炮弹,搬来缴获敌人的两门美式山炮,对准600高地猛轰。大炮一轰,果然震慑力很大,每打两炮,敌人就从工事里跑出一批来投降,最后打得敌兵连摇三次白旗要求投降。

这样,73团进展顺利,很快就攻上崮顶。与此同时,兄弟部队也都从南、西南方向攻上600高地,胜利的旗帜终于插到了崮顶。

战后,孙同盛说:“聂司令他简单时,你得竖起耳朵听;他啰嗦时,你也得竖起耳朵听,因为这就是‘点子’,教你克敌制胜的方法。”

孟良崮战役,是华东野战军顿挫蒋军重点进攻山东锋芒的一次重要战役。1988年为纪念孟良崮战役胜利41周年,聂凤智应邀为孟良崮烈士陵园纪念碑题写了碑文《满江红》:

抗战八年,人民胜,江山骄傲。蒋伪座,金陵旧梦,剑光出鞘。三大金刚压鲁境,华野劲旅迎枭盗。

见英雄,骤马引吭歌,待捷报。角声起,山岳摇,硝烟滚。敌声号,铁军真是铁,敢擒狼豹。死于非命张灵甫,祭我烈士九泉笑。忽阵雨,为我洗征尘,舞凯旋。

13.打周村:险中奇胜

1948年春,寒冬即将过去,华野9纵在聂凤智司令员率领下,投入胶济路西段作战,从内线转入外线作战。3月1日,9纵奉命从掖县向周村开进,攻取周村。

(1)

周村位于胶济路济南、潍县之间的中心点上。敌整编第32师师部驻守周村,下辖141旅、新36旅、交警第1总队、淄博警备旅以及地方保安队等,总兵力4万余人,布防在张店、博山、朗水、齐东地域内,防守比较严密。能否攻取周村,是胶济路西段战役核心所在。

山东兵团召开作战会议,研究胶济路西段战役作战方案。在会上,围绕是扫清外围再攻周村,还是避开外围直取周村,进行了热烈的讨论。开始时,提出过两个方案:第一个方案是9纵先打长山,7纵打张店,然后视情况发展,再取周村。第二个方案是9纵先打张店,后打长山,7纵打淄博。在扫清外围之敌的基础上,两个纵队夹攻周村。但是,9纵司令员聂凤智提出说:"我有个第三方案。我们采用'挖心战术',钻到敌人肚子里去打。"

"如何钻到敌人肚子去打呀?"众人问。

"7纵打张店,9纵打周村,砸烂他们的指挥部,然后扩大战果。"

聂凤智的战术是先打敌人最强的指挥部。这是个大胆又出奇的想法。

经过缜密分析敌情,兵团司令员许世友反复权衡利弊,最后说:

"采纳聂凤智提出的方案,我们采取远道奔袭,以挖心战术攻取周村。"

最后,会议确定7纵打张店、9纵以中心突破的战法攻取周村,于3月11日同时发起攻击。

聂凤智的这一战法,后来被27军将士称为"黑虎掏心",许世友在全山东兵团里也进行过推广,并且他还说:"打仗就要像聂凤智那样不怕死,像孙猴子钻到铁扇公主肚子里打,捣鼓捣鼓!"

(2)

谁知9纵在向周村开进途中,前去"黑虎掏心"时,情况却突变。老天爷突然像塌了似的,下起了倾盆大雨,结果,道路被水淹没,大路小路遍地泥泞。战士们冒雨拼命奔跑,在泥浆路上跑得浑身都是泥巴,弹药、被装也全部浸湿,雨越下越大,部队前进也就越来越艰难,大炮、机枪驮得难走外,身上湿巴巴的衣服被夜风吹,冻得浑身发抖,鞋子也被泥巴粘掉了,因此,部队一夜仅走几里，结果，没能按时赶到作战地域。

11日拂晓，友邻7纵已经按时打响，很快攻占张店。周村守敌发觉许世友的战役企图，为逃避被歼命运，驻长山、桓台、邹平、齐东的敌兵火速向周村收缩，一日之内，周村之总兵力由原来的3000人，猛增到1.5万人，村里就连茅厕都住进了兵。

敌情的这一重大变化，立即给9纵出了难题：打，还是不打?！情况十分严峻，而战机稍纵即逝，可打还是不打，9纵司令部一时难下决心，聂凤智考虑之后，最后还是决心说："打。"

"打，风险很大，1.5万的敌兵不是个小数目呀！"有人提出说。

"胶济西段作战，周村是关键。如果拖延，就会使周村之敌赢得时间，调整部署，加固工事。加之济南、潍县之敌来援，会造成全局被动。"善出奇兵的聂凤智说，"这场大雨不能认为是坏事，要看到它的有利之处。一、敌人不会想到我们在雨夜攻击，我易出奇制胜。二、周村敌人虽然增加，但敌匆忙收缩，交接混乱，部署不周，恰好我可乘乱攻击，打它个立足未稳。三、张店之敌被歼，周村之敌受到震慑，坚守决心更加动摇。而且我纵攻击时，已无旁顾之忧，我们连夜突然发动攻击，仍操主动。因此，我认为周村要打不能停"。

为慎重起见，司令部打算把这个决心报告兵团首长批准后再行决定。可是，电台被雨淋湿，无法沟通与兵团的联络。

"战机难求，稍纵即逝"，聂凤智当机立断地说，"我作为军事指挥员，由我下决心，错了我负责"。

于是，按照战前部署，25师73、75团由东北方向攻击，27师由东南方向攻击，26师76、77团攻取周村西郊永安镇，华东军区特务团、渤海16团，9纵74、78团，桓台县大队等部阻击打援。

为了抓住战机，加快攻击速度，聂凤智又要求各部在攻取周村时要多点强攻，多路突破。聂凤智的这一决心是非常果决的，也是极其大胆的，体现出一员杰出战将与众不同的品质。但是，敌情变化已经是不需通告的事情，为了防止指挥员犹豫不决，他还交代作战科："重下一次作战命令。"

战后，他的一些手下说："嗨，这一仗本来是信心百倍，结果被大雨淋掉了一半。但聂司令作战命令一'逼'，大家还有什么犹豫?！信心又来了，聂司令要打，还有个错？个个豁出去打了！"

（3）

在聂凤智的正确指挥下，12日拂晓前，9纵向周村发起猛烈攻击。攻城各部打得十分顺手，全纵共选择10个攻击点，短时间内，先后成功地突破7个。周村守将周庆祥怎么也想不到，9纵这么快就打到他的头上。9纵发起攻击时，他正在忙于召开紧急作战会议，研究固守计划，重新部署防务，安排交接，他恶狠狠地说："要严督各部抢修加固工事。"

谁知会未开完，城外枪炮声四起。顷刻之间，周庆祥的所谓"固守计划"也即刻化为泡影。他的那些手下惊恐万状，乱成一团，稀里糊涂地做了俘虏。前沿阵地一破，9纵各部在纵深战斗中像一把把锋利的尖刀，迅猛穿插，很快把守敌分割成了6大块，然后，6大块逐一被聚歼。

经过10个多小时战斗，周村守敌1.5万余人被歼。仅周庆祥带几名亲信，化装后从城墙下钻水洞潜逃了，他乘坐的美式吉普车，也被9纵缴获，战士们没人开得动，先是推着，最后是喊着号子把它"扛"到了司令员前面。

聂凤智哈哈大笑："我收下啦！"

聂凤智这一战险中出奇兵，打了个大胜仗。战后，许世友是高兴得不得了，但对爱将聂凤智，他却爱而不宠，不表扬本人，只对"9纵的缴获"予以很高评价，可是说着说着，还是忍不住脱口而出："周村一仗使战役全局都活起来了。"

由于周村一仗出奇制胜，整个胶济路西段战役，只用了12天，歼敌18万余人。兵团首长称赞这次战役"时间短，伤亡少，俘获大"。周村一仗，使山东兵团在1948年来了个"开门红"。然而，战士们纷纷说："这头功还是当归于聂司令员的决心下得好。"

后来，兵团政委谭震林总结说："聂凤智在周村战役中有四大功，一是挖心战术巧，有黑虎掏心、擒龙擒首之效；二是在敌情变化、情势严峻的情况下，敢于抓住战机，果断自行决策；三是在具体战法上采取多点强攻，多路突破的战术；四是重下一次作战命令，肯定了破敌决心。"

聂凤智听到后，说："嘻嘻，老首长，我可没想到还有这么多的学问在里面啊！"

14.打潍县：大白天攻城

1948年，许世友在胶济路西段作战的胜利，使整个山东战场之敌为之震动，国民党山东省主席、第二绥靖区司令王耀武被迫进一步收缩兵力，加强要点的防守。正当他手忙脚乱之际，4月初，9纵遵照兵团指示挥师东进，直指潍县。

潍县地处胶济路腹心，东连青岛，西接济南，是扼胶东、渤海、鲁中三大区的咽喉要地。许世友打潍县，意在山东省会——济南城。

打潍县由9纵、渤纵、鲁中部队和13纵一部主攻，7纵和2纵大部担任钳制和打援任务。

（1）

潍县因为战略性的地理位置，凡是驻守潍县的都很注意城防工事建设，日本人在的时候，日本人建；日本人走了后，伪军建；伪军被收编后，蒋军建。前后十多年，潍县一个小小的县城，城防工事在全山东都数一数二的，号称“鲁中堡垒”。

这个“鲁中堡垒”可不是吹牛的，以西城为核心，全城三道半永久性防御体系。第一道防线在外围，什么“子母堡式”的独立据点，除了碉堡、地堡外，全是地雷、陷阱、鹿砦、铁丝网，一踏上或炸或陷或刺；第二道防线在四关。各有高3米、厚4米的土城寨，设有3个布雷区，埋设地雷1000多个，密密麻麻，全是一触就炸的“铁西瓜”；第三道防线在东西两城，东城墙高3丈，西城墙还高出东城一丈五。因此，要跨过这3道防线，打进潍县城，还真得需要点本事。

别说潍县城有这3道钢铁防线，就是没这几道防线，当地老乡说：在历史上还没有听说被哪支队伍凭武力打开过。潍县城的守将是蒋军第96军军长兼45师师长陈金城，他统率正规军加上地方部队（全是附近城乡的保安团、自卫队、还乡团、土匪等），总兵力达4.7万多人，并且兵强马壮。因此，陈金城说:“潍县城固若金汤,是攻不破的金城。”

这并不是国民党吹的牛皮。

潍县城有东西两城,白浪河从城间穿过,是有名的“双城”。许世友召开兵团作战会议,讨论攻城策略。他说:“攻打这样一座设防坚固的重要城市,在山东部队攻坚史上还是第一次。不仅考验部队,更考验指挥员。在这艰巨攻城任务面前,有许多难题需要解决,其中最难的要数选择主攻方向。”

谭震林政委也说:“选择主攻方向, 是关系战局的大事, 必须认真解决好。”

面对“双城”,又像当初打周村一样,众人各抒己见,有的主张先打东城,有的主张先打西城,有的甚至提出东、西两城一锅端。最后,兵团领导根据东城城墙低,防守兵力弱,西城城墙高,守备兵力强的实际情况,考虑先拿东城开刀。

在这次会议上,聂凤智没有作声,做了“哑巴”。

会后,为了解决主攻方向,聂凤智亲率9纵各师干部,反复实地侦察,多方了解情况,摸清地形敌情,经过分析研究后,他有了自己的看法,这就是先打西城比先打东城为佳。

他认为从城防工事和守备力量看,确实西城强、东城弱,避强击弱,完全符合毛主席提出的“十大军事原则”。可是,在潍县特定情况下,要确定“双城”孰强孰弱,并不是那么简单。因为东、西两城相距很近,最远处不过一二百米,中间一条白浪河川流而过,河上5座大桥沟通东西两城,照一般估计,东城是较易攻破。但西城比东城高出5米, 敌指挥机关设在西城, 先攻东城,首先会受到西城凶猛火力的钳制。即使拿下东城,仍要冒着西城居高临下的密集炮火,再攻西城。相反以硬对硬,先打西城,敲掉敌人的首脑机关。再依托西城,直取东城,顺理成章,稳操胜券。至于同时攻击两城,必然造成兵员火力分散,显然不足取。因此,他的结论是:先攻西城为上策。

经过反复思考后,他提出了“击敌要害,先攻西城”的作战方案,并把先打西城的设想,向兵团首长作了汇报。

他把这个方案的利弊讲得一清二楚,令人折服,当即得到许世友、谭震林首长的赞同,兵团批准了这一方案,决心先攻西城,打掉敌之首脑要害,而后再取东城。并根据这一决心,许世友又补充了两点:

一是作战指导方针为“稳打稳扎”;

二是把主攻的任务交给了 9 纵。

许世友的这两条和聂凤智“击敌要害,先攻西城”的作战方案堪称“攻打潍县的最佳创意”。就在这个创意由设想渐渐转化为战斗的现实时,96 军军长陈金城正坐在他位于西城的指挥中心,向前来“检查”的王耀武数着指头说:“西城城墙高,工事坚固。就像鄙人的名字一样,固若金汤。”

王耀武怕陈金城“打哄”“蒙上”,小小的潍县里,他围着城防转了三天,最后的结论是:“潍县工事坚固,可保无虞。并且,共军一贯运用‘避强击弱’的战法,不会先攻西城。”

对于后一点,陈金城也表示完全赞同。

谁知他们的悲剧就在于没能预见到,偏偏在共产党的对手里有个人,要按照古代兵书上所说的“摧其坚,夺其魁,以解其体”的战法,凭借武力从西城将潍县城的大门打开。

(2)

潍县之敌防御纵深大,防御体系复杂。聂凤智根据“稳打稳扎”的作战方针,又确定了 9 纵作战的三项原则:

一是先扫清外围和城关,再组织攻城。

二是“任务专一”,扫关的部队专司扫关,攻城的部队专司攻城,轮流使用两个不同的建制部队,保持强大的突击力量。

三是“人马均活动于地下”,在外围开展土工作业,大力挖掘堑壕和掩体,隐蔽接敌,楔入纵深。

战役于 4 月 2 日发起,兄弟部队首先切断了昌(邑)、潍联系,包围并占领了飞机场。10 日,扫清外围后,攻关部队打响。9 纵 26 师不怕艰苦,从五六里外开始掘壕,蜿蜒曲折,纵横交错,结果,这里壕沟、地道不仅隐蔽接敌,而且完全绕过了那些地雷阵、陷阱阵、鹿砦阵、铁丝阵,就是那好几丈高的城墙也绕过了,过了危险地带,战士们就以“积极勇猛”的战斗作风,夺取了敌人防御阵地,15 日完全占领北关;于是当晚这拨部队撤下,攻城部队接防,进入阵地。到达指定位置后,部队又展开近迫作业,挖掘交通壕、地道、地堡、防炮洞等,在地下开掘前进,直逼西城城下。正是攻城部队在悄悄地大挖地道,弯弓待发之时,因攻城战斗突然中止,陈金城却认为山东兵团部队伤亡惨重,无力攻城了,立即向上级报喜。王耀武则是“奖罚分明”,在济南立即召开庆祝大会,可“热烈庆祝潍县解围”的大会刚收场,23 日晚上,传来了山东兵团部队发起攻城的消息!

当日 17 时,许世友一声令下,对西城的总攻开始了。9 纵首先集中强大炮火轰击西城北垣。众炮齐鸣,潍城上下顿时火光冲天,硝烟弥漫。北门城头高阁顷刻掀去半截。在火力的掩护下,79 团 2 营、3 营连续爆破,炸平了城壕,炸掉了一个又一个明堡和暗堡。24 日零时 21 分,开始强爆城墙。经过多次爆破终于炸开了口子。1 时 30 分,8 连首先登上城墙,把红旗插上城头。随后,在 8 连西侧不到 100 米的地方,4 连也打开一个口子,登上城头。敌人不甘失败,拼命反扑,两个连队在城上与敌展开了争夺突破口的激战。8 连遇到猛烈火力封锁和反击,经过反复拼杀,伤亡较大。9 连登城投入战斗,打退敌人,并占领了 3 号突出部,4 连向敌猛攻,击退反扑,也占领了一下突出部,扩大了突破口。接着,5 连登城。第一个突进城内,占领荷花塘小学,与敌展开激战。

天亮前,敌人多次反扑都未得逞。敌在天亮后,必将倾其全力,组织大规模反扑。为了巩固既得阵地,扩大突破口,命令登城连队整顿组织,整修工事,补充和搜集弹药,准备更激烈的战斗。不出所料,6 时 40 分,陈金城调集了几营兵力疯狂地反扑过来,还有飞机出动助战,从空中轰击。3 营 7、8、9 连在东突破口上,2 营和特务连在西突破口上,英勇反击。团的主要领导分别指挥两个突破口战斗。战斗非常激烈,战士们子弹打光了,就跟敌人拼刺刀,拼镐头铁锹,砖头石头都是有用武器。潍县城头血战一场接着一场,战士们打得很顽强,但孤军奋战近 10 个小时,情况十分危急。

就在登城部队伤亡较大、兄弟部队受阻于城下时刻,有的主张顽强打下去,有的主张撤下来重新组织进攻,甚至还有埋怨不该先打西城的。

作为一员杰出的战将,聂凤智指挥高明,就在于他敢于坚持正确意见,说:“首攻西城是正确的,关键问题是巩固已得阵地和扩大战果。”于是,他果断地决定以 25 师 73 团白天发起强攻。

11 时 30 分,久经战斗考验的 73 团,冒着敌人疯狂的火力压制,一鼓作气,强攻过去。几下就冲到城下,强行登城,终于获得成功,后续部队陆续扩大突破口,冲进城去,向纵深发展,进行巷战。

敌军长陈金城见大势已去, 仓皇率指挥所及残部, 由东门仓皇退往东城。至此,西城全部被我军占领。西城被克,东城之敌即处于我瞰制之下,守敌大势已去。

26日黄昏,进攻东城的战斗又发起了,势如破竹,80团只用20分钟,就突进城内。各部队勇猛穿插,守敌丢盔弃甲,从四面八方涌出东门,夺路逃窜。26师会同西海军分区和鲁中部队,设伏在东门外专候,一声令下,收网兜鱼,几乎无一漏网。保安团的少将司令、土匪头子张天佑被击毙,中将军长陈金城也没逃出他那"固若金汤"的"金城"就被擒获。

东城战斗,就此结束。

此役,共歼敌4.5万余人,9纵歼敌1.1万,生俘90军军长陈金城,获得辉煌胜利。

攻克潍县城,消除了我军在山东的心腹大患,改善了山东解放区的战略态势。战后,中央军委致电兵团表示祝贺。79团在攻潍作战中成绩显著,荣获中共华东局和华东军区授予的"潍县团"荣誉称号。5月12日,9纵队颁发了嘉奖令,授予79团8连"潍县英雄连"称号,授予4连、5连、7连"潍县战斗模范连"称号。

(3)

攻取如此坚固设防的潍县双城,直接用于攻城作战的时间不到40个小时,不失为城市攻坚的成功战例。但战斗结束后,聂凤智召开会议,总结经验教训,说:

"虽然潍县战役我纵取得了胜利,但教训也比较深刻,我到城里去看了,西城几个突破口,都选在正北和西北面,忽视了东北关。而东北关恰恰是全战役分割敌人的要害,这无疑是一个失着。如果我先攻占东北关,迅速登城,既有利于以火力压制北面突破口上的守敌,又便于部队沿城墙内壁斜坡下城。同时,还可以有效地切断西城守敌逃往东城的道路,一举三得,失之可惜。"

可惜归可惜,这一仗,除了城市攻坚打出了成绩外,以前我军攻城,在时间上都是选择在夜晚,聂凤智大胆决定在大白天使用主力团连续突击攻城,也是一个创造。

15.打济南:私改命令

潍县一拿下,许世友就率领聂凤智等诸将直接“挑战”国民党在山东的最高军政长官、济南城的守将王耀武了。

(1)

济南是山东省的省会,是蒋介石残存山东腹地的唯一坚固设防的大城市。因此,毛泽东和中央军委对许世友发动的济南战役极为重视,在时间上给了2至3个月的时间,完成这一战役任务。

在华东野战军召开的作战会议上,各路高级将领就夺取济南展开了热烈的讨论,气氛极为活跃。在发言中,一贯“打仗求快”的聂凤智却提出了一个新见解:

“我们用15天到20天把济南拿下来!”

此言一出,众人皆惊讶,因为这个时间是毛泽东和中央军委考虑到济南的城防难度和兵力花了很长时间仔细研究才订出来的,也就是说是有科学依据的。但聂凤智说:

“军委有军委的气魄,说1个月不行,可以打2个月,2个月不行打3个月,那是给我们留出充分的机动回旋余地。但我们决不能拖那么久。否则,消耗大,打援部队的压力也太大了,难以承受。”

他的这一想法,其实与攻城集团总指挥许世友的想法“暗合”,但是,许世友故意说:“聂凤智,这可能吗?15天到20天?你以为打济南府就像吃松豆这么轻松呀?”

随即,聂凤智开始滔滔不绝地说明他提出这一见解的理由:一是整个华东战局发展很快,济南之敌已成“瓮中之鳖”,必然影响其坚守意志,军心涣散动摇;二是我军已组成18万人的强大打援集团,14万人的攻城部队无后顾之忧;三是敌欲增兵济南,水陆交通都已断绝,仅靠空运,运兵数量有限;

四是华野主力部队经一系列攻坚作战,攻坚能力有长足进步,掌握了一套较完整的城市攻坚作战方法;五是山东广阔地域获得解放,人民群众将以更多的人力、物力支持攻济作战。堂堂5大理由,这很是服人的!与会的都是些百战疆场的战将,很快就与聂凤智、许世友的看法基本一致。最后主持会议的华东野战军代司令员粟裕确定:“立足于快打,尽力争取在援敌尚远之时,攻克济南。”

华野首长采纳了聂凤智的建议,但是,粟裕并没有因此“奖励”他。尽管聂凤智与宋时轮争得面红耳赤,在攻城作战中,只捞到了个东线“助攻”,而西城主攻任务被宋时轮和10纵“抢”走了。聂凤智和9纵的任务是先肃清东郊各据点之敌,然后协同西兵团攻城,也就是说,这“助攻”是9纵跟在10纵屁股后打。一贯争强好胜的聂凤智哪里服气?对此,攻城集团总指挥许世友也无力去徇私情,对前来“吵”着“要任务”的聂凤智说:“我知道你还惦记着那‘主攻’,民主决策,我也没办法。”

聂凤智知道没办法了,只好放弃了,但心里怎么想还是怎么放不下那撩人的“主攻”。

聂凤智在大战前几次爆出惊人之语,并且直接影响战役指挥者的决策,从打周村到打潍县双城,再到打济南,仗仗如此,会后,他的好友陶勇和他开玩笑说:“聂凤智在许多重要会议上和讲话中,常有独到的见解,精辟的分析,胜人一筹,在1948年3月到9月达到高峰。”

“什么高峰呀,连个主攻都没捞到!”

聂凤智甩下一句话,就走了。

(2)

谁都知道聂凤智是个胆子大的人,他胆大,还敢“妄为”。在华野作战会议后,他回到了纵队司令部。过了一天,作战科来人问:

“聂司令,这是我们下发的攻城集团下达的作战命令,你看看。没意见就签字。”

他接过来,看了看,突然从桌子上拿起笔,大笔一挥,把那灼眼的“助”字改成了个歪歪斜斜的“主”字,也就是说,他把攻城集团下达的9纵队的任务“助攻”改成了“主攻”,他把许世友指挥的14万人马攻城总指挥的命令私改了,“助攻”变成了“主攻”,命令虽是一字之差,战场上的局势和结果就可能完全相反。聂凤智这胆子可比天还大了!作战科长怔了怔,见司令员脸色都是黑黑的,也不敢多问,于是,9纵队作战科下达给各师的作战命令上,全成了“主攻”,结果,师、团长接到纵队命令后,纷纷打电话询问:“是不是写错了?”

聂司令告诉他们:“没错!不是佯攻,是真攻,而不是假攻,主攻也罢,助攻也罢。关键都要攻。”

“啪”地一下,聂凤智把电话挂掉了!

尽管聂司令说的话多少还有点模棱两可的味道,但他的那些手下大将们谁不想当主攻?只听到了那“没错”两个字,谁还去想后面那一串话的含义?立即召开动员会,把再次担任主攻的任务和精神层层向下传达。

这下可好了,在全纵誓师大会上,9纵那些老虎团长、攻坚营长和那些战斗英雄轮番上台发言,结果,一个个扯着红脖子,大喉咙高嗓门,一口一个“主攻”,把坐在主席台上前来做动员的许世友越听越糊涂,一肚子的纳闷儿,许久才推推随行的谭震林政委:

“谭老板,这命令是不是发错了啊?”

参谋打电话回去一查,回报说:“没错!我们的命令上9纵是‘助攻’,要错,是9纵。”

这下许世友明白是怎么回事了,“呼”起身就走。一直在旁边斜眼“观察”老司令“风声”的聂凤智知道大事不好了,立即起身“跟”去。还好,老司令没有径直登车“回家”,而是到了9纵司令部的办公室,见着聂凤智“跟”了进来,黑着脸,喝道:

“聂凤智,你好大的胆子!”

这时,聂凤智嬉皮笑脸地说:“老司令,不要发脾气嘛,你听我说嘛!”

许世友虽然是老司令,一贯对聂凤智是又宠又爱的,但在大是大非上却并不糊涂,桌子一拍,吼道:“大战在即,你竟敢私改华野的命令!”

“老司令你听我解释嘛,”聂凤智还是嬉皮笑脸,解释说,“王耀武毕竟是国民党军中一位‘上将军’,有胆识,有谋略,你不是也说他绝非昏庸无能之辈吗?助攻,不是佯攻。助攻、主攻一样都要攻,我们把助攻改成主攻,一不要添枪,二不要添人,只是为了让战士们放开手脚打,调动士气,这有什么不好?我们打得急,东西夹击一起攻,就很可能促使敌人的部署错乱,弄不清楚我们哪里是主攻哪里是助攻,这不就更好?!另外,我们是老司令一手带出来,说不定我们还先攻进城去,为你老人家挣挣脸呢!”

许世友一听聂凤智“越说越离谱”了,骂了句:“聂凤智,你要是搞砸了,看我不扒了你的皮!”说完,他就“带气”走了。这下聂凤智“嘻嘻”一笑:

“老司令就是老司令,嘿嘿,深明大义!”

聂凤智这一招确实有效,他这“一字之改”,却把自己的纵队战术思想变为了战士们的自觉行动,实战证实聂凤智的做法确实有效,并且是“分析正确”。战斗一打响,9纵“助攻”当作“主攻”打,部队的精神状态确实不一样,在扫清东郊据点时,一遇阻,团长、连长就喊:“主攻部队哪里能落后于兄弟纵队?!”战士们就铆足劲儿猛打猛冲,弄得济南的守将王耀武原先判断许世友的主攻方向是放在城西。战役过程中,吴化文起义,城东激战白热化,且发展较快。王耀武又判断攻城的主力在城东,于是又把城西支持作战的2个旅,匆匆回师东援。可打着打着,突然西城又紧张起来了,王耀武就是猜不准到底哪一边是许世友的真正主攻方向,无奈,只得把预备队东拖西拉,一会儿调往西,一会儿调往东,在城中来回奔命,仗没打仗,济南城中的市民大惑不解:济南战役王耀武做了俘虏,也未弄清对方到底哪边是“主攻”。

战后,9纵上下听到聂司令私改命令的事后,说:“聂司令私改命令,不仅王耀武被他骗了,嘿嘿,我们也全被他骗了!聂司令的决断确实是高!”

(3)

攻济战役是1948年9月16日正式发起的。

9纵首战茂岭山,负责“打开”济南东大门。

济南东郊外围防御地带的茂岭山和砚池山,是济南城东郊的主要屏障,构筑了大量永久性和半永久性工事。能否尽快攻下这两座山,是攻城兵团顺利打到济南城下的前提。

可这茂岭山的工事之坚固,一点也不亚于不久在周村、潍县的敌防御工事,甚至还要强。茂岭山的工事全是新修建的,山上原来的旧工事全被王耀武派兵炸毁了,他说:“旧的怕不经打。”结果,新的修筑工事全是与“国际接轨”的现代化防御阵地。工事修成后,他还不放心,拉来大炮试射3发,然后,哈哈大笑,指着炮弹轰击的墙壁,洋洋得意地对他的部下说:

“你们总是怕,总是怕,你们看,三炮都打不坏,八路就没法打了。”

尔后,他又下令在工事周围设置了铁丝网和爆炸性障碍物。王耀武的防御工事不可谓不坚固，山岭筑有宽20米，长60米左右的长方形夹壁墙工事,高约3米,外墙厚1.5米,墙内信道宽1.5米;夹壁墙与四角地堡连成一个整体,正中还加修了掩蔽体,上设两个活动地堡。有了这样的防御工事,王耀武担负外围防御的整编第73师师长曹振铎有恃无恐地扬言说:

“不怕共军来,就怕共军不敢来!”

对于茂岭山这样坚固的“硬骨头”堡垒,要拿下来,聂凤智也知道攻坚部队无疑是要脱层皮,他把“啃骨头”的任务交给了74团。可攻济战役即将发起,他对这块“骨头”还多少有些不放心。一天早晨,他派警卫员把作战科长刘岩叫了过来,问道:

“王景昆团一夜打下茂岭山有把握吗?”

王景昆团就是74团。刘科长说:“没有问题。”

聂凤智见他回答得很肯定,未再说什么。谁知在吃中饭时,他又派警卫员来叫刘科长,刘科长一去,他又郑重地问:“刘岩,你敢肯定74团一夜能打下茂岭山?”

“应该没问题!”

但聂凤智还是不放心,又接着连问了两次。被他这一问,刘科长无法回答了,说:“首长,我明天就去74团看看,回来再向您报告。”

第二天一早,刘科长策马去74团,把聂司令一定要当夜打下茂岭山的意图告知王景昆团长和孙子宇政委,并问他们有没有把握。王景昆团长说:“请转告老领导,我们代表全团指战员保证,一夜攻下茂岭山。”

王团长怕刘科长“还没底”,又陪他去看了演习攻坚的连队。结果,刘科长一走进部队,表决心的墙报、宣誓书贴满了驻地,战士们情绪高昂,战斗动作和指挥都很熟练，刘科长十分欣喜地说:“兵已练到这种程度，还有攻不破的夹壁墙、地堡?”回到司令部后,他就去聂司令处汇报了74团指战员的决心和保证,说:

“王团长在13团时能攻坚,现在到了74团,部队的训练又有了不少新的发展。我看,一夜攻下茂岭山不会有什么问题。”

聂凤智也高兴,说:“王景昆团长说话实在,说到做到。我放心了!”

结果,王景昆和孙子宇率领74团首战茂岭山,当夜就攻下了茂岭山,把以钢筋水泥构筑的地堡和夹壁墙工事炸得七零八落，把红旗插上了茂岭山

主峰,打开了东大门。74 团一攻下茂岭山报告上来,聂凤智高兴地说:

“指挥所天亮就搬上茂岭山,准备指挥消灭王耀武的反击部队。”

天明后,75 团攻占了砚池山。

经过 6 天 6 夜的血战,济南东部的主要屏障全被摧垮,为攻城扫清了道路。73 团仅用一天一夜,便攻进了外城。战后王耀武说:“想不到东大门会失守得这样快。这次作战,我们是稀里糊涂地失败了。”

(4)

1948 年 9 月 23 日黄昏,总攻内城开始了。

这是王耀武最后、最坚固的一道防线。敌人已处后退无路、外逃无门、援兵无望的境地,唯有拼死顽抗到底。因此,东西攻城部队,虽打得勇猛顽强,有的已登上城墙,同敌人展开白刃格斗,但由于敌人猛烈的火力封锁和组织大量亡命之徒,接连不断地反击,致使东西攻击部队都没成功。聂凤智的王牌 73 团 3 次攻击,3 次失利,被阻在护城河外。敌人困兽犹斗,这是意料中的事。可是,经过几个小时的激战,西线两个突击点,一个未能突破,一个突破受挫,东线也同样受挫,3 个师上半夜都没有成功。在攻击内城全线受挫的严峻现实面前,各级指挥员都在紧张地思考:怎么办?打,撤?还是整顿补充以后,重新组织攻击?于是,有人向兵团提出先休整,过后再打。

9 纵指挥所内静得没有一点声音。夜半 24 时左右,聂司令在考虑组织再次攻击。电话铃突然响了,是许世友司令打来电话,聂司令急忙接过电话,许世友司令说:

“西线攻击受挫,你们也突击未成,是否撤下来整顿一下再攻?”

话很短,聂司令却不高兴地嚷了起来:“仗打成这样了,怎么撤?!”

老司令平时“不准”聂凤智顶撞,聂凤智一发犟劲,他也会针锋相对,但是这时脾气出奇的好,“是打、还是撤?那你们研究一下后再报告”。

聂凤智沉重地说:“允许我再考虑一下吧!”

许司令说:“那好,你们赶快研究。”

9 纵虽几次登城失利,但仍在积极组织,准备再次攻击。撤,太突然了。聂凤智不断地吸烟。他知道,此刻许司令在等待着他的答复,压力太大了。突然,他对作战科长刘岩说:“刘岩,你上山顶看看情况。”

刘岩走出设在山顶东边地堡内的指挥所，上了山顶。他站在山顶上，凝视着济南城。这时，聂司令也上来了。仲秋的深夜站在山顶上，身上觉得有点寒意。警卫员给聂司令披上了一件短大衣。

茂岭山显得特别寂静，静得什么声音都没有。聂凤智不停地吸着烟，怕暴露火光，用两手捂着吸。突然，他终于开口了。

“刘岩，你怎么考虑？”他问。

“不能撤。伤亡已这么大了，如果撤下来再打，重新攻到老城根，少说也得再增加3000人的伤亡。接着攻，再有1000人也就攻进去了。”

“如打得顺利，有几百人的代价也就突上城头了。现在城内一枪不响，说明王耀武已经只有招架之功，已无还手之力。”

可是，他仍在思考。要定下继续攻城的决心实在太难了。攻进去了那当然好，万一攻不进去，对整个战役将产生不良影响。然而，聂凤智就是聂凤智，他是敢担千难万险的！终于他把决心定下了，斩钉截铁地说：

“刘岩，你马上准备一下。我们一定要坚决攻击，决不能让敌人有喘息之机。”

他迅速走进指挥所，抓起电话报告许世友、谭震林等首长：“我们再组织反攻击。”

主意拿定。聂凤智回到指挥所里，抓过电话，向兵团建议：“再攻一次。”

许世友一听，说：“就这样，你们继续朝里打！”

接着，他又给主攻团73团团长张慕韩打了电话，对他强调说：“最后这次攻击，一定要连续猛攻，突上城头。”

团长张慕韩说：“一切都准备好了，坚决把山东人民赠送的红旗，插到济南城头上！”

聂凤智问他：“你们还有什么困难？”

“再给我们20发炮弹。”

聂凤智说：“给你们50发，马上送到！”

尔后，聂凤智又对刘岩说：“你马上组织机关干部去，连长牺牲了代替连长，营长牺牲了代替营长。这次攻击一定要成功！”

（5）

聂凤智了解73团，73团信任聂凤智。全体官兵只要听说聂凤智在阵地上，就能产生出强大的战斗力。他们下定最后决心，再攻一次。不是试试看，而是坚决突进济南城。方案提出来了，“打！继续朝内城打！”成为了老虎团的最强音。

24日凌晨1时30分，最后一次猛攻开始了。全线众炮齐轰，撕破静谧的夜空，内城四周杀声震天。73团严密封锁住城墙上、中、下三层火力发射点，3营7连越过护城河，贴紧城墙，把几百斤重的云梯高高竖起。英雄战士们在敌人的密集火网上，不怕伤亡，前仆后继，顺云梯攀援而上，跃登城头，勇猛地堵住首批扑过来的敌人。可当后续突击部队到达城墙根一看，云梯已经断了，突然，三条大绳子从城上顺下来。

连长心中一喜：这玩意儿，我们练过！他立即命令部队：

“迅速抓绳登城。”

战士们立即抓住绳子，像猴子似的一个个飞快地往上爬，毫不费力气地就在枪林弹雨中登城，及时支持城上部队战斗。

这73团为什么会有这“猴子的本领”？

这又要归功于司令员聂凤智的功劳。

当初9纵打下高大坚固设防的潍县城后，战士们刚掩埋完牺牲的战友，敌人的尸体有些还暴露在野地上。遍地的枪炮弹药还未及清理，挖出的地雷也都摆在壕沟边，未挖出的地雷还有成千上万，部队的缺员也还没有补充，干部也还没有调整，突然一个命令来了：

“再打一次潍县！”

不是已经拿下了吗？怎么再打一次呢？

原来，聂凤智认为这次打潍县锻炼了部队的攻坚能力，也探索了攻打高大城墙的经验，再锻炼部队，为攻打济南作准备，他决定再实弹演习一次“攻打潍县”。就这样，还都相当疲劳的战士们又真枪实弹地“攻打”潍县城了。

演习开始了。一颗红色信号弹升起，霎时枪声大作，硝烟四起。其激烈程度，一点不亚于突破潍城的实战。演习分扫外围、过壕沟、登城、扩大突破口、下城等步骤进行。部队根据实战的经验和体会，以熟练地攻击动作，很快登上了城头。聂凤智登上城头后，也兴致勃勃地和战士们一样，握着下城的布带子，练了一次下城的动作。聂司令带头“练绳子”，战士们更来劲了，上了下，下了上，抓绳子爬城练得滚瓜烂熟。

这次打济南战士们终于用上了在潍县战后训练中练过的“抓绳子爬城的技术”,2 时 25 分,7 连相继突上去两个排。“打进济南府,活捉王耀武”的红旗,终于插上了高高的气象台。73 团 3 营 7 连首先攀登突破成功。胜利的消息,很快报告来了,整夜沉闷的指挥所里顿时沸腾起来。

作战科长抓起电话要给兵团首长报告突破成功的喜讯。聂司令按住电话说:“慢!才登上两个排,要是被反下来,不是谎报军情吗?”

胜利的消息一个接一个报来。73 团报告已突进城内两个营了(实际上只有两个连的人数)。这时,聂司令松了一口气,对刘岩说:“现在可以报了,敌人已无法把我们反出来了。”

接电话的是许司令,当听到报告已突进去了两个营,骂了一声“混蛋”。刘科长还想说下去,许司令打断他的话:“不要说了。我告诉西线快打。”

刘科长放下电话告诉聂凤智说:“聂司令,老司令骂我混蛋。”

聂凤智“扑哧”一笑,说:“刘岩,许司令骂你,这是高兴。他高兴了,也骂人。”

“嘿嘿,我理解许司令的‘骂’,他是嫌我报告晚了。”

拂晓前,13 纵 109 团在西南角也突破成功。

王耀武扼守的济南城最后一道坚固防线一夜之间土崩瓦解。东、西线各攻城部队纷纷涌入内城,左冲右突,聚歼守敌。9 月 24 日,济南城全部获得解放。王耀武化装潜逃,也被活捉了。

(6)

济南攻克以后,聂凤智正打算到突破口去仔细看看,通信员跑步追上来,说:“许司令员打电话到处找你呢!”

聂凤智不知又有什么急事,气喘吁吁赶回茂岭山顶指挥所。电话接通,许世友正等着他呢:“聂凤智啊?”

聂凤智一听老司令的口气竟然是这样的柔和,赶紧回答:“是我。”

“嗯,这次打济南,你们打得不错!”

聂凤智刚想说点什么,“咔哒”一声,他那边已把电话搁了。

聂凤智手握电话筒,一下愣在那里:怎么话好像没说完就挂了?!很快,他醒悟过来了,这是老司令表扬自己啊!突然,他眼泪吧嗒吧嗒地往下流。

参谋们大吃一惊,心想:发生事情了啊? 就是许司令骂人,也从没见过聂司令哭过呀!赶紧去找刘政委。政委过来了,说:“老聂,你这个怎么啦?革命军人受点委屈也没什么嘛!”

他们只见聂司令哽咽着说:“许司令表扬我们了,说我们打得不错。”

“哈哈,表扬应该高兴啊!”

“18 年了,老司令在电话上表扬我,这还是第一次。”聂凤智更是眼泪往下淌了,“我 1931 年开始认识老司令,跟着他打了 18 年的仗,大胜仗、小胜仗,打了无数,18 年了,他从没表扬过我。出自许司令员之口的表扬,是多么的不简单和难得啊!”

也就是说,打济南,聂凤智才得到许世友一次算是“当面的表扬”,据说也是唯一的一次表扬。这就是真挚的许聂之情,也说明聂凤智在这次打下济南城的功有多大!

(7)

许世友指挥 14 万人马仅仅用 8 个昼夜就解放了济南, 全歼守敌 11 万余人,赢得了重大胜利。国民党统帅部在济南失守后惊慌失措,美联社说他们“吓得目瞪口呆,不知所措”。

战后,一位被俘的蒋军高级将领当面请教聂凤智:“聂司令,贵军攻城的主力,究竟是置于哪一边?”

聂凤智风趣地说:“两边都是主力。”

毛泽东和中央军委为了表彰济南战役作战有功部队, 于济南大捷的当天(9 月 24 日)发布嘉奖令,授予 9 纵 73 团为“济南第一团”荣誉称号,13 纵 37 师 109 团为“济南第二团”。一次战斗,中央军委授予两个英雄团的称号。这在解放战争史上是前所未有的。

9 纵在济南战役中赢得了巨大的荣誉,也付出了巨大的牺牲。

济南城东南角破城处,保存了一段城基,新中国成立后在上面修筑了高耸云天的烈士纪念碑,东面墙上用高 4.4 米、宽 34.6 米的黑色大理石修建了烈士纪念碑,上面密密麻麻镌刻了 3764 位烈士的英名,其中 9 纵的烈士就有 1356 名。

战后,毛泽东亲自下令选调山东最优秀的子弟补充 9 纵的减员,并且规定它在短期不得担任突击任务。结果,经过几个月的休养,9 纵成为了淮海战役开战时人数最充实的纵队，全纵官兵达到3.1万人，而这时其他纵队人数最多的10纵、7纵也不过2.9万人，有的还只1万多人，9纵实力为华野各纵之冠。

在济南战役后，聂凤智率9纵也随山东兵团加入了气势磅礴的淮海战役，在淮海战场上，9纵和国民党劲旅决战，力挫群雄，战后，9纵改编为中国人民解放军第27军，隶属第三野战军第9兵团，聂凤智为军长。

16.渡江作战

淮海战役一结束，渡江战役又紧接着打响了，在总前委刘伯承、陈毅、邓小平、粟裕、谭震林统一指挥下，人民解放军组成东、中、西三个集团。中集团辖第7、9兵团，由华东野战军副政委谭震林指挥，谭在7兵团部遂行指挥任务。7、9兵团展开4个军为渡江第一梯队，聂凤智率领的27军与7兵团的第24军并肩担任突破铜陵、繁昌一带国民党军江防的任务。

（1）

长江天险，是进军江南最大的障碍。

如何把部队带到对岸，如何突破敌人江防，如何在对岸站住脚，成为各级指挥员最伤脑筋的问题。27军进抵巢湖和长江边后，就开始进行紧张的渡江准备。渡江第一梯队的指挥员，吃住都是在江堤边，侦察敌情，熟悉水情，了解对岸的地形地物及敌人设防。聂凤智军长也经常在江堤上转悠着，有时这看看，那瞧瞧，有时和战士们打打招呼，有时还问点情况。战士们纷纷悄悄议论："这道天险给军长出了难题了。"

为了解长江南岸纵深内的敌情、地形，他千方百计地加强侦察工作，派出侦察人员偷渡10次，成功8次，俘敌30名。几次侦察，突然，他蹦出了一个大胆的想法：先派一个先遣渡江侦察大队过江去搞侦察，摸清情况。

这是一个胆大的设想。由于事关全局，兵团首长未敢点头，上报到总前委，总前委也不敢点头，最后上报中央军委，这才得到了首肯。

1949 年 3 月中旬的一天，在无为县的临江坝指挥所作战室里，聂凤智军长和刘浩天政委召见 81 师 242 团参谋长亚冰和军司令部侦察科长慕思荣，当面向两人宣布由军侦察营 1、2 连以及 79 师、81 师抽调 3 个侦察班，组成先遣渡江大队，共 300 人；亚冰为先遣渡江大队大队长，慕思荣为副大队长。随即，人员抽调成功，全是身怀绝技的侦察兵。

随后，聂凤智亲自到江边，给侦察英雄们送行，说："你们是渡江的先锋，军委、三野、兵团首长和广大指战员都等着你们的胜利消息！"4 月 6 日，夜幕降临，渡江侦察大队兵分两路，先是偷渡，后被敌哨兵发现，于是改为强渡，突破长江天堑后，与地下党会合了。

在江南，他们在游击队的配合下，进行敌后侦察，捕捉伪保长，强令他交代蒋军在本地的活动范围。捕捉敌游兵散勇，强令他交代蒋军的驻地、番号和火力配置等情况。他们还化装成蒋军部队，深入到敌前沿据点及其纵深地带随行侦察，结果，几十天下来，对敌江边兵力部署、指挥系统、作战能力、炮兵阵地、舰艇的停泊位置及其活动规律，以及兵力调动，纵深公路桥梁等都了如指掌。然后，又把所得的情报，或用电报源源不断地报告 27 军指挥部，或描绘成地图派人送到江北。这些情报对前线指挥员正确指挥作战，起了极大的作用。

天，谭震林得到 27 军先遣渡江侦察大队的报告："芜湖、铜陵地段敌人兵力薄弱，士气消沉，工事简陋。江防空隙很大，以及江南游击队积极活动，正在准备配合主力渡江。"

他非常高兴，说："27 军侦察部队渡江成功，说明木船能渡江，渡江后也能站住脚，没有什么顾虑了。"他在电报上加了按语：

"迅速转发各个部队，要求各部队抓紧时间进行深入准备。"

(2)

在先遣渡江大队活跃于大江南岸、深入敌后进行侦察时，聂凤智又亲自带领军、师、团各级干部和突击队长多次到江边研究敌情，了解地形、水情选择登陆突破地点。南北隔江相望，对岸敌军经常瞄着骑马的干部打冷炮。后来，他们就改穿便衣，骑着向老乡借来的水牛，三三两两抵江边活动，老乡见了,风趣地称他们为“牛倌”。

因为聂凤智常常带人侦察，结果事情还闹到南京蒋介石的参谋总长顾祝同召开的国防部江防作战紧急会议上。蒋介石的装甲兵司令徐庭瑶就是安徽无为县人，他在会上打趣说:“从家乡人那里得知，共产党的渡江部队挨家收集夜壶,准备放在船上,渡江时当油灯照明用。”

他的话引得在座人大笑不止。

海军总司令桂永清立即说:“诸位以此作为笑话轻松一下可以，却万不可轻视,共军诡计多端,必须加以防范。”然后,他又补充一句:“我们海军倒不怕他有灯,就怕他搞偷渡。”

可是27军不仅是偷渡,聂凤智还搞出了个“变我的背水为敌之背水,置敌于背水地位而夹击歼灭之”的战术。

这个战术说起来这么长,“背水”之后还带个“尾巴”——什么“置敌于背水地位而夹击歼灭之”的,好像很复杂。其实,说白了倒很简单。27军渡江登陆的正面是敌据点荻港。经过侦察,这里守敌兵力较强,聂凤智认为我登陆部队渡江作战处于背水作战,因此决定不从荻港江面正面强攻,而把登陆地段选在离荻港不远的一个敌军防守力量薄弱地方,待登陆成功后,迅速插入敌后,在纵深再迂回敌军的侧后,攻击荻港守敌。这样一打,荻港守敌反而“背水”作战了。

后来,这个“背水转化”的战术很有效。27军第一梯队部队在登陆后,按照聂军长规定的打法,很快夺取了荻港等据点,保证了后续部队顺利登陆。战士们说:“聂军长的战术就是巧妙。桂永清怕我们搞偷袭，我们就来个偷袭,并且还进行了‘背水转化’！”

(3)

4月20日,中集团开始渡江了。

渡江计划提前有一个重要原因，已过江的27军渡江先遣大队报告:近日在芜湖至枞阳段活动的国民党京沪杭警备总司令汤恩伯突然将国民党军队主力第20军调到我第9兵团的渡江正面铜陵至繁昌段,直接封锁我军特别是27军荻港至姚沟包括黑沙洲的渡江点。27军是4个第一批渡江的先遣军之一，这样必然增加渡江难度。他果断请示提前渡江，谭震林欣然同意,中集团提前打响了渡江战役。

在27军主力渡江时,渡江侦察大队从泾县向长江边急进。20日凌晨到达黄连山一线。当中路大军渡江开始和敌人发生激战时,他们也和敌人接上火,专门拣敌人的指挥系统打,摧毁敌指挥中心,破坏敌通讯联络,迫使敌指挥中断,使敌战斗部队失去协同,发生混乱,腹背受敌。先遣侦察营这种策应战斗动作,对27军主力迅速突破敌人江防起了不小作用。

一贯以快取胜的聂凤智指挥27军仅仅花了50分钟,就打上了南岸,他本人也站在了南岸。

21日3时,先遣侦察营与军指挥所在大磕山山麓的一个村子会合了。聂军长和刘浩天政委迎接他们,聂凤智紧紧握着亚冰、慕思荣的手,连连说:

“打得好,打得好!你们完成了历史性的先遣渡江任务。你们辛苦了!”

并且,聂凤智还请他们吃了顿丰盛的早餐。他举杯风趣地说:“亚、慕二帅完成了历史性的先遣渡江任务,立了大功,我向你们敬一杯酒,祝贺你们所取得的胜利!”大家相互碰杯,一饮而尽。

解放后,以27军先遣渡江侦察大队为原型拍摄了一部著名的电影,叫《渡江侦察记》。

(4)

在渡江战役中,27军79师235团3连5班一条船最先过江登上江南岸。但该连因错传了口令,提前了几分钟开船,他们尽管最先到岸登陆,成为了“渡江第一船”,但在战后评功时,却引起了“争议”。

27军上上下下个个好强,一打仗,干部就争任务、争主攻,战士们则争立功,争当英雄,每次战斗,争不到主攻任务,当不上“尖刀”,或没有首先突破敌阵,战后没有立功、受奖,获得荣誉称号,就觉得完成任务不圆满,十天半个月都是浑身不舒服,下决心在下次战斗中见高低。有了功劳,他们不也放弃,争功抢功的事情也出过不少。这次渡江第一船评议就“出了问题”。

237团3连2班的那条船是紧接着235团3连5班上岸的第二船,隔了一个营,还不是一个团,自然他们不会拱手相让。因此,在评议时,一边说:“最先过江就该表彰。”另一边说:“提前开船,是违犯纪律的,要追查。”

这弄得评功主持人也决策不下来,只好不了了之。结果,很多师、团领导纷纷打电话或当面询问聂军长:“到底是哪条船先过的长江?”

他们“问话中两方面的意思都有”，聂凤智何尝不知道他们实际上都是为自己的手下“争功”。聂军长的答复是：

“是毛主席革命路线先过的江，人民解放军全部渡过长江。”

后来战士们说：“军长要滑头！”

但是，聂凤智对自己的“滑头”还津津乐道地在自己的回忆录中写道：我“既考虑到对部队的组织纪律要从严的要求，又考虑到要保持部队在战斗中的奋勇争先精神，于是巧妙而不失幽默地”这样答复了。

（5）

27 军强渡长江后，急速挺进，千里迂回拦截逃敌。

4 月 27 日拂晓，当几日不见的太阳从云缝中射出一道霞光洒向大地时，27 军军指挥所渡过一条河流，爬上一个山岗，在一个叫界牌的小村庄停下来，开始休息开饭。

由于连日行军作战，部队人困马乏，大家刚一歇下就睡着了。聂凤智看过地图、了解了各师前进的情况后，刚准备躺下休息一会时，忽然警卫员报告：

“村北发现敌人。”

原来，一伙国民党溃军正躲在山北面的树林中，解放军又来了股小部队，悄悄地向山岗摸来了。幸好他们被哨兵发现。敌人见自己的企图暴露，便发疯似的在迫击炮、步机枪火力掩护下扑了过来。这时 27 军军指挥所的人员数量和武器装备，与敌人相比悬殊很大，且距各师较远，不能马上赶来增援，情况十分危急。聂军长立即带领指挥所人员跃入民房后的一条水渠里，边观察，边调兵，命令：

“快把敌人压下去！”

跟随指挥所的侦察连和通信连及指挥所人员迅速展开，占领了有利地形向敌开火。作战科长迅速调来警卫营的一挺重机枪，亲自操枪向敌扫射。侦察连、通信连从侧翼包抄，机关干部、炊事员、饲养员、文印员等也一齐上阵，集中各种火器，从不同方向向敌猛烈射击，这一打，敌兵摸不清对方的情况，不敢猛冲。这时，配属给第一梯队的纵队炮团的一门马拉着山炮因掉队赶了上来，李元副参谋长马上令其在房边展开，向敌开炮。

这突如其来的炮火和侦察连、通信连的勇猛反击，把敌人一下子打蒙了，哇啦哇啦的乱成一团，后面的敌人见势不妙缩了回去。

后来查明，该敌是南京伪总统府警卫团的 1 个营。

战斗结束后，有的干部幽默地说：

“今天军长当营长，我们机关的战斗力还不弱呢！”

17.战上海

渡江战役胜利后，聂凤智率领 27 军参加了闻名遐迩的上海战役。在上海战役中，他率领的 27 军不但在军事上获得重大胜利，而且在政治上也赢得国内外的高度赞誉。

（1）

在上海战役发动前，在布置作战方案时，聂凤智对手下这些“虎崽们”一再强调说：“打上海，不仅要打军事仗，更要打政治仗、政策仗，我们一定要做到军政全胜！”

为了这“军政全胜”，27 军上下这些政治干部是想尽了各种办法，开决心会、评功会，什么油印小报、宣传歌曲呀，宣传和鼓动工作搞得呱呱叫，对干部、战士进行的入城教育热热火火。

79 师驻在泗泾镇，干部战士是天天讨论学习，对“你对进上海有什么考虑？”“你有什么条件参加上海战役？”等问题，人人表态，挨个回答后，又挨个地“民主评议”，没评上的就不能进上海城。

237 团 7 连评议后，结果有 4 个人不合格：一个枪杀过俘虏；一个搜过俘虏腰包；一个未经许可，吃过老乡一个饭团；第 4 个就是 5 班长王传珠。这个王传珠是个“老油条”，可以称半个连干，他是 1941 年的抗战老兵，作战勇敢有经验，人长得也漂亮，就是老犯点小错误，这就使得他的那点光荣资历还不够每次犯错误降职用，因此一直只能在这个班长位置上蹦跶。这次头回上泗泾镇,他就又买了一小瓶雪花膏,致使“民主评议”没过关。

王传珠没被评上,连长牟起家火了,把他叫来,训道:

“你这个王传珠,要打仗了,搞什么鬼名堂?”

王传珠犯错误归犯错误,倒也是条汉子,受到批评,爽快地说:“我错了。”

“同志们对你的批评接不接受?”

“接受。”

但他又补充一句:“只要让我到第一线打仗,就坚决接受。”

牟起家为难了。尽管前面3个“不合格”战士磨缠和哀求,但他已和副连长商量好,不让他们上第一线,不过可以“将功赎罪”,组成运输组,加强炊事班,为部队从虹口桥向外滩延伸时送水送饭——因为军里有规定,骡马辎重不能进上海,而部队进上海又不能拿老百姓一针一线,这自然也包括不吃群众一口水一口饭。牟起家已经“传”过三个“不合格”的战士:

“你们3个听好,虽然不能上第一线,但只要把送饭送水的运输工作完成,战后照样可以立功!”

但对王传珠,他不能这样做,一来他是个有资格的老兵、班长,二来他作战的确有勇有谋,牟起家需要他和他的5班,这是7连战斗力最强的一个班。可让他戴罪立功,战士们那里就是通不过,说:“班长犯纪律,进了上海说不定还带头犯罪呢!”战士们的话说得这么重,牟起家怎么办?训了顿,却没办法了,只好请示上级:“王传珠民主评议没评上,我要求上级批准王传珠在战场上‘将功赎罪’。”

可是上级就是不批准,说王传珠能上,其他人也能上。最后,牟起家仗着自己是老虎连,为此事专门“闹”到了军长聂凤智那里去了。军长想了想,说:

“让他上吧,不过不能马虎,一要保证不犯纪律,二要仗得打好!”

结果,在8天8夜的追击战中,部队向程家桥推进时,王传珠的5班任务是侦察。部队接近程家桥攻击位置,东方天空才麻麻亮,视野还很模糊。

“连长,发现雷区。”王传珠报告。

“用石灰粉划杠!”

王传珠轻盈地跃起,带领他的5班向雷区匍匐前进……“轰!”第一颗地雷爆炸,王传珠的一条腿被炸断。

“卫生员！”连长喊。可是，没等卫生员把他拖下来，王传珠又向前爬去，“轰！”第二颗地雷在王传珠身上炸响……随即，胜利的道路开通了。

这是后话。

在“打过长江去”的口号声中，部队对入城纪律抓得比以往任何一次都严。27军个个都有一个“进门证”。这是聂凤智下令发的，这个“进门证”要求人人携带，字字背熟。

那么，这个大上海的“进门证”，到底是什么呢？其实它只是一个油印的小本子，上面写着：

> 机器零件不拆卸，窗上玻璃不打碎，家具用品不撤走，文件表册不乱翻，一切东西都上缴。恢复建设不困难，……第七城乡有分别。城市下能比农村，农村斗争的方式，不能机械搬进城。不准分房分浮财，不向工商乱斗争，不去讨好资本家，不乱斗大商人，不去献媚外国人，也不盲目排外人，不受贿赂不贪污，不让特务来勾引，不去腐化嫖女人，不当傻瓜刘宗敏……

后来，谭震林说：“难怪27军进了大上海，个个睡街头，真正做到了秋毫不犯，原来聂凤智把李自成的大将刘宗敏都结合进去了，这个进门证真是管用呀！”

(2)

打上海被陈毅称为是“瓷器店里打老鼠”，既要解放城市，又要减少破坏。

在市区作战，最大的困难是人口众多，建筑物密集。为了最大限度地减少战火对城市的破坏和对市民的伤害，聂凤智制定了两条原则，严格要求27军遵循。

这两个原则是：

一是在作战方法上，“快速跃进，勇猛穿插，迂回包围”，主旨就是：孤立分割各处守敌，不和敌人争夺一街一巷。敌兵守在街头和广场街垒里，他们就插到他们的背后去消灭。敌兵在高楼大厦里，就围着困起来，没吃没喝，最后，逼敌只得成团、成营地放下武器投降。

二是在作战手段上，严格遵守三野禁令，一律只用轻武器，绝对禁止用火炮和炸药，使人民的生命财产安全有所保障。

5月12日，攻击上海的战斗打响了，开始之初，在外围战中，第一条倒还比较好用，围上几天，敌兵饿上一两天，就扛不住了，打着白旗乖乖地出来了；可是在24日，27军向市区攻击后，越往城中心打敌兵越顽抗，第二条就问题来了。

5月25日凌晨，苏州河南岸市区全部解放，235团主力向北岸发起攻击。横贯市区的苏州河，河宽30米，只有几座桥横跨其上。南岸马路平坦，北岸是高楼林立，敌人在每个高大建筑物顶层配备了重兵把守。每座桥头构筑了碉堡，配有坦克、装甲车巡逻，轻重机枪构成稠密的火力网，死死封住了整个河面及临河的马路。

为了保全城市，战士一不能打炮，二不能用炸药，结果，突击队冲上桥头堡，一批批被对岸的子弹打得相继倒下。担架队、卫生员上不去，伤员抢不下来，眼看着朝夕相处的战友流血、负伤，却得不到及时救治，许多战士是怒火满腔，有的吵着、嚷着，要用炮和炸药，有的部队甚至拉来了榴弹炮，炮口直指北岸大厦，战士们马上就要开炮轰了。

在这关键的时刻，聂凤智闻讯，亲自赶到西藏中路。在场的干部战士激愤地纷纷要求强攻，用炮轰炸药炸，聂凤智观察着敌情，没有回答。这时，一个“二愣子”蹦了出来：“请问军首长，是干部战士的鲜血和生命重要，还是官僚资产阶级的楼房重要？”

措辞之激烈，问题之尖锐，代表了相当一部分人的情绪。这话也不无道理！楼房炸塌了，可以重盖。干部战士牺牲了，纵有回天之力，也无法复活呀！河对岸的敌兵还在疯狂顽抗，面对着手下一双双血红和充满期待的眼睛，聂军长也很激动，但是他克制了自己，说：“召开紧急党委会！”

就在枪声下，紧急党委会召开了，众人眼睛红红的，眼巴巴地望着军长，希望他下令开炮收拾这些“兔崽子”，谁知聂凤智说：“现在的问题，不是战士重要，还是楼房重要，应该是北岸的人民群众的安全最重要。我跟大家一样，珍惜战士的生命。但爱战士和爱惜人民群众的生命是一致的。我们打上海，不怕流血牺牲，为什么？不正是为了解放上海人民、为了保障人民群众的生命财产的安全吗？那些楼房再过几个小时，我们夺过来就该是属于人民的了。我们必须严格执行三野首长的指示，尽最大的努力，保全它们的完整。”

“禁令归禁令，人牺牲了，就是神仙也无法复活，楼房炸塌了，可以重盖！”还是有人没被聂军长的大道理说服，心有不甘地强辩。

这下聂凤智生气了，嚷道：“上海没有完全毁于反动派的暴政统治，难道它就要毁在我们的手里吗？”

情急之中，他一“嚷”，终于把问题的本质说出来了。这下大家也渐渐冷静下来，认识到既要消灭敌人，也要完整地保全城市。最后，军党委除重申严格制止违犯禁令等外，决定：一方面改变作战方法；一方面发动政治攻势，分化瓦解敌人——两手抓，去破敌。

(3)

下午2时许，27军党委紧急会议刚刚开完，81师政委罗维道就来电话找军长。

原来，他们通过地下党对对岸的敌51军进行策反，找到了51军军长兼淞沪警备副司令刘昌义，他表示愿意谈判，要求与军部联系。聂凤智和政治部主任仲曦东紧急商量后，回答说：“要他过河来，到军部谈判。”

晚7时，刘昌义等人乘坐的二辆吉普车大开车灯，由27军联络科科长兼俘管处副处长金灼之领到了虹桥镇27军前沿指挥所。为安全起见，车头插了一面白旗。

27军军部设在一座花园洋房里。此时，军作战科科长刘岩奉聂凤智的命令，已将军侦察营布置在小楼四周做特别警卫。聂凤智很重视这次谈判，说：“上海还很混乱，敌特很多，别让他们把刘昌义给暗杀了！”听到吉普车声，刘岩赶紧从楼上下来，悄悄对侦察营警卫说：“从现在起，任何人都不准在小楼周围走动。”

刘昌义等人被迅速带进楼内一间大屋里，双方分坐两边，27军这边有军政治部主任仲曦东、军联络科科长金灼之等4名代表，地下党代表田云樵、王仲民和刘昌义坐在另一边。谈判开始，刘昌义先报告了上海作战的局势以及汤恩伯、陈大庆、石觉已经登舰逃走的消息，然后将留在上海各军的番号、情况逐一作了详细介绍。聂凤智肯定了刘昌义弃暗求明的做法，说：“你的上司都跑光了，上海只留下你这个光杆副司令为他们卖命。我们已从西郊越过苏州河。正在向你们的阵地逼近。无论你打与不打,上海的解放只是一两天的事情了。你要为上海市人民和你部的官兵着想,应当毅然选择一条自新的道路,立即放下武器,率部投诚。”

刘昌义提出自己起义意愿由来已久,希望考虑给予他率部起义的待遇。这意味着,刘昌义及其所属部队将保持原有编制、待遇不变。但是,遭到聂凤智的拒绝,他说:“从客观情况看,你部是在我强大军事压力和政治攻势下进行谈判的,这和起义有根本区别。”

结果,为定为“起义”还是“投诚”,双方谈判到深夜 11 时。最后,聂凤智说刘昌义是在人民解放军强大军事压力下,经地下党派员做工作后,到 27 军谈判的,只能算放下武器投诚。至于他本人提到的个人情况,可以个别考虑。这样,双方才又“走到了一块”,接着双方就部队交出阵地的时间、方式等具体情况谈判。刘昌义提出,虽说自己被任命为副总司令,但他无法指挥交警和青年军,真正可以指挥的只是 51 军残部。

聂凤智问:“这一部约有多少兵力?”

刘昌义犹豫了一下,说:“7 个团……不,5 个团……”

“好吧。”聂凤智说,“不听指挥的部队,由我们解放军解决。”

然后,聂凤智向他宣读陈毅司令员的命令。刘昌义回去后即率部按照命令放下武器,撤出了江湾阵地,到我指定的地区集结,听候处理。

这样,大大加快了 27 军攻占北岸的速度。但是,谈判完毕已是第二天凌晨了。

(4)

5 月 26 日凌晨,送走刘昌义后,为指挥方便,聂凤智带领 27 军指挥所前进到了上海市中心威海卫路的一幢大楼底层。

这幢没有任何军事设施的建筑立即引起聂凤智的注意。他将房子里里外外看了一遍,就地在楼外的廊下抽烟,一根接一根,明亮的街灯照着他的脸孔,看得出他的沉思。不久,管理员被警卫员叫来,站在了聂凤智的面前。

“这幢大楼的情况你了解吗?”聂凤智开口就问。

管理员是个老同志,熟悉军长的脾气,立即回答说:“白天我来这里时,老百姓告诉我,这里原来住着蒋军军官,楼上还有没带走的家属。我打听了一下,这幢房子是国民党军官侵占的,主人还没收回去。我想在战斗还没结束的情况下,不能被认为是民房,暂时住住……”

聂凤智说:“我的好同志,谁说在战斗中就可以不执行纪律?如果这样,我们为什么不把大炮拖进来打一打,而让我们前线的战士少流血牺牲呢?记住,我们的纪律是保护每一个市民不受损失,保护每一幢大楼不受破坏,保护每一条大街和以前一样完整。最重要的是,我们要用自己的行动向上海人民说明我们这支军队的本质。好吧,马上通知各机关搬出大楼。”

聂凤智走向周围的一条小弄堂,四下里看了一下,就在墙角坐下,继续抽他的烟。指挥所的其他人都听见了聂凤智和管理员的谈话,纷纷将行李搬出房子,来到露天外。唯独作战李参谋还在屋里忙着用电话查询各师的战斗情况。

他听见有人走进来,脚步声在他身后止住,回头一看,是军长。

“怎么,你没有接到管理员搬出去的命令吗?”聂凤智生气了。

李参谋说:“首长,命令接到了,前面情况这么紧急,大街上指挥作战不合适,总要讲个保密,所以……”

“没有什么‘所以’,搬!”

下雨了,马路上到处湿漉漉的,李参谋和小邓来不及等电话员搬电话,就自己动手改线路,把电话接到街边架好。作战地图也只好摊在马路上,一张一张地拼接起来。阵阵小风吹来,掀起了地图。李参谋想了个办法,利用雨水打湿的地面的黏合力,将地图一张张使劲压在马路上,帮他一块儿干活的通信员有些牢骚:

“上海那么多房子,就没有解放军住的。”

聂凤智蹲在粘好的地图前,一支接着一支地抽香烟,看苏州河以北的地形,指示:“不管敌人是否执行投降条款,部队必须尽快渡过苏州河,进一步迫使敌人投降。”

一切布置停当。聂凤智才在通信员为他撑开的行军床上和衣躺下,天空飘着毛毛雨。

(5)

在上海解放时,27军负责对宋庆龄淮海中路西端住宅进行警卫。宋庆龄是孙中山先生的夫人,又是我党的老朋友,人们都习惯地尊称她为“国母”。

部队接到警卫任务，立即从战场挑选了几名战士前往警卫，这些战士一听是警卫“国母”，丝毫不敢疏忽，在房子周围荷枪实弹地日夜巡逻，如临大敌。

在布置任务时，上级指示战士们要严格审查进入住宅的人员，防止坏人混进去，层层下达，三传两传，传走了样，最后变成了一句命令：“只准出，不准进。”

一天，宋庆龄外出有事，乘车回家，结果被战士们挡在门口。宋庆龄的随员下车作了解释，战士们说：“我们不认识她，先不能进去，我们要请示上级。”

自己的家却不能进，宋庆龄一气之下，说：“司机，掉转车头，找陈毅去！”

结果，她直接把车开到三野司令部，当面向陈毅告了一状。陈老总赶紧作解释，主动承担了责任，然后派专人把她护送回家。然后，立即打电话打到了 27 军指挥部：

“聂凤智，你是怎么搞的？把人家挡在家门外，难道要让她住到我的司令部不成？！”

最后，他责成聂凤智亲自去向宋庆龄赔礼道歉。

聂凤智不敢怠慢，立即和 9 兵团政委郭化若赶往宋庆龄的住宅，登门当面作检讨。谁知他们接连去了三次，都终没能见到“国母”，吃了闭门羹。

郭化若说：“这个事真搞僵了。”

两人没办法，只好又回到三野司令部找陈毅司令员，由于没完成任务，两人心沉沉的，垂头丧气，陈司令员看他们这样子，爽朗地笑了起来，挥了挥手，说：

“你们去了三次，‘三顾茅庐’，心意到了就可以了。哈哈，没有把你们挡在门外，就算给了你们很大的面子呀！”

18.两次办学

1949 年进上海不久，聂凤智奉调离开 27 军，调到华东军事政治大学任教育长，用他自己的话说是——办学。

在历史上，他还有过一次办学的经历，那是在全国抗战之初，打仗出身的他因为在抗大学习表现好，留校当起了教员。后来，党为了发展敌后抗日根据地，派他去山东，结果，他率领抗大教导独立1团千里迢迢挺进敌后，来到了胶东。在胶东，他建立了抗大支校，自己当起了校长，专门为胶东敌后抗战培训干部。

后来，许世友说："聂凤智是打仗的料子，窝在那办教育，太可惜了。"于是，把他调往老虎13团任团长。没想到的是，他从当年的老虎团长"变成"了一个军长后，又一次被调去"办教育"了。

聂凤智离开27军去办教育时的27军送别情景，他的老部下江波有一则当时的日记记录，原文如下：

> 1949年7月10日。上海。聂军长要调往军大（据说是任教育长），我们军直开会欢送他。晚饭后，我正要去参加会，刚出大门，迎面碰上他了。我敬礼之后，叫上一声"军长"他笑了。吐出他那个口头禅："格那个的！"伸出手和我热情地握了手，便匆匆进屋。我径到市西中学礼堂去开会。会上，大家都有些惜别之情。仲主任深情地说一句"别有一番滋味在心头"的话。刘浩天政委历述了军长对本军创造建设的卓越贡献，号召向军长学习。军长在讲话中，亦流露出依依不舍之情。然而，这位将军是坚强的，他依然给我们做了指示：(1)归功于党。(2)加强学习。(3)加强团结。

7月11日，中央军委电令聂凤智为华东军事政治大学教育长，校长、政委由陈毅兼任。9月1日，华东军区、三野前委发出《关于开办军事政治大学决定》，以随军渡江南下的原华东军大、三野军政干部学校和第8兵团直属队一部为基础，组成新的华东军事政治大学。就这样，聂凤智开始了他人生第二次办学的新历程。

但是，他这次办学，没办多久就离开了。

有趣的是，当年参加过送别军长的老部下江波，在几十年之后，20世纪80年代初，军委在北京京西宾馆召开一次高级干部会时，又遇上了聂凤智。

当时江波参加会务工作。有一天，在一楼大厅的楼梯上，迎面碰上了老司令员。这时聂凤智在南京军区工作，江波还像当年一样，敬一个礼，叫一声“司令员”，聂凤智笑了，说：

“格那个的，你去南京玩么，那个火锅还在！”

这个亲切的口头禅“格那个的”，他依然没有改变。而那个火锅，就是一只紫铜火锅，外表上刻着极精致好看的花纹，是1948年9纵在淮海战役的碾庄战场上黄百韬的座车里拣到的，江波当时是9纵政治部《胜利报社》的干事，他们一起在前线司令部就吃过一次它做的火锅。

19.体验战斗机的惊险一幕

1950年8月，中央军委命令，聂凤智为华东军区空军司令兼空军混成4旅旅长。

聂凤智又回到了部队，作为第一任华东军区空军司令，他这次接手的却是个“新行当”。对他来讲，空军是一个高技术军种，陌生而又复杂。为了从外行变内行，他上任伊始，又是抓飞行基础技术训练，抓空、地安全保证，抓地勤人员技术、业务水平的提高，还抓指挥所建立和各种人员的学习，几手“抓”，几乎忙倒了。但是，飞机这玩意儿没实打实的技术，是谁也开不上天的。他不懂飞行技术，在工作中，尽管到处“抓”，却常常感到“抓”不准，“抓”不好，甚至好心还“抓错”，在领导和指挥工作中遇到什么问题，没有发言权。怎么办？他除了努力学习之外，决定自己去亲身体验一下战斗机的空中生活，来点“第一手资料”。

一天，他亲自找苏联顾问商量说：“我想请你带飞，作一次空中特技飞行，体验一下战斗机在空中的味道。”

“你想体验空中的味道？”顾问吃了一惊，“从来没听说过像你这样高级将领升空去体验生活的”。

“中国空军刚刚组建，有自己的特殊性”，聂凤智说，“我不亲身体验，怎么知道飞行是个啥滋味呢？说起话来，就没有发言权呀！”

他说服了顾问,后来又经过不知多少次请示报告,一次周总理在上海,有人向他反映聂凤智要坐战斗教练机,升空体会一下飞行特技。周总理说:“聂凤智这种精神很好嘛!对空军建设和作战有好处,何不让他试一试呢?问题是搞好安全保障工作。”上级这才同意了聂凤智的要求,但提出科目要从简,要绝对保证安全。于是,在上海虹桥机场展现了一场惊心动魄的一幕。

这一天,绿色信号弹划破天空,一架乌拉-9教练机,轰鸣着风驰电掣地迎着朝阳腾空而起。地面上100多双眼睛紧盯着远去的飞机,战斗机像一只小鸟一样在空中上下冲刺、左右翻腾。指挥塔台不断传出带飞顾问和聂司令的对话。

问“行不行?”

答:“上。”

飞机倒转后做了两个横滚。带飞顾问又问:

“行不行?”

“行不行?”

谁知未听到聂司令的回答。在塔台附近值班的一阵紧张,人们都屏住呼吸,仰望天空,静静地听着,但听不到空中声音传来。坐在塔台的苏联顾问忙接过话筒,命令飞机立即返航。飞机很快改平下降高度,进入着陆航线着陆。飞机滑到停机坪关车后,机务人员迅速爬上飞机,打开座舱一看,聂司令歪倒在里边,不省人事,机舱里吐得一塌糊涂。

机务人员和医生七手八脚把司令员抬出座舱,进行急救处理,直到晚上11时,他才醒过来。一醒来就说:“水,渴……”他要水喝,医务人员急忙送上水。喝完水,他又闭上眼睛。

结果,直到第2天下午,他才勉强下床,然后说:

“经过亲身体会,才知道当个飞行员真不容易。”

以后,他在主持南空工作中,一直强调要为飞行和飞行员服务。聂凤智原本有轻度肺气肿,这一来他的病情加重了。原混成4旅11团大队长徐怀堂,在回忆聂司令时说:

“在空军的初建时期,像聂司令员刚从陆军来的高级首长,亲自乘坐安全系数相对较低的高级教练机,能身临其境地飞到空中去,想亲口尝一尝‘梨子’的味道,取得第一手的材料,在那时可能是仅此一位。他的这种求实精神,值得我们永远发扬光大。"

自此,聂凤智在空军部队工作了25个年头。

20.打一仗,进一步

聂凤智不是天生就会打仗的,也不是一打就胜的,仗仗都能赢,在征战生涯中,他也有过打平手仗、消耗仗,甚至败仗的时候,但是,他有一个特点,那就是"打一仗,进一步"。

这也是他之所以成为将才的奥秘。

(1)

1943年春,胶东部队进行大规模的整编,在抗大第一分校胶东支校当校长的聂凤智被派到13团任团长。

13团是支由胶东优秀子弟组成的队伍,经许世友、吴克华等名将的培育,成长为一支能打硬仗、不怕牺牲、英勇无敌的劲旅。要当这个团的团长,没有"两下子"可不是容易的。

聂凤智到13团任团长,第一次就是在莱西县打投降派王子绍的土圈子,结果没有打下来。撤出战斗时,战士议论纷纷:

"这样的团长,我们团有的是,何用他来?"

"他是个教书匠,还不知道打过仗没有呢。"

谁知这些话让聂凤智听到了,他立即把队伍集合起来,进行"讲话",说:"大家说我不行。对!这次是没打好,等下次看。"

随后,他把打王子绍时的战术、技术做了一番研究改进。第二次打王子绍,一举成功,把那些坚固的土围子全部"敲"了下来。从此,他就一直率领13团,驰骋在胶东抗日战场,屡战屡胜。而13团这些"虎崽们"个个心服口服。

（2）

1947 年夏秋作战，9 纵受到了些挫折，战果不甚理想，当时部队曾流传一些说法："南麻、临朐、三户山，最后来个觇子湾。"

南麻、临朐战役打成消耗仗、平手仗，三户山与岘子湾追击，战果也不甚理想，主要原因是 9 纵刚刚开始打正规战，战士们对敌人的子母堡为主的防御工事，在战术上、技术上缺乏有效的攻击手段。

为此，聂凤智专心研究攻打子母堡的战术，最后提出一套战术，大大提高了部队打子母堡的战术、技术水平。

正是由于他善于总结战斗经验，在 1948 年春季首战周村获得了"开门红"的大胜利。他的这一套攻坚术也为 9 纵尔后参加潍县、兖州、济南等战役赢得一系列胜利起了关键作用。

谭震林政委说："聂凤智打仗很爱动脑筋，毛主席说的'打一仗，进一步'，他做得最好！"

（3）

1952 年夏，聂凤智受命参加抗美援朝战争，调任中国人民志愿军空军代司令员。

尽管从陆军调到空军还不满两年，他毅然率领华东军区空军机关赴安东前线，接替空联司的作战指挥任务后，他第一仗就打出了个有名的"5 比 6"的"败仗"。

这时，志愿军空军还是年轻的部队，在兵力数量和装备上，简直和"空中霸主"美军不可相比，飞行员也都是旱鸭子改行的，多数人没有空战经验。因此，美军有恃无恐，炸了朝鲜炸中国，1000 多架作战飞机猖狂得很。6 月 23 日，美军 300 架各型飞机"集体出动"，突击了位于中朝边境最大的拉古哨发电站。为保障志愿军后方"供血"的安全，中央军委指示志愿军空军协同苏联空军，对敌人的轰炸破坏，坚决予以打击，并且尽可能地将空中战线由鸭绿江一线前推到清川江及其以南，以削弱美军的"空中优势"。

面对这种严峻、复杂的斗争局面，聂凤智说："党把我调来指挥空战，是信任，也是重托。革命战争不是学好了再干，而是干起来再学习。干就是学习。”他毅然下决心挑起这副重担。9 月 4 日,他第一次指挥中朝联合空军部队作战,开始了“干就是学习”的第一步。

这日下午,天阴云低,美军出动 100 多架战斗轰炸机,80 余架 F-86 战斗截击机掩护，分东西两路，又向拉古哨发电站进袭。中苏空军迅速做了分工,由苏军负责“打西路”,志愿军空军迎战东路。

聂凤智亲自上指挥塔指挥,命令空 3 师 37 团 6 架米格 -15 型飞机到碧潼、楚山上空截击美机,随即,孙景华副团长率 1 个编队迅速升空后,刚爬到 5000 米的高空,就与隐蔽于云层的 36 架 F-86 敌机遭遇。在敌众我寡,敌高我低,处境十分不利的情况下,带队长机孙景华果断地指挥全团投入战斗,经过一场恶战,击落美机 3 架、击伤 2 架,但自己被敌击落 5 架,击伤 1 架,虽然阻止了美机轰炸,保卫了拉古哨发电站,但自己也付出了很大代价,战况是 6 比 5。

但聂凤智的上一任刘震司令员指挥志愿军空军在苏联空军的协助下,挫败了美军以破坏志愿军后方交通线为目的的所谓“空中绞杀战”计划,并且还培养了好几个王牌飞行员。因此战斗结束后,部队议论纷纷:

“天气不好还硬着头皮打,不吃亏才怪呢?”

“这样的打法,几次就把飞机搞光了。”

“聂凤智指挥陆军还行,指挥空军就不灵了!”

聂司令员听到这些反映后,专程赶到空 3 师,与战士们交换意见。他坦率而诚恳地说:

“仗没有打好,这是事实,责任在我。你们在恶劣天气条件下作战,打得很苦。很顽强。值得我学习。你们爱护飞机,爱护空军的荣誉,更使我感动。我是个土包子,从陆军到空军的时间不长,指挥空战是个新兵,是个学生。但是,我愿意从教训中吸取经验,从战争中学习本领,把今后的仗打好,希望大家多多帮助。”

司令员的真诚、坦率,谦逊的态度,深深地感动和教育了大家,飞行员们再不说三道四了,由埋怨转而为谅解和信任。

继 9 月 4 日的空战后,9 月 9 日、15 日,17 日，美空军又连续出动大机群,企图袭击拉古哨发电站和鸭绿江大桥,但均被志愿军空军配合苏联空军一一击退了。在此期间,聂凤智深入前线,调查研究,发展战术,他毕竟是身经百战,又具有丰富实战经验和精湛指挥艺术,随着对空战特点、规律的熟悉和掌握,他指挥空战就更得心应手了。4个月之后,即1952年12月份,敌我被击落飞机之比由第一次的0.8比1变成了3.1比1。

这样的战果,是来之不易的。对于“打一仗,进一步”的将才聂凤智来说,也绝非偶然。他曾说:“一个高级指挥员,在作战中,如果不能正确指挥,不能服众,这是莫大的耻辱。”为此,他费了多少脑子,多少心血。中国年轻的空军以少胜多,以劣胜强,给美国空军以重创,创造了众多奇迹取得显赫的战果。美国空军参谋长惊叹:“共产党中国几乎一夜之间就变成了世界主要空军强国!”

21.朝鲜空战出奇兵

与强大的美空军较量,聂凤智头脑不停地运转。为了变被动作战为主动作战,他把陆战的许多战法用到了空战中,与强大的“空中霸主”斗智斗勇,他的“招式”越来越多。

1952年11月一天,敌我战区都是复杂气象,按正常情况,双方都得“休战”,不上天了。谁知一大早,聂凤智却突然来到指挥所,对值班参谋:

“接通大东沟17师师长。”

17师师长还正在熟睡呢,他拿起电话,聂司令的命令来了,说:“令17师××大队飞过复杂气象的副大队长执行一个任务, 马上布置,7时49分起飞。”

在临起飞前20分钟,他亲自打来了电话,找到执行任务的飞行员,检查他们的准备情况,并要求他们复诵执行任务的一些具体规定,没有问题了,飞机才按预定时间起飞。当飞行员飞至“三八线”爬到6000米,完全进入敌雷达观察范围内时,聂司令员发话了:

“在云中飞,到目标上空再穿到云下,看准目标,一定要完成任务。”

他同空中飞行员的对话,敌我飞行员和地面指挥所都听得出来。这下敌指挥所慌乱起来了,紧急报告值班指挥官,并且拉得警报“呜呜”大响,震动了整个机场,有的“怕死鬼”还喊起来了:“共军飞机带炸弹要空袭机场啦!”

谁知,这架飞机在聂司令员的指挥下,在汉城机场转了一圈后,又升高返航,很快就安全着陆了。

以后两天里,指挥所不断侦听到的情报中传来很多美军闹剧,美军的情报报告说志愿军起飞十几架,在云中乱飞乱叫,地面听到警报,开始以为是试验警报器,待紧急警报发出,又没投弹,最后判定志愿军一定是侦察照相。而美空军司令向上报告说:

“从来就没有想到,共军还会来空袭我们。”

从此,美国空军改变了在朝鲜战场上只进攻,不防御的局面。得知这些情况,战士们乐哈哈地说:“聂司令虚晃一招闯天下。”

但是,随着空战规模的扩大,参战飞机增多,飞行员的空战战术越来越精,聂凤智指挥机群作战的经验也越来越丰富。志愿军空军与强大的美空军不仅斗勇,还斗智,声东击西,隐真示假,“闯天下”招式越来越多。后来,有人归纳总结,好不容易归纳成了四大招:

一是分而打之,迫敌就范。

当美军的轰炸机在战斗机掩护下对地面实施轰炸时,聂凤智先是一声令下,一部分战机“呼”地起飞,前来“决战”,结果,美战斗机被诱引得斗志昂扬,远离轰炸机群,升到高空与志愿军交战,双方你追我打,我追你打,一派火热。谁知此时,聂凤智又一声令下,部分战机又出动了,它们却不是前去助“决战”的,而挑着防御能力较弱、又失去了掩护的轰炸机飞去,一靠近,不分青红皂白就开炮打。当敌战斗机发现上当时,已被志愿军战机死死缠住,难以脱身,稍一失误,就会被击落,而失去掩护的敌轰炸机,要么被击落,怕死的早就弃弹逃命,为此还常常逃得不够快,稍一迟钝,就被我军击落。

二是轮番作战,变敌空中绝对优势为相对优势。

在朝鲜战场上,美空军在数量上和志愿军空军相比是占有绝对优势的,一打就像蝗虫似的一大堆。聂凤智很少去“单挑”,说:“这样斗勇,我们不干。巧妙的用兵,才是关键。”每当敌大机群来袭时,他采取一种“轮番升空作战法”,将自己为数不多的飞机,分为几个梯队,一波升空,一波待战,轮番出航,增加出动频率,以一当十。这样一打,我们离机场近,可以及时补充油、弹;而美军离机场远,难以补充油、弹,结果在空中拼杀上几个小时,弹药完了,油料用尽了,就是我们不打,他们油用完了想逃回都难。

三是出其不意，奇袭制胜。

在一段时间，美空军经常耍些“小聪明”，小编队躲在志愿军机场附近进行偷袭，专打正要着陆的战斗机。当聂凤智摸清这一规律后，每次战斗机要返航时，就令二线机场起飞数批飞机，进行尾随，美战斗机在前美滋滋地“螳螂捕蝉”时，万万没想到“黄雀在后”，结果，他们本来想搞偷袭，却被反偷袭，偷鸡不成蚀把米，弄巧成拙后，再也不敢搞这种偷袭战术了。

四是避其锐气，击其惰归。

1953 年 2 月 15 日，美出动上百架飞机寻求与志愿军空军“决战”。聂凤智则先派少数飞机起飞，与它们稍作接触就返航，就“怯战”逃跑。谁知这却是假象，等到它们油料将耗尽，被迫返航时，聂凤智一声令下，大部分飞机出动，拖住敌机，穷追猛打，这时地面防空高炮部队也进行配合开火，这次空战，志愿军击落、击伤敌机 5 架。

这些战术和经验的形成，倾注了聂凤智和各级指挥员的智慧和心血。后来，有记者问聂司令员：“在朝鲜战争中最深刻的感受是什么？”

他不假思索地说了一个字：“累”。

但是，参加朝鲜空战的战士们则说：“聂司令的战术远远不止是这些，奇妙得很。但有了这几招，我们对付‘空中霸王’就绰绰有余了！”

22.与两位空军英雄的交往

在朝鲜与美军空中较量中，志愿军涌现出了许多空中英雄。刘玉堤和张积慧就是其中两位杰出的代表，他们与聂凤智都有过一些交往，这些平凡的交往却体现出聂凤智的军事指挥风格和为人处事风格。

（1）

刘玉堤是空军 3 师 7 团 1 大队大队长和师射击主任。他是一位空战英雄，第一次升空作战，一人就打落 2 架敌机，击伤 1 架，首战告捷；13 天后，

他再次参战,一举又击落敌机 4 架。一次,他带队升空作战,飞至朝鲜平壤地区上空时,耳机里传来聂凤智司令员的命令:

“编队下方有很多小狗,避其小狗,先狠揍后面的大狗。”

“明白。”刘玉堤大声答。

聂凤智所说的“小狗”就是指敌战斗机,“大狗”则是指敌轰炸机。在他的“打狗”命令下,刘玉堤命令空中 8 架战机迅速调整攻击队形,与友机一起俯冲迎敌,在平壤上空与敌激战,我机先敌开火,先后击落 FMK-8 型、FMK-5 型机各一架,其余敌机吓得仓皇向海域逃窜。刘玉堤按捺不住激动的心情,大声喊着:

“打下两架,打下两架。”

聂凤智命令:“返航。”短短两个字,战士们却感受到司令员的严肃中掩饰不住的几分高兴和兴奋。飞机降落了,一架一架滑向跑道,8 架飞机刚一停稳,聂司令员就远远地快步走来,边走边喊着:

“刘玉堤、刘玉堤。”

刘玉堤刚跨出座舱,聂司令员就到了他的飞机下,拍着他的肩膀说:

“你们打得好!战斗作风泼辣,英勇顽强,机智灵活,又立了一功。”

司令员的一举一动,令刘玉堤难以忘怀。

时隔数月,刘玉堤与妻子贾肇泉在营区内又碰见了刚开完作战会议的聂司令员。这次司令员又恢复了他惯常的模样,笑着说:

“一对空军,一个当英雄,一个要当模范啊!”

刘玉堤的妻子贾肇泉是第一航校毕业的,是新中国第一代保伞员。刘玉堤驾机升空作战使用的伞都是她亲自包的,她送上飞机,又帮他安装好,最后目送他升空。聂司令的话语风趣,又有深意。

朝鲜战争结束后,在金门炮战时,刘玉堤已是空 9 师师长,作为聂凤智手下的大将,他指挥空 9 师击伤国民党空军王牌飞行员孙梦泉,击落国民党空军飞机两架。

(2)

刘玉堤与聂司令的交往是友好的,充满温情;但是,同样是空军英雄,小刘玉堤 4 岁的张积慧与刘玉堤相比,却是个充满着火药味的英雄呢!因此,他与聂司令的交往开始也是带着火药味的。张积慧是山东荣成人，在 1952 年春，他和僚机两架飞机碰上了美王牌飞行员戴维斯率领的 8 架飞机群，年轻气盛的他力战群雄，一开战，第一发炮弹就把戴维斯的战斗机打中，戴维斯连人带机掉到地上，机毁人亡。谁知当他返航时，子弹打光了，突然被 6 架美机死死缠住，追着打，他心一狠，拉起操作杆，迎面就挑了两架气势汹汹冲来的敌机撞去，“打算两命抵一命”，结果，他的这一壮举把追来的美军飞行员吓得高声尖叫，一拉加速杆，极速冲出 5000 米外，还刹不住脚，结果，6 架飞机全都一溜烟吓跑了。

张积慧这次击毙的戴维斯不是一般的飞行员，号称美军“百战不倦”的“空中英雄”，仅在二战中他就参战 266 次。没想到这“老英雄”一“轮战”到朝鲜，第一仗就被中国年轻的飞行员送进了坟墓。以后，张积慧又驾机参加了 10 多次空战，击落击伤敌机 5 架，被誉为“空中英雄”、“空中突击手”。而他仅仅才是个 25 岁的小伙子，因此身上还多少带有些年轻人的狂妄和傲气。1953 年 4 月间，连续几天的空战打得很激烈，有个团指挥员牺牲了，飞行员中也有一些伤亡。在战评会上，他对指挥空战的司令员聂凤智“开炮”了，脱口而出就是：

“聂司令员的这次指挥，不符合毛主席的战略战术思想。”

他这“惊人之语”一出，众人皆惊讶，也为他捏了一把汗。因为这时敌我双方空战规模升级，仗越打越大，伤亡增大是很正常的事；而他只看局部损失，主观地给聂司令员扣了顶“大帽子”——“不符合毛主席的战略战术思想”。一个 25 岁、刚刚上任的副团长居然同司令员谈起了“毛泽东的战术思想”，尽管他后来自己都说“真是荒唐可笑”，但是此时却咄咄逼人的，颇有点少壮派的“狂”。

但是，聂凤智却并没计较这个“初生牛犊”，只是友善地笑了笑，压根儿没把这事放在心上。

回国后，1955 年 9 月，两人竟然碰巧都住在空军招待所。这天晚上，恰好国家篮球队比赛，当年冲着司令员“放大炮”的张积慧怎么也没想到，聂司令竟然派人特意邀他和爱人一块去看球，结果，晚上，司令员亲自派他的车来接，两人共度了一个“良宵”。

可以后聂凤智一直在南京军区，而张积慧一直在沈阳军区，虽然都是在空军，但一个在南，一个在北，很少能碰到一起，几乎没有什么联系。直到

1978 年 4 月，全军在杭州召开学习“硬骨头 6 连”大会，张积慧作为军委空军副司令员，带空军的代表参加。聂凤智是南京军区司令员，听说张积慧来了，专门把他找去，两人在一块又一起愉快地回忆了抗美援朝期间的一些往事。谁知几个月后，张积慧突然被认为有“反党、反毛主席”的嫌疑，并且被认为“当年击落戴维斯有假”而被隔离反省，一关就是 2 年多。之后，他被下放到四川成都的一个制造飞机发动机工厂当副厂长。1983 年 10 月，调回老家在烟台市当副市长。在他蒙冤受屈时，过去许多与他熟悉的人变冷漠了，但一些老首长和老战友仍然关心着他，甚至不怕被牵连，为他反映情况。聂凤智就是其中的一位。

1984 年 4 月，张积慧正在招远县参加农村合作医疗现场会。突然，市委办公室打电话通知他：

“许世友司令、聂凤智司令到了烟台，要见你。”

后来，张积慧说：“在那种时候，老首长指名要见我，顿时一股暖流涌上心头。”他匆匆赶回烟台，见到许聂二位司令，并向他们报告：“我当了副市长了。”

他们紧紧握着他的手，聂凤智幽默地说：“副市长，官不小啊！”

接着，他们详细地询问张积慧的身体状况，听到张积慧说还好时，聂凤智连连点头：“好就好。身体好，比什么都重要。”接着，他还谈起了他在“文化大革命”时挨整的情况，鼓励张积慧振作起来，说：

“我能挑，一麻袋粮食我也能扛。你现在做着官，好多了。”一年后，聂凤智与老伴何鸣到青岛，又见了张积慧和他爱人高风茹。他鼓励张积慧说，要相信党，相信军委，问题一定会妥善解决的。

其实，张积慧与聂凤智真正在一块工作战斗的时间不长，前前后后不到 2 年，这中间，还不是直接在他身边，两人也谈不上什么私交，而聂凤智为什么会这样关心着他，爱护着他呢？张积慧说：“一般人是难以理解的。这正是聂凤智同志崇高、可贵之处，这也就是真正的共产党人、党的高级干部的风范。”而熟悉他的人知道，这既是聂凤智的为人风格，也是一位将军对自己的战将的关怀、爱护之情的体现。

1990 年 7 月，中央军委做出决定：将张积慧收回部队，按大军区级副职待遇离职休养……张积慧的问题，历经 12 年之久，终于得到了解决。此刻，他没忘记指挥过自己空战，并一直关心、爱护、鼓励他的聂司令，专程从烟台赶赴南京，向他报告中央军委的决定。这时，聂凤智已经躺在医院的病床上了，见到张积慧也十分高兴，说：

“祝贺你，张积慧同志。”

张积慧有许多话要对他讲，但什么也说不出来，只是向老司令深深地鞠了一个躬。

23.台海危机中指挥空战

1958年夏，国际复杂的形势和对台湾国民党集团斗争的需要，党中央和毛泽东决定炮击金门岛作战，南京军区空军司令员聂凤智被任命为福州军区空军司令员。

（1）

在炮击金门前，一次，国民党飞机分3批飞抵泉州上空骚扰。聂凤智立即命令汕头、连城、漳州、福州、龙田等机场的歼击机起飞拦击。为了保持空中连续的打击力量，不让蒋机逃跑，聂凤智原定计划用“打时间差”的轮番作战的战术，这批飞机来，那批飞机走。没有想到，各个机场起飞的时间没协同好，战斗机几乎在同一时间飞临泉州上空，结果，对敌机形成了包围，敌机无心恋战，仓皇飞跑，战士们紧追狠打，击落击伤敌机2架。

3天后，国防部长彭德怀亲自从北京打电话，问道：

“聂凤智，你搞了什么‘口袋战术’呀？弄得美国、日本、香港的报纸都在哇哇叫，说这个战术不是我们中国空军打的，可能是某国将领指挥的。”

聂凤智说：“哪来什么‘口袋战术’？哪来什么某国将领指挥，是我们自己起飞，时间没搞准，阴错阳差撞上的。”

“哈哈，真是巧啊。”彭老总听了笑着说，“歪打正着也好嘛，坏事变了好事。你们要认真总结一下这个口袋战术，以后还可以用”。

谁知彭老总的这番话，让聂凤智立即发明了一个“关门打狗”的战术，即将敌机放进来，包起来打。以前，每当敌机来犯，我即起飞拦击。双方稍作接触后，敌机即窜往公海，使我欲罢不能，欲追不成。有了“关门打狗”的战术后,战士们改变对策,有意放敌一码,等他们进入我有效拦击线后,再包围起来与之交战。这“关门打狗”的战术让蒋军空军吃亏不少。

(2)

1958年夏,空军入闽后,在聂凤智的指挥下,与国民党空军进行4次空战,4战4捷,击落击伤敌机9架。台湾当局在屡受打击的情况下,为稳定军心,于9月24日出动130余架飞机对大陆进行侦察和骚扰。没想到聂凤智早就对它们大规模攻势有准备, 一声令下,240余架次飞机及时起飞迎击。敌我在数量上几乎达到了1比2。本来此战国民党空军司令王叔铭是下了很大的赌注,蒋军还第一次带上了美国提供的“响尾蛇”导弹,谁知这次“响尾蛇”导弹也没帮上它们什么忙,蒋机不仅没捞到什么便宜,反而被击落飞机2架、击伤1架。

一个星期后,正是10月10日,这天是国民党的“双十节”,王叔铭又制定了一庞大的“献礼项目”——起飞400架次飞机,对大陆进行挑衅。结果,福建前线空军部队在聂凤智的指挥下轮番振翅冲天, 双方进行大规模的空战,满天都是机影,东一团火光,西一簇烟雾,蔚为壮观。结果,国民党空军损兵折将,大败而归。

令人忍俊不禁的是,几天后,台湾报纸却胡乱吹嘘“获捷”,连被人民解放军生擒的驾驶员张乃军也被捧成了 “与米格机相撞而壮烈成仁的烈士”。结果,10月20日,《人民日报》在刊登了张乃军被俘情况的通讯和照片,并配发两首小令,以昭示真相,两首小令为:

“成仁”

“成仁”、“成仁”,
自欺怎能欺人?
“烈士”尚在人间,
只是飞机冒烟。
烟冒,烟冒,
苦头皆由自找!

“捷报”

“捷报”、“捷报”，
厚着脸皮捏造。
说是撞机焚烧，
其实中了猛炮。
炮猛，炮猛，
下回少来再碰。

这回蒋介石在“双十节”丢丑了，一怒之下把空军司令王叔铭的职撤了，换上了周至柔，这周至柔倒是“柔”得很，慑于人民解放军空军的威力，乖乖地听话，聂凤智叫他“下回少来再碰”，他就真的不敢再碰了，即使偷偷来犯，每当听到人民解放军战斗机起飞了，掉头就立即回窜。蒋空军的活动范围基本退到了大陆海岸线以外。

24.为将之道

智勇双全，有胆有识，这是人们对聂凤智的中肯评价，也是长期在他领导下工作的人们的深切感受。他具有军事家的胆略和气魄，运筹帷幄，多谋善断，善于把上级首长的作战意图，转化为扎实稳妥的部队行动，又敢于决断，善出奇兵，又敢打硬仗、险仗、恶仗；他率领的27军是我军的王牌军之一，能攻能守，军政皆优。

聂凤智的战友尤太忠和唐凯对他的评价是：

不管是担任军事指挥员，还是担任政治指挥员，他都能很好地领会上级的意图，坚决服从命令，同时要求部队“算大账”，“从大局出发”，以夺取整个战役战斗的胜利。他带兵打仗的一贯风格是:叫攻就攻,叫守就守;说打就打,说走就走;指东向东,指西向西。叫攻就攻上去,叫守就守得住。既要争着带部队打主攻,敢于挑重担,也心甘情愿当“配角”。打主攻,不怕“啃硬骨头”,当“配角”,也要“唱出好戏来”。

聂凤智是我军杰出的将领,他的带兵之道有着他本人的独到之处。

(1)

聂凤智身居高位,却始终保持普通一兵的本色。他平易近人,和蔼可亲,常常与战士们打成一片。

在胶东抗大时,聂凤智虽然是校长,但喜欢打篮球,每驻到一个村里,晚饭后,他都要和“学生们”打一场篮球。在球场上,他是普通一兵,和“学生们”一样碰碰闯闯,争夺球,抢投篮。

有一次,一位参谋在运球中不慎把他碰倒了,跌得不轻,参谋赶快放下球,去搀扶他。谁知他摆摆手,亮着嗓子喊道:“快!快把球传去投篮!”

在打球的过程中,有位“学生”画了一幅漫画,一个球队队员伸长胳膊到篮圈,把球送进去。他看了哈哈大笑,拍拍他的肩膀说:

“小鬼,画得蛮好嘛。可就是有点那个,靠长长胳膀把球轻而易举地送进篮里,那不是真本事呀!”

聂凤智与战士们“没大没小”,善于体察下情,干部战士也乐于与他交流思想,沟通感情,因此,战士们在他身边凝聚得很紧,他一调走,上下难分难舍,曾出现几十人流泪,几百人相送的感人场面。

(2)

聂凤智带兵打仗有一个特点,就是特别重视搞侦察,他的手下有一支十分精悍的侦察部队。他有一个习惯,每次外出,宁可不带警卫员,也要带上几个侦察员,随时把他们派出去,摸情况,抓舌头,侦察敌情、民情。“兵马未动,侦察先行”,是他的战斗风格。每逢大战,只要时间和条件许可,他都要召集各级干部熟悉战场,侦察敌情,从而准确地定下决心和部署。他本人也是一位孤胆侦察英雄,有许多传奇的侦察故事。

1945 年 8 月,日本宣布无条件投降后,胶东军区首长根据青岛日军已经逃跑的情报,命令聂凤智率领部队去接管青岛。

拂晓时,部队到达抱虎山,敌情不明,他命令部队隐蔽待命。为弄清敌情,他亲自带领侦察分队,换上便衣,化装成农民继续向青岛市郊侦察前进。

在路上一问从市郊来的老百姓,说:“青岛的鬼子多着哪!”

话音未落,就发现有一队荷枪实弹的日军,从山垭口走来。聂凤智机灵地向战士们一挥手,示意进山谷。大家心领神会地装成做农活,在高粱地里弯着腰向山谷里移动。日军感到可疑,就向高粱地扫了一阵机枪,也没敢追。

据侦察,周围城镇的日伪军都猬集在青岛,敌我兵力对比悬殊,打青岛的时机尚不成熟,于是建议军区调整了接管青岛的计划。

因为重视侦察,聂凤智情况明,才决心大。

1948 年打周村时,战斗前 1 个月,他派纵队副参谋长叶超率领侦察分队深入胶济路沿线,把情况摸得一清二楚。临战前,他又对周村周围地形亲自作了侦察。正由于事先作过周密侦察,在敌情突变时,聂凤智才胸有成竹,果断地确定打下去,并且战则就胜。

(3)

在带兵打仗中,聂凤智执行上级命令,不折不扣,十分坚决,一丝不苟。要攻就攻,要守就守;说打就打,说走就走;叫东就东,叫西就西。

在孟良崮战役前,他遵照华野首长的指示,带领部队大踏步前进,大踏步后退,实行“耍龙灯”式的高度机动回旋,积极寻求和创造战机,千军万马严格遵从军委和华野的集中调度。

有一天晚上,部队奉命从坦埠出发,向东直奔沂水方向。刚走了几十里路后,华野首长紧急命令 9 纵折回坦埠,执行堵截敌整编第 74 师的任务。他没有丝毫犹豫,立即转兵西进,一夜之间,部队往返走了一百三四十里。在攻打兖州时,兵团首长确定 9 纵于泰安一带设伏,负责打援。9 纵一贯是啃“硬骨头”的,这下被派去打援,上下意见大得不得了,指挥员和战士个个是满脑子的想法。聂凤智说:“打仗好比唱戏一样,一台戏唱起来,有唱主角的,也有唱配角的。如果大家都争着唱主角,这出戏就没有法子唱下去了。”

他先抓领导,统一认识,然后做战士的工作,结果,强悍的 9 纵"配角意识"大大增强,许多一直要"啃骨头"的"愣头青"纷纷表态说:

"我们甘当配角,当好配角,使打援与主攻双管齐下,共奏凯歌。"

(4)

聂凤智指挥打仗,要求指挥所要尽量靠前,接近一线部队实施指挥。他规定:一线主攻部队突上去 1 个连,营指挥所就要跟上去;攻上去 1 个营,团指挥所就要上去。

他自己带头做榜样。每次指挥作战,他都把纵队指挥所选在尽可能靠近部队的位置,任凭敌机狂轰滥炸,火线枪林弹雨,他都镇定自若地口衔烟卷,有条不紊地指挥战斗。在济南战役中,9 纵 74 团只用两个小时即攻占敌东郊工事坚固的茂岭山。天亮以后,他就把纵队指挥所移到了茂岭山上。

这里山势较高,距济南城仅有 10 里,站在山头,不用望远镜就可以看到前线敌我两军厮杀的激烈战斗场面。他在这里发布作战令,调控战局。

(5)

聂凤智带兵,不仅部队会打仗,而且组织性、纪律性很强。9 纵战斗力强悍,将士素质都很高。

孟良崮战役前,由于蒋军重点进攻的战术改变,华东野战军司令员陈毅等人曾 5 次改变歼敌决心,部队频繁调动,"牵牛"行军,许多纵队意见都很大,部队中流传:"陈老总电报拍拍拍,小兵脚板噗噗噗!"当时,每天晚上夜行军,陈老总乘坐的小吉普车,常被行军部队阻滞,有时不停地按喇叭,有的部队还是不让路。但是,9 纵部队见了陈老总的吉普车,官兵自觉让路。后来,陈老总说:

"行军途中看到哪一支部队队形整齐,并主动为我们汽车让路,一问大多是 9 纵的部队。"

这是陈毅对 9 纵良好作风的表扬,也是对聂凤智培养部队严格组织性、纪律性的高度评价。

聂凤智治军有方,要求部队不仅要具备勇猛善战、吃苦耐劳、雷厉风行的好作风,而必须具有铁的纪律和很强的政策观。

(6)

聂凤智带兵打仗,并不是高高在上,只动嘴巴的将军,他是一位能沉下去的实干将军。

在朝鲜战场时,他不仅在战略战术上搞指挥,现场的指挥空战,也都是亲自上场,现场指挥。

而他的现场指挥,并不是坐在指挥塔里,说上一句,跟上一大堆的参谋、指挥员传令。他是亲手拿着话筒,高声地叫喊,亲自发号施令,每个命令,都是由他亲口发出,“到××××区域打!”、“到×××交通干线”、“狠狠地打!”“看准了再打!”“坚决地打!”飞行员在空中听到聂司令本人在指挥,除了信心大增外,还从他不同的指挥口令和语气中,十分清楚地明白他的作战意图和整个空中的敌我态势。多年以后,许多飞行员都对聂司令这种亲自指挥的作风记忆犹新,说:

“战斗越激烈、惊险,聂司令嗓子也喊得越高、越急!击落了敌机,他的喜悦,我们在话筒里也感受到!”

后来,彭德怀也听说了聂凤智的指挥风格,对他开玩笑说:“像你这样‘握话筒’的指挥场面,在中外空战中都是极少见的啊。”

聂凤智笑着说:“和美国佬斗,我这个当司令的,不来点‘现场的握话筒’,那怎么行呀?”

“握话筒”,现场指挥是聂凤智的指挥风格之一,也是他负责和制胜的杰出战将的风格体现。

(7)

聂凤智为将带兵,对属下很关心爱护。

对此,他的警卫员单文忠有两件最难忘的事情。

1941 年夏,在鲁南,单文忠得了一场病,上吐下泻,一天拉吐一二十次。由于身体虚弱,行动不稳,结果,他上厕所的时候,因为浑身乏力,不小心掉进一人多深的粪坑里。聂凤智闻讯后,立即赶来,和勤务员李大新、饲养员李锁成等人跳进粪坑,七手八脚硬是把他从粪坑拉出来,然后又用水把他身上冲洗干净。他的夫人何鸣大姐又亲自给他做鸡蛋面条,请来医生给他打针吃药。

在聂凤智等人的关怀下,没几天单文忠的病就治好了,身体迅速得到恢复。

1942 年冬,单文忠下到学员队去学习。结果,在胶东东介生了疥疮,很厉害,住进了西山康家医院。由于缺乏有效药品,医疗技术又差,后来发展到全身都是脓包,还害上了眼病,疼痛难忍,如果再得不到有效治疗,就有失明的危险。单文忠急得没办法,只好请假摸路回去“找首长”。

聂凤智一见他,说:“怎么病得这样严重啊?”马上派人去找烟台地下党,请他们买来有效药品。经过一段治疗,单文忠的眼睛好了,疥疮也逐渐痊愈,很快回到工作岗位。

单文忠年过七旬时,回忆此事时还激动地说:“我两眼的视力仍保持在1.5左右,这完全得益于首长的关怀!”

25.将军逸事

聂凤智有智有勇,在他的一生有着许多有趣的事情。

(1)

聂凤智虽然小时候读过书,但因为调皮,没学到什么东西,当兵一打仗,他认识不多的几个字全还给先生了。在红四方面军时,张国焘只重打仗,不管学习,结果,聂凤智当了营长,自己姓聂的“聂”字还不会写,给家里写信,“聂”字写成树叶子的“叶”,老父亲气得要死,来信大骂了他一顿:“自己姓什么都不知道,还当什么营长?!”他的老战友郭涛说:全国抗战爆发时,聂凤智刚进抗大学习,连自己的名字都写不全。

谁知聂凤智口才却很好,在山东部队中一作起报告来,讲得头头是道,又生动又形象,就是那些爱打瞌睡的,一听他的报告也不打瞌睡了,个个扯着脖子听得津津有味,还不时迸发出阵阵哄笑。

聂凤智在9纵时的老部下曲继宁说:“这位战场上叱咤风云的指挥员,生活中却是普通一兵。他平易近人,诙谐幽默,有出色的演讲才能,他能把深刻的政治观点,通俗生动、绘声绘色地表达出来,使听众聚精会神,有时又捧腹大笑。”

这就是工农干部出身的聂凤智将军。

(2)

红军反“围剿”时,聂凤智当连长,一次上级交给他个新任务,让他带领部队去打国民党的汽车。他很有章法地在公路两旁埋伏了一个通宵,天将亮时,一群轰轰隆隆的家伙在公路上出现了。

副连长问:“打不打?”

他仔细看了那玩意儿半天,说:“不打,这是火轮船,咱打老蒋的汽车。”

天亮后上级首长批评他,说他把敌人的汽车放过去了。

他打了个立正:“报告首长,我这里没过汽车,只过了几只火轮船!”

周村战斗缴来了一辆国民党的吉普车,打潍县之前他和几个师长去勘察地形,招呼他们上车,师长们一边笑一边说:

“你开‘火轮船’啊?我们不坐,我们还想多活几年呢!”

一个个推推搡搡上了大卡车。那时聂凤智30岁出头,很利索地跨上吉普车,并不觉得这玩意有啥难摆弄的,捣鼓了几下子,对驾驶员说:

“我开,你压阵。”

开车上了路,一气开出几十公里,越开兴致越高。心中正得意,一个急转弯,慌了手脚,驾驶员尖叫了一声,天旋地转,四个车轮子朝了天。……

几个师长的卡车赶到,聂凤智和驾驶员正从车里往外爬,一身泥,倒没受伤。几个师长全乐了,聂凤智说:

“帮个忙吧。”

众人七手八脚把吉普车翻转过来,聂凤智又坐在驾驶员的位置上。

(3)

1941年春,聂凤智率领抗大独立1团从延安挺进敌后,东渡黄河去山东。当时他的妻子何鸣身怀六甲。一天，刚过津浦路，大雪飞扬，刚到达宿营地——莒县的水古村时，即赶上日军“扫荡”。由于长途行军的劳累，何鸣已经临产。这时全村百姓几乎跑光，找不到一个接生婆。日军渐渐逼近，已听到零星的枪声，怎么办？何鸣忍住剧烈的阵痛对丈夫说：

“凤智，别管我了，你带队伍走吧！”

警卫员建议说：“绑副担架抬着，与部队一起走。”

聂凤智摆摆手说：“来不及了”，接着吩咐说：“准备热水！”结果，警卫员单文忠添火烧水，又将坑火生旺，然后，手持双枪站在门口警戒。而聂凤智开天辟地头一遭，亲自为妻子“接生”。没想到的是，伴着漫天大雪和急骤的枪声，一个小生命竟然顺利地来到了人间。第二天黄昏，部队又要前行，何大姐产后还不到24小时，为了革命战争的胜利，他们忍痛割爱，毅然将孩子寄养在房东家，踏上了征程。

后来这孩子一直未找到，丢失了。到达山东后，许世友的妻子田普听说此事，大吃一惊说：

“聂凤智这虎头虎脑的，竟然还能接生，这真是个奇迹！”

（4）

聂凤智有一次到某地疗养，保卫处长和疗养院的政委，安排了一位政治上可靠、保健护理水平高、人品纯正的护理员负责护理。在聂司令与这位护理员的几次接触中，发现她非常文静，于是索性叫她“小静”。可司令员“小静、小静”的，这个“小静”不仅不多言多语，更少见面带笑容。这与她的年龄极不相称。是不是她在首长面前拘谨？还是她内心有什么难言之苦？聂司令决定解决这个谜团。

一天，他从年轻人最可能的问题“接近”，问道：“小静，你也不小了，有没有恋爱谈对象呀？”

谁知“小静”一问就眼泪巴巴，再问，竟然哭起来了。司令员又劝又安慰，就是“无效”，最后，他只好拿出了从不轻易动用的“司令员”的身份对“小静”“打保票”说：

“你要是信得过我这个当司令的，你就把心里的话跟我说，有什么难办的事，我保证尽我最大的努力帮你解决，我说话算话。”

聂司令竟然在自己一个小小的护理员前“下保证”,“小静”惊呆了。不说吧,就辜负了司令员;说吧,又怕为自己这点事给司令员添麻烦。正在她犹豫难决之际,聂司令又来了个激将法,不急不慢地对小静说道:“小静啊小静,你连我这个当司令的都信不过啦?”

“小静”一听慌神了,急忙把压在心里的话倾诉一光。

事情是这样,她认识了一位来院疗养的飞行员,两人相爱了,可年初两人打结婚报告时,保卫处长和政委立即找她谈话,说与飞行员结婚的对象,其家庭历史和政治背景必须绝对纯洁。而“小静”的父亲曾被定为右派,所以组织上不同意这桩婚事。聂司令听了“小静”的陈述,哈哈大笑起来,弄得“小静”怪不好意思的。

当天下午,保卫处长和疗养院的政委被叫到司令员床前,聂凤智板起面孔,对两人责问道:“你们对我有什么意见,当面给我提嘛!也可以向上级反映嘛!”

这两个“嘛”顿时就把两位下级弄得丈二和尚摸不着头:“首长,这、这……”

“你们不应该在背后来整我嘛。”司令员一个“嘛”又来了。

“首长,我们没、没整呀!”

“那你们为什么对我的安全,这样不负责任嘛。”又一个“嘛”后,司令员敲着桌子说:“我就不明白!你们为什么选了这么一个右派的女儿,选一个连与飞行员结婚都没资格的护理员来给我做护理工作,你们用心何在?嗯?”

这时,保卫处长和政委才明白是怎么回事,保卫处长吞吞吐吐地忙解释道:“司令员请您放心,‘小静’父亲被定为右派的时候,那时她才是个孩子。再说,她母亲是个立场坚定,原则性很强的共产党员哪!”

政委也急忙解释说:“小静是个有文化、有业务能力、服务态度最好的护理员,要不,我们怎么敢让她来为首长做护理工作……”

聂司令听完了他俩的解释,半信半疑地追问了一句;“你们说的可是真话?”

两人齐声回答:“我们决不敢在首长面前说假话,我们以党籍作保证。”

这时司令员还是不动声色,继续追问:“既然小静表现这么好,可以为我这个当司令的作护理员,那为什么她不能与一个飞行员结婚呢?是不是因为飞行员是我们的天之骄子呢?”

政委抢先回答说:“我看,小静他们俩完全可以结婚。”

保卫处长更加肯定地回答说:“我看完全可以!”

这时,聂司令拉开抽屉,“亮”出了“小静”的那张结婚报告,客客气气地说道:

“那就请你们二位签字吧。”

待政委与处长签完字后,聂司令大笑着说:

“谢谢二位啦!”

(5)

1984年春,王宣被组织上选调为聂凤智的秘书。这是聂凤智最后一任秘书。虽然聂凤智已经离休了,但为将军做秘书,王宣仍然觉得是一件很光荣的事情。当他忐忑不安地来到首长面前时,他作了接受首长的审视和询问的种种准备,甚至熟背了军区师以上单位的番号、代号、驻地、主官名单,以及装备、编制、任务,等等。没料到聂凤智什么也没问,见他来了,只是从口袋里摸出10元钱对他说:

“你给我当秘书不难,注意两点:第一,我不许亲属子女和身边工作人员打着我的招牌办事,当然也包括你;第二,请你协助做点文件收发和文字工作,我的群众来信比较多,凡是以我个人名义的复函都必须花钱买邮票。这10元钱用完了,再跟我要。”

说这些话的时候,他是认真而严肃的,目光盯着新秘书惊诧的脸庞。

两条规矩,10元钱,这就是他给这个新秘书下达的第一道指令。

26.“文化大革命”中的抗争

聂凤智将军一生转战千万里,战功卓著,但是,在史无前例的“文化大革命”中,惨遭林彪集团的迫害,受尽了种种迫害折磨。

（1）

聂凤智被打倒，起源于空军“四个六”会议。

1966年6月6日至9月8日，空军党委召开三届十一次全会，会上，空军司令员吴法宪要大家对空军领导提意见，搞所谓“发扬民主”。

在空军有一批人本来就对空军领导有意见，所以大胆地提了意见。提意见的发言都很踊跃，有的长达两天多。除个别人言词过激外，多数都是很中肯、善意的。

在党的会议上讲话，无论正确与否都是党章允许的。谁知这是林彪和吴法宪设下圈套，意在“诱蛇出洞再打”，结果，大会正在进行中，吴法宪于7月8日态度为之一变，以命令式宣布“大会发言告以结束，10日军委开会讨论空军问题”，然后宣布散会。

风向的转换，引起大家的震动。

9日，余立金检讨后，一些人说可以过关了。但有人在会上表示不同意大会这种做法，并提出批评。7月12日，大会传达了军委副主席林彪的所谓指示，说空军十一次全会是“借死人抓活人”，有人“想罢官夺权”，“搞地下活动”，“犯了反党性质的错误”。

聂凤智也被归于“罢官夺权”的成员，随即，在轰轰烈烈的“文化大革命”中被打倒。

（2）

1969年10月，聂凤智被送到了广西柳州鹿寨县的一个“五七”干校农场劳改。

这里有3个老红军，聂凤智和陈靖单独禁锢在山上一个孤立的平房里，进行“世界观改造”的“大劳动”和“小劳动”。“世界观改造的小劳动”，即由聂、陈挖淘和管理在荒坡上的厕所；“大劳动”，就是挑粪、锄地、运饲料、挖红薯和喂猪、喂牛等。他们每天劳动十几个小时，另外还有一周一次、一月一次的大批判，这叫“精神劳改”。

聂凤智体重是70公斤，陈靖84公斤，结果不到一年，聂只有55公斤，陈也只剩下65公斤了。但，他们约定了一个“三不死”原则：

一是不怕死，但每天都准备死。因为时刻存在着被整死的可能，如果怕死，就有“缝隙”被他们利用。聂凤智说这是“敢死决心，红军精神”。

二是绝不自己死，不管如何整，绝不自杀。

三是绝不昧心而死，办违背良心的事。聂说：“宁可断脑壳，绝不卖良心。”

(3)

聂凤智强迫在农场劳改，白天要担水浇地，晚上还要挨批斗。但他仍然对党的前途充满乐观和希望，一边挑水一边还唱几句“样板戏”。看押的人训斥他：

“你没有资格唱！”

他却说：“革命样板戏，人人都有资格唱！”

聂凤智在广西劳改三年中，整日挑水浇地，有时要挑上几十担水。他豁达大度，对挑水并无怨言，“解放”后，他对这种强迫劳动甚至有点欣幸，对人说：

“如果整天不活动，可能活不到今天。”

(4)

1972年2月，与聂凤智一起劳改的陈靖突然接到了受到周恩来总理保护的朱端绶老太太寄来的一封信，信中说：“林彪叛国，吴法宪已隔离。”陈靖立即把这一情况通报给聂凤智，两人商量了对策：一要沉住气，二要进行必要的斗争。

几天后，陈靖又收到一封信，还是朱老太太寄来的。她在信中说，吴法宪这个人太坏了，把许多老干部藏到中央也无法查到的地方，不让同亲属子女联系。她建议他们大胆向空军提出要求，要同家属子女团聚等。专案组对这封信恨之入骨，诬蔑这是“反革命势力在抬头”，是“唯恐天下不乱，别有用心”，最后，召开全体专案组成员参加的“查批会”。

专：“你敢担保朱端绶是好人吗？”

陈：“大好人！”

专：“她有丈夫吗？”

陈："有。"

专："叫什么名字？"

陈："熊瑾玎。"

专："熊瑾玎、朱端绶？他们是民主人士嘛？"

陈："是两个20年代的共产党员。"

专案组的成员，多是不学无术的人，这时组长说：

"朱端绶和熊瑾玎到底是干什么的，老老实实地说清楚，不能含糊其词，要谈实质！"

陈看了聂一眼，然后说道："朱端绶是毛主席的同学，熊瑾玎是毛主席的老师。这是实质吧？"

一位少壮派的专案组员火了，大声并拍桌子说："胡说！别拿虎皮充令箭！"

谁知这时，一直没说话的聂凤智站起来，一个字一个字地说：

"你们怎么能把伟大领袖说成是老虎皮呢？"

陈靖紧接着说："你们要对这句话负责！这是攻击毛主席！坚持林彪立场！"

聂和陈这两句话，击中了专案组的要害，他们立即像泄气的皮球瘪了，"查批会"也停开了。

这成为了空军对聂凤智和陈靖进行的最后一个批斗会。会后，他们分别向空军写信，要求知道各自家属子女的下落，并提出要同家属团聚。

5月23日，南京军区司令员许世友派人来鹿寨接聂。24日晨，聂凤智离开了鹿寨县。

(5)

许司令将聂凤智解救出来，秘密带回南京，住在牯岭路北号。为避免再次惹起风波，许司令说："你暂时不要出头露面。"

1973年，党中央决定为聂凤智落实政策。但他本人并不了解中央这一决定，当接到进京的通知后，不知是吉是凶，结果特地让老伴何鸣给烙了很多饼带上，准备坐监时充饥。

谁知到北京后，住到了京西宾馆。这时，聂凤智才知道组织上已为自己落实了政策，方才转忧为喜。

27.周恩来下令救人与聂凤智救人

聂凤智一生,3 次大难不死。第一次是战争年月,8 次负伤,死神都未敢光临;第二次是“文革”时期。林彪千方百计要整死他,他又以巨大的韧力战胜了死神,坚持到最后“解放”;第三次是 1973 年 4 月 2 日他的胃大出血,人已休克,送医院抢救。周总理下令:聂凤智一定要救活,要人给人,要药给药,国外有的也要想办法搞到。医院每晚要向总理、叶帅报一次病情,结果,开了六刀,才活过来。

(1)

1973 年 3、4 月间,空军召开四级会议,聂凤智在北京参加会议。

在会议期间,他突然肺气肿发作,胃部大出血,病情十分危险。他的病情,立即惊动了周总理和叶帅。总理指示:全力抢救,要什么,缺什么,给什么。叶帅指示:要想方设法,治好聂凤智的病。

他老伴何鸣得到通知,也带着小女儿梅梅从南京赶来了北京。

为了治好聂凤智的病,好几位全国闻名的外科专家被从外地紧急召集进京。负责主刀的是著名的专家曾宪九。聂凤智第一次手术后,隔了几天,又出血不止,并且原因不明。专家们研究,准备进行第二次手术。

这时,聂凤智全身的血已流尽了,全部输进新血。新输进的血还是不断地流,不断地输。他的身体虚亏到了何等危险的地步,他躺在手术台上,半昏迷竟达 36 小时之久,医生不敢动刀。一位刚从英国考察回来的外科专家,面对如此虚亏的病人,坚持不能手术。怎么办?首先要把血完全止住。

在有关各方的关怀支持下,四处奔波求方。幸好,军事医学科学院提供了正在研制的一种特效战伤止血药,它还没正式投入使用,但在这种紧急情况下,只好用上此药。奇迹出现了,血终于止住了。聂凤智在手术台上死里回生了。

他出院后,即回到了南京,和往常一样,谈笑风生,还风趣地说:

“马克思不让我去报到嘛！”

（2）

1977年，聂凤智出任南京军区司令员，张文碧正好从北京水利部“支左”后调任浙江省军区司令，又在他的直接领导下工作。

此时，温州地区的造反派还在不断揪斗温州地委书记陈作霖等，张文碧责成温州军分区司令刘绍毅，要他以省军区司令员来温州视察召开重要会议的名义，将陈作霖等解救出来，并保护在军营内。聂凤智因公到温州，对张文碧对此事的处理也感到很满意。

粉碎“四人帮”后，张文碧一度处于逆境中。

原因是1975年他从北京到浙江省军区就职时，因王洪文同他谈过话。尽管他再三向省军区党委说明，王洪文只向他和政委简短地宣布了去浙江的任职命令，而且他到职后，早已向军区首长汇报了王洪文谈话的经过和内容。在“四人帮”垮台后，他还是被省军区一些人定为审查对象，列为专案。

聂凤智和廖汉生政委对审查批判张文碧的问题，态度十分明朗。他对专案组的说：

“张文碧没有什么问题，任职命令是中央军委下的，王洪文只是宣布了一下，当时有多人在场。而且他早就向组织作了汇报，没有隐瞒。如果他是王洪文的人，为什么到浙江后，他还设法解救陈作霖等呢？”

当时正要召开五届全国人大会议，张文碧是人大代表，专案组有人认为他的问题未搞清，不宜去参加会议。聂凤智反对这样做，并说：“有什么问题要拿出材料来，没有材料，不能轻易下结论，还是应该让他去开会。”

张文碧后来说：“以后，我得知聂司令、廖政委对我的问题态度，内心非常感激，这是他们对我最大的信任和爱护。首长能为处在逆境中的干部说公道话，不伤害，不冤屈，不冷漠对待，坚持实事求是，模范地体现了我党我军干部政策的优良传统。”

28.许聂之情，胜过兄弟

许世友是聂凤智戎马生涯中一个不可缺少的人物，两人一起共同战斗长达几十年，有着深厚的、特殊的战斗情谊。

（1）

早在红军时期，许世友与聂凤智就在一个团战斗过，但并不是直接的上下级关系，相识不相熟。延安时期，他们同在“抗大”学习，直接交往也不多。到了胶东抗战中，他们在硝烟纷飞的战场上结成了密不可分的亲密关系。

许世友是我军最有个性的战将之一，深得毛泽东的信任。但许世友的个性和脾气也是我军中出名的，而聂凤智在老司令前有“两敢”：一是敢开玩笑，过火了，许世友也不生气；一是敢提意见，甚至和他“吵架”。

聂凤智“要”老司令的玩笑，记录在案的有一则。那是在1945年接管青岛时聂凤智带人侦察青岛的日军没逃跑后的事情。在撤军的路上，聂凤智一个电话打到老司令那里。谁都怕这个爱喝酒又发脾气的许司令，聂凤智却没大没小地开起了玩笑，“要”老司令。

“我是聂凤智。”

“你在哪里啊？”老司令在那边问。

“我……在青岛。”

“你怎么进去啦？”老司令那边冷冷的。

“首长不是叫我们去打青岛的吗？！”

“这么快就打进去啦？”老司令那边还是冷冷的。

“嗨！根本进不去。青岛四周到处是鬼子，我们差一点儿叫鬼子打着了，部队已撤回来啦。”

“打不了算了。”许司令就放下了电话。

聂凤智是许世友的爱将，他打了败仗，老司令就一顿骂，而打了胜仗，从来不表扬的。聂凤智没大没小的玩笑，老司令一句“打不了算了”，默认了爱将的“决策”，也巧妙地“晾”了他。

(2)

1945年秋，党中央为了发展和控制东北，从其他战略区抽调主力部队进军东北。聂凤智接到中央军委的命令，要他随部队横渡渤海北上。不久，许世友突然把他召去，告诉他不要去东北了，继续留在山东战场。

明明中央军委有命令，为什么又变了呢？

聂凤智在回忆录《战场——将军的摇篮》中写道：“事隔很久，我在他们的一次谈笑之间，才真正明白了事情的来龙去脉。开始军委已经下达命令，让我带部队去东北。胶东军区首长给军委发了一个电报，说聂凤智患了急性肺结核，正处于‘开放期’，需要好好休息，暂时不能去东北，建议另换一位领导干部去。军委复电同意。这个‘调包计’，许、林首长(司令员许世友、政治委员林浩)心里最清楚不过了。他们那时故意装出一本正经的样子，把我完全蒙在了鼓里。……其实，我那时身体很好，什么病也没有。”

公然“欺骗”中央军委，这对许世友来说，还是头一回，也是唯一的一回。

(3)

许世友是聂凤智的老司令，聂凤智是许世友得意的爱将。在众多老部下中，敢于当面顶撞许世友的，也只有一个聂凤智。换句话说，许世友只容忍以至于容许聂凤智顶撞。

许世友当9纵司令的时候，聂凤智和刘涌、孙端夫是纵队的3位师长。北河神庙一仗没打好，大家知道许司令骂起人来开口“枪毙”，闭口“混蛋”，有些怕。但仗没打好，不去见他也不行。刘、孙两位师长就打电话约聂凤智一起去，他俩知道只有他敢在许司令面前大声说话。聂凤智倒也干脆：“仗没打好你不去行吗？”于是3人只好同去。

许司令一见他们，一屁股扭过身子假装没看见，嘴里骂：“打仗前说得头头是道，一打起来狗屁不如，常败将军！”

3位师长齐声“报告”，他也不理，继续自说自骂。3位师长就这么静静地听着，看许司令骂得差不多了，聂凤智开口了：“许司令，你骂够了没有？我们在前面打仗，你坐在家里喝酒。你知道我们从昨天到现在连一口饭都没吃。我们来请罪，你不理，一进门就骂，我们好受吗？”

这个许司令却没想到，他愣了愣，回过头来问：“啊？你们还没吃饭？”

聂凤智又堵了他一句：“打这么个窝囊仗，还有人给饭吃？”

许司令跳了起来：“警卫员，快搞鸡蛋炒饭！”

战斗总结，就在蛋炒饭的气氛中完成了。

对于聂凤智在许世友前的“进谏”，聂凤智的夫人何鸣有一段这样的说法：

众所周知，凤智和许世友司令员的感情很不一般。这当然有其历史的原因。因为早在红军时代，也即从20年代开始，凤智就已经和许司令并肩战斗了。以后到了山东，从胶东开始，许司令又一直是凤智的直接领导。在对敌斗争中形成的经过血与火考验的感情，可谓是血肉相连的生死之交吧。可局外人很少有人知道，在长达半个多世纪的共同战斗中，把他们两人联系得最紧密的原因，则是凤智敢于在许司令面前“说话”。他俩是战友，更是诤友。据我所知，从胶东到南京，从战争年代到和平环境，许司令周围那么多人，和许司令争论，争辩或争吵得最多的，就是凤智。

奇怪么？一点也不。谁都知道，许司令的脾气大，如果犟上了，谁都不容易说服他，或是不愿去说，或是不敢去说。在这种情况下，你要是唯唯诺诺，不顾原则地顺着他的脾气去，那是一种对工作的不负责任，也是对许司令本人的不负责任。凤智每每就是在这种情况下敢于坚持，敢于争辩，甚至敢于去“说”许司令的“不是”。其实，只要你说得对，说得在理，哪怕吵得再凶，许司令最后还是会听的。许司令这人就是这样。你要不说，不坚持该坚持的，反倒证明你这人对人不真心。此外，许司令还有一个最大的好处，就是不记仇，不小心眼，争归争，吵归吵，通了就算了，绝不会把争吵放在心上。要出了什么差错，他还会主动给你承担责任，决不会把责任推到你头上。对凤智，他就是觉得他这人在这些事情上正派，光明磊落。管你吵得脸红耳赤，该怎么说他还是怎么说，该怎么做他也还是怎么做。他认为这是一种负责任的态度。他就喜欢对工作，对同志的这种态度。我觉得这是一种了解，一种真正的相互了解。有了这种了解，就能胸无芥蒂，无拘无束，友情也就能持久牢固。

在“文化大革命”中，许世友从造反派手中把聂凤智抢了出来，救了聂凤智一条命。随后，聂凤智又被打成“三反分子”，发配到广西的偏僻山乡“劳动改造”，全家都跟着遭了殃，在军内军外备受歧视和欺辱。他的夫人何鸣被送到合肥“五七”干校变相“劳改”。在这种情况下，许世友亲自出面，请何鸣吃了一顿饭。

何鸣由此感动得不得了，这件事一直讲了 20 多年。

(4)

聂凤智也极其尊重老司令。20 世纪 80 年代初，许世友离休后，之所以选定到南京养病并撰写回忆录，据说与聂凤智在南京军区当司令员有直接关系。

许世友住在南京时，聂凤智隔三岔五去看望他，陪他聊聊天，或是一道坐在池塘边钓钓鱼。后来，许世友提出要找几个人帮他写回忆录，从筹组写作班子，安排写作计划，到解决写作班子写作和生活上的种种具体问题，均由聂一手操办。

对回忆录的送审稿，聂凤智谈了许多重要的修改意见，最后全书定稿，也主要是由他拍板。许世友本人非常满意，未加改动，他除了讲之外，只在首页签下一个写得大大的“许”字。

许聂之情，胜过兄弟。

许世友喜欢狩猎，在晚年，就是身患重病、步行困难时，也要坐在车上指挥身边人员进行狩猎。他说：“狩猎可以减少身上的病痛。”

可他终究老了，身体不好，因此，“打猎”也只能在汽车上“打”，渐渐，除了手下几个秘书、警卫外，没有人愿意陪他去。因此，他常常邀聂凤智陪他一同狩猎，以减少病痛。聂凤智体谅老司令的心情，尽管自己不仅有肺气肿，而且还有癌变的病灶，连呼吸、行路都感到困难，但对老司令都是有求必应，只要老司令提出来，他必定驱车陪同他去郊外狩猎，就是时间一长，老司令没有来“喊”去打猎，他倒反过来，在老司令那里坐一会儿，坐着坐着，兴致大发地说：“老司令，好久没出去了，您是不是陪我出去一趟呀？”

“去哪儿？”老司令懒懒地问。

“去打猎玩玩，好久没去了，心里就是想。”

这下许世友高兴起来了：“明天早点起床去！”

知情人说：“聂凤智对老领导具有多么深厚的感情啊！”

29.老首长与老部下的一次推心置腹

刘奎基是当年在周村战斗中率领73团7连突击队首先攻入城内的战斗英雄，他是聂凤智的老部下，也是他的爱将之一。1988年，刘奎基去拜访老首长聂凤智。

这次谈话，聂凤智“屏退”了所有的工作人员，与刘奎基推心置腹。

他说：“奎基啊！古人云：人之将老，其言也善，我久卧病床！时常陷入反思之中。我这一生要强逞能，没有遇到难倒我的仗，随着仗越打越大，人也越打越聪明，官也越当越大。才能，我有那么一点；功劳，也有那么一点。可是怎么认识自己在历史中的作用，怎么摆正自己在胜利中的位置，这不是个容易的事啊！我深深感到，若以功臣自居，背上这个包袱就太重了！”

“老英雄”刘奎基被“老首长”提出的问题所震动，说：“首长戎马一生，打了那么多的胜仗，我们永远忘不了首长的功绩。作为您的部下，我们都感到骄傲。”

“唉，刘奎基，你不懂。27军是个好部队。我和你们共同战斗的岁月，是我最愉快的一段历史。我对27军有强烈的感情。27军的历届首长和老同志，也多次邀请我回部队去看看，我很高兴，可是，正因为有了这种感情，我也时常提醒自己：27军是党和人民培养起来的，它是属于党和人民的。假如我们这些老家伙老是念念不忘那是我的老部队，而且把关系拉得很紧，总想去左右他们，这就超出了正常的感情了。也难免有那么一些人，又口口声声地称自己是某人的老部下,如此等等。这样一来。几百万解放军会成了什么样子呢?”

他略微停了一下后,又一字一顿地说:“这就是拉山头了!这是后患无穷的事呀!”

言罢,他言犹未尽地摇摇头,自言自语说:“还是毛主席说得对,‘军队要搞五湖四海’。”

聂凤智的话讲到了一个十分敏感的原则问题。他是有感而发的,可他又不便细讲。刘奎基领悟到老司令的思想,但还是想把老司令从这个严肃的问题中引开来,半开玩笑地说:“首长,人家也说您在位时,用了不少27军的人呢!可是,27军不少的老同志对您还一肚子意见,说您不关心部下。”

“是啊!”老司令深有感触地说,“我在位时,确实任用了一些27军的干部,可也怠慢了不少27军的好同志。用之得当的有,不争气的也有,可是哪一个我也没有把他当成我的人。相反,我退下来后才发现,该用的而没有用的也不少。我时常为这事责备自己。出以公心,不怕议论,大胆录用,在这个问题上,我缺少了战争年代的气魄。”

接着,他讲了很长一段话,主要是他这个将军与他的士兵、他的部下的关系。最后,他说:“将军与士兵的关系,能不能摆正,也是一个大的原则问题。”

“仗,是士兵打的。胜利,是士兵用生命和热血换来的。再好的指挥员,没有士兵的冲杀,还是纸上谈兵。我非常感谢英勇善战的27军的广大指战员。没有他们,就没有我这个将军。我写了本回忆录《战场——将军的摇篮》。这个战场的大舞台,主角是千千万万勇敢的士兵。在赫赫的战功面前,在耀眼的荣誉光环里,往往看不清这个问题,摆不正这个位置。我已是古稀之人了,经常回首往事对这个真理问题,看的也就越来越清楚了!”

将军征程百战多,有的人争功、抢功,把自己仅仅参与的战争的胜利全归功于自己,有的人在某场战斗中起的作用微乎其微,把胜利的根本往自己身上“挪”,一个政委的作用超过司令员,一个参谋的贡献比首长还大,甚至一个后勤人员在一次具体的战斗中对于胜利的贡献超过前线的战士们,而聂凤智,一位从15岁开始,从红军时期到抗日战争,再到解放战争、抗美援朝,到东南沿海的与美蒋较量,他是从打老蒋到打日本鬼子,再到打美国鬼子,我军每一个时期的重大战事,他都参与,并且有重大贡献,战场造就了一位将军,但是他却把功绩归功于自己的士兵,在耀眼的荣誉光环里有着清醒的认识,这无疑是难得的品质。聂凤智的话是情深意长,也可以说是对自己一生成就最深刻的总结。最后,他对老部下说:“对27军的同志,你替我捎个口信,问他们好。告诉他们,27军是一支经过战争考验的好部队,我祝贺他们取得的新胜利。告诉他们,要继承光荣传统,切莫骄傲啊!”

停了一会,他又长叹一声:“人的一生,在党的培养下,在人民的哺育下,或多或少都有那么一点功劳。我想,当要离开人世时,还是不要背着功劳包袱走,功劳归于党,功劳归于人民,功劳归于千千万万的士兵。从哪里来,回到哪里去。我是一个贫苦农民的儿子,小时父母去世,跟着叔伯长大,没上几年学,一切都是党给的。所以,还是做一个普普通通的人去见马克思,去见毛主席好。”

这一席肺腑之言,道出了他的心声,也是一位将军对自己的人生、对社会和人事、对党对军队的最深刻认识。这也是将军最内在的情怀。如果说,聂凤智一生战功赫赫,少有人及,但他这番对于“功劳”的认识,更是少有人及的。他征战一生,为官多年,没人骂,没人恨,并且被人们敬仰,这大概就是他办事公道、处事公心的根源吧。

30.将军暮年情

(1)

1982年,聂凤智在北京开会时,病情较重,哮喘厉害,严重缺氧。

由于会议比较重要,聂凤智坚持参加,白天参加会议,晚上在下榻的京西宾馆做输液等治疗。一日凌晨4点多钟,他起床去卫生间,一下子摔倒在地,面色紫绀,肥大而发紫的舌头几乎堵住了整个口腔。呼吸和心跳十分微弱。护士一边忙把氧气送至他的鼻腔,一边向外间随行人员的卧室跑去。

南京军区总医院副院长黎介寿正好出差在北京,在他的指挥下,将聂凤智从死亡线上“救”回来。聂司令员醒过来时,开玩笑地说:

“你们大惊小怪,我只不过是睡了一大觉。”

这次会议后，由于病情反复的频率加快，次数增多，他感到自己的身体状况已难以适应工作需要，就主动向军委递交了请退报告。

开始，军委没有同意，挽留他说："你是司令员，只要把握好方向就行了，多注意休息，还可以再干几年。"

但是，聂凤智说："我退了，有利于年富力强的干部上来，对部队建设有利。"于是连续递交了第二、第三份请退报告。

党中央、中央军委根据聂司令员的身体状况，为了他的健康，批准了他退居二线，进入中顾委工作。

1982 年 10 月，聂司令从南京军区的领导岗位上退下来了。

(2)

1986 年 6 月，医生诊断他患了肺癌，病情恶化排痰困难，于是切开了他的气管，并安排其住在北京 301 医院。当年的警卫员单文忠去看他，聂凤智一见他就问："你怎么也知道了？"

单文忠说："老团长孙同盛告诉我的。"

"怎么，都害怕了？认为得了癌症就得死？"聂凤智非常有信心地说，"死不了，两个月就回南京，哪有那么简单就死了？过去打仗那么危险都过来了，这次死不了！"

结果，两个月后，他真的回南京了。半年下来，竟出人意料地好了，生命又延长了 5 年之久。

(3)

一次，聂凤智的老战友贾若瑜去南京，给何鸣通电话，询问聂凤智的身体状况，问她什么时间去看望聂凤智比较方便。何鸣告诉说：

"老聂正在治疗，待治疗后我告诉他后再定。"

贾若瑜说："现在不要打扰他，待他结束治疗后，我再去看望他。"

谁知，聂凤智一听说贾若瑜到了南京，治疗刚刚结束，就到华东饭店来看他。聂凤智是步行上楼的，呼吸都十分困难。这使贾若瑜十分感动，说：

"你怎么不打招呼就来了？应该是我去看你的。你是重病号，又是老大哥。"

他笑着说:“我虽是个重病号,但还能走得动。你远道而来,我更要亲自来看你。我的病,我自己心中有数,你不用替我担心。”

其实,他的身体已被病魔折磨得十分虚弱,十分消瘦,由于肺癌,他的喉头下方的气管已被切开,插上管子,固定在脖子上。他曾经若无其事、幽默地对人说:“你看,我成了无孔不入的人了。”

聂凤智病成这个样子,仍时时关心着他人。他听说南空原司令杨焕民重病住院,套着脖子上插管,硬是坚持着,专程到空军454医院,爬上三楼,看望了杨焕民。他这副打扮还到南空大院,看望了吴肃(抗美援朝时期的志愿军空军参谋长)、叶泰清(原志愿军空军副参谋长)、王明礼(原南空副参谋长)、张雍耿(原空军顾问)、李发应(原南空顾问)等老同志、老战友。

(4)

自聂凤智退下来到病逝,长达10年的时间,不要说因肺癌而进行的放疗及化疗,每天多次打针、吊水,只说气管切开后,气管切开的套管随着他喉部的动作上下移动着,都难受。

套管每日要清洗,一天4次更换管子,仅从1989年10月20日到他病逝的895天里,共更换了3580次。如果再仔细计算拔出1次,插入1次,就是7160次之多。护士都无法想象他是如何忍受这样痛苦的。一天,见他精神尚好,护士向首长提出了这样一个问题:

“每次给你更换管子,你都像没事似的,难道不疼吗?”

这时,聂凤智说:“我问你,如果你的小手上插了一根刺,扎进去和拔出来痛不痛?”

他又接着说:“那么粗的管子在刀口里抽出插进,每天8次,哪有不痛的?然而,病痛对革命者来说,它就像你拉橡皮筋那样,你强它就弱,你弱它就强。人的意志坚强了,是可以战胜外来困难的。再者,现在的痛苦比起战争年代的艰辛,又算得了什么呢?”

(5)

1992年聂凤智临终前的一天傍晚,已处于昏迷状态,神志不清,他突然挣扎着要下床工作。护士不让,他就大吵大闹。

护士说:“你现在生病,不能起来。”

他说:“不就是战伤吗?没关系。”

在弥留之际,他想的仍然是党的事业、国家的安危。

1992 年 4 月 3 日下午,聂凤智战斗的一生戛然而止,终年 78 岁。

中将周希汉

1.洞房花烛夜逃出家门

1913年8月,周希汉出生在麻城县周家坳。他的父亲叫周祁耀,30岁前曾娶妻并生有一子。可惜那孩子两岁时暴病夭折了。不久,妻子也在贫病交加中不治而亡。

几年后,周祁耀才"疗"好伤,续弦娶了李氏;然后,夫妇俩租种了本村地主的几亩山坡地,早起晚睡,不分白天黑夜干起来了,可是劳作一年,还是难得肚子饱。脑筋活络的周祁耀不甘心,在农闲时,又干起了打铁的行当,有时,他还借点小本钱,贩卖小猪,结果,在他的折腾下,家境竟然渐渐有了好转。可是,周祁耀美中不足、也是他最大的烦恼,就是从他往上祖宗三代都是单传,自己的第一个儿子又死了,而李氏还迟迟没有怀孕生育的迹象。

幸好,天道酬人,他整整40岁时,李氏怀孕生育了,并且是个大儿子!

这个孩子就是周希汉。

周祁耀在不惑之年有了接后的香火,自然欣喜万分,此后,对这个宝贝独子是宠爱得不得了。

周希汉自幼得到父母的娇惯,渐渐长大,但却养成了直率、任性的性格,并且还倔犟得要命,母亲李氏根本管他不住,每当儿子调皮捣蛋闯了祸时,她就摇头叹息:"这个孩子太倔强!"

周祁耀宠爱孩子,更希望儿子有出息,将来能光宗耀祖,夫妇俩节衣缩食,把周希汉送到了私塾读书。谁知周希汉虽然聪颖过人,读书不错,却处处不肯低头服软。一次他调皮捣蛋犯了事,先生叫他跪下,他硬是不从,先生一逼急,结果,他撒腿就跑出了学堂,从此死不去上学了。他的犟劲一来,就是父母也没办法,结果,11 岁的周希汉就这样辍学了,在家里,天天帮着父亲种地、打铁。

湖北是大革命的中心之一,1927 年冬,14 岁的周希汉也参加了轰轰烈烈的麻城农民暴动,打土豪、分田地闹得最"凶"。可不久国民党军来了镇压,凡参加暴动的,不论老人孩子,一律都受到"追究",周希汉因为参加暴动,结果,家里房子被烧毁,衣物等生活之物也被抢走,周祁耀夫妇只好撇下家业,带着"唯一传承香火"的儿子逃往他乡。可是这一路被追杀,周希汉被追得火气大发,倔强劲来了,说:"好,你们杀人,你们烧屋,我就为贫苦农民报仇出气,和你们干到底!"于是,他"说到做到",就要去投奔红军。

这可急坏了周祁耀:"你去当兵,打死了,谁为我们周家传宗接代?不能去!"

"这我不管!"周希汉大声嚷着。

知子莫如父。周祁耀知道儿子这一犟劲犯起来,是谁也拦不住的,两口子愁眉苦脸好几天,终于苦想出了个好办法:用结婚拴住儿子的心。或许他在新鲜的儿女私情中能收拢去当红军的心。于是,1928 年春末的一天,周祁耀家鞭炮响个不断,喜庆的唢呐震动四方。

原来,周祁耀拿出自己所有的积蓄为独生儿子办结婚喜事了。

女方姓郑,年长周希汉两岁,两个亲家换过了庚帖,当天的喜事也是热热闹闹。谁也没想到的是,喜宴过后,新郎趁送客之机,顶着寒星,竟然远遁山林而去……当夜,新娘就独守空房。

儿子"送客"一去不返,老两口顿足捶胸,明白是怎么一回事时,失声痛哭,周祁耀责怪自己干出这等蠢事,老妻埋怨孩子太倔强。后来,周祁耀好不容易才打听到当天夜里儿子借着家人松懈之际,送客送到家门口,客人一走远,他也撒腿就跑,直往山林里钻,然后,高一脚低一脚赶了几十里山路,找到了红军的麻城独立连,当上了一名红军通讯员。

儿子走了,新媳妇还在家里呢!周祁耀没办法,急忙赶着自家养的 8 头小猪上路寻儿,一路上,他变卖家小猪作盘缠,行一程,卖一猪,再行一程,再卖一猪,直到当他卖完最后一只小猪崽时已经追到长江边,对岸就是正在撤离的红军部队,而他却被滔滔江水挡住去路,正没法渡河时,可巧的是眼尖的他竟然在众人中发现了儿子的身影,一阵喊叫,周希汉也竟然听见,结果父子俩隔江相望，滔滔江水滚滚东下，父亲情急而哭号，但周希汉喊了几声“保重”，还是随着部队毅然走了。

事后，老父一路要饭回家，大病一场。

周希汉从此再也没有回过家。据说，老父亲周祁耀在去世时，还攥着儿子写的唯一的一封看得皱巴巴的家信，唠叨着“不孝有三，无后为大”，咽下最后一口气的。而那位大他两岁的嫁来周家的郑家女子也不知最后如何而终。

反正周希汉他是献给革命去了。

我军许多人投奔红军或参军的经历各不相同，传奇也不少。但是，真正在洞房花烛夜逃出家门参军的，据说，只有两个人，一个是周希汉，一个是周希汉后来的“老首长”——陈赓大将。

2.好几次差点送命

贯穿周希汉一生的性格中，有几个突出的字眼：聪明、刻苦、智谋。

因为聪明有才，这使得周希汉在人生之初命运就变得坎坷、多舛。

周希汉在 1928 年春天参加红军后，因作战勇敢，在这年秋天就入了党。不久，他的职务也从麻城独立连通信员提拔为独立营通信班长，以后，职务是“连着升”，先是独立 40 团通信排长、红 1 军 13 师 38 团政治处团委书记，接着是 3 营 7 连政治教员、红四方面军参谋，最后当上了红 9 军作战科长。在红军这所大学里，他不仅学到了许多革命道理，还学会了带兵打仗，但与其他人比较，他最大的特点还不是这些，而是他那颗瘦小的脑袋瓜子比一般人都聪明，做什么事情一点就会，打仗也是机智过人，尽管他只读过三年的私塾，还写得一手好毛笔字。这样，周希汉在红军中就成为不可多得的人才。

但他的倔强性格一点未改，并且还有点那么恃才傲人。结果，他在张国焘的推行的“左”倾错误路线下，吃了不少苦头，好几次差点送命。但是，他的军事才华也显示出来了。

(1)

1931年5月，张国焘等人到达鄂豫皖，成立了以张国焘为书记的中共鄂豫皖中央分局，他一上任就开始了党内“大清洗”、“大肃反”，许多红军将士被杀害。一天，时任38团团委书记的周希汉也被“请”到了保卫局。周希汉一进门，保卫局的人说：

“有人揭发你是混进红军队伍里的富农。”

周希汉一听，怎么也不相信自己的耳朵，嚷道：“我祖祖辈辈都是种地、挖泥巴的贫苦农民，怎么成富农了呢？”

“有人证明吗？”

然而，周希汉当初是一个人跑到麻城独立连参军的，一时哪有什么人能证明他不是富农？可“自己说了不算”，他眼睛一眨，想起了自己的入党介绍人邓盘楚和丁茂贤，于是脱口而出：

“邓盘楚和丁茂贤是我的入党介绍人，他们能证明！”

谁知这不说还好，一说更糟糕。

“丁茂贤？”保卫局的人眨着眼说：“他父亲做过前清道台，是数一数二的大财主，他本人就是混进革命队伍中的不纯分子，正在接受审查。邓盘楚呢，虽是工人出身，但他的未婚妻是麻城大地主的女儿，也正在接受审查。不纯分子证明不纯分子纯洁，不是笑话吗？”

就这样，周希汉被关了一个月，又是灌辣椒水，又是坐老虎凳。但他还是一口咬定自己的贫农出身。最后，他被逼着交出了包括军服在内的所有红军物品，只留一身便衣，还有一张路条：

“周希汉系富农出身，开除回乡生产，沿途放行。”

周希汉被剥夺了“军籍”，怀揣着这张路条，在团部周围的山沟和山坡里一整天都打转。天黑了，他坐在山坡上，看着团部，坐了一夜。天亮时，他终于打定了主意，回家去，找麻城苏维埃去，他们能证明自己不是富农，让他们开个证明不就证明自己是地道的贫苦农民吗？他立即踏上了返乡之路。

几个月后，周希汉拿着麻城苏维埃开出的证明“周希汉家靠佃田为生，是贫农，不是富农，他要求回红军。特此证明。”回到了13师。这时，部队正在筹建红四方面军，众人都在为筹建机关忙得不亦乐乎，竟然没人考虑周希汉的事。政治部的人看过他的证明,不置可否。周希汉想,没有赶人走,就是接收了。可没有了工作呀!这自然拦不住他,他眉头一皱就有了主意——去军部的伙房帮厨!

在伙房里,他这个“帮厨的”什么都干,白天洗菜淘米,担水劈柴,晚上还帮给养员记伙食账。几天后,一个晚上,周希汉正在埋头清扫厨房,突然一个熟悉的声音钻进了他的耳朵:

“有锅巴没有?”

他抬头一看,原来是总指挥徐向前错过了吃饭时间,进伙房要吃的来了。他一抬头,徐向前也一眼就认出了他,惊讶地问道:

“你这个小鬼,怎么搞成这个样子?”

这一问,问得周希汉眼圈都红了。他忙不迭地从怀中掏出证明,没头没脑地说:

“我不是富农,我把证明带来了!”

徐向前说:“莫慌,你慢慢说。”

周希汉这才把自己的遭遇一五一十讲述了一遍。徐向前听得眉头紧锁,最后沉思片刻说:“你不要回38团了,任南团长已被处死,宋亚伦政委关着还没放。你留在机关吧,给我当书记员。我没有多少事,你主要还是干参谋。怎么样?”

徐向前说的书记员,就是做秘书的工作,主要是抄抄写写。就这样,18岁的周希汉到了红四方面军的机关工作,军籍党籍随即都恢复了。

周希汉18岁。为什么有人揭发他是“富农”呢?

原来,他入伍后聪明好学,战斗很勇敢,字也写得不错,像个知识分子,有人眼红嫉妒了。

(2)

周希汉在徐向前身边当了书记员后,脑子灵活,做事也很麻利,很得徐向前的喜欢。

可没过多久,张国焘继续在红四方面军搞“肃反”,有人又说周希汉是“改组派”,保卫局又把他抓起来,准备拉出去杀头。徐向前知道后,亲自来到保卫局说:

“周希汉是贫农,是我的书记员,快给我放了。”

在徐向前的干预下,周希汉才幸免于难。之后,他就名正言顺地在总部当起了参谋。

可是1932年,蒋介石对鄂豫皖红军发动了第四次“围剿”。张国焘说:“反动军队不堪一击。”他不仅不让连战疲劳的红军主力适时休整,做好反“围剿”的准备,反而强令部队去打麻城。结果麻城没打下来,敌军攻势凌厉,根据地腹地都告急了。

周希汉虽然是个小参谋,见张国焘“如此打仗”,忍不住发了几句牢骚:“瞎指挥!”

有人问:“怎么是瞎指挥呀?”

“我们应当转移到机动位置,趁着敌人举师‘清剿’之机,引诱他一路深入到对我们有利的地点干掉,然后各个击破嘛。这样把部队拉上去要吃亏的。不该打的去打,不该保的去保,搞的什么名堂?!”

结果,他的这话就被告了“密”,有人还反映周希汉在苏家埠战役后丢失过一批战利品——手枪子弹。保卫局马上报告了张国焘。张国焘一听,怒不可遏:

“这个周希汉,嘴巴子还挺能的啊!会不会是有人指使的?抓起来!”

于是,保卫局把周希汉抓起来审问,可周希汉硬是不承认有后台,结果被绑在条凳上灌辣椒水。周希汉挣扎着大喊:“我不是改组派呀!”“我不是反革命呀!”没容他喊出第三声,混浊的辣椒水便灌进了他的口中。刚灌下去,徐向前便闻讯赶来了,说:

“丢失子弹事件,只不过是警卫排长从周希汉保管的子弹里拿走了点没打招呼,他不是改组派。”

保卫局的人为难地说:“这是张代表点名要抓的,我们不好放。”

徐向前来到张国焘住处,解释了丢子弹事件,说:

“我以党性原则担保周希汉不是改组派。最多是个自由主义的问题,他做过我的书记员,我了解他。”

张国焘勉强给了徐向前个面子,叫人放了周希汉。但并没有放过他。一天宿营时,参谋周希汉把一处土豪的大庄院安排给中央代表张国焘住。生性多疑的张国焘到来后,看那房子周围没有其他建筑,觉得自己目标太大,说:“这么大的院子,敌机一袭击就炸了,周希汉这是有意要害我!”

“我没有要谋害你！”周希汉分辩说。

“抓起来！”

周希汉明知张国焘是借题发挥，原因是他背地议论他的瞎指挥，此刻便据理力争，死活不认错。谁知张国焘陡然生出了杀机，当即下令：

“立即枪毙，砍头。”

周希汉随即被押到荒凉冷寂的河滩上，他意识到最后的时刻到了，于是扯开嗓门，用尽了平生的力气喊起来：

“共产党万岁！”

正要行刑时，河滩上两匹马疾驰而来，远远传来一声喝问：

“你们住手！”

来人是徐向前总指挥和政委陈昌浩。原来徐向前和陈昌浩正在谈工作，突然听说张国焘要枪毙周希汉，就说：“老陈，我们快去看看。”于是，两人就赶过来了。行刑的战士向徐向前报告说：“我们奉张主席之命处决‘改组派’。”

徐向前没理睬他，却问周希汉：“怎么回事？”

周希汉的脖子还在梗着，气哼哼地说：“张主席说我安排的房子要遭到敌人飞机轰炸，是有意谋害他。”

徐向前同陈昌浩对视了一眼，喝道：“放了他。”

松绑时，周希汉还梗着脖子，青筋鼓鼓的。这次，他已经豁出去了。没想到的是，又一次被徐向前救了下来。

(3)

1933 年 11 月，川军刘湘又向川陕根据地发起了“围剿”。在历时 10 个月的反“围剿”中，虽然张国焘处处掣肘，但由于徐向前应对得当，川军始终没有占到主动。第二年 8 月，红四方面军终于赢得了反击的时机，在东线的万源，红军主力一举从正面撕开了敌人的阵线，红军先锋团如按照徐向前的主张，向东兜住已无斗志的刘湘 21 军的主力，定打个漂亮的大歼灭战。谁知这时，张国焘却否决了徐向前的建议，以军委主席的名义下令红军主力向西包抄。

他的失误又被这个小小的作战科长周希汉发觉了！他在电话里冲着徐

总指挥大发牢骚：

“军委怎么乱指挥起来了！应该向东嘛！我们现在同敌人的左翼几乎是平行的，向西搞不好什么都捞不到！”

徐向前严厉地制止他：“不要犯老毛病，赶快告诉你们军长：执行军委的命令！”

事后，周希汉惋惜不已。

（4）

一天晚上，红9军军直属队在作战科长周希汉率领下随红25师后向罗文坝方向追击逃敌。

军直属队虽有五六百人，全是机关的“八大员”——炊事员、勤务员、文印员、通讯员、译电员等，只有通信队有战斗力，每人配有冲锋枪或驳壳枪，其余还有一个红小鬼号兵连。因为全是后勤人员，行动起来，骡马、担子一大溜。但他们在周希汉的率领下，还是沿着公路向南疾进。

走不多远，前面的红25师就改由朝东的小路追敌了。他们按原路线继续沿公路南进，预定在罗文坝集合。向南走了五六里，周希汉突然听到枪响，山鸣谷应。乘敌人打枪发射的火光，他看清了那是一座小庙！

原来，敌人利用两侧高山来阻击红军了。情况不妙，前面的红25师走了，后续的红27师还没有跟上，怎么办？周希汉立即和通信队长谢家庆决定用一个排袭击小庙，两个排在公路两旁埋伏。为了迷惑敌人，周希汉又下令说：

“号兵连散开，每隔十米站一个信号兵，只等小庙方向手榴弹一响，就一齐吹冲锋号。”

布置停当，周希汉带一个排绕到小庙背后，攀上陡壁，占领了小山头，然后，居高临下，向小庙掼了一排手榴弹。“轰轰轰”的爆炸声一响，庙里的敌兵就慌乱起来了，也摸不清红军在哪里，“噼噼啪啪”地乱打乱冲。忽然，黑暗中，一百多支军号一齐吹响了。敌兵听到这么雄壮的军号声，个个丧魂跌胆。趁这股声势，周希汉率领通信队呐喊着，一齐冲向小庙，突然出现在敌兵的屁股后面。敌人吓蒙了，来不及还击和逃跑，都举手当了俘虏。

周希汉从俘虏口中得知，这是敌人的一个排哨，向南公路上还有敌人的一个团。

谢家庆队长说:“一个团,情况相当严重!”

“可决不能被敌人吓回去。”周希汉当即决定,“追上去,把敌人消灭掉!”

主动去打一个团的敌兵,也只有周希汉有这么大的胆识。雄壮的冲锋号声又震撼着山谷。在号声中,周希汉带着通信队飞一般向南冲去。不一会儿,前面响起杂乱的枪声,并夹杂着人喊马嘶。他们边冲,边用冲锋枪射击,加上又吹号咋呼的,黑夜中,敌人不知来了多少红军,便乱了营,漫山遍野乱奔乱突。周希汉和战士们四处追杀。

这时,军直机关的“八大员”也拥到前边来了,挥舞着扁担、菜刀,漫山遍野地抓俘虏。没半个钟头,战斗结束了,战士们和参谋、译电员、伙夫一个个都扛了许多枪,押着500多个俘虏,集合到公路上来,队伍立即伸长一倍。周希汉和通信队仍走在前面,领着这支队伍继续前进。

凌晨两点多,部队到达了罗文坝镇。周希汉刚坐下准备休息,村北哨兵抓住两个敌侦察兵,他马上和谢队长赶去审问俘虏,一审问,又吓了一大跳:敌一个团埋伏在公路东侧的山头上,掩护川军撤退。再一细问,才放心了。原来这伙敌兵听见枪炮声响了一阵,后又没一点声息了,以为追击的红军已被打退,但害怕自己天亮后撤不下来,就匆匆忙忙下了山,沿公路向南追赶“前头的部队”了。

“那你们怎么还在这?”

“我们是先头尖兵啦,跑在前头呀!我们的大部队还在后头呢!”

原来,周希汉率领直属队竟然跑到“追赶部队”的打掩护的敌兵前头了。听到这,周希汉特地追问了一句:

“有一个团?”

“是的,一个团。”俘虏说得很肯定。

这时,周希汉心里有点儿紧张——又是一个团!他刚和谢队长作了战斗部署,敌人的先头部队就上来了。一阵冲锋枪声后,接着就是几十个手榴弹。敌人受到这突如其来的袭击,立即“哇啦哇啦”叫喊着往后退。周希汉叫道:“司号长,吹冲锋号!”

号长的号音一响,顿时引起漫山遍野的号声。“冲啊!”谢队长一声吼,埋伏在两侧的战士们像浪潮一样向公路上一齐拥去。前面的敌人站不住,猛然向后缩,把后面的冲溃了,公路不宽,两侧都是稻田,许多敌兵为了逃命跳到了稻田里,你挤我拥,乱成一团,前面一仗把军直机关人员武装起来了,现在他们一齐出动,长枪、短枪打得“哗哗”地响。号兵们也顾不得吹号了,纷纷抓俘虏、卸枪,命令他们:“向南去集合!”

天边微微有点泛白,周希汉看看表,已经 4 点半钟了,这时,追击的战士们追了 3 里多路,把一些逃跑的余敌全部抓了回来。仗是打胜了,但还不见后续的红 27 师来,周希汉很着急,便派半个班向北和 27 师联络。不一会儿,这半个班跑步回来,气喘吁吁地报告说:

“镇北六七里处发现有敌人四处乱跑。”

周希汉从俘虏中找了个敌军官,问道:“你们还有人在后面吗?”

他说:“我们这个团就这些,另外一个团,守公路西山头的,不知道撤走了没有。”

糟糕,又是一个团!天又快亮了,怎么对付呢?周希汉对参谋们说:

“趁天还没有亮透,再来一个猛袭。”

于是,他又带上通信队和号兵们,迅速地朝敌人扑过去。近前一看,原来敌人被这夜的枪声吓坏了,早已溃不成军,成群地在田里乱跑。一见红军来了,再加上惊慌,四处乱躲乱窜。他们一边向敌人扫射,一边吆喝:“缴枪不杀!”敌兵有的胡乱地放着枪,有的顾不上还击,跌跌撞撞连爬带跑逃命,有的跑不动了,干脆回到公路,坐下不走了。

这一团人,没费大劲,就被收拾干净。

这下可好了,罗文坝街上几乎都是被俘的敌兵,战士们点了一下数,乐哈哈地说:“共有 1800 多号人哪!”

敌人留下的号称三个团的两千多人的掩护部队,就在这一夜之间,被周希汉率领的直属队全部歼灭了。

周希汉一夜巧歼敌人 3 个团,红 9 军军长何畏不得不对他另眼相看了,逢人便夸周希汉:

“这小子是个将才!”

(5)

年仅 20 岁的周希汉得到了军长何畏的赏识。谁知这又惹出了事。

何畏在红四方面军中是张国焘的“铁杆分子”,并且动不动就处罚人,因此,在哪任职,就在哪积怨。在红 9 军准备过草地的物资时,周希汉到后勤部长董贤英那里,多领了一点烟。此时何畏已经调走了,有人把周希汉看成是何畏的“红人”,立即以“多领烟叶”为名,开始批判他,并撤销了他的作战科长的职务。

结果,周希汉到政治部当了个“油印科长”。

正巧一天。徐向前来红 9 军检查工作,无意间问起了周希汉的情况。军部主要领导如实作了汇报,徐向前听了汇报,气愤地说:

“这么点屁大的事,就撤职,真是小题大做!”

他当即下达命令:“周希汉我了解他,这个人能打仗,调到 31 军当作战科长。”

(6)

在戎马生涯之初,周希汉尽管是个硬汉子,聪明过人,有勇有谋;但是,他不仅在战场上九死一生,还被撤过职,开除过军籍,几次被张国焘下令处死,幸好他都大难不死。后来,在延安批张国焘时,周希汉对陈赓谈起这些往事时,还红着眼睛说:“因为张国焘的错误,我可以说是历尽了人世坎坷。”

谁知陈赓听罢,却哈哈大笑。

“你不但不同情,还笑呢!”周希汉有些嗔怪说。

陈赓回答说:“张国焘这么一弄,你这小子,就像进过了太上老君八卦炉的孙猴子,以后在这世界上还有什么能让你心惊肉跳的?”

虽说周希汉几次都大难不死,但几次都因为他太倔强而险些“无谓牺牲”。熟悉他的战友说:因为周希汉是个硬汉子,是块当兵打仗的料。因此,徐向前等人对他高度器重,呵护有加。而在党的多年培养下,周希汉也逐渐把性格中的任性、固执、倔强变成了对党的事业忠贞不二的执着追求,变成千难万险百折不挠的坚强意志。

最终,周希汉成为了我军一名足智多谋、英勇善战的杰出战将。

3.智勇双全的参谋长

相对于我军其他将领来说，周希汉一生虽然职务变动也不少，做过作战科长、参谋长、旅长、军长，但他在参谋长职务上的任职时间是最长的，全国抗战时他在386旅任过参谋长，解放后，又在海军任参谋长。周希汉的参谋长水平是很高的，但他更是位智勇双全的参谋长。

（1）

1937年8月，红31军改编为八路军129师386旅，386旅旅长陈赓、政训处主任王新亭、副旅长陈再道，周希汉为旅作战股长，可几个月后，1938年3月神头岭伏击战一结束，陈赓就把周希汉由旅作战股长调任补充团参谋长，并交给他一项任务：

"到太行山南麓去建块根据地，站稳了脚跟。"

此举是旅长陈赓有意"试试他"，对此，他曾暗中对王新亭政委说："我看周希汉是将才，是骡子是马，拉出来遛遛。"

386旅补充团是刚刚组建的，刚参加神头岭伏击战，立即被周希汉带到了太行山南麓山区的大东村一带。4月下旬，补充团召开会议，讨论团的下一步发展方向。在会上，周希汉建议向南发展，夺取木栾店。这立即得到1营营长查玉升、2营营长钟必科等的赞同。但另一些人却认为不妥。因为意见分歧，双方又各有道理，周希汉的建议被暂时搁置起来了。

谁知就在月底，武陟县地下党派人到大东村汇报情况，说武陟县地下党已有了抗日临时政府，木栾店商会表面上许诺合作抗日，暗地里却与日军勾结，该镇的巨大财富面临被日军掠去的危险；而木栾店仅有商团武装防守，也不过才300多人。团长韩东山一听，意识到周希汉那个提案是正确的，说：

"周希汉有先见之明呀！"

他立即召开营干会议，"专题复议"周希汉的建议。会议马上通过了行动方案，决定，由周希汉参谋长率2营直取木栾店，由团长韩东山、政委丁先国分别率1、3营到获嘉、新乡方向和焦作、博爱方向活动，迷惑牵制敌人，策应2营行动。

5月初，周希汉率2营进至木栾店附近后，先头连队向他报告说："城门关闭，城头还鸣枪示威。当喊话声明我们是八路军时，对方回答说'什么八路军，就是九路军也不能进城来'！"

"癞蛤蟆打呵欠——好大的口气哟！"周希汉听后，转身对钟营长说，"看来这条地头蛇，还想同我们较量一下呢。"

他和钟营长立即来到城西门外一个高地，进行勘察，只见木栾店城高门严，城上炮楼高大。周希汉边观察边想着夺镇方案，最后对钟营长说：

"我看对木栾店最好是智取。"

"怎么智取？"

"先同伪商会进行谈判，谈不成再强攻。"

随后，2营的4、5两个连和随行的道清游击支队在镇子四周村庄驻防，大张旗鼓地进行攻城准备。而周希汉则率6连在城西门外的纺纱厂住下，即着手谈判前的安排，在武陟县地下党的工作下，5月2日下午，商会会长王高峰被领到了周希汉的指挥部。

这个王高峰一见到周希汉，张口就说："鄙人怠慢了贵军官兵，实属大罪，敬请长官饶恕。"说罢就要下跪。周希汉也不客气，喊了声：

"给王会长赐坐和沏茶！"

然后，他就开口了，说：

"王会长应邀到来，我们欢迎。论起商会的罪行，这可不少啊。日寇侵占我国土，奸淫烧杀，在民族危亡之际，商会竟认贼作父，迎接5个鬼子兵进入木栾店，奉为上宾；派人参加鬼子在博爱城召开的维持会长会议，据说还送了上千块银元献媚倭寇；强迫市民挂日本国旗，接待鬼子'宣抚班'；你王高峰还当了维持会长，甘当鬼子的顺民，罪不可赦！"

王高峰顿时吓得浑身发抖，又要再次下跪，惊慌地说："这，这些罪孽，都是会中少数人干的！请长官饶了我！"

这时周希汉盯着他，更加气愤地说："我们八路军团结抗战，深入敌后，收复失地。你商会胆敢拒我军于城外，商团士兵口出狂言，还鸣枪示威，与我为敌。这是叛国行为，理当严惩！但是，我党我军对敌对友，是区别对待的！商会里，凡能够幡然悔悟向我投诚，并立功赎罪者，将不咎既往。”

“我们一定投诚！”

“投诚就好。这就要做到3条，一打开城门，迎我军进驻；二商团必须缴出全部枪支弹药，遣散成员；三商会从大商、富户中为我军提供银币1.5万元、棉布1500匹、军衣2000套，以资抗日需要。这3条商会要在3日内作出使我军满意的答复。否则，你王先生还是我们的敌人！”

“绝对不敢，万万不敢！”王高峰忙不迭地说，“长官所言，句句在理，我刻骨铭心！您所提条件，尚等鄙人与商会同事们商定后，马上向贵军禀报！”

接着，他试探地问：“眼下，我以商会名义，想在明日午时，在镇里宴请诸位军政长官，以示请罪，不知能否赏光？”

“王先生的盛情我们领了。但商会中有亲日分子和商团兵丁。为防昔日的鸿门宴今日重演，我们进镇赴宴必须带领50名卫士同往，并要派卫队同你在城门楼上的士兵一起警戒，以防意外。你看怎么样啊？”周希汉回答。

王高峰不能不答应，随后被送回了镇里。

第二日上午10点钟，50名卫士在6连连长率领下向木栾店的西城门开进。最前面是一个步兵班，他们扛着缴获日军的三八式步枪，上着刺刀，后面是腰间挂着日本军官用的指挥刀、肩佩着日造手枪的6连连长，接着是周希汉，由通信员、司号员陪在前后。再后面是卫队，并行着两名各扛着一挺轻机枪和两名各扛着一只掷弹筒的射手。其余战士们，扛的是清一色上着刺刀的三八式步枪，个个英姿飒爽，威风凛凛。当他们快到城门时，王高峰率商会成员及镇上名流，早已列队肃立门外迎候。

他们一到，掌声四起。在热烈的掌声中，6连长带着120名战士携机枪一挺、掷弹筒一只，登上了城门楼。入了镇，周希汉参谋长“雅兴”很高，提议参观木栾店市容。结果，王高峰等一群陪伴下，这支部队沿着街道大步开进。

“八路军来了，八路军来了！”

城里老百姓争相围看，近百名男女学生涌来，高声唱起了“工农兵学商，一齐来救亡……”的抗战歌曲，周参谋长向他们又是点头，又是挥手。看到正午，王高峰等人把周参谋长一行“引”到镇上的一家大饭庄。

在大餐厅里，八九张桌子摆满了美酒佳肴。周参谋长坐上了正席。卫队战士们按照连长口令，在饭庄门口架起机枪，在饭庄周围设了警戒。宴会上,王高峰张罗一阵后,举杯就要敬酒了,但这却被周希汉参谋长示意停了下来。

“这……”王会长面有难色。

周希汉问道:“王先生,我想先听听你商会对我军所提条件作何答复?”

王高峰等一伙像是事先排练过的,异口同声地为商会投降日军罪行开脱罪责,周希汉不等他们表演完毕,拍案而起,厉声大喝:“商会降日,铁案如山,岂容你们狡辩!”

周参谋长动怒了。席间的“美食家”们吓得失魂落魄,食欲早已失尽。卫队战士们在饭庄门外早已实枪荷弹,虎视眈眈,只等着参谋长一声令下了。此时周希汉却突然坐下了,大声说:

“八路军开赴抗日前线半年多来,首战平型关告捷,火烧阳明堡日军飞机数十架,七亘村、黄崖底、长生口等等战斗,连连歼灭日军大获全胜。前不久,我部参加了神头岭伏击战,全歼日寇16师团林清部之精锐1500多人马,缴获了大批枪支弹药和物资。我军一次次胜利歼敌事实早就粉碎了日军不可战胜的神话!诸位请再次抬起你们的眼皮向外看看。”众人随着周参谋长手指往饭庄门外一看:战士们手中的机枪、掷弹筒、东洋刀和三八式步枪全都是从日军手中夺来的!

“你们商会凭仗着几百支破枪,是不是要逼我动武呢?”

陪宴的人全慌了,七嘴八舌地求饶,并推着王会长求情。王高峰乞求着说:

“贵军的条件请再宽限两日,待鄙商会再作商议。这次一定作出让贵军满意的答复。”

“既然王会长再次作此承诺,那么我只好再次听其言观其行了。”

周希汉说罢,起身说:“来而不往非礼也。明日午时,我于纺纱厂备下小宴,请诸位届时光临。”

翌日,王高峰借口“偶感风寒”不便赴约,派其秘书作为全权代表,偕同十多个商会人员来到指挥部。相见后,根据地下党事先的介绍,周希汉针对来此的商会人员的不同政治倾向,进行说服、瓦解。最后声明:“谈判时限,只剩最后一天。若谈判破裂,我军就以武力收复木栾店镇。何去何从,望商会不要错失良机!”

当天下午,商会全部接受周希汉提出的条件,迎接八路军进驻。

收复木栾店镇，周希汉的谋划顺利实现了，接着他又以木栾店为中心，指挥2营和游击队乘胜横扫武陟县之小董一带的土匪和反动武装，收缴长短枪700余支，钞票7万余元和大批布匹。

结果，补充团在豫北转战半年，由原来的1500人扩充到3500多人，红缨枪、大刀片，换成了步枪和机关枪，在解决自己吃穿的同时还为部队筹到了一批资金和物资。周希汉的军事指挥才能得到了陈赓旅长的肯定。6月，他推荐周希汉为旅参谋长。

这时，周希汉年仅25岁。

(2)

周希汉任386旅参谋长后不久，就露了一手，协助陈赓、王新亭等创造性地指挥了香城固伏击战。

1939年1月，386旅第二次越过平汉路，在冀南大平原上寻机歼敌。陈赓带着几位旅干部，有时各带部队去打场日军，有时集中起来讨论打个大仗，几仗之后，他们摸到了日军一条规律，就是只要你打痛他之后，他肯定要用全力来进行报复。为此，陈赓要求说：

"各位指挥员动动脑筋，在我们这个平原找个伏击战场，打个大的。"

但是，冬天的冀南大平原，树无叶，地无禾，一望无边，只利于日军机械化部队运动，却不利于八路军伏击部队隐蔽。正当大家为找理想的伏击地形煞费心思时，一天，周希汉和韩东山副旅长高高兴兴地回来了。

"伏击地形找到了。"周希汉说。

"真是个打埋伏的好地形哩！"韩副旅长补充说。

"快说吧！在什么地方？"许世友副旅长有点耐不住了。

"让希汉说吧，他的脑子比我清楚。"

周希汉也不客气，说："部队在香城固宿营后，我和老韩到周围察看地形，嗨，香城固西北，有个大沙滩，我们往西看，靠张家庄是一道几十米高、南北1000多米长的大沙岗；我们往东看，庄头村与正西边的张家庄遥遥相对，正好一个天然的钳形防御阵地呀！把地势倾斜的洼地紧紧地夹在当中。如果能把鬼子诱至这个洼地，是再理想不过的了！"

"你们地方找好了，'诱'哪里的鬼子呀？"陈赓旅长故意问。

“我向老韩说了我的看法，他非常赞成，就是香城固以北约15公里的威县城。”周希汉继续说：“根据昨日师部敌情通报，鬼子对冀南进行的第二次大‘扫荡’，使用兵力3万余人，目前已占据了束鹿、巨鹿、广宗、临清、威县等县城，正集中主力向我南宫、枣强、冀县地区合击，并以部分兵力守备其后方补给线。威县城就是‘扫荡’之敌后方补给线上的重要据点，由鬼子第10师团第40联队部分兵力守备。周围的曲周、清河等城也仅有少数敌兵防守，我想将威县之敌作为诱击对象是能成功的。”

“好，我看咱们几位步行到现场看看如何？”陈赓旅长说。

此时周希汉早已令作战、侦察参谋做好了准备，因他非常了解陈旅长是十分重视现场侦察的。带好地图，放出警戒，他们就出发了。

“好，好！香城固的那个破沙滩，确实是一个理想的袋形伏击阵地。”看完地形回来，还未坐下，许世友副旅长就发表了意见。

“我同意周希汉提出的作战方案。在这里打伏击，我看是有把握的。”政委王新亭也表示赞成。

陈赓旅长见所有的人都赞同周希汉的作战方案，随即就召集各团团长部署了战斗。为诱敌出城，又令补充团、新1团、688团各一部连续3天袭击威县县城。

布置就绪后，许世友副旅长去688团和新1团方向指挥战斗，韩东山副旅长去补充团指挥战斗。司令部只周希汉一个人了。陈赓和王新亭两人到师部去向刘、邓首长汇报，行前，陈赓说：

“周参谋长在旅指挥所负责全面指挥。”

不久，陈赓从师部给周希汉打电话，说：“彭总和刘、邓首长完全同意我们的战斗方案，指示我们要坚决打好这一仗。”

周希汉立即命令各机关、部队迅速进行准备。战斗随即打响了。2月10日，旅骑兵连又在威县城南游击活动，日军连续受到袭扰，早已恼羞成怒，住在威县日军40联队的补充大队和安田步兵加强中队，一发现八路骑兵，如饿狼扑食，立即出城追击，骑兵连且战且退，牵着他们的鼻子，不离不就，渐渐向南香城固而去，把日军引向那块大沙滩。狂妄已极的日军使劲地追赶着“打”，直向香城固正面进击。

周希汉在指挥所的小庙屋顶上观察情况，从望远镜里发现日本兵不顾一切地正向伏击阵地扑来，高兴极了，大声喊道：“敌人上钩了。”

随即，他一声令下，688团1营集中轻重火力在日军进入有效射程之内猛烈开火，敌头辆汽车被击中起火，日军安田中队长一看正面不易攻破，则令一部下车，绕道庄头村，妄图向香城固右侧后迂回。当他们接近庄头村时，周希汉已令补充团同样以轻重火力猛烈射击。敌正要向后撤时，埋伏在张家庄的688团主力又接到周希汉的命令猛烈开火了。在三面火力射击下，日军伤亡近半，安田中队长这才大喊起来：

"中了八路埋伏啦！"

残余的日军立即登上能开动的汽车向北，逃往威县城。但他们没想到，周希汉早已向许世友副旅长通报了敌情，请许副旅长率新1团将伏击圈的北口堵死。许世友和新1团团长丁思林、政委程悦长率领团主力跑步前进，一把将北口堵死，然后，用手榴弹和轻重机枪火力将日军一拨一拨地打了回去。日军在四面包围之中，如同无头的苍蝇胡碰乱撞。激战半下午，日军伤亡惨重，垂死挣扎，于是放起了毒气。周希汉立即又发出命令：

"用集束手榴弹将毒气炸散。"

正在这时，陈赓等人赶回了指挥所，一听战斗进展情况，就表扬说："希汉指挥得很好。"看了看前面的情况，说："希汉，我看可以发起总攻击了。"

周希汉立即命令发出总攻击信号。刹那间，军号声、枪炮声、冲杀声响成一片，部队从四面八方多路冲向日军。战斗很快就解决了。此战击毙日军安田中队长和250名官兵，生俘8名、烧毁汽车8辆、缴获山炮1门、九二步兵炮两门、迫击炮1门、长短枪120余支。刘伯承师长称此次战斗为"平原模范诱伏战"。

当地老百姓编了一首歌谣来赞颂这次战斗：

386旅，好儿郎，
领导是陈、王。
沙滩布下口袋阵，
香城四面撒罗网。
大汽车，冒火光，
日本鬼，见阎王，
解了咱们心头恨，
保住咱们好家乡。

（3）

1940 年 8 月，八路军总部决定对正太路的日军发动一次大规模的破袭战，以打破敌人的“囚笼政策”，八路军参战部队达到 105 个团 20 余万人，故号称“百团大战”。

129 师担负寿阳至榆次的破袭任务，刘伯承师长兵分右、中、左三个纵队，右翼为 10 旅旅长范子侠率领，两个团破袭阳泉、寿阳一线；陈赓、陈锡联指挥 3 个团为中央纵队，一路战沼西，牵制平定之敌，一路打狮垴山，牵制阳泉之敌；386 旅参谋长周希汉指挥左翼纵队，率 386 旅的 16 团和决死队 25 团、38 团，破袭寿阳至榆次一线——任务是攻下芦家庄、和尚足、下湖、上湖、马首等车站和据点。

这是刘伯承师长和陈赓旅长有意给周希汉“压担子”，而 27 岁的周希汉勇敢地“挑担”而上。

第一仗，周希汉的安排是，16 团攻打芦家庄车站并以小部队向榆次方向佯攻，牵制日军；25 团和 38 团攻占马首、和尚足、上湖和下湖等车站，并负责破击这段铁路。结果，当右纵队和中央纵队顺利地攻占阳泉的狮垴山时，周希汉率领的左纵队也没落下，16 团攻占芦家庄。25 团和 38 团攻占马首、和尚足、上湖、下湖等车站。

129 师三路人马出击，其中最繁忙的，要数左翼纵队的指挥员周希汉，因为他一无政委，二无参谋长，因此既要当军事指挥员，又要做政治动员，结果，他日夜不敢睡觉，甚至连打盹也不敢，几天下来，熬得两只眼睛都是红红的。

芦家庄战斗后，周希汉又率部队向新的战区转移。

这时，榆次、寿阳之敌纷纷出动，悄悄尾随他们而来。

8 月 30 日下午，他用望远镜观察发现西边长凝至高坪间的山梁，有一路敌人行军纵队，时隐时现，正向东爬行，他立即向刘师长和陈旅长报告，同时命令 16 团谢家庆团长带 2、3 营占领距芦家庄 12 公里的高坪阵地，阻止敌兵迂回，掩护部队和民兵继续破路。

第二日，500 多日军在飞机大炮掩护之下向高坪 16 团阵地猛攻，战斗打得十分激烈，16 团坚守高坪、道坪阵地，掩护破路民工有秩序地撤退，周希汉赶到了高坪。这时增援芦家庄之敌200余人正向南进至戈山,企图迂回到师主力的右翼;长凝向东南运动300多日军已占领高家山,威胁师主力的左翼。为了粉碎敌人合围,周希汉立即命令38团向16团靠拢,以便交替掩护,节节抗击,阻敌前进。

9月1日,周希汉率16团、38团在高坪、道坪给日军以重大伤亡,第二日凌晨,转移到了松塔东南羊儿岭、上葫芦一线,这时他突然发现左翼卷峪沟至安丰一线沟里火光一片,烟雾弥漫,正准备派人去侦察时,一位伤员走过来,急切地说:

"不好啦,师卫生部带着部分伤员还在卷峪沟呢!"

周希汉立即召集16团、38团干部研究布置,决定38团立即占领红崖,16团占领羊儿岭高地,构筑工事,坚守阵地,掩护友邻部队和伤员转移。这时,刘伯承师长、邓小平政委派警卫营长来向周希汉传达口头命令:

"你们要死守阵地,掩护师指挥所和伤员的转移!"

天亮了,太阳刚出来,日军在飞机大炮掩护下向羊儿岭猛攻,经激烈交战,羊儿岭被日军占领。周希汉亲临前线指挥,他命令16团:"要坚决把阵地夺回来!"

16团团长谢家庆带领部队,向日军反击。38团团长也和战士们一起协同16团进行拼杀,双方打过去又扑过来,攻击与反攻击,反复10多次,最后进行白刃格斗,血拼两个多小时,战士们才终于将羊儿岭阵地夺了回来。周希汉立即命令:

"各团加紧抢修工事,准备死守阵地。"

随后,双方又展开血战,激战整整持续了15个多小时,周希汉率领16团和38团共毙伤日军400多人,胜利地完成了阻敌的任务,保障了北方局、八路军总部和师属机关及后方医院的安全转移。

至此,百团大战的第一阶段暂告结束。谁知周希汉因指挥作战的劳累,本来在攻打芦家庄战斗时眼睛就熬红了,这时就"肿"起来了,最后奉刘伯承师长的命令,住进了后方医院,部队由陈赓统一率领,转向榆杜以南宋家庄一带集结待命。

(4)

9月21日,为了扩大正太路破袭战果,彭德怀决定发起百团大战第二阶段战役，129 师发起了榆辽战役——破袭晋东南从辽县直楔入太行区抗日根据地腹心榆社城的公路，并拔掉榆社城这颗“钉子”。

386 旅和决死 1 纵两个团为榆辽战役左集团，负责攻占榆社、王景、沿壁村一线据点。陈赓又把 386 旅的重担“撂”在周希汉身上，让他带 772 团、16 团攻占榆社城，自己指挥 25 团、38 团攻取王景、沿壁。

榆社城驻有日军片山第 4 混成旅团坂津大队、藤本中队 200 多人，“助阵”的伪军 60 多人，凭险据守，还有 70 多个鬼子在榆辽公路沿线各据点守备。城内配有山炮、迫击炮，以榆社中学为中心，构成坚固据点，除留一条路与城内相通外，学校四周的道沟全被日军下“蛮功夫”，人工“削”成高达几十丈高的峭壁。峭壁上还有碉堡群和铁丝网，工事非常坚固。

9 月 23 日 23 时，榆辽战役全线打响。周希汉率领 16 团和 772 团齐头向榆社城出击。他原定的方案为夜间奇袭，谁知部队在运动中被日军察觉，日军弃城退到榆社中学据守。结果，周希汉不得不改用强攻，命令 772 团以两个营攻击榆社中学西面及西南面之敌，16 团 3 营攻击榆社中学北面及西北面之敌，16 团 1 营设伏于城东断敌退路，2 营置于茅崖底附近为预备队。

谁知，激战一夜，成效不大。

第二日，周希汉命令 16 团、772 团重新调整部署，组织火力，于下午发起第二次攻击，在猛烈的炮火掩护下，战士轮番出击，激战 3 个小时，西北角及北面的碉堡被 16 团 3 营攻占，因后续部队弹药用尽，3 营营长范仕权负重伤，部队没能攻入榆社中学，失掉了一次有利战机。

第三日拂晓，部队总结了前两次强攻经验后，周希汉命令部队发起第三次攻击。

炮火一响，战士们就冒着敌人的枪弹、火网冲击，16 团 5 连一排长连破五道铁丝网，给部队开辟了通路，战士们借着云梯登上了 30 米高的峭壁，迅速突破了敌人之阵地，攻占了碉堡群，冲进榆社中学。可是日军凭借地下暗堡及院内房屋和大碉堡，在飞机掩护下，负隅顽抗，16 团 2 营正在得手之时，营长陈道山负重伤，副营长白远科指挥部队继续向敌冲击，忽然，他大声喊叫：“鬼子放毒气啦！”话音刚落，白远科头部中弹身亡，谢家庆团长只好命令部队暂停强攻。

三次强攻，部队牺牲很大，周希汉眉头皱了皱，说：

“挖坑道，对着鬼子的碉堡挖。”

他一声令下，战士们立即变成了挖土大军，当坑道挖好后，他亲临火线检查坑道的情况，然后说："用炸药炸毁鬼子的碉堡。"接着，他对炸药的准备、人员的挑选都进行了检查，最后对谢家庆团长说：

"这次一定要成功！"

当日下午4时，16团再次发起第四次总攻击，结果引爆成功，一声闷雷从地面滚过，榆社城像是发生了地震似的，16团两个营穿过爆炸烟尘，一齐冲入敌碉堡，同日军展开白刃格斗。772团也穿越滚滚浓烟，冲进榆社中学，与日军搏斗。日军中队长藤本见大势已去，在绝望中剖腹自杀，剩余的三四十名日本兵，割下藤本的头颅带上，拼死突围，刚刚跑出城外，谁知掉入周希汉预伏那里的另一个"口袋"，结果全部被歼，藤本的头颅也滚到水沟里去了。

这一次战斗，周希汉指挥两个团歼灭日军一个大队，缴获大批武器弹药和各种军用物资，大量粮食和食品等。战后，刘伯承对陈赓说：

"那个周希汉指挥打仗有一套。"

陈赓说："还要磨炼，才能成大器。"

4.神机妙算反"扫荡"

1942年，周希汉指挥386旅兼太岳军区部队在太岳区反"扫荡"中取得了一次大胜利，这次反"扫荡"，他的聪明才智充分地在日军面前展示了一次。

(1)

1941年底，日军袭击珍珠港，当天，英美对日宣战，太平洋战争爆发。但日军不久后便立即凸现一个"兵力不足"的难题，为此，东京大本营要求侵华日军"在1942年解决对华问题"。1942年年初，日军华北方面军司令官冈村宁次大将亲自指挥日军对晋察冀、冀东、冀西、冀南及晋冀豫边区进行所谓"肃正作战"，决心消灭八路军。

太行、太岳军区在这次“肃正作战”中首当其冲。

2月1日,冈村宁次开始“驻晋日军第一次总进攻”,第41师团步兵指挥官奥村少将率领36师团和41师团7个大队6000人马,向太岳区北部进行“铁壁合围”式的“扫荡”。这次“扫荡”,奥村少将还首次使用了“挺进杀人队”,“杀人队”穿着便衣或八路军服装,潜入根据地腹地,骚扰破坏,专门杀人——专杀干部。21日,奥村兵分20路,在东西不过百里的根据地内部,以“梳篦队形”、“铁壁战术”向386旅驻地“压”来。

这次反“扫荡”,386旅主力由周希汉参谋长和政治部主任张祖谅统率进行。

对奥村少将的“新战术”,周希汉进行了仔细的分析,这一分析,他就找出了日军的破绽。

原来,他发现每路日军的行进路线,间隔距离都有5里左右,如果利用地形熟、群众条件好的优势,部队选择在敌人两路之间的空隙,与敌相背而行,就完全可能突破日军的“铁壁合围”。

当奥村率领大军进至横水时,周希汉命令16团在东峪南之关爷岭阻击,结果,16团一战毙敌百余人。他自己率领旅直属部队由横水以西自南向北,在日军的梳篦队形的“5里空隙”中,巧妙地穿插而过,安全到达良马以北。

狡诈凶狠的奥村在周希汉前扑了一个大空,碰了一个大壁。

可这奥村也不是蠢材,“铁壁合围”一失败,立即改变战术,采用远距离、夜间、长途奔袭和“连续辗转剔抉扫荡”战术,发动了“驻晋日军第二次总进攻”。

这“连续辗转剔抉扫荡”战术不知是何物,但这“远距离、夜间、长途奔袭”战术也是够厉害的,防不胜防,因为大队的日军一坐上汽车,几个小时就可以形成一个包围圈。奥村还不满足于此,又派出“挺进杀人队”,这100多个身怀绝技的特战队由石哲经东峪东的两井山沿东、西峪村北进至安太山,企图在大“扫荡”时,在八路军的腹心地区来个“里外配合”。当他们到达安太山时,偏偏第二日早晨,386旅旅部炊事员到西峪村南小河中挑水,突然发现沙地中有日本人的皮鞋印和套着橡皮套的马蹄印,立即向上报告,周希汉立即下令:

“16团立即出发歼灭该敌。”

这伙特战“杀人队”见阴谋败露，仓皇逃窜。

“杀人队”虽然走了，但周希汉又判断：小股敌人的偷袭骚扰，是大“扫荡”的前奏。即令16团进至长子、高平一带，接近敌区进行观察，相机歼敌；又急调在端氏一带的772团团部和3营返回东、西峪，准备对付敌人的大“扫荡”。他安排就绪，第二天奥村的大“扫荡”就开始了。

5月14日夜，日军疾进50多公里。

15日晨，奥村率36师团和69师团各一部共7000余人，向东、西峪发动突然袭击。东、西、南，三边重兵挺进。原来奥村来了个“远距离、夜间、长途奔袭”战术，结果，突然之间对周希汉率领的旅直属队形成第一次合围！

情况十分紧迫。早有预料的周希汉果断命令刚回东峪的772团3营10连在东峪南沟就地抗击敌人，他自己率领旅、团直属队和772团3营9连、12连迅速向西北安太山转移，一下就跳出了奥村第一个合围的“圈心”。

当周希汉率部进至安太山时，鲍店之敌已进至杜村附近，正向安太山前进；府城之敌从孔滩向安太山靠拢，随即，又对他们形成在安太山的第二次合围。情况虽然又变得十分紧急，但周希汉沉着冷静，令772团9连：

“坚决顶住杜村方向之敌，掩护旅团直属部队，其余人员在河阳地区向北突围。”

拂晓，5架敌机轮番轰炸扫射，迟滞旅团直属部队前进，加上又是在深山密林中行动不便，当周希汉率部到达河阳地区北渡兰河时，西边来的府城、浮山之敌也进到河阳，一把截断了他们的去路。周希汉跑到突破地段，一边令12连坚决阻敌，一边组织直属部队奋力突围。激战中，他亲自抓起一挺轻机枪，向日军猛烈扫射。12连连长发现参谋长亲自“扫”机枪，立即夺过机枪自己来“扫”。周参谋长身先士卒的举动，鼓舞了部队，凡是带枪的都积极参加战斗，就是没枪的卫生员也从伤员手中接过步枪和手榴弹参加战斗。日军多次冲击都被击退。激战到下午5时左右，终于所有的人马胜利地渡过了兰河，突破了日军的第二个合围圈。

突过兰河后，跑了10多里路，就到了石佛岭。战士们激战了整整一天，又饥、又渴、又累，正想休息一下搞点饭吃，并准备架起电台与上级联系时，又被杜村、上寨的“扫荡”日军发现。疯狂的敌人又两面围来，企图第三次合围。这时，周希汉果断地决定：

“兵分两路，向临屯公路以北转进。”

他此举意在使日军摸不清去向，以摆脱连续的被追击、包围。于是，他带一路走西线，向宋店地区前进；政治部主任张祖谅带一路走东线，向八泉方向前进。两路人马用机枪“开路”，边打边跑……结果，又成功地粉碎了日军的第三次合围。

第二天，两路人马在良马以北地区胜利会合。

（2）

奥村三次合围未成，又连遭打击，决定率部归巢。战士们正在欢欣鼓舞时，周希汉突然接到情报，说：

“府城还有 1000 多鬼子未动。”

他立即审时度势，结果分析来分析去，一拳头击在桌子上：“狡猾的鬼子！”

张祖谅问道：“怎么回事？”

“我判断鬼子有可能诱我主力回转后再来一次‘扫荡’！”

“我看完全有可能！”

于是他们决定：旅直属机关和主力停留在东峪东北 10 多公里的老方山地区观察敌人动向，派少数机关干部和小分队回东、西峪村，分别安抚群众，并动员群众准备应付敌人再来“扫荡”。

不出周希汉所料，没过几天，高平、沁水、府城、鲍店的日军 3000 多人，突然从东、西、南三个方向同时向东、西峪奔来“杀回马枪”。但是，奥村万万没料到，这次八路军和根据地群众一改以往的“惯例”，在他们退出根据地后，恰恰没有立即返回原驻地。奥村兴师动众，重兵猛扑过来，结果又扑了一个大空。但是，气急败坏的奥村还是不相信八路军中有如此“高智商的人才”，指挥部队在东、西峪和安太山一带，来回地“搜”、“扫”了两天，还是什么都没发现，最后，他只好下令开始撤退。

望着日军的背影，一个战士高兴地说：

“嗨！周参谋长真是料事如神呀。”

另一个战士接口说：“奥村狡猾还真狡猾，但他没想到遇到了周参谋长这个克星！别说打仗，就是拼智慧，他也远远不行！”

这个对话恰好被路过的周希汉听见了，他不屑一顾说：

“奥村，笨蛋一个，算什么英雄？”

（3）

这话不是说周希汉骄傲，或者吹牛皮。

高平的日军在归巢途中，正遇周希汉早已派到合围圈外，在敌占区附近寻机歼敌的16团。谢团长发现日军正在回撤，立即悄悄地在长子、高平交界处的界首村“伏”了下来，一个漂亮的伏击仗，又消灭日军先头行进的一个小队，毙伤日军和伪军几十人，缴获一挺歪把子机枪，战士们还“抢”回了不少日军在根据地掠夺的一批财物。

28日，各路日军分别窜回老巢。

反“扫荡”胜利结束后，东峪村的群众说：“八路军是神军，真会打仗！去年国民党98军在这里和日本人打了一仗，全军垮了，军长也牺牲了（指武士敏牺牲）。今年日本人来了几次，日本人来，八路军走，日本人走了，八路军又回来，八路军真神！”

西峪村的百姓说：“八路军有个周参谋是个小诸葛，会神机妙算。有八路军在，我们就天不怕地不怕！”

陈赓听到这话后，说：“西峪村的老乡被周希汉带着反了几次‘扫荡’，都骄傲了！”

全国抗日战争时期，太岳区曾流传歌谣云：

小日本，你听清，
太岳山上有陈赓。
小日本，你别捣蛋，
让你碰上周希汉。

5.陈赓、周希汉“戒烟记”

周希汉和陈赓之间，出身不同，经历不同，年龄差异大，他们的性格更是迥然不同。陈赓是个乐天派，很爱开玩笑，几乎不分场合、对象，上至毛主席、朱总司令，下到警卫员、炊事员，是诙谐幽默，玩笑不断。在386旅时，他和自己的政委王新亭、参谋长周希汉的玩笑近于恶作剧的程度。他和周希汉之间也有着许多“扯不清”的故事。有意思的是，虽然他们出身、个性、经历差距大，但他们心息相通，生死与共，配合默契，最终成为我军中有名的“上下级铁哥们”。

陈赓是个“烟筒旅长”，偏偏周希汉也是个“烟筒参谋长”。

每次，周希汉从陈赓那里领受了任务，就开始把他的“炮筒”卷上一“马答儿”，让警卫员背着，然后，自己叼上一支，就去布置他的阵地了。

抗战时期，有时饭都吃不上，条件这么艰苦困难，陈赓和周希汉从哪儿搞到那么多香烟呢？

在386旅里，首长们的烟，全是由武工大队大队长查玉升负责供应的。

查玉升是原772团副团长，由于对敌斗争需要，1940年调任386旅武工大队任大队长，负责敌情侦察和情报收集，袭击日伪据点。这个查玉升也是位智勇双全的虎将，除了完成旅长、参谋长交给的任务外，他还经常从日军据点或伪军盘踞的县城里“顺便”给首长们捎带搞点紧俏物资，什么大米、香烟、罐头、牙膏、牙刷，等等，一背来，往往就是一大麻布袋子。陈赓和周希汉两个“烟筒”的香烟，就是他“供应”的。而查玉升不管怎么困难，他都有办法弄些来，从不使首长“断粮”，并且他除供应旅首长外，还给八路军总部和师部送一点。因此，他使日伪军闻声丧胆，在八路军的“首长机关”也是“颇得好评”。

陈赓和周希汉见着他就说：“老查，嗨，特务大队是我们386旅的一支特种兵、一张王牌。”

结果，两个“烟筒首长”，带出了386旅一大串的“烟卷兵”。

但是，抽烟有害，这不管谁承认不承认，都是事实。偏偏一次这“害”，在周希汉“最危难”的时候让他摊上了。

那是百团大战之后的事。1941年2月，386旅主力移驻武乡县王家峪整训。前一段时间，尽是频繁的行军作战、冲锋陷阵、奔袭伏击，在鞍马劳顿的对日作战环境中，陈赓和周希汉抽烟也多起来了。结果，部队在战斗间隙一来整训，周希汉把工作安排布置后，精神稍一松弛，感冒突然袭来，虽无高烧，但周希汉又是打喷嚏，又是流鼻涕，加上烟抽太多，还咳嗽不止。一天，陈赓旅长突然发现,周希汉本来就瘦长的脸,现在变得更窄更长了,眼窝深陷,皱纹增加,面容憔悴,说“叫人怪心疼的”,陈赓立即召来军医冉再恒给周希汉“看病”。

医生摸了一阵子脉,说:

“戒烟一个月,就不咳嗽了。”

陈赓立即找来参谋和警卫员,当着大家的面宣布一项措施:“从 3 月 1 日起,旅长和参谋长戒烟一个月,欢迎大家监督,谁要违反就刮他十个鼻子。”

对医生的嘱咐、陈赓旅长的好意,在众目睽睽之下,周希汉只有暗中叫苦,明里被迫同意,无可奈何地说:“旅长都戒,我这个参谋长还有什么话可说!”

谁知陈赓是不怕“戒烟”的。平时他喜欢玩烟技,只要闲下来,身边的参谋、机要员、警卫员就全围着他坐,他不是讲故事,就是给他们表演吐烟圈、弹烟头、藏烟头的动作,他一伸手、一抖烟头,像魔术师一样玩得干净利索,常常赢得那帮“没见过世面”的小鬼和参谋们是掌声一片,啧啧的赞叹声好几天。其中,他吐烟圈的方法最绝,大圈套小圈,然后一支烟箭,还来个“穿糖葫芦”。这时,他会说:“抽烟吐圈,说话绕弯,不是流氓,就是瘪三。”

“不会吧,怎么是流氓瘪三呢?”

这帮“没见过世面”的小鬼和参谋们哪里明白旅长这番话的深意?陈赓只好又接着“解释”说:

“这是我是当年在上海拜瘪三为师学会的一套绝技。”

他这也并非说假话。1927 年 8 月陈赓在会昌战斗中左腿受重伤,后辗转至上海就医。最后在上海养伤治愈后,任党中央特科科长,专门在周恩来手下干着收集情报和反敌特之类“来无踪、去无影的事儿”,干了两年多,他和上海滩上的三流九教混得“鱼水不分”,伪装瘪三那一套,他装得很像。这“抽烟吐圈,说话绕弯”绝技就是从上海滩的那些地痞流氓和瘪三手中学到的。因此,陈赓尽管烟史很长,但主要是玩烟技,在通常情况下,他玩得多,咽得少。虽然吸烟“历史久远”,却从没上瘾,因此,戒烟一个月,对他来说并无什么大威胁。

而周希汉则不同。他的烟瘾很大。打起仗来或制订作战方案时,他一支接一支抽,食指和中指都是“抽”得焦黄焦黄的,一张口,满嘴巴的臭烟味可以把人熏倒，但他一有空就向人们宣传抽烟的好处，说什么抽烟可以提神入静，使人精力迅速集中，有助思考问题，能使工作效率倍增；什么冬天抽保暖，夏天抽驱蚊，饭前抽增香，厕所抽防臭；什么睡前抽入眠迅速，醒了抽头脑清醒。总之，好处一大堆多得说不完。结果，他抽烟越抽越“疯”。因此，对于这样一个大烟鬼，这戒烟一月，不是要他的命吗？

大概陈赓知道他是难熬过这一个月的，在和周希汉做出戒烟一月的君子协定后，向查玉升发出“指令”：一个月内不得供应周希汉香烟。同时，他收缴了周希汉的香烟。

周希汉边吃药边戒烟，熬过了第一周、第二周，到第三周感冒全消，咳嗽停止。他感谢旅长的关心，同时又感到神不守舍，坐立不安，总觉得少了点什么，有时像掉了魂似的毫无目的地游荡。这是烟瘾发作的表现。3 月 20 日夜里，他从作战地图木箱（这是他“秘藏”烟的地方）中取出一盒烟，装进口袋里，然后，披上缴获日军的黄呢子大衣，带领几个参谋和警卫员，来到村边的山坡上，说：“要搞一次演习。”接着，他用刺刀在地下挖了一个坑，对参谋和警卫说：

“我裹上军大衣在地下抽烟，你们分别在 20、50、100、200 公尺的距离内观察，看能不能发现火光？半小时后，到这里向我报告。”（顺便说一下，这一吸烟法，在抗日战争、解放战争和抗美援朝战争中，曾被广泛推广使用）

当即，有作战参谋提醒说：“参谋长，你不是同旅长订立……”

“这是演习。”周希汉制止说，“和一个月禁烟是两码事。大家不要乱讲呀！”

在参谋长周希汉蒙头盖脑地把嘴巴拱到土坑里大抽特抽，过足了烟瘾，果然不见火光。可是，不到半小时，有人把他的大衣一揭，提着耳朵把他拉起来。他抬头一看，是旅长一张严肃的面孔。周希汉像做错了事的孩子一样，讷讷地说：“我只是搞个试验……”

“这种试验满可以在一个月过后再搞。”陈赓说，“这么重要的试验，为什么不向我报告？你违反了君子协定，怎么办吧？”

“这……这……”周希汉低着头咕哝着，被陈赓押着往回走。他们一起走进了周希汉的住房。

“坐好！”陈赓对周希汉下令。

参谋、警卫员没敢进来，扒着门框在看。周希汉在理屈词穷的情况下，只好乖乖听话。

“念你初犯,刮 5 个!”

周希汉闭着双眼。陈赓把手指弯成一个钩,对准他的高鼻梁,狠狠地刮了 5 下;然后,跳出门槛,抱住参谋和警卫员哈哈大笑,这下可好了,那些警卫参谋和旅长个个笑得都流出了眼泪, 参谋长却痛得流泪。陈赓并未就此罢休。他宣布:“由于参谋长违反协定,戒烟延长一个月,到 4 月底截止。”

周希汉又只好自叹倒霉,他本想领着机关干部到部队检查整训,挨过这难熬的 4 月。可是,这时八路军总部命令周希汉带领 17 团在 5 月去执行护送总部炮兵团到延安参加集训的任务。接到命令后,临行时,他笑嘻嘻地向旅长告别:

“旅长,你这戒烟令,嘿嘿……”

“回来补上!”陈赓说。

可是他护送总部炮兵团返回后,又被总部任命为南进支队司令员,率领 17 团和 18 团前往中条山开辟岳南抗日根据地。这补也补不上了。在周希汉和旅长分手时,陈赓赠给他一条香烟,拍了拍他的肩头,好久才说了一句:“祝你成功!”

两人依依惜别。“戒烟记”就此流产了。但陈、周互相爱护、关切之情却让人感动。

6.团城突围战

1943 年, 为了逐步巩固和发展抗日根据地,386 旅兼作太岳二分区,分区司令由旅长王近山兼任,周希汉任分区副司令员。结果,他一场团城突围战打得日军胆战心惊。

(1)

10 月 1 日,华北日军 62 师团、69 师团和 37 师团共 16 个大队,加上汉奸警备队共3万余人，采用三层阵地由北向南滚压推进的战法，分别由同蒲线之平遥、介休，白晋线之南关进行“扫荡”。二分区的反“扫荡”，分为两路，772团主力由分区政委刘忠率领，在晋北、士敏地区活动；周希汉率20团主力及772团2连在长子、高平、屯留地区活动。10月15日，日军刚结束对岳北的“扫荡”，16日“铁滚”阵势越过临屯公路，多路向南滚进。

当日夜，周希汉率领20团和772团2连避开日军“铁滚”阵势，奔袭日军在长子县的重要据点大堡头。

日军明天就“扫荡”到长子县，可在今天夜里周希汉却要攻下他们的据点大堡头，端掉他们的老巢。20团楚大明团长连声说：

“副司令这一招妙不可言，真是当年的诸葛亮呀！”

“我哪是什么诸葛亮呀，这是毛主席教我们的。”

“毛主席教你的？”

“他说‘你打你的，我打我的，你打过来，我打过去’，我就是这个战法。大明，这是你们20团到太岳区打的第一仗。我相信你们这一仗能打好！”

“那还用说！”虎将楚大明毫不谦虚地说。

大堡头镇离长子县城不远，镇子南北各有一个大碉堡，由一个伪军中队和警察所守备。北碉堡在四面开阔地中央，不易接近。南碉堡的东西南三面地形开阔难接近，但北面紧靠大堡头镇，这就给善于村落战的20团有可乘之隙。周希汉决定夜间偷袭，打敌人个措手不及。

第二日半夜，大堡头镇的守军眼看明天“扫荡”大军就要来临，哪想到八路军会连夜在重兵跟前端他们的老窝？个个抱头大睡。这时楚大明团长一声令下，战士们挖墙穿院，像老鼠一样偷偷地钻进了镇子，守敌还浑然不知。6连先打掉了南碉堡，7连推着“土坦克”也靠上了北碉堡，“土坦克”上装着几十公斤炸药，一靠近，惊天动地一声巨响，北碉堡也飞上天，碉堡里的守军全部炸飞了天。拂晓战斗结束，镇子里的“武官”80名伪军们全部被打死，伪区长和29名伪机关人员全部被捉，还缴获部分军械物资。就这样，周希汉“冲”着日军的“扫荡”大军，半个晚上端掉了他们的一个“窝子”。

(2)

端掉敌“窝子”后，20团转移到了大堡头以西的团城村集结。

楚大明见到周希汉,说:“战斗很顺利,战士们打村落战是老手,一开墙凿洞,穿墙越院,就神不知、鬼不晓地把敌人的炮楼给端了。”

“准备北转移到壁村一带休息,然后寻机夺取鲍店或其他敌据点。”周希汉说。

“几个连里干部说,连走带打,两天两夜没有合眼了,太累了,是不是就在团城宿营,睡一觉再走?”楚大明说。

“这一仗打得这么好,打痛了鬼子。根据以往的经验,鬼子肯定要找我们报复。团城这里是个小盆地,四周是山。几千人一围上来,那时我们再走就要花大的代价了。老楚呀!大家咬咬牙,向北再走 20 里,到了岳北,进可攻,退可守。”

楚大明答应了一声,就走了。

可他不久又回来了。原来,他没做通手下连长们的工作。这楚大明是员虎将,与周希汉是红四方面军的战友,现在战友领导战友,自然暗中有些不服气,加上手下那些“虎崽们”确实不想走了,所以他也就不勉强,回来“复命”了。

周希汉说:“老楚,咱们俩是老战友,平原和山地都打过仗。在团城休息,不安全呀。”

“没关系,鬼子来了就打呗!”楚大明转身就走。

“慢,老楚,记住不能一同睡大觉啊!南山、东南山和西山,三个山头较高,又是通往根据地的要冲,鬼子要来报复,必然要先夺取这三个制高点。你们 20 团要向南山、东南山放出排哨,772 团 2 连向西山放出排哨!”

“好勒!”楚大明应了一声,走了。

尽管 20 团是支特别能战斗的部队,在不久前的林南战役中,打得很好,还受到了刘伯承师长的嘉奖。昨晚的大堡头攻坚战,20 团也是打得机动灵活,英勇顽强。但它刚划归 386 旅建制。这次真是傲军遇上了傲将。但有人还是担心地说:“副司令员,在团城睡觉,很危险呀!”

“对 20 团的有些事,我们虽然都说得很明白了,但还要靠他们自己亲自去实践之后,才能认识清楚。”周希汉说。

“可 20 团的战士们绝大多数只会平原作战,不熟悉山地作战……”

“如果我们事先做好充分准备,就是鬼子来了,我看也占不到多大便宜。关键是不能麻痹大意。快去准备战斗吧,我估计鬼子会来报复,可能约需两个小时左右。”

“两个小时？”

“是的，鬼子大部队已到我根据地中心，离这里大约二三十公里。快，也要四五个小时。从我们打下大堡头算起，现在已过去了3个小时。”

（3）

果真不出周希汉所料，两个小时后，日军来报复了，三四千“扫荡”撤回来的日军分九路合围团城。

772团2连牢牢控制着团城西山高地，20团1连控制着村西北的吴家山高地。但，20团没按周希汉的命令，把团城的南山和东南山两个制高点控制起来，日军很快占据了，并逐步向团城村压下来。

周希汉率部先向南——我根据地方向突围，继而又向东南敌占区方向突围，都没成功。情况有些危急了。这时周希汉很冷静，思维也格外地敏捷，他想了想，说：

“鬼子大部队从根据地撤回来，重兵肯定集中在南面和东南方向。我们两次突围没成功，也正好把鬼子吸引在这两个方向上。”

他又用望远镜望了望，看到敌人从合义方向顺土岭、磨盘山运动，企图从右翼绕向团城以北。他立即意识到了团城以北首先抢占黄庙的敌兵是薄弱点。他立即命令20团：

“集中主力消灭黄庙两侧敌人，打开缺口，保障部队向北突围。”

楚大明团长闻风而动，命令7连长：“田涯，冲上去！”

20团过去被人称为“平原老虎”，而遇到紧急情况，立刻转身变成了“山地老虎”，7连都是从日军手里夺过来的清一色的三八式步枪，战士个个又都是敢于刺刀见红的好汉。连长田涯把手枪一举：“跟我冲！”1排紧跟着他冲上去，先甩出一批手榴弹，乘着手榴弹爆炸的烟雾冲入敌群，和日军拼杀，接连刺死十多个日军，夺得一挺日式机枪，连指导员张铭泉带领2排也冲进敌群，杀出一条直路。

“及振江，冲上去，把突破口撕大！”

楚大明命令6连连长带领6连也冲上去了。

与此同时，772团2连也从西山顺坡冲下来，和黄庙西侧的日军拼杀。

正如周希汉分析的，黄庙仅仅是石哲据点内两个日军小队。

结果，3个连很快将黄庙两侧的两个日军小队消灭，一个伪军中队冲上来想"救主"，也被全部击毙。这样，一个500多米的突破口被打开了。周希汉立即命令作战参谋薛佑钧组织分区和20团直属机关及长子县的干部从突破口向北突围。

分区和20团的机关人员及长子县、区干部立即奔跑过来了。

此时由长子县城窜来的一路敌人，利用罗家沟北侧高地，以侧射火力封锁了黄庙北坡的突围道路，并妄图渡过苏里河加强北路合围。楚大明根据周希汉的命令，将黄庙东西两侧阵地交20团5连和772团2连坚守，自己率领两个连向北抢占靠近南陈的山东岭高地，然后用轻重火力，居高临下，压制着鬼子的侧射火力，阻止日军前进。

突围人员趁机越过了敌人火力封锁线。

（4）

周希汉站在黄庙西侧指挥20团1连和旅直工兵连交替掩护撤退，但两个连长都要求周副司令先撤，772团2连连长陈家贵说：

"首长还是你先撤，你不先撤，1连、工兵连不好撤，我们和5连也不能撤。"

可是周希汉要和大家一起撤。此时，敌人已离他很近了，陈家贵亲自端起机枪射击，一面掩护，一面催促周希汉的警卫班长说：

"吴安良，快掩护首长撤退。"

吴安良令3个警卫员掩护，自己和另一个警卫员拉着周希汉向山东岭撤。可刚跑到黄庙高地北坡时，不知谁说了一句"山炮连还没有撤出来"，周希汉立刻停下来，说："警卫班回去1个人到团城将炮兵连带出来。"

这时，右侧占领罗家沟村北高地的日军，可能发现周希汉站在那里指前指后的，断定是八路军的指挥员，又集中火力射来。激战中，周希汉警卫班的5个警卫员1个牺牲，3个负伤，只有班长吴安良1人尚未负伤，他要拉首长脱离险境，可周希汉反而坐下，说：

"山炮连没有撤下来是个大事，你赶快找人把山炮连带出来，不然，我不走了。"

正在危险之时,1连、工兵连撤下来了,工兵连长郭能顺是周希汉红军时期爬雪山、过草地的老部下,他看到周副司令坐下来不走很危险,劝了几句,还是不起作用,随即眼睛朝吴安良一眨,然后,突然用拳头朝周希汉脊背打去,就在周希汉挨打挺腰的一刹那,他和吴安良顺势架起他就跑,3人冲过火力封锁线,爬上了山东岭高地。

楚大明早已在山东岭高地焦急等待他们,立即走过来,将周副司令迎到自己的临时团指挥所——山东岭的制高点。然后,他说:

"副司令,炮兵连早已从黄庙撤出来了。在黄庙以西的没看见,不了解情况的,就随便说了句'山炮连没撤出来'。"

这时周希汉悬着的一颗心才放了下来。楚大明说:

"你们往北转移。我和6、7连掩护最后走。"

周希汉眼睛边向山东岭周围扫了扫, 对作战参谋薛佑钧说:"现在天快黄昏了,看来鬼子已经无力、也无时间再增兵堵击了。你带领突围部队到达南陈以东的苏里河滩后,稍加集结,然后取道东北陈,渡过浊漳河,向北到壁村休整待命。"

"你怎么办?"

"我和楚团长指挥6、7连掩护你们全部撤离后,会很快赶上你们。"

日军由于损失惨重,攻击力已大减,在大部队撤离后,6、7连在周希汉和楚团长指挥下,缓缓撤离了山东岭高地。

(5)

当周希汉和楚大明赶到浊漳河边时,大部队已经开始渡河。

在团城突围战中,部队伤亡比较严重,楚大明很是自责,多次要向周副司令作检讨,但战斗那么紧张、激烈,他一直没机会开口。这时,他看到周副司令坐下来了,就走了过来。周希汉看他面带自责的愁容,先站了起来,说:

"老楚,快坐下来休息休息。这次团城突围,你们20团打得很英勇、很顽强,打出了20团的威风,鬼子是闻风丧胆,我们撤出了山东岭,他们都不敢上来啦!"

楚大明是位作战英勇顽强、身经百战的虎将,性格粗犷豪放,又豁达正直,并不回避自己的问题:

“周副司令，这次团城被合围，造成部队这么大伤亡，就是因为我没听你的指示；如果当初听你的话，部队转移到壁村，鬼子就不可能合围住我们。”

“是啊！”周希汉看着老战友，“不过，20团在团城突围战中打得非常勇猛，个个敢于刺刀见红，特别是几位连干部冲锋在前、撤退在后，值得嘉奖啊。这次我们伤亡是不小，可敌人伤亡更大，我们伤亡232人，鬼子伤亡500多人，超过我们一倍多，战果比大堡头还大。至于说谁的责任大，我的责任最大。当时如果我坚持迅速转移，你们肯定会听我的，可我当时没坚持自己的意见。”

“副司令，这次被合围都怪我们，哪能让首长承担责任！”几个连里干部也发言了。

“不要争谁的责任大了。吃一堑、长一智，我们下次接受教训就好了。”

众人见伤亡了这么多战友，心里还是总觉得不是滋味。正在这时，随着一声“报告”，工兵连长郭能顺来了。他平时爱说爱笑爱逗乐，熟悉他的人比较多。这次在紧要关头，他用拳头强架着周副司令脱离了险境。20团的连干部听到他的这一事迹，都要找他认识认识呢！此时见他来了，都兴奋地静听他向周副司令的报告。

“周副司令，”郭能顺说，“工兵连已将收容的伤病员送到了各单位。在漳河边担任掩护任务的20团1连，尚未赶来，请首长指示”。

“1连由我派人去接。”楚团长插话。

“你工兵连任务完成得很好。”周希汉接着说，“郭能顺，你那一拳好厉害，到现在我的背部还痛呢！”

“真对不起首长。”郭能顾说，“当时情况太危险了，敌人的火力都对着你打，警卫班一死三伤，只剩下吴安良，一个人又拉不动你，我只好……”

“你就只好用拳头啦？”周希汉替他说出来了，“说了半天，你是说你打人还算急中生智了，是不是？警卫员，给我绑起来！”

周希汉这一唬，没想到这个郭能顾一急，竟然吓得大喊起来了：“副司令，冤枉呀！冤枉呀！”

“哈哈，你又学着唱戏了呀！”周希汉哈哈大笑，“我看你敢打我这个副司令，其实胆子也不大嘛！”

众人哄堂大笑。

7.坐在担架上指挥两战

1946 年 1 月 10 日，共产党代表同国民党政府代表正式签订停战协定，同日双方下达在 1946 年 1 月 13 日 24 时生效的双方停战令。

为了粉碎蒋介石和阎锡山在停战前抢占地盘的阴谋，1946 年 1 月，4 纵决定抢在停战前攻占曲沃城。

1 月 12 日凌晨 1 时，战斗开始，10 旅为主攻，顺利攻占西关。13 日 18 时，4 纵开始攻城战斗。但是，由于登城地段划分不够严明，出现了登梯混乱，一个云梯被推倒撑断，另一个又不够长度，混乱中遭敌火力袭击；第二次攻城时，集中炮火打出了一段不宽的斜坡，可在登城时，又因梯队顺序控制不严，多头挤着往上爬，建制混乱，遭到守敌敢死队的反击，双方又形成了对峙。

这时，时间已到 21 时左右，群情激愤，要求再组织进攻，“为牺牲同志报仇！”可是，传达的停战协定生效时间是 13 日 24 时整，这时 4 纵已占领了西城门，城内的残敌仍在负隅顽抗，双方的伤亡都比较大。时间离停战时限只有两个小时，是继续打下去全歼残敌，还是坚决执行党中央的决定，按时把部队撤出战区？两种意见，在担任主攻的 10 旅前线指挥所内争执不下。多数人坚持继续打，个个犹如弦上箭、膛中弹，楚大明副旅长把警卫员手里的两支驳壳枪插在自己的腰里，喊着要去冲锋；炮兵大队杨大队长也表态说：

“只要能把曲沃城拿下，我们就是把炮弹打光了也不心疼。”

胜利已经在望，在这个节骨跟上让谁撤，都想不通。战斗又要发起时，一副担架火急火燎地被匆匆抬进了指挥所。

众人抬头一看，是周希汉旅长！

原来周希汉的瘘管疼又犯了。他发病的瘘管在肛门内侧 10 公分深，部队没条件切除，只能定时清洗、消炎，每天只能换换药，可行军作战频繁，哪里能做到天天换药？结果，有时洗了没换药，有时换药又没洗，不是清洗不净，就是消毒不严，这使得他的瘘管复发，一旦发作，瘘管创面肿胀、化脓就痛，这一痛起来就很厉害，除了剧疼外，还发烧头晕，食欲减退，轻时他便忍痛不吭声，重时，他不能坐，不能走，不能骑马，只有躺在担架上。这次他瘘管又复发了，又是疼得死来活去，只好在指挥所不远的“后方”。可他一听10旅这些“虎崽”吼叫着又要攻城时，再也待不下了，只好叫警卫员把他抬到了前线指挥所。

他坐在担架上，听取了双方的意见后，先肯定了官兵攻城时的英勇，然后说：“伤亡大，城没攻下，以后一定要认真检查，当前迫切要解决的是继续打还是撤出的问题。”

这时部分团、旅干部还是主张“坚决打下去”。楚大明是员虎将，他手提两支驳壳枪，说：

“你们不打，我带28团上，非拿下曲沃城不可！”

“如果我们这几个人冲上去，能结束这场战斗，”周希汉说，“我愿带头和大家一起冲。如果在一个小时内不能把全城打下来呢？我们的牺牲就是无谓的。”

楚大明说：“我保证在24时前占领曲沃城。”

周希汉耐心地说：“我也相信一定能够攻占。但离停战协定生效时间只有两个多小时，恐怕谁也不能保证24时前结束战斗。如果继续打，就等于我们自己违背我党代表签订的生效时间。我们是人民的子弟兵，将何以对待渴望和平的四万万人民？何以对待我党提出的和平、民主、团结的承诺？何以对待我党一贯言行一致的信誉？”

周希汉这几个“何以”立即使指挥所安静下来了，准备冲锋的楚大明也冷静了，随即，部队停止了对曲沃城的进攻，按时撤出了战区。

谁知我军不折不扣地执行停战协议，蒋介石、阎锡山却破坏停战协议。6天后，1月19日，阎锡山率先破坏停战协定，密令他的手下大将高卓之带领3个师绕道河西，企图袭占11旅占领的侯马镇。这下周希汉不客气了，带病出征，将他的先头45师包围在东、西高村，协同侯马的11旅南北一夹击，5个多小时就全歼45师，毙伤敌1800，活捉敌师长王为征、参谋长朱嘉华和手下3000多人。一个月内打了不同的两仗，立即引起官兵的纷纷议论，楚大明副旅长高兴地说：

“这次我们把对曲沃敌人的一肚子气出在高卓之头上了！”

28团团长赵华青说：“周旅长对战机看得准、抓得紧！”

“旅长的指挥，就是有他的一手啊！”楚大明说。

8.傲军遇上傲将

1946 年 6 月，全面内战爆发后，蒋介石发起全面进攻，山西土皇帝阎锡山主力北调，8 月，周希汉率 10 旅再次攻打赵城。

赵城是阎锡山的 39 师并保安团 3000 多人把守，防守坚固。攻打赵城，这是陈赓 4 纵第一次攻击敌正规师驻守的城池，也是 10 旅第一次单独向敌一个正规师发起攻击，事关全局，意义重大。谁知周希汉仅用一天多点时间，就把阎军 39 师"拿"掉，解放赵城。与此同时，兄弟 11 旅也"拿"下了洪洞县城。陈赓两个旅接连攻克洪洞、赵城，蒋介石的西北最高军事长官胡宗南急红了眼，马上调集包括"天下第一旅"在内的 10 万精兵至晋南，妄图打通同蒲线。

这个"天下第一旅"，就是胡宗南的第 1 军第 1 师第 1 旅，胡宗南就是原第 1 师的首任师长，后来第 1 师整编为一个旅，在南京做蒋介石的卫戍部队，因此，也是蒋介石嫡系的嫡系。该旅全是美械装备，训练有素，战斗力强，据说兵是一个个挑选的，对个头、体格、反应能力都是选了又选，挑了又挑的，部队老兵多，"待遇也好"，军官的军衔比其他部队高一级，蒋军旅长一般最高是个少将，而第 1 旅的旅长黄正诚为中将，他的两个团长也都是少将衔。第 1 旅可以说是国民党军队中的佼佼者，因此也自诩"天下第一"，在行军路上，蒋军其他部队见着他们就乖乖让道，否则，狂妄的"天下第一旅"就会"抽"对方带队长官的耳光。而在胡宗南那 10 万精兵中，爱"啃骨头"的陈赓却偏偏挑中了这个傲慢的"天下第一旅"，决意消灭它。

结果，他将手下 3 个旅 10、11、13 旅一字儿排开，向临(汾)浮(山)公路中段发起了奇袭。可他意不在浮山的 29 师，而是为了"引"出"天下第一旅"。浮山的 29 师一受到陈康 13 旅的狂击，就喊救命，结果，第 1 军军长董钊立即命令"天下第一旅"增援。骄狂的黄正诚只派第 1 旅第 2 团打先锋，谁知它被李成芳旅长率领的 11 旅渐打渐引，牵到了一个叫宫雀的地方，被团团围住，往死里打。黄正诚听说 2 团被包了"饺子"，知道大事不妙，急忙亲率旅部及第 1 团前去增援。

“黄正诚率第1团出动了,你们的任务是于明日黄昏将其包围歼灭。”

陈赓司令员一个电话打到10旅周希汉那里。

“没问题,嘿嘿,就怕他不来。”周希汉回答说。

“你的对手黄正诚不简单呀,他在希特勒那里留过学啊,军事上也有一套呀!我们的武器装备远不及对方呀。”“老领导”提醒说,就怕周希汉又犯个什么“骄傲自满”错误的。

“嗨,老首长,你不是教导我说,吃菜要吃菜心,打铁要打硬铁嘛?希特勒搞的那一套‘国际惯例’不是害人害己吗?黄正诚,没什么了不起的!”

有人说周希汉性格倔强,其实不是他“犟”,而是他个性中喜欢争强好胜,在战场上,越是硬仗,越是强对手,他越想战而胜之,“老首长”说这个黄正诚如何如何,反更激起了他压倒对手的冲动和欲望。但他好鼓不用重槌,老首长轻轻一“点”,他也明白了陈赓的深意,又补充一句:“嘿嘿,老首长,这次你放心,我一定不会骄傲的!”

果然,这次与黄正诚较量,周希汉很用心,部署30团正面迎敌,29团迂回侧击。为了防敌西逃,他把28团则伏于陈堰准备到时来围歼。但是,战后有人还是说,打蒋介石嫡系的嫡系、王牌的王牌,周希汉围歼“天下第一团”,而自己3个团实际上只上了两个团,这是他的英雄气概,无疑也多少有点“轻敌”或者与生俱来的“傲气”。此话并不是没有道理的。

傲军遇上傲将,这场生死拼杀,到底鹿死谁手呢?

两军一相遇,战斗就打响了。30团善守,死死堵住第1团去路,黄正诚亲自上阵,也没打过去,1团援军受阻。结果,李成芳旅长率领的11旅在宫雀围住他的2团往死里打,2团少将团长王亚武急如热锅蚂蚁,拼命一再呼救。黄正诚久攻30团阵地不破,战至黄昏,无法越过这道“铁堤坝”,只好将部队拉到陈堰,以图喘息。

这时周希汉把指挥所搬到了前线,对敌行动了如指掌,他当机立断,命令30团正面出击;29团杀“回马枪”,自西向东攻击陈堰;同时把伏兵28团自北向南投入战斗,他这么轻轻一动,一下就把陈堰围了个水泄不通,连黄正诚也“圈”在了里面。

一场恶战展开了。但黄正诚并没意识到1团有多大的危险,也没意识到自己的对手周希汉有多大的本事,他拿起电话向第1师师长罗列报告,说:“我们已进入陈堰正与共匪激战,已占领有利地形,蒋先生安然无恙。”

他的通话被 4 纵司令部窃听了。

“蒋先生？”陈赓司令员说，“黄正诚的话让人好生纳闷呀，蒋先生何许人也？蒋介石？肯定不是。美国顾问？大特务？总是个重要人物吧。”

他立即把这个情报向周希汉通报，并说：“希汉，你除了要捉到黄正诚，一定要把这个‘蒋先生’捉住了！”

周希汉正打得起劲，高声回答说：“老首长，得令！管他什么先生，谁也跑不掉！”突然，他激灵了一下：“老首长，蒋先生不会是蒋介石吧？”

“你呀，聪明一世糊涂一时，他一个老头子，会来这吗？”

“对对，司令员，那是不是他儿子呢？”

“难说，不过，你一定把他捉到，并且保护好！”

午夜刚过，李成芳的 11 旅全歼宫雀之敌。在浮山方向诱敌的陈康旅长率 13 旅正与敌苦斗。陈堰的包围战加歼灭战也打得火热而又空前激烈。陈赓打电话给周希汉：

“希汉，李成芳那里解决战斗了，要不要增援呀？”

听到这话，周希汉像被针刺了一次，高声回答：“让他们休息吧，我，没问题，29 团马上就进攻黄正诚的指挥所。”

“那，你们一定要在拂晓之前歼灭黄正诚。”

这时黄正诚跟 30 团厮杀一天，人困马乏，越大越难支持，而周希汉的 28、29 团斗志正旺，且有夜暗掩护，周希汉又回答说：“这一仗是赢定了。”

周希汉与陈司令员对话时，敌人也在对话，罗列对黄正诚说：“亚武那里不行了，你们一定要坚持到天亮，那几位蒋先生为什么不用一用？”

黄正诚答道：“几位蒋先生在一个院子里，无法使用，敌人已把手榴弹打到我房顶上了。”

“要沉着，要坚持到底！”

“是，一定坚持到底！”

他“一定坚持到底”的话音刚落，周希汉 29 团的“兵”就已攻进他的指挥所了，这位要“坚持到底”的国军中将话筒一放，就开始急匆匆换衣，准备逃命，谁知他才换上一顶士兵帽子和上衣，将军呢的裤子还没来得及脱下，就提着裤子成了俘虏。

俘虏押来，周希汉看到黄正诚那个狼狈相，只在鼻孔里哼了一声，就拿起电话，向陈赓司令员报告：“黄正诚捉到了，还有两个少将。”

“那个蒋先生呢？捉到了没有？”

“嗨，老首长，什么蒋先生呀？不是什么人。”

“不是人？难道是只狗？”电话那边，陈赓不解地问，他还以为是国民党那些将军们养的宠物呢。

周希汉哈哈大笑：“老首长，也不是只狗，而是几门十分难得的崭新的山炮。”

然后，他又乐得合不上嘴地向老首长报告：“天下第一旅的美式装备，悉数‘移交’给了我们！”

4纵连续取得重大胜利，特别是歼灭“天下第一旅”一役，得到党中央、毛主席的表扬。刘伯承司令员在晋冀鲁豫边区会议上说：“同蒲方面打得很好，中央夸奖说是‘出乎意料之外’。”

这就是傲军遇到周希汉傲将的结果。

9.郏县歼灭战

围歼“天下第一旅”是司令员陈赓指挥、4纵3个旅打的“合伙仗”，论功劳，周希汉也只能得个三分之一，但随后的郏县歼灭战，则是周希汉完全独立自主的指挥下进行的。他的这一仗，被陈赓称为“机动作战的范例”。

1947年8月23日，陈赓兵团强渡黄河，腰斩陇海，歼敌4万，解放县城11座，有力地支援了陕北和大别山的作战。因为部队已连续作战了两个多月，陈赓提出用一到两旅的兵力伪装主力，攻取临汝、郏县，威逼许昌，诱敌李铁军兵团东进，而兵团主力秘密南下伏牛山东麓，发动群众、创建根据地，并进行休整。

他的这一想法一“透风”，手下3个旅长周希汉、李成芳、陈康都争着挑重担——担当诱敌东进任务。在抢担子挑中，周希汉技压群雄，抓住老首长意在“兵团主力休整”的深意，说：“临汝、郏县，都是五六百人县保安团防守的县城，我一个旅执行诱敌任务就足够了。这样，兄弟旅就可以休整，就是李铁军想搞什么动作，司令员还有一个旅的机动。”

结果，陈赓听了此话，“偏心”同意了周希汉的意见，令他一个旅执行诱敌东进任务。为使兵团主力确实做到秘密南下，他还下了一道命令：“整个兵团禁止使用无线电联系。”

周希汉常用“攻其无备、出其不意”的战法，以奇、快胜敌。这次他也不例外，命令 28 团迅速攻下临汝，结果，歼敌 600，为确保兵团左翼安全，他又亲率 29 团、30 团攻取郏县。

30 团奇取郏县西关后，马不停蹄，紧接着攻取郏县西门，谁知立即遇到了守敌有组织的抵抗，久攻不下。周希汉亲临前沿阵地观察，发现敌人的防守战术甚有章法，有重机枪，有迫击炮，还有构筑的防御工事，说：“这不像县保安团。”

随即，他调整了部署，令 29 团秘密绕到东门，主攻东门，30 团为迷惑敌人，加强佯攻西门。这时，侦察参谋跑来报告说：“从敌人有线电话中听到敌整编 15 师师长武庭麟率领师部及 64 旅和 125 旅的一个营，从许昌先我一天到达郏县。”

兵无常势、水无常形。周希汉在征战中经常遇到过多种多样的敌情变化，这次的敌情变化，却有些特殊性。

原来，周希汉一攻下临汝，敌兵团司令官李铁军接到“临汝失守、郏县吃紧”的报告后，立即判断“陈赓兵团主力出动了”，马上率领兵团 6 个旅离开洛阳，火急火燎地撵上来了，妄图和武庭麟一个多旅及许昌一个骑兵旅、禹县一个步兵旅，来个“东西夹击”，与陈赓兵团在平汉路以西“决战”。

这李铁军与陈赓是黄埔军校时的同班同学，他倾巢出动，这本是陈赓意料之中的情况，而且诱其东进，恰恰是陈赓寻机歼其一部的计划。他这一招，也正是周希汉出击和攻打临汝、郏县的目的。结果，武庭麟率部回师郏县，对周希汉形成迎头相拦，却是出乎意料的，不仅周希汉没料到，连陈赓司令员也未料到。因此，这个郏县之战实际上是一场遭遇战。

兵法说：强而避之。强敌前堵后追，一般情况下是应该回避的。周希汉旅一时之间被 10 倍于自己的敌兵夹在中间，是打，还是回避？因陈赓命令禁止用无线电讯联系，已经关闭了电台；这时 10 旅和兵团一北一南相距几十公里，也无法架设有线电话联系，请示兵团已不可能。但周希汉就是周希汉，多谋善断，又有超人的胆略，他分析敌我态势后，说：“打！”

旅政委廖冠贤问道：“敌人 10 倍于我，能打吗？”

"我看可以打！"周希汉肯定地说，"一、李铁军6个旅已离洛阳东进，其先头部队离郏县尚有60公里，起码要走两天。李铁军还没摸清我兵团战略意图，肯定害怕中了陈司令围城打援之计，谁也不敢'冒尖'增援，只得猬集一团向郏县滚动；同时他也肯定不会为援救杂牌军武庭麟而损伤自己的嫡系部队，只会走走看看。二、武庭麟的主力64旅在9月30日就已被我军歼灭过一次，现在的64旅是刚在许昌重新补充起来的，并且是才到郏县的，新来乍到，士气低落，又立足未稳，肯定守而不固。三、李铁军不敢贸然前来，许昌、禹县的两个旅更惧怕被歼，不敢轻举妄动。四、我旅是红军老部队，士气高昂，训练有素，攻坚经验丰富，还有缴获'天下第一旅'好枪好炮。因此，只要我们出其不意、以快制胜，肯定能在李铁军到来之前，消灭武庭麟。"

众将一听，都同意周希汉的意见。

当日半夜，3个团按照周希汉的命令，相继各投入两个营突然发起猛攻，果然很快攻入城内，然后，逐街逐巷，分割歼敌。周希汉以快制胜的战法见效了，战士们的猛打猛攻，弄得敌整编15师中将师长武庭麟措手不及，夜间，他的少将副师长杨天民被战士活捉时，他还像在做梦一样叫喊："自己人，不要误会，我是你们的杨副师长。"

"谁是你们的！我们是陈赓兵团的！"

第二日10时许，李铁军已接近郏县30里铺，武庭麟还要做垂死挣扎。周希汉说："消灭15师，活捉武庭麟。"

随即，他把指挥所前移到离武庭麟的核心工事只有200米处的地方，准备指挥部队发起最后的攻击。

在红四方面军时，只要在战斗、战役最关键的时刻，战士们总能看到徐向前在最危险的地方指挥，他的这一行为给指战员带来莫大的勇气、力量和胜利信心。徐向前经常教育周希汉："兵熊熊一个，将熊熊一窝"、"干部喊破嗓子、不如做出样子"，因此，周希汉也常常学他的样子，一到战斗的关键时刻，指挥位置一定靠前。此刻，战士们见旅长亲自来到了前沿，"旅长亲自来啦！"个个胜利信心倍增，大喊："消灭15师，活捉武庭麟！"

13时，10旅开始向武庭麟的核心阵地发起攻击。由于周希汉指挥得当，仅用了20分钟，武庭麟的最后巢穴即被全部摧毁，郏县城全部解放，敌15师500多人被毙伤，一个中将师长和两个中将副师长及2500多人马被活捉。而周希汉打的这一"冒险仗"，10旅仅伤亡300人。

武庭麟是豫西的土皇帝,杀人成性,素有“武阎王”之称。活捉武庭麟,给豫西人民除了一大害,而对豫西各县的土匪、保安团震动很大,他们顿失靠山,乱成了一团。

1948 年春,刘邓首长从大别山转移到豫西宝丰地区,对陈赓说:“你们刚过黄河,就捉到敌人师长武庭麟,这对敌人是一个很大的打击,对开辟豫西根据地有重大意义。”

陈赓司令员说:“这是周希汉的杰作”。

而周希汉虽才华横溢、功勋卓著,有时会“骄傲”,但从不抢功,更不居功。当他知道陈赓评价郏县战斗是“周希汉的杰作”时,说:“若称杰作,那就是陈司令相信部属,放手指挥的杰作,是 10 旅全体指战员的杰作,是友邻部队和郏县人民与我们共同创造的杰作。”

周希汉指挥作战特点,有人归纳为:胆大、力大、肚子大,眼尖、手快加心硬。陈赓说:“这用词虽不大确切,但从精神上还反映出他的指挥个性:照顾全局,勇挑重担,敢于在复杂情况下歼灭强敌,善于在危急中巧取主动。1947 年 11 月的郏县之战就是一例。”

10.战洛阳

1948 年春, 蒋介石在中原的几个机动兵团都被我军钳制分散。除洛阳为敌正规军防守外,其他城镇均为地方武装和土顽防守。3 月 7 日,华野 3、8 纵和陈谢兵团 4、9 纵受中央军委的命令发起了洛阳战役, 目的是夺取洛阳,再斩陇海、支援西北野战军作战。

(1)

洛阳曾是十三朝古都,扼豫、秦、晋三省要冲,是蒋军在豫西的重要战略枢纽,地形险要,易守难攻。洛阳守军为蒋介石的青年军 206 师及洛阳附近的保安团,共 2 万多人马。洛阳城的防御工事是在美国军事顾问团的指导下修建成的，因此，206 师师长邱行湘吹嘘洛阳防御说："金城汤池，牢不可破。"

在我军的攻击中，多少个"牢不可破"的"金城汤池"，被一一攻破了，敌兵团司令裴昌会不放心，一来检查，终于脸上笑开了花，赞扬说：

"洛阳的这双层袋形阵地蛮不错啊！"

邱行湘补充说："不好进，更难出。"

这是陈赓部队和华野部队第一次配合攻打敌人坚固设防的中等城市。3 纵担任对城东、城北面的包围，并由东、北门攻击，4 纵担任对城西、南两面的包围，并由西、南门攻城。8 纵、9 纵打援。4 纵陈赓的部署是：10 旅夜袭占龙门，保障主力向洛阳开进，从城西面包围洛阳，攻占周公庙、西关，突破西门，协同兄弟部队攻占核心阵地；11 旅攻占南关及西官发电厂，尔后由南门突破；13 旅为预备队。其中，周希汉的 10 旅在 4 纵主要方向上担任主攻。

一场攻坚战即将打响。

(2)

10 旅经 6 个夜行军，连涉 5 条冰冷的大河，于 8 日拂晓前到达临汝县西北的临汝镇集结。

当晚，周希汉下令 10 旅发起攻击，28 团当晚夺占龙门要点，确保 4 纵和华野 3 纵向洛阳开进，尔后转为旅预备队；29 团和 30 团在 28 团攻占龙门后，经龙门七里河进至洛阳以西。经过激战，9 日晚零点，10 旅各团到达洛阳以西 5 公里一线，从西面对洛阳形成包围。

周希汉立即命令："各团立即展开，向洛阳城外围进攻。"

随即，29 团袭占西关，准备强攻西门；30 团进攻西宫九营房，准备进攻周公庙；28 团为预备队，在两团之后跟进。

但是，29 团因向导迷路，没进西关，天就快亮了，周希汉只好令他们停止在营市街南北地区，该团 9 连进了西关，见主力没到又返回营市街。30 团当夜占领西宫九营房和营市街后，对周公庙之敌发起攻击，当占领敌周公庙阵地一角后，遭到守敌火网拦阻而受阻。下午，周希汉令 28 团 3 营在 30 团左翼加入战斗，从正北攻占周公庙，但这个营又遭周公庙火网阻拦和西关外三角阵地从背后射击，前后受敌，几次攻击未逞。

结果,激战一天,10旅一进西关和一打周公庙,都没达到预期目的。

黄昏前,周希汉冷静分析了当前情况,结论是,西关无敌防守,周公庙正面难攻。他当机立断,决心当晚28团、29团和30团一个营乘虚占领西关,隔断周公庙和洛阳的联系,一方面作突破西门准备,另一方面从侧后进攻周公庙;并且把旅的主力契入西关。

这是个非常大胆和勇敢的决心,事实也证明是非常正确。

当天入夜后,各团向西关疾进时曾遭敌炮火拦阻,但伤亡很小。进关后又遭敌多次炮火袭击,但敌兵没敢出来反击,10旅在西关站住了。

第二日11时,30团一个营在29团炮火掩护下,从背后向周公庙发起第二次攻击,在正面之30团主力配合下,经一小时激战,全歼守军6团团直和两个营。与此同时,28团1营对西关外三角阵地发起攻击,经半小时战斗,全歼守敌一个连,彻底开放了西关向后的通路。

洛阳守将邱行湘是蒋介石亲自圈定的。邱行湘自认为西门方向是万无一失的,哪知周希汉绕过周公庙先夺了西关,对周公庙形成夹攻之势,又巧妙地利用民房抵近敌人的工事进行爆破,一举拿下了周公庙。接到报告,邱行湘起初根本不相信,问明情况,得知打西关和周公庙的是共军的4纵10旅,旅长正是周希汉后,他一把瘫坐在沙发上直摇头:“犯地名了。犯地名了。”

手下小心翼翼地问:“怎么犯地名了?”

“周公还不得周公庙?是天意啊!”

(3)

当天下午,陈赓司令员传来好消息:“周希汉,洛阳四关完全被占领,指挥部决定当晚22时对洛阳四门同时发起总攻。”

“好啊!”周希汉立即报告说:“我们总攻西门的部署是,29团配属旅山炮大队、工兵连主攻西门,30团在右翼助攻、28团在左翼保障。”

周希汉对于老首长的战法是有灵犀的,往往是陈赓提出什么要求或者命令,他在片刻就能提出相应的执行方案,并且很合老首长的意。这次当然也没例外,他的部署立即得到了陈赓的批准。

西门城楼高大雄伟,城墙高厚无损。除了邱行湘专派的两连防守外,瓮城两侧又筑碉群护卫，瓮城外是宽深外壕掩护，只有唯一的木桥通行，桥上设一人高的三道拒马，桥下预先安放炸药，万一守不住，邱行湘的办法就是炸，桥一炸，谁都过不去了！另外，城上还有成行的碉堡，城下有成群的暗堡，层层火力拦住攻城部队。西门是邱行湘防御的最强点，因此，周希汉要拿下西门并不是件容易的事情。

当夜，29 团 1 连采取“夜摸”的办法去暗取西门，谁知刚到桥头，就被守敌发现，随即凶猛的火力打射过来，不得不退了回来。接着，2 连在火力掩护下又向桥头强行冲击，可是，连续冲击两次又都没成功。这时 30 团助攻也失利。10 旅首次进攻西门受挫。

结果，在整个攻城战中，南门和北门进攻都因为受挫，停止了攻击；只有东门虽一再进攻受挫，仍然在继续组织攻击。终于在凌晨 2 时，华野 3 纵 7 师突破了东门，但是，随即遭到敌兵的阻击和反击，进展困难。经过激战，他们在拂晓时分还是攻占了东门，仍然进展困难，急需支援配合。陈赓司令员打电话来了：“我已把 13 旅 37 团调往东门投入战斗，10 旅怎么办？”

争强好胜的周希汉哪里愿意放下西门攻坚而去东门进入战斗。这时，28 团已主动做好了强攻西门的准备，只要他一声令下，就会立即行动。这时天快亮，周希汉亲自找到 28 团赵华青团长，说：“华青，我旅进洛阳有两条路，一是从东门突破口进，另外就是自己突破西门进，你的意见呢？”

赵华青也是和旅长一样“死要面子”的虎将，硬邦邦地答道：“我们突破西门进！”

周问：“哪个团主攻！”

赵答：“我团主攻！”

周问：“你们有什么要求？”

赵答：“没有，只请求给我们 6 个小时准备！”

周说：“好！”

旅长和团长几个问答，就把 28 团主攻西门的任务确定下来。

赵团长受令后，立即召开营以上干部参加的作战会议，传达了 28 团奉命强攻西门的任务后，说：“旅长激将我，你们说怎么办？我们完成不完成任务？”

到会干部群情激昂，个个红着脖子嚷着：“坚决完成任务！”

就在这时，旅作战科来电说：“周旅长指示：旅山炮大队和工兵连转归

29团指挥，西门以南城墙上下火力点分别由29团、30团负责封锁，现已全部通知到各有关单位。”赵团长一听，立即宣布说：“旅长已经把我们进攻的掩护全都布置好了。我们今天就是强攻，也要拿下西门！”

随即，他宣布几个团领导和机关人员全部下到一线：顾永武副团长负责编组指挥突击队突破西门；王非副团长负责组织指挥火力队，摧毁、封锁敌人火力点，保障突击队顺利冲击；于克法主任深入各突击连进行战前动员，机关大部分干部去帮助营连做好战斗准备。在6个小时内，赵华青和28团按时完成了突击西门的一切准备。

（4）

12时30分开始炮火准备。首先由旅6门山炮和团两门步兵炮进行15分钟的直瞄射击，逐个摧毁西门上下碉堡。其间，一发炮弹击中敌西门城楼营指挥所，打死敌营长，炸飞引爆器，保住了大桥，为强攻西门立下头功。

12时55分，50挺轻重机枪和120名特等射手，按目标编号和分工开始对着守敌所有射孔射击，敌兵一露头，子弹就会飞来，结果，他们直到西门攻下基本上把敌火力“封死”。在敌火力“封死”后，5连1排乘势冲上大桥，连拉三道拒马，并掩护工兵爆破，将瓮城炸出一个缺口，5连突入，7连紧随其后冲上大桥，但是，他们突然遭到守敌壕腰碉、壕底碉3挺机枪猛烈侧射，伤亡很大，前进受阻。站在桥头指挥攻门的赵华青团长对何云峰政委说：“消灭这三个暗火力点，已成为强攻西门的一个关键！”

“刻不容缓，炮兵上！”何云峰政委说。

团炮兵连长姚国栋“呼”地上了，他不讲什么教程规范，将炮弹先装上，把两门九二式步兵炮一推到外壕边，摇下炮口俯射，“呼，呼，呼……”6发炮弹将3个暗火力点全部摧毁，保障了2、3突击队顺利通过大桥进入战斗，为攻克西门再立一功。

三个突击队在西门瓮城经过激战，将敌两个连全歼，正组织登城时，5连7班长王引生报告：“发现瓮城通向城内地道。”

顾永武副团长急令5连安廷兰连长率5连沿地道入城回攻城楼，7连登梯上城，两面夹攻城楼守敌，真是一巧，正当两连消灭城楼守敌时，工兵已将西门炸开，8连突入，阻敌反扑。二梯队先头部队也随后入城，随即西门

为10旅全部攻克。这时,站在桥头指挥攻坚的赵华青团长、何云峰政委看了看手表,是下午2点10分,才向周旅长报告:

"我团已占领西门,团二梯队已开始入城。"

周旅长听后松了口气,接着说:"城里见!"

10旅突破西门后,周旅长即令28团沿西城内三条街向北进攻,直逼敌核心阵地,令29团沿西大街向东进攻,进至十字大街与华野3纵会合后,又转向北攻占了河洛中学和洛阳师范学校歼敌一个营;令30团向南攻击,配合11旅歼敌一部后,变转向北进。

(5)

13日中午,城内之敌已大部分歼灭了。

邱行湘急忙调集3000余人到洛阳中学的核心阵地,亲自指挥督战,固守待援。在南京的蒋介石急了,派空军前来助战,并令胡琏兵团和孙元良兵团加速援助洛阳。可战至当晚,10旅已从南面和西面,华野3纵已从东面和北面对核心阵地形成包围,并发起了进攻。

但是,由于准备仓促,攻击未能奏效。

周希汉即令各团以小分队夜摸的战术肃清敌外围碉堡,为总攻扫清道路。令全旅炮兵一律靠前占领阵地,备足弹药,参加总攻的炮火准备。各团营迅速行动,28团2营7连一个班分组掩护,连续摸下敌人7个暗堡,抓了40多个俘虏,该团2营5连则以攻心战术,争取了90多人投降,3营10连在一个小巷中活捉了敌206师少将副参谋长符绍基。29团3连8班是夜连克3个碉堡,毙敌10余人,俘62人。30团7连1班攻克三个碉堡,俘敌30余人。

一个小分队夜摸,为总攻核心阵地扫清了道路,创造了条件。

14日17时,10旅和3纵发起了对洛阳城西北敌核心阵地总攻。

在炮火猛轰之后,各部队向核心阵地发起冲击。28团2、3营并肩由南向北突击敌核心阵地,2营冲过密布碉堡群,攻入敌炮兵阵地和占领西北城角高碉,3营从洛中西南突入,攻占西南大楼,12连指导员刘捷率队冲入中间师指大楼,活捉敌师长邱行湘以下百人。与此同时,29团2营从洛中正南突入,占领西南大楼;华野3纵从东边突入洛中,攻占东北和西北两幢大楼。

激战三个小时，全歼核心阵地守敌3000余人。

至此，洛阳战役经过7昼夜的连续战斗，全歼守敌206师及土顽武装2万余人。

战役后，10旅召开庆功大会，授予28团2连“洛阳英雄连”称号，奖给28团12连“生擒敌酋”锦旗一面。授予旅山炮大队3连1班“洛阳英雄炮”称号，授予28团5连连长安廷兰和7班长王引生“战斗英雄”称号。战士们说：

“战斗英雄榜上虽然没有周旅长的名字，但是，在洛阳这7昼夜的鏖战中，他也是我们心目中当之无愧的英雄！”

11.战淮海

1948年11月至1949年1月，周希汉率10旅参加了淮海战役。在陈赓的直接指挥下，他率部西攻砀山打击敌5军，东斩津浦阻敌北上，近逼徐州制敌东捷，南下宿县歼击黄维；每个阶段，都圆满地完成了战役赋予的战斗任务，并且留下了一些传奇。

(1)

1948年11月22日，黄百韬兵团被歼。28日，黄维兵团向东南方向突围也没得逞，4个军10余万人龟缩于以双堆集为中心方圆5公里内，固守待援。淮海战役总前委决心坚决围歼该敌，大军分为东、西、南三个集团，陈赓司令员被指定统一指挥4纵、9纵、11纵和豫皖苏独立旅组成的东集团。

陈赓要指挥一个集团了，4纵怎么办？他一“撂挑子”，竟然把相当一个军的纵队——4纵4个旅全交给10旅旅长周希汉。于是，周希汉被临时指定为前线指挥。陈赓这样做也不是第一次。

早在全国抗战时期，386旅每打一仗，陈赓动嘴，周希汉动腿，两人配合默契，386旅的仗也是越打越好，时间一长，陈赓眼睛一眨，主意就来了，386

旅一有战事,他就向129师长刘伯承推举参谋长周希汉,说他如何如何的机灵、果决,如何如何的会打仗,总之,就是一句话:这仗让周希汉上就可以了,我陈赓就是在旅部躺着睡大觉也没关系。结果,刘伯承也没办法,只得应许。于是,作为旅参谋长的周希汉就经常代替旅长陈赓指挥旅作战。几仗下来,陈赓是什么汇报战况,什么领受任务,全派周希汉去。而周希汉只要一去,不管是打仗,还是其他什么事儿,次次都能"圆满完成任务"。因此,刘邓首长也熟悉了这位年轻的指挥员,也经常赞扬周希汉。可一天,刘伯承终于发现了其中的奥秘,说:"陈赓,你是不是欺负我眼瞎?"

"老首长,我欺负您什么呀?"陈赓立即叫起屈来了。

"那你为什么每次有任务总是叫参谋长去,你这个旅长自己总是躲懒?"

"哎哟,"陈赓立即笑了起来,说:"老领导,你不知道啊,我是瘸子呀。"

"你是瘸子,我是瞎子,是不是我也要把战事交给参谋长去做?你借瘸子之名,行躲懒之实。"

"嘿嘿,师长,我是有这么个得力助手,而他呢,也才20几岁,不用也就白不用。你不是常说年轻人就是要多锻炼,百炼才能成钢嘛,我偷点懒,其实也是贯彻您老首长的指示呀!"

刘伯承笑着说:"你这个瘸子躲懒,还躲得有理!"

陈赓知道刘伯承是默许他的"懒"了。可他陈赓却不是个适可而止的主,以后只要稍微有一点"偷懒"的可能,就叫来周希汉:"你去吧,我腿又疼好几天,发炎了。"周希汉知道老领导"发炎"是假,躲懒是真,但他也不说破,带上队伍就走了,一上路,就潜心琢磨这一仗怎么打得巧、打得好。对此,他对一位知己说:"我明知老首长是'偷懒',这仗更不敢丝毫疏忽,因为打败了,老师长就要刮旅长的鼻子呀!因此只能胜,不能败。"有了这样的心理压力,结果他是场场必胜。当他凯旋而归时,旅长的发炎也"愈好"了,亲自在门外迎接,并且大声喊着周希汉的名字:"周希汉,这一仗干得漂亮呀!仗,就是要这么打!"

陈赓的这个秘密也并不是就陈赓、周希汉你知我知,很快被政治部主任刘有光发现了,一天,他悄悄对周希汉说:"旅长一有任务就说腿发炎了,你在他就疼,你一走他就什么疼都没有了,一瘸一瘸的,就找战士们说笑话、摆龙门去了。旅长是躲懒,他这是苦肉计呀!"

周希汉笑而不答。

陈赓先是小仗交给周希汉去打,后来是打大仗也躲起懒来了,在解放战争中,打敌整3师、打敌5兵团等,他是多次“撂挑子”给周希汉。结果,就在陈赓这一次次的“撂挑子”中,周希汉也被他有意识地培养起来了。这次围歼黄维兵团,陈赓把4纵交给周希汉指挥,刘伯承也欣然同意了,说:“你想给周希汉,就给周希汉吧。”

对于其中的奥秘,后来二野3兵团副司令员兼第10军军长杜义德有个“经典的解释”,他说:

“希汉同志的指挥才能发挥得更为出色的还是抗日战争和解放战争时期。这个时期他在陈赓同志的直接领导下,任旅参谋长、旅长和军长。也可以说,战争年代,最赏识希汉同志的就是陈赓。老一点的同志都知道,陈赓同志打仗是有一套的,但是他的腿受过伤,行动不方便,许多仗都是他动嘴,希汉同志动脑又动腿。有时陈赓同志原本就很出色的决策,在希汉同志机动灵活和富有创造性的实施过程中又得到了升华。他对希汉同志的使用最放手,也最得心应手。他们之间的配合是十分默契的。”

(2)

围歼战打响后,周希汉率4纵在东集团右翼,向李围子、沈庄方向突破,战至12月2日,攻占小郭庄,全歼守敌一个营,但接着两攻李围子未逞,两攻沈庄失利。

这不是周希汉不善战,而李围子确实易守难攻。李围子是个仅20户居民的小村庄,但位置十分重要,它和沈庄像两扇大门直接掩护蒋军第14军军指挥部杨围子,14军军长杨绶春派10师师直29团、30团重兵防守,村庄虽小,但已形成野战筑垒地城,兵力已全部转入地下。因此敌方兵力多,火力强,工事坚,要攻下来并非易事。

为了尽快突破黄维兵团的防御体系,周希汉集中了10旅、11旅、22旅进行李围子攻坚,其中,10旅28团、29团从东北、正北和西北攻击,30团为预备队;11旅31团、32团从东南攻击。

6日下午4时30分,炮火开始准备。炮击时间为30分钟,先是5分钟炮火急袭,接着工兵发射第一批“飞雷”,随后,又是直瞄火炮15分钟轰击,紧接着,工兵又发射第二批“飞雷”。

这次炮火准备完全是按计划进行的,打得既猛又准,完全达到了预期目的。特别值得一提的是工兵制造的那些“飞雷”,大显神威。

这“飞雷”很有意思。每枚用8公斤TNT炸药捆绑成半球形,因为是圆球状的,打到敌阵地上不立即爆炸,而是在地上到处滚动,不少滚到堑壕、交通壕、掩蔽部里,然后“轰、轰、轰”地爆炸,威力很大。敌人乍一见,不知道是什么新武器,威力又很大,就叫它是“没良心炸弹”,结果,给部队造成很大的心理压力,最后,请来了一位见多识广的军官,他一鉴别,说:“苏联斯大林的特别武器!”

这下更糟糕了,蒋军谁见谁怕。就在“飞雷”和最后5分钟炮火急袭时,各突击连已在炮火和轻重机枪掩护下开辟好了通路。5时整,6个突击连准时冲入敌人前沿阵地,紧跟之后的第二突击连也跃入前沿阵地,12个突击连并肩冲杀,经10分钟激战已占领敌前沿阵地,随即向敌主阵地猛冲,仅用了5—10分钟时间,就相继突破敌主阵地。

这下可好了。残敌在我各路健儿分割包围下,迅速土崩瓦解。我军经一个小时激烈拼杀,占领了李圈子,守敌悉数被歼。此战共毙敌3000余人,俘敌师长张用斌少将以下600人,周希汉在敌黄维兵团防线上打开了一个缺口。

最后,陈赓司令员说:“你们这次步炮协同组织得很细致、很密切,要告诉其他部队也这么组织,工兵用‘飞雷’参加炮火准备,我们还是第一次,这可能是个创造!”

(3)

攻占李围子后,陈赓令4纵攻占沈庄,歼灭85师主力,然后与9、11纵合力攻占杨围子,全歼14军。陈赓和谢富治再次明确:

“以周希汉为主,由周希汉、陈康、廖冠贤等人组成4纵队前指,统一指挥4纵队各旅攻占沈庄,尔后进攻杨围子,全歼14军。”

周希汉受令后,立即拟制了进攻沈庄的计划。8日下午4时30分,周希汉发出命令,开始炮火准备,5时整4个团8个突击连同时冲击敌前沿阵地。战至下午7时,将守敌85师师部及两个主力团全部歼灭。毙伤敌2000余人,俘敌师长潘琦少将以下1200余人。此次战斗,胜利大、代价小,被纵队誉为“淮海战场模范战例”之一。

东集团相继攻占李围子、张围子和沈庄后，杨围子就直接暴露在陈赓的攻击之下。陈赓决定11月11日，对杨围子发起总攻，全歼14军。这次总攻的部队为4纵3个旅和9纵一个旅，总攻杨围子的组织实施由4纵前指统一指挥。

11日下午4时25分，在周希汉一声号令下，5个炮群、200门火炮和4个飞雷队对杨围子之敌开始了炮火轰击。万余发炮弹、百余枚飞雷从空而泻，霎时杨围子6公顷的阵地变成了弹雨火海，守军被打得死伤过半。下午5时整，炮群火力向纵深延伸射击，各突击连营向敌主阵地发起冲击。战至下午6时，全歼守敌14军，14军军长熊绶春中将被击毙，副军长谷炳奎少将、军参谋长梁岱少将、军副参谋长詹壁陶少将被俘。

战后，周希汉和陈康旅长一起踏上了战场。陈旅长说：“老周，国民党的这些将领，个个都很迷信，打败仗不好好总结。”

“是吗？怎么回事？说说看。”

原来，战前14军军长熊绶春走进刚刚选好的指挥部，见院墙四四方方像个“口”字，院子中间一棵树，一皱眉，树乃“木”也，口中一木，是“困”字，认为这太不吉利，立即下令：“把树砍了！”结果，他的手下把树根都挖掉了。可他没想到，树虽然挖掉了，他本人和14军仍没逃脱被歼灭的下场。

周希汉听后，戏谐道：“其实呀，此公不该挖树，倒该扒墙。你看，挖了树，人还在口里，倒成了个‘囚’字。”

陈康也忍不住哈哈大笑，说：“扒了墙他也跑不了，我们大军一到，他怕只好往树上爬了。”

（4）

围歼黄维兵团时已是大冬天，淮北平原十分寒冷，解放军部队普遍缺乏御寒的衣被。谁知总前委书记、二野政委邓小平了解到这个情况后说：“没有被子，给他们发扑克！”

结果，几十万大军就拿着扑克当了“被子”。邓小平究竟发了多少扑克牌，是不是部队上下都在打扑克，谁也不知道。周希汉和几个旅长在等待总攻击命令的时候，就披着毯子围坐在马灯下，一边打扑克，一边喝酒驱寒，有时一打,便是一个通宵。这倒不是他们打牌的瘾头大,而是在这天寒地冻的环境中,必须找个办法驱赶寒冷和瞌睡。后来,有人曾问周希汉:“你们一边打牌一边喝酒,喝醉了怎么办??

周希汉说:“哪里会喝得醉!大战在即,心思不在酒上,实在冷了抿一口罢了。”

问:“国民党军队的生活是不是好一些?”

“也不尽然,特别是淮海战役后期,他们的生活不如我们,我们有老百姓送吃的,他们没有,他们有的部队吃饭都成问题。打开双堆集,踏上敌人的阵地,看到的是杀死和绑在木桩上还没来得及杀死的马匹,箩筐里是生马肉,钢盔里也是煮得半生半熟的马肉。他们没有其他能吃的东西了。”

邓小平拿着扑克给战士们当“被子”,也成为了淮海战役中的一段佳话。

(5)

周希汉在总前委刘邓首长的指挥下,在东集团陈谢首长的直接指挥和授权下,组织指挥4纵各旅连破四阵,全歼守敌14军及10军一个师,为全歼黄维兵团立下了卓著的功勋。

战后的一次总结会上,周希汉同陈赓司令员有这样一段对话。

周希汉汇报说:“我们有一个营,原来有400多人,连续战斗伤亡了400多人,现在还有400多人……”

“你说错了吧?”陈司令摇头道。

“没有错。”

“谁给你补充的?”

周希汉扳着指头具体地说明这个营伤了多少,“立俘立补”的多少,轻伤不下火线的多少,第二次负伤的多少,伤愈重上火线的多少,说得清清楚楚,一算,还真的仍有400多人。后来,陈赓对人说:“他这种细致又有心计的人实在不多。”

1949年2月,中国人民解放军第4兵团成立,陈赓为司令员兼政委。4兵团下辖13、14、15共三个军,战功卓著的周希汉从旅长直接升任13军军长。

12.“从周希汉身上,可以看到陈赓的影子”

周希汉是陈赓的爱将，这一直是我军中公开的秘密，可以说是尽人皆知,人称:“从周希汉身上,可以看到陈赓的影子。”此话没错。

（1）

在军旅生涯中,周希汉当过徐向前的参谋、红9军作战科长,养成了严肃认真、一丝不苟的作风,加之他脑子聪明、机灵,又精通战术,在全国抗战时来到陈赓麾下后,他的将才很快被陈赓发现了,对他进行有意识的培养。因此，在部队中有一个流传很久的说法:“从周希汉身上，可以看到徐向前和陈赓的影子”。对此,周希汉也不“避嫌”,他常常说:

“这话是有道理的。我现在能够为党为人民做些工作,红军时期是徐向前培养教育了我,抗日战争和解放战争时期是刘伯承、邓小平和陈赓、薄一波培养教育了我。”

在众多上级领导中,周希汉成为一员杰出的战将,陈赓的功劳最大。

陈赓大将智勇双全,是位很有个性的军事家,他很注重对年轻干部的培养。周希汉比他小10岁,又聪明、好学,因此他很喜欢周希汉,对他也很爱护,在战斗中,有意给他“压担子”,“给责任”;在战斗的间隙,对他言传身教;周希汉也对陈赓很尊敬、爱戴,虚心好学,并且能吃苦,陈赓喜欢的东西,他几乎都喜欢,陈赓的政治品质、指挥艺术和为人之道,都成为他学习的榜样,有人说,他几乎将陈的政治品质、指挥艺术和为人之道都“继承”过来。事实上,他的身上确实体现出“陈赓的影子”。

这样的“翻版”,在我军将领中,是极为少见的。而陈赓和周希汉的战斗情谊也可见一斑。

（2）

1946 年底，陈赓指挥的吕梁战役胜利结束，歼敌 1 万 6，解放城镇 30 座。其中，周希汉 10 旅单单俘敌就有 2000 多人，缴获无数。这一战役解除了胡宗南军对陕甘宁边区东侧的威胁。战后，部队在大宁、隰县地区休整。

一天，晋绥军区的七月剧社和陕北群众前来慰问。贺龙司令员见到陈赓，高兴地说："陈赓，你们打得好啊，"

"一般般吧。"陈赓笑着说。

"不简单哪！一年时间，你们歼灭蒋介石 3 个主力旅，你看，31 旅，'天下第一旅'，整编 67 旅，加上阎老西的那两个师，全完蛋啦。党中央要我代表向你们慰问，毛主席都表扬你们哩！"

这下陈赓傻笑着，突然诡谲地提出了个要求："老总，你能不能帮我找上两个知识分子，替我们也吹一吹。"

大年一过，1947 年 1 月，新华通讯总社就给陈赓派来了 3 名记者：穆欣、冯牧和艾柏，全是新华社的大牌记者。陈赓高兴地把穆欣留任纵队新华分社社长，而冯牧和艾柏由他亲自交给了 10 旅旅长周希汉："希汉啊！把这两个宝贝照顾好，让他们把你们的事迹'吹'出去！"

旅长周希汉连连称是。

4 纵 3 个旅，陈赓司令员偏心把两位大记者全放到了 10 旅，周希汉当然领老首长的"情"，把两位大记者带回部队，立即吩咐旅部："这两位记者按正团职待遇，配给马匹、饲养员、警卫员。"

政委乐哈哈地说："老周，你一下子就成了重视知识分子的楷模啦！"

周希汉搓搓手，嘿嘿一笑，然后走了，又给旅团干部打招呼："大记者都来了，首要的是把仗打好啊，要不让记者们写什么？"

从此，冯牧和艾柏吃住都在旅团指挥所，山西土话把记者说成"鸡子"，全旅上下、干部战士都把"大鸡子"当首长看待。而冯牧到 10 旅后，除在淮海战役之初，被陈赓司令员派往 11 旅和 13 旅"各采访一次"外，从没离开过 10 旅。他们见证着周希汉和 10 旅一个个胜利，也用自己的笔讴歌了不少 10 旅的英雄模范。后来，周希汉还跟着冯牧又是学文化，又是学京剧，还学看电影（即如何去欣赏），两人成为了无话不说"密友"。

据说,“泥腿子出身”的周希汉的艺术素养就是靠冯牧一把“拉”上来的。

(3)

1947 年 12 月底，李铁军的第 5 兵团部及整编第 3 师被全歼后,4 纵 10 旅扛着缴获,移驻沁阳县沙河湾地区休整,准备过年。

因为打了大胜仗,全旅上下一片欢腾。更加高兴的是,每人发一套草绿色斜纹布军装、两双胶鞋、一床尼龙蚊帐。供给处长还宣布:夏天再发一套咔叽布军装。真是皆大欢喜。

谁知没过几个月,1948 年 2 月,10 旅移驻舞阳整训。

这时,刘邓主力在大别山粉碎蒋介石几十个旅围攻后也下山,来到了平汉路西侧休整。一些部队与 10 旅紧密相邻。当 10 旅的干部战士看到大别山下来的部队在冰天雪地里还穿着褴褛破旧的单衣，或用蚊帐布裹着稻草当棉衣御寒时,“出于阶级和战友感情”，纷纷主动地把多余的衣服送给他们穿。

兄弟部队的情况,被陈赓发现,他为此深感不安。结果,周希汉和 10 旅的斜纹布军装穿不住了。这天,4 纵司令部彭玉坤科长给 10 旅打电话来,作战参谋张子俊一接电话,彭说:

“司令员发现上月底有个部队从漯河市拉走 8 卡车战利品,藏到叶县以西的山沟里。司令员问周旅长,你们旅或团知不知道？查清后速报纵队。”

原来 10 旅供给处清点一个月物资,除大部上缴外,当时周希汉还打了一点“埋伏”,没想到还被司令员发现了。彭玉坤科长这么一个电话,周希汉就立即向陈赓司令员报告:“我们马上全部上缴。”

“好啊，” 陈赓说,“把你们未发的第二套斜纹布衣服和缴获美国救济总署的全部物资,统统上缴。分到别的旅和纵队的衣服,凡没有穿到身上的,也要上缴。同时,还要准备抽调你们一批重火器,要有思想准备,我的同志弟呀！可不能犯本位主义错误呀！”

“是,我明白。”

结果,周希汉叫 10 旅供给处向刘邓纵队数万干部战士每人“赠送”了一套斜纹布军衣,向机关干部发了一批美国救济总署的物资。不久,周希汉碰到中原军区的首长们，陈毅司令员开玩笑说:“周希汉同志，听说你在漯河大大的发财了？”

“我们都上缴了！”周希汉说。

“你们做得对呀，有全局观念，应该表扬。”邓小平政委说。

陈赓笑笑，走开了，但转身时丢了句话：“响鼓不用重槌。”

结果，周希汉也眯着嘴巴子笑了。

事后，周希汉遇见陈赓，陈赓说：“你看，你打埋伏的，还受到了表扬。”

“还不是老首长及时美言得好。”周希汉笑着说。

（4）

1948年12月5日，中野和华野部队完成对黄维兵团的包围，准备发起总攻了。这是淮海战役的决战阶段。

当天上午，陈赓在侦察员的引导下，沿着交通壕向10旅指挥所走去，他要检查一下攻击李围子突击部队的准备工作。陈赓说着话，来到了10旅指挥所。

周希汉这个指挥所从外面看，就像两个大土堆，经过伪装，上面长满了衰败的荒草，陈赓皱皱眉：“指挥所弄在这草堆里？”可是，他一脚迈进隐蔽部内，里面的情况却大不一样，不仅宽敞明亮，还一盏落地式汽灯放射出炽白的光芒，里面的桌椅是橄榄色的，并且是美式铝制的，上面压着白色的有机玻璃板，一张拼接好的五万分之一的作战地图在桌上展开，用红蓝铅笔标示着敌我态势，周希汉的决心跃然纸上，一目了然。

“嗬，希汉呐，你这彻头彻尾美式化了嘛！”陈赓指着这些设备，啧啧不已。

啧啧了一阵，他又问道：“希汉呐，这是从哪里搞到的？”

说着，他一屁股坐了下来，戴着眼镜“审视”桌子上的这张大地图。

“这是整编14军军部的，上个月27日，合围黄维时，29团攻进杨大庄14军军部缴获的，吴效闵说他用不着，就送到旅部来了。”周希汉不无得意地说。

“这个指挥所不错，我要了。”

就这样，陈赓在大战前“霸占”了周希汉的指挥所。

(5)

1949年9月,周希汉的10旅老部下王非因为不愿意离开13军,顶撞了4兵团调动他的军令。

这时,周希汉军长和刘有光政委正在兵团开会,陈赓司令员听说此事,当场就黑着脸,批评周希汉"教育干部的失职",并命令他:"你给我亲自把王非押送兵团!"

对于13军出现如此严重的抗命行为,周希汉自然也"完全认为"这是极其严重的无组织无纪律行为,一见到王非,就是气不打一处来,说:"王非,你真是胆大包天!竟敢在这个时刻闯这么大的乱子!王非,你要深刻检讨,诚恳接受处分!"

把王非"押送"到兵团后,他亲自找老首长陈赓说:"这批看着长大的学生兵,很容易在老首长面前恃才自傲,放任不拘,应该重处。"

然后,他检讨自己领导教育失职,请求也给予处分严惩。

老首长自然明白他自讨处分,其意在为手下"说情",喝道:"暂不处分,把王非押到兵团政治部好好地学习一段!"

就这样,王非又被"押送"在政治部"好好地学习"。不到一个月,王非在广州街头上遇到陈司令和周希汉军长时,陈司令大声问:"王非,你不到职,跑到哪里去了?"

王非老老实实地回答说:"司令员,我住在政治部。"

没想到这时,陈赓又发脾气,大声对在身边的人说:"你们看,这个王非当了快半辈子参谋,连个司令部和政治部都分不清!"

这时,在一旁的周希汉悄悄对手下参谋说:"快,快叫王非立即去司令部上班。"

结果,时间过了几十年后,已是昆明军区副参谋长王非说:"老司令和老军长唱双簧救我,实难忘怀当年陈周老首长的严教及爱护的深情。"

(6)

1961年春,陈赓大将在上海去世,享年58岁。周希汉失去了一位良师益友,但是他对老首长乃至他的家人的敬重并没有减少。

70 年代初,褚宝仁在海军造船工业领导小组办公室做秘书工作。一天,赵晓舟部长交给他一个大信封,里面装有一份文稿,没有署名,说:“你马上打印 10 多份,认真校对。”

褚宝仁应了声,就要走,赵晓舟部长又说:“这是周(希汉)副司令交办的,要办好。”

褚宝仁不敢怠慢,马上送打字室打印。校对时,他才知道这是陈赓大将的遗作,是记述我军解放广西、进军十万大山、剿灭蒋军经过的革命回忆录。从这篇文章中,褚宝仁第一次知道了一些在解放战争中关于解放广西的战斗情况。校对、油印后,他按照赵晓舟部长的指示,将文稿送到周副司令处。周希汉交代说:“你立即送到西单附近的傅涯同志的住所。”

这件事情完成后,小秘书褚宝仁并没有在意,也没去多想什么。没想到过了一段时间后,有人对他说:“你们的胆子真不小呀,敢印这个文稿。”

“怎么啦?”

“你知道不知道,现在社会上流传着有一个‘十二寡妇反党集团’,傅涯是其中的一个。”

褚宝仁这才恍然大悟,原来为什么这篇文稿没有署名?又为什么不在总参或者其他单位打印?因为陈赓大将也被株连到“反党集团”中去了。可是,周希汉敢接、敢印,不怕“反党集团”的牵连,他由衷地说:“周副司令对于‘老首长’的感情真不是一般。”

13.带兵与军旅轶事

周希汉是我军著名的战将,一生征战四方,战功赫赫。

据统计,在解放战争中,他直接指挥部队共毙俘国民党将级军官 64 名。其中,活捉敌中将 7 名,他们是“天下第一旅”旅长黄正诚,整编第 15 师师长武庭麟、副师长姚北辰,伪青年 206 师师长邱行湘、副师长符绍基,粤桂边“剿总”总司令喻英才,国民党第 8 兵团司令唐尧。击毙敌中将 2 名,即 14 军军长熊绶春、42 师师长石建中。毙俘敌少将 55 名,他们是:“天下第一旅”副旅长戴涛、1 团团长刘玉树、整编第 15 师副师长杨天民、5 兵团参谋长李英才、8 兵团参谋长马岳骏、8 兵团第 8 军军长曹天戈、14 军副军长谷炳奎、阎锡山第 4 纵队司令张荣汛,等等。至于毙俘敌校尉军官及其匪兵,更是数不胜数。

周希汉善于打仗,他具有高超的指挥艺术,他也善于带兵,在军旅生涯中,留下了许多佳话和传奇故事。

(1)

周希汉 27 岁时,陈赓发现他是个将才,在全国抗战中给他“压担子”、“担责任”,还亲自向他传授为将带兵之道,将其培养成为全军闻名的优秀指挥员。而“陈赓的影子”周希汉也有“慧眼”,也有一个推举将才的故事。

他当年推举的将才,就是我军著名的“老虎军长”——陈康。

周希汉和陈康都是鄂豫皖红色根据地的同乡,从 1928 年起,又是红四方面军的老战友。在长征中,身为营长的陈康率领的 274 团 2 营,是方面军副总指挥兼红 31 军军长王树声手中的王牌预备队,每遇关键时刻,他就把陈康派上去。1935 年 3 月,红 31 军攻打天险剑门关,初攻不克。王树声一挥手,第一个冲锋的就是陈康,在他的身后才跟着通信员、警卫员、号手,再后面才是全营官兵,全营都是敢死队,硬是往前冲,把剑门关拿了下来。周希汉是在总指挥部当参谋时认识陈康的。当时陈康调任副团长,两人一认识,很是投机、很知己,第一次说话,就谈到天亮。但全国抗战爆发后,身为红军团长的陈康进了抗日军政大学学习,周希汉到了 386 旅任作战股长,两人分开了。

当周希汉 1938 年 6 月任 386 旅参谋长时,陈康也于次年初奉调 129 师随营学校当教员。1940 年 8 月,两人在各自的部队参加百团大战。10 月,关家垴战斗结束后,刘伯承师长进行战斗总结。两人又见面了,听完总结,又进行长谈,谈得仍然很投机、很知心。就在这次见面后,周希汉找到陈赓旅长汇报了陈康的情况,说:

“他是打仗的料子,我们现在很需要指挥员,让他去当教员,太可惜了!”

陈赓一听,说:“陈康过去的情况我非常了解。我们 17 团正好没团长,你快给刘、邓首长写报告,要求调陈康来当团长。”

结果,周希汉连夜打报告。这样,陈康就很快就调回了自己原来的老部队 386 旅。到了 386 旅,果然大放异彩,屡战屡胜。

1942 年 5 月,陈康又从 17 团团长任上调到王牌 772 团任团长。到 1945 年,周希汉任 10 旅长时,陈康为 13 旅旅长,两人同为陈赓 4 纵 3 个旅的两个旅长。以后,他们的战斗情谊也延续了一辈子。

后来,陈赓说:“陈康这个猛虎,是周希汉发现的。”

(2)

在全国抗战时期,周希汉的手下有一支部队——16 团,16 团勇猛顽强,一打仗就嗷嗷叫。周希汉很喜爱这个团,只要有作战任务,就领着 16 团行动;而 16 团这群“虎崽”有周希汉这样智勇双全的“大老虎”率领着,自然一打仗就胜利。

1939 年 7 月初,周希汉带着 16 团夜袭黄挂,一仗毙伤日军官兵百余人,缴获机枪 3 挺,步枪 30 余支,电报密码 1 本,不仅受到八路军总部的嘉奖,连南京的蒋介石也发来电令,并奖给八路军将士们每人 1 枚银元。

半年后,1940 年 2 月初,周希汉又带着 16 团在榆社县打了下赵工村,把阎锡山的新编第 2 师打掉了一大半,阎锡山的大师长金宪章狼狈逃窜,是役,俘敌 2000 余人,收缴其全部武器弹药,还有大批军用物资及马匹。在清查缴获物品中,发现有大量钞票、银元、烟土等,共计 30 多垛,上缴总部。战士们高兴地说:“只要周参谋长和 16 团上,保准我们就有财发。”

(3)

1943 年 3 月,周希汉率部在某地打击红枪会,驻扎在某村。

结果,外号叫“小六”的警卫班战士程修善为周希汉和战士们烧洗脚水时,不慎将房里的柴草引燃,失了火。

警卫班长吴安良处理完此事,回到住地已是 23 时多了,还没进屋,周希汉参谋长还没有睡,他听到脚步声问道:“是安良回来了吗?”

“是,首长有事吗?”

“你过来。”

吴安良一进门,看到他左手端着蜡烛,右手拿着红蓝铅笔,对着墙上挂的五万分之一的军用地图,在思考问题呢。每当大的军事行动前,他都不分昼夜地在地图前反复思考,直到方案成熟,就到村外散步,尔后开会,决定行动,这是他多年的习惯。周希汉问:“失火的事怎么处理的?”

“小六在会上作检查,自我批评,认错态度好就不给处分,烧老乡的柴草等物,清点后照价赔钱。”

“很好,照这个意见办,但赔钱不能用公家的,用我的钱赔。”

“你哪还有钱呢,咱们离开太行根据地几个月了,没有发过钱。”

“我挎包里不是还有吗?”

吴安良说:“还有5角多。”

一角钱可买二三十斤柴草。

“你先用这钱赔老乡,不够可以去管理员那里借,发津贴费时扣我的。”

吴安良说:“我们犯的错,怎能用你的钱,扣钱也扣我们班的。”

周希汉生气地说:“什么你的我的,如果不是我洗澡用水多,能用大锅烧水吗!火也燃烧不起来,就这样定啦,今天太晚了,班务会我建议明天开,开会时叫我,我也参加。”

说完,他又聚精会神地在地图前思考问题去了。

(4)

1945年4月,周希汉在中央党校学习期间,参加了党的七大。在学习讨论毛主席《论联合政府》报告中“全党团结起来,为实现党的任务而奋斗”一节时,他根据自己在敌后多年工作实践经验,专门作了“关于领导干部要谦虚谨慎、戒骄戒躁,带头做好工农干部与知识分子干部团结工作,要求他们相互学习,共同进步,完成党交给的任务”的发言。毛主席听了非常高兴,询问他叫什么名字,做什么工作。

在场的刘伯承回答:

“他叫周希汉,是386旅参谋长。”

毛主席说:“这个发言很好,这个干部很有水平。”

（5）

1945 年 12 月，平汉战役结束后，10 旅集结于沙河店休整。一天晚上 10 点多钟，周希汉把供给处管理科长刘文进叫到他的住处。

“刚才我们开会时决定，后天召开全旅的干部会议。为了鼓舞士气，也为了体现我旅的老传统，到会人员要进行一次大会餐，决定由你去组织办理，所需人员，可以从各团抽调。”

“多少人数？”刘科长问。

“排以上干部，再加党小组长，预计 1200 多人。”

刘科长心里一盘算，这么多人，按 8 人一桌足足得 150 多桌，就 10 个人一桌也得 120 桌，而准备的时间不到两天，说：“时间太紧了！能否推迟一天？”

周希汉和廖冠贤政委商量后，说：“好，就推迟一天，给你 50 个小时准备！”

周希汉又说：

“要尽量搞得好点，你快去找队务科长岳如云，要他帮你从各团抽调人员。年初召开干部会举行会餐，这是我们 386 旅的老传统。过去在太行山区时，每年初召开的第一次排以上干部会议，陈赓旅长总结讲话后，都要进行会餐。现在同那时已有点不同了，应该比那时办得更好点。”

“一定尽最大努力，在有限的物资条件下，按时完成任务。”刘科长当即表示。

经过一夜的紧张忙碌，会餐的物资筹集，开餐地点，所需碗筷桌子都作了安排，然后，刘文进又向旅长做了汇报。周希汉点头，表示满意，然后又问了每桌菜的数量、菜的名称，又指示说：“菜的量要充足，每桌要有酒，但要限量，不可酗酒。开餐时要组织指挥好，要有良好的秩序。操作中注意卫生，防止意外。要多检查，具体落实，抓紧时间。哦，你在开餐前再向我汇报一次。”

一次会餐，足见周希汉的细心和爱兵如子的情结。

（6）

1947 年 1 月 26 日下午，10 旅在汾孝梧桐出击，歼敌 69 师，重创敌 44 师、45 师，取得了战役主动权。

当晚，晋绥军区 2 纵的王震司令员来到了 10 旅指挥所，他细细地询问了梧桐出击战的经过和战果，然后，说："你们这次出击确实打得很好，打得猛，时间短，胜利大。4 纵在晋南 3 战 3 捷，毛主席都表扬了。听说你这个旅在这三次战役中起了很重要作用，你能给我谈点经验吗？"

周希汉回答说："晋南 3 战 3 捷的胜利是毛主席、中央军委决策的英明，纵队陈谢首长指挥得当取得的，我们只是战役中一部分力量，要说 10 旅在战役中起了重要的作用，那是因为 10 旅有 3 个好团和 3 个好的团长，赵华青指挥的 28 团是个红军团，能攻善守，作风顽强；吴效闵指挥的 29 团，是在冀南平原成长起来的，行动迅速，擅长村落战；芦贤阳指挥的 30 团是县独立团升级上来的，作风稳健，善打阻击。"

王震听到这，连说几个"讲得好"，然后，把头靠了过来，说："你周希汉，胜兵不骄，好谦虚谨慎呀！如果你能抽时间给我讲点你的指挥，那就全面了。"

"我没什么好讲的呀。你要听，就去找陈司令员呀！"周希汉谦虚地说。

（7）

1947 年，陈赓司令员"偏心"把两位大记者冯牧和艾柏放在 10 旅后，周希汉虽然给他们正团级待遇，他手下那些兵哪知道"大鸡子"到底是做什么的，叫他们又是讲课、教文化，又是拉歌、搞娱乐，结果，弄得冯牧他们要写作，只得晚上"偷偷地干"。

接下来，他们还成了周希汉和他手下的"生活顾问"。

5 月 2 日，10 旅攻打运城的羊驼寺飞机场时，29 团 6 连太岳民兵战斗英雄 1 排长刘拴牛攻占第三个炮楼后，发现地堡里储藏大批美国罐头，问战士们："有没有毒，可以不可以吃？"

可没人答得上来。这时连长栗怀喜和艾柏上来了，说："刘拴牛继续攻击前进。”

刘拴牛边走边回过头对艾柏说:“‘小鸡子’,每一种拣两个,装进麻袋里,扛到旅指挥所叫‘大鸡子’认一认,回来告诉我们!”

于是,艾柏带两个战士扛两麻袋罐头,背到旅前指。冯牧辨认后,说:“是炼乳、鸡肉、鱼肉、蔬菜等罐头。”

艾柏马上赶回到连队,对战士们说:“马上改善生活。”

战士们改善生活后,劲头更足,力气更大,再往前打,就拿下了飞机场,进去一看,发现整仓库都是美国罐头,战士们有了好吃的,不忘记周旅长和“大鸡子”,又派人拖了一车送到旅部。结果,周希汉也吃得津津有味,兴致勃勃地还拉来老首长陈赓一起品尝,众人评头论足,对美国罐头大肆评说了一番。周希汉边吃边说:

“嗨,你们这些‘大鸡子’就是见识多,这洋罐头也认得。”

(8)

1948年春节前,周希汉在纵队开会时,突然给10旅供给处管理科科长刘文进打来电话说:“有个兄弟部队经费开支十分困难,我们不能眼看着兄弟部队受困呀,要给以大力支援!他们会去找你,你要好好接待。”

翌日,22旅供给处张乃川处长带着两名骑兵到10旅住地来“提款”了。刘科长遵照旅长的批示,全部支付。张处长十分感激,说:“在我们最困难时,10旅支援了我们,真是雪中送炭。向旅长转达我们深切的感谢之情。”

结果,这笔经费不仅保证了22旅过好春节,还维持了全旅一个多月的正常开支。

当年夏季,周希汉在纵队开会时,又给刘科长来电话,说:“现在我们旅干部战士每人都有几套夏服,而目前有个兄弟部队的夏服还无着落,我们还有多少布匹,能不能帮帮忙?”

当刘科长掏出小本本,向周希汉报告后,他立即问道:

“能做多少军服?”

“大约可做万余套。”

他立即命令:“马上向工人布置,尽快做一个旅的军夏服,我们原来计划的生产全部停下来,急兄弟部队之所急。工艺要绝对保证哟!哦,另外,他们来联系时,你们要热情接待,和睦共事。”

10旅的随军被服厂接到任务后,得知是旅长亲自布置的,加班加点地日夜奋战。当22旅派供给处军需股长侯开剑到厂时,亲眼看到10旅被服厂为他们制作服装,并得知周旅长如何亲自过问这一任务后,非常感动。当这批服装全部运往22旅后,战士们穿着新军衣,高兴地说:

“嗨,10旅又支援我们了。”

(9)

1949年13军在进击南昌途中,卫生部派唐延森率一个医疗所将伤员转运到后方医院。完成任务后,南昌已被解放。唐延森带领医疗所150余人返回了部队。他到南昌向军部汇报这次伤员转运工作时,被周希汉军长叫到了住处,他询问了伤员的救治情况后,说:“你这次任务完成得很好,就在南昌休息两天,给你部轿车,坐上看看南昌,南昌是我们党向国民党打响第一枪的地方,值得一看。”

稍停,他又接着问道:“延森,你还没坐过轿车吧?”

“没有,只坐过一次大卡车。”唐延森回答说,“还是在河南镇平时,纵队陈赓司令员召集营以上干部大会时坐过卡车”。

随后,唐延森在南昌休息了两天,平生第一次坐上了轿车。

(10)

1951年6月,13军37师担任昆明警备任务时,有消息说周希汉军长要担任10军军长,去参加抗美援朝。团以上干部开了一个小型欢送会。会上,他的老部下王恩田和几个战友缠着周军长要求“带”他们去抗美援朝,周军长笑笑,摇摇头说:“不行,不行,你们的任务在云南呐。”

会后,“贼心不死”的王恩田又写了一封信,托军长的老保健医生、和他同时参军的战友赵尔芳带给了周希汉。第二天,赵尔芳带来了军长的回信,信上说:“这几年你进步很快,但抗美援朝不能去,因兵团党委规定我只带四个:秘书、医生、警卫员、司机。我们都是党员,应该听党的话。希望你积极工作,努力学习,不断进步。”

后来，王恩田每年都到总政宣传部参加军队学校政治教育工作会议，但都没能抽空去看望老首长。在60年代，一次他们终于见面了，王恩田深感内疚，一时不知说什么好。

“王恩田”，还是老首长先开口了，“你的情况我很清楚。1959年，陈赓大将治病期间，我经常去看望他，有一次他偶然说到你去看望他了，他了解了你的情况。我很奇怪，你每年到北京来开会，为什么就不来看看我们，是不是等我病了，才来看我？”

“不是，不是。”王恩田马上回答。

这时，周希汉又说话了：“是不是没有带你去抗美援朝，有意见啊？”

（11）

周希汉不仅是位胆力超人的虎将，而且还是文武全才。

小时候，周希汉只读过3年私塾，但是，天资聪明，写得一手好字。在红军时期，他在徐向前总指挥身边工作，他的勤奋好学和聪明机智很受徐总的赏识，在徐总的关怀和培养下，周希汉也养成了细致严谨的工作作风，并且写得一手漂亮的作战文书。后来，他担任军长、海军参谋长、副司令，写东西都是亲自动手，不令秘书代劳。每次他带人下部队搞调研，白天找人谈话，回来讨论，晚上，他就把自己关进办公室，令勿打扰，挑灯伏案，等到天亮时，烟头堆满烟灰缸，总结业已拟就，只等秘书来誊清了。海军副政委杜义德说：“他是我们工农干部中的笔杆子。”

有人称周希汉是“上马击狂胡，下马草军书”。此话不假。

（12）

在晚年，周希汉一次和秘书谈起了他当年指挥的郏县之战，他说：

“挺进中原，这是毛主席的伟大战略决策，这是战役问题。伟大的战略决策得有人去具体实现，要么刘邓，要么陈赓。庸才不行，庸才实现不了。刘邓、陈赓他们的战略意图也得有人去实现：那就是我们这些人。郏县打不下来，我是庸才。”

“我这一仗拿不下来，陈赓兵团有可能在豫西站不住脚。我们站不住，刘邓在大别山也可能站不住,这盘棋便全输了。这一仗当然是很重要、很关键的;我拿下来了,我有本事。可我是怎么拿下来的?那不是古代骑马出征,我拍马舞刀力斩敌将,不是那么回事嘛!29团拿不下东门,我全部的指挥计划都得落空。东门是两层,炸药只炸开了一层;卫小堂他们那个连不冲进高庙跟敌人拼刺刀,高庙是拿不下来的。那是关键中的关键。”

他看看秘书,慢慢地说道:“当然,反过来也一样。你不能夸大某一个战士牺牲的作用,说他的牺牲奠定了中原的胜局。兵是兵,将是将,帅是帅。光杆司令打不了仗,一群兵也打不了仗。你是兵,不能说成将,是将不能说成帅。”

14.当了一年军长(10军),卷走一个师

1951年8月,周希汉奉中央军委的命令北上赴朝参战。

消息一出,许多跟随周希汉多年的老部下要求一道赴朝,但经他本人和组织批准,跟随他赴朝参战的人员只有:蔡起生、陈贵根、张泉龙、王校计、吴文恒、丁宝林、李东琪、宋文庚、冯惠民,还有魏科长、贾参谋、李医生、警卫员和一位随军记者及宁文龙等15人。宁文龙因故在昆明去世,没能一同北上。结果,周希汉的夫人周璇及3个孩子一同北上。

年底,周希汉调任第10军军长,随从人员随他到10军军部所在地——河北省昌黎县,正式准备入朝作战。在待命期间,因为朝鲜战局平稳,12月中旬,中央军委命令免除10军入朝作战任务。结果,陈赓戏称:“周希汉率17勇士赴朝未成。”

此时,新中国海军和空军正在快速组建之中,周希汉英勇善战,在诸将中都很有“名气”,现在他不去朝鲜了,空军司令员刘亚楼和海军司令员萧劲光都想要周希汉,向他发出了邀请函。周希汉不知如何选择,只好去请示老首长,结果,陈赓沉吟半晌,说:“我看你就去海军吧,到海上去飘一飘。”

他就听从了老首长的建议,“应聘”到海军,接替罗舜初,担任海军参谋长职务。他一到海军,10军30师全部将士编入海军编制,除了30师外,10军军部人员也改编为海军领导机关。结果,后来陈赓见着周希汉,说:

“周希汉，你当了一年军长(10军)，卷走一个师。”

在一起的海军副政委杜义德笑着说：“还有一个军部呢。”

到了海军后，周希汉是一流的参谋长。在50年代，一次海军司令员萧劲光碰到哈尔滨军事工程学院院长陈赓时，他当着周希汉的面，对陈赓说：

“真得感谢你，感谢你给我推荐了这么好的一个参谋长！”

15.“文化大革命”中被打倒

在“文化大革命”中，周希汉也没有逃脱被打倒的厄运。

（1）

1966年夏季，史无前例的“文化大革命”突然开始了，此时刚好海军党委“三三”会议结束，海军装备部召开贯彻会议精神的会议。在会上，赵晓舟部长代表部党委指出了主要学习内容有三个方面：

一是毛泽东1963年5月2日对中央军委关于海军问题的批示，其批示是：“希望海军各级党委们团结起来，以大局为重，焕发精神，努力工作，发扬成绩，纠正缺点、错误，同其他军种一样，把海军工作搞好。有错误并不要紧，只要改正就好了。”

二是贺龙、叶剑英两位老帅在“三三”会议上的讲话。

三是海军党委“三三”会议文件。

周希汉的老部下、装备部政治部副主任王恩田响应党委号召，带头学习文件，开展“大鸣大放”。结果，他根据上述内容的学习，给海军第一政委李作鹏、副政委张秀川写了三张大字报。大意是：李、张对一位中央委员、海军司令员萧劲光，一位中央候补委员兼军委副秘书长、海军政委苏振华，采取残酷斗争、无情打击的方针，不符合毛主席对海军的指示。尽管写这三张大字报时，他还联系自己作了自我批评。谁知李作鹏却说王恩田的三张大字报是恶毒攻击诬蔑无产阶级革命“左派”，是煽动群众炮打“以毛主席为首的无产阶级司令部”,大字报立即被拍成照片,加上按语,作为“罪证”装进了档案。

随后,王家地板上贴上了“打倒周希汉、王恩田,不投降就叫他灭亡”的大标语。李作鹏强制王恩田交代写大字报的后台——周希汉。

“周希汉没有给我说过写谁的大字报。”王恩田解释说,“大字报是我学过文件后自己写的”。

“不可能,你没那样大的胆量,敢写革命‘左派’的大字报。”

“我的胆量都是党的光荣传统教育出来的。刚参军那几年,经常见到朱总司令、刘师长等老革命家,在他们面前我们都无拘无束,有时甚至‘无法无天’,这都是军队官兵一致,民主作风的好传统。”王恩田回答说。

“那你为什么不写周希汉的大字报?”

“从学习内容看,我没有发现周希汉有什么问题应该写。”

“你知不知道他有个儿子叫‘太阳’?”

“我知道。”

“知道,为什么不揭发、不批判?”

“就是因为我知道,我才感到无法揭发批判。”

“大礼堂门前已有大字报揭发批判他是野心家,毛主席是太阳,他怎么给儿子起名叫‘太阳’?”

“这是当时历史现象,1946年他这个儿子生在太岳区革命根据地的阳城县,就取了太岳区的‘太’、阳城县的‘阳’,合叫‘太阳’。”

“现在让你交代,周希汉对你说过什么反毛主席的言论。”

“没有。”

“说过反林彪的言论?”

“没有。”

“说过什么反对革命‘左派’李、王、张的言论?”

“没有。”

“周希汉自己都承认了,你还说没有。”

由于李作鹏、张秀川大搞逼供信,提出了“大战45(天)、半夜出成果”,大搞车轮战、疲劳战。结果,1967年秋季,3个同志被迫跳楼身亡。

(2)

1966年的秋末冬初的一天，北京西郊海军大院里，一场批斗会即将开始。被批斗的是海军副司令员周希汉。这里错落矗立着两座二层小楼。牌号407的那座，住着李作鹏。与407楼一墙之隔的408楼，住着周希汉。

一班人马包围了408楼。高喊着一阵高过一阵的口号，只差破门而入了。周希汉在夫人催促下犹豫半天，还是拨通了周恩来总理的电话。

可惜，周总理不在。再拨徐向前元帅的电话，徐帅接到电话很关切地问："周希汉，怎么不讲话？遇到困难了吧！"

"是，他们要开我的斗争会，人都拥到我的院子里了。我……"徐向前没等周希汉"我"出下文，便说："不要理睬他们，就在你的房里不要动。我找李作鹏。搞什么名堂！"

李作鹏在电话里听到了徐向前的质问："你们为什么要批斗周希汉？"他推说："马上了解一下。"

徐向前斩钉截铁地说："我不要你了解。立刻把人给我撤走，周希汉家里的一根草也不许动！"

徐向前马上和叶剑英通电话说了此事。叶剑英立刻向李作鹏下达了措辞更为严厉的命令。很快，408楼的院子里恢复了平静。

(3)

王恩田被关押了，他的老伴和孩子不知他是死是活，就去找周希汉问问情况。

"王恩田是不是也跳楼死了？"周希汉十分焦急地问，又说："他们整王恩田就是为了整我周希汉，所以他们对我封锁，其实我心中非常明白。看来我给王恩田一个人说的'李作鹏搞海军是个外行，又不爱学习，不会把海军搞好'这句话，他没说出来，说出来，必然给我无限上纲，组织人批斗我。李作鹏早就想打倒我，只是徐帅不同意，他们不好下手。'外行领导不了内行'，过去不少人讲过，其中有许多被打成了右派。"

后来,海军在拨乱反正、平反冤假案时,对王恩田的问题做出了平反决定。

16.妻子、女儿和儿子

周希汉在家庭生活中,也有许多传奇的故事。

(1)

1940 年,决死第 1 纵队 1 旅政治部主任刘有光和周希汉在百团大战中并肩战斗,几仗下来,就成了铁哥们。周希汉比刘有光年长一岁,已经二十七八岁了,可连个对象都没有。1941 年 9 月,太岳军区党委在沁源县阎寨村召开高级干部会议时,刘有光悄悄对周希汉说:“嗨,周参谋长,给你说个媳妇?”

周希汉哪有不想找媳妇?正愁着找不着呢!立即高兴地说:“好呀,请你帮忙啊。”

刘有光有了他的“同意”,第二天,就把他和在太岳行署秘书处做秘书的周璇叫到一起,然后分别介绍了他们各自的情况,没想到两人一见钟情。以后,就是开会,周希汉都找着刘有光坐在一起,两人叽叽咕咕的,主持会议的区党委书记兼军区党委书记薄一波开玩笑说:“刘有光,你和周希汉搞什么秘密活动呀?算了,你们公开好了,我支持你们。”

刘有光一说,薄一波马上表态:“支持”。陈赓知道这事后,更是来劲,极力推动。本来,周希汉和周璇约定先“谈”一“谈”,等周希汉奉命开辟新区回来后结婚,可陈赓暗暗搓着薄一波、刘有光、李成芳等一大伙哥们,一天下午,突然摆上 10 多桌子酒席,把周璇单位的领导也请来了,然后派人把周希汉和周璇一起叫来,两人一到,陈赓就宣布:“周希汉和周璇同志的革命婚礼现在开始,一拜组织!”

李成芳和刘有光两个“哥们”就冲上来,“按”住他们的头,就向“党组织”

薄一波低头，还没低完，陈赓又喊起来了："二拜父母！"

两个哥们又被按住两人头向远方拜了拜，这就"算是"拜了父母。这时陈赓又喊起来了："夫妻对拜！"

他们又被按住对拜起来了。然后，陈赓一挥手，众人"呼"的一声上席，喝喜酒了。

就这样，周希汉和周璇几乎是糊里糊涂的结了婚。

这下可好了，年轻的新娘子周璇却没一点儿思想准备，结了婚，两天两夜都是"闹情绪"，一直哭，急得新郎官周希汉又是安慰，又是赔不是；可周璇还是哭泣不止，周希汉最后没办法了，说："你不要老哭，不同意，还可以回你单位去嘛，这不是勉强的事，时间太紧张，我也觉得不合适。"

但是，周璇并没有回去。就这样，他们结成了伉俪。

一年后，他们就生儿育女了。

这周璇不生就不生，一生就是两个，一对双胞胎女儿。这把周希汉高兴得一手抱着一个，大喊大叫："一下子就是两个哟！了不起！"

结果，晚上睡觉，他是左边一个，右边一个。可是，很快问题就来了，两个双胞胎女儿长得一模一样，很难分辨，就是做妈的周璇都分不出，没了主张；谁知聪明的周希汉又想出了一个办法，给孩子手腕上绑根线绳，一个绑红的，一个绑白的。陈赓听说了这件事，说："周希汉这脑子没白长！"

遗憾的是，3 个月后，日军进行大"扫荡"。由于条件太艰苦，两个小孩先后冻、饿死在行军路上。

（2）

1944 年 9 月，周希汉在延安抗大学习时，他们又生了个儿子——周太安。这孩子怀在太岳区，生在延安。周璇在八路军总医院住的双人病房，与他同住一间病房的是另一个重要人物：林彪的妻子叶群。

周希汉因为是刘伯承的部下，与林彪没共过事，本来并不十分熟悉。但他这时在抗大学习，林彪是抗大的校长，这次周璇临产，叶群正好也要生，两个产妇于是住在一间病房了；加上两人都是湖北人，因此，林彪从抗大去医院看叶群时总是叫上周希汉，两人一起坐上林彪的那辆美国中型吉普车去医院。

叶群生的是个女孩。她就是后来的林豆豆。

周璇迟了几天，是9月1日生的。周希汉三代单传，这次得了个大儿子，自然是喜不自禁，乐呵呵的。在重男轻女这个问题上，林彪也难免脱俗，毫不掩饰地对周希汉得子的羡慕，每次看过叶群和豆豆后，都要去看看周璇母子，几乎每次来都要抱抱太安，在两个孩子都在的情况下，他总要先抱起周太安逗一会儿，还常常把他举过头顶“坐飞机”。在接妻子出院时，他热情地邀请周希汉夫妇到他的住处去做客，并且特别关照一定要把周太安带上。

周太安长得确实逗人喜爱，一有人逗，准把眼睛眯成缝儿地笑。结果，周希汉夫妇带着孩子到林彪家做客时，林彪又把他高高地举在半空中“坐飞机”，谁知他竟“哗哗啦啦”地把林彪从头到脸浇了个湿透。

这么尴尬的场面，周希汉夫妇十分过意不去。林彪却笑了，从口袋里掏出手绢随便在头上抹了两把，口中说：“没关系，小孩尿，不脏不脏。”然后，接着逗周太安玩。

这个事情后来让陈赓知道了，戏谑周希汉说：“周大公子‘空袭’林彪司令员。”

十几年后，在北京，戴着红领巾的周太安随父母参加一次晚会，在休息时，他第一次见到林彪，林彪拉着他的手跟叶群说：“这就是希汉在延安生的那个儿子，都长这么大了。”

叶群开玩笑地说：“我还记得，他比豆豆小几天。对了，他还尿了你一身。”

（3）

“文化大革命”刚刚开始时，周太安和芭蕾舞演员郁蕾娣谈恋爱了，她在样板戏《红色娘子军》中饰吴清华。一次人民大会堂召开文艺界的大会，郁蕾娣正好坐在叶群的身边，叶群十分亲切地说：“《红色娘子军》我们一家都喜欢看。我的儿子和女儿都喜欢你扮演的吴清华。欢迎你有时间到我家去玩。你要来，打个电话给我，我派车来接你。”

郁蕾娣觉得副统帅家请她去玩，当然很高兴，把这事告诉了周太安和周希汉。周希汉听了后，语重心长地说：“我建议你不要去，你是演员，靠的是你的业务能力和艺术水平，不要去搞什么关系，找什么靠山。”

郁蕾娣虽然有些想不通，但还是听从了劝告。以后叶群问起，她都是以业务忙为借口婉言地推辞了。为此，叶群很不高兴，以后见了郁蕾娣十分冷淡。

不久，林彪成了接班人，周希汉在海军机关被批斗，戴高帽，下跪。周太安曾十分天真地问父亲："现在整您的都是林彪的人，你为什么不去找找林副统帅，找他讲话，这些人就会放过你！"

周希汉沉默着，半晌才说："我不反党，不反社会主义，也不反毛主席，他们打不倒我，我也不用找什么人。再说林彪派人来海军就是夺权的。我们这些人被批斗，他是知道的，他如果想保你，不用你讲话。他如果想整你，想搞臭你，找他也没用。这就是政治斗争。"

九一三事件之后，郁蕾娣才体会到父亲的告诫是对她政治上莫大的爱护。

（4）

1971 年 9 月初，周太安到北京出差办事顺便回家看望父母。

9 月 14 日深夜，周希汉回到家里，表情十分高兴。从 1966 年"文化大革命"开始，儿女们就从没见到他如此高兴和轻松过。他神秘地向太安招招手，要儿了随他到楼上的书房，然后，笑着向儿了伸起食指和中指，做了一个向上又向下的动作。儿子莫名其妙地看着父亲这个手势。周希汉见他没"懂"，又把这个手势又做了一次，儿子依然丈二和尚摸不着头脑。这下周希汉才急切地说：

"中央出了大事。我刚在人民大会堂听了周总理的传达，总理宣布了中央的纪律不允许讲。你慢慢去琢磨吧，反正是好事！"

太安觉着父亲的手势一定代表着十分令人振奋的消息，于是匆匆赶回自己的房间，给同学和朋友打电话，打听小道消息。已经是深夜一两点了，可他打电话所到的人家没一家睡觉，说话的语气都蕴含着少有的轻松和快乐。他打了许多电话，每个人都说中央出了大事，是好事；谁也不说出确切的消息，只有一个人在电话中十分神秘且耳语般地说："是林家出事了！"

这时，太安才悟到父亲手势的含义。

17.骄傲的战将

（1）

周希汉打了一辈子仗，堪称我军的杰出战将，他戎马生涯有三个最突出的特点。

一是身上没有一块伤疤。

二是他的好朋友不多，但与陈赓、陈康、李成芳、许世友等人是“铁杆”。许世友打仗很“牛气”，但对周希汉始终十分尊重。

三就是他的聪明和清高。

因为聪明、智慧，周希汉清高，恃才傲人，有人说是“骄傲”。他的老上级杜义德在评价他时说：“许多具有聪明才智非同凡响的同志都或多或少地存在着骄傲、清高的弱点，希汉同志也未能例外。特别是仗越打越好，功劳越来越大，他的弱点也时有表现。”

他说的这个弱点，就是“骄傲”。

对于周希汉，一直有个“骄傲”的说法。

一次，陈赓旅长敲着他的脑袋说：

“你这颗脑子就是比一般人聪明，要是不骄傲，打几仗下来，你就可以做旅长了，我给你当参谋长！”

“老领导”，周希汉笑着说，“我哪能让你做我的参谋长呀？所以，我这缺点也改不了啊！”

（2）

在许多人眼中，周希汉有着骄傲、清高的缺点，但这并不妨碍他去打胜仗。

1945年10月，周希汉被任命为4纵10旅旅长。就在返回太岳的路上，他与部队一会合，立即参加同蒲战役，前去攻占赵城。

10旅前身就是386旅,周希汉离开部队一年多,按惯例,应先了解一下部队的情况,再逐步进入工作,但同蒲战役的战斗形势不允许他这么做了。在向赵城疾进的途中,周希汉听了政委刘忠、副旅长楚大明的情况介绍,然后,不顾10多天的旅途劳累,边行军边阅读上级有关这次战役的指示和旅制订的行动方案,可看着看着,他就有了一个感觉:这个方案订得稳当周全,面面俱到,但没能反映出党中央对此次战役要求的精神,即尽快斩断同蒲、阻敌北上目的的战斗要求不能充分实现。事关大局,他毅然撇开可能招致的“骄傲”“冒尖”等闲言碎语,要对方案进行修改了。

他找到刘政委和楚副旅长,说:“就攻占赵城这个具体任务而言,这个方案不会有太大的困难,是可行的。但党中央发起同蒲战役的目的,是为了阻止胡宗南部继续北调,保障刘、邓主力顺利实施邯郸战役,这是关系中央战略布局的大事。这个我们必须考虑。如果我们的行动被敌先行发觉,胡宗南部利用同蒲路北上,两天就可到达临汾;阎军从太原乘火车南下,半日也可到达。如果这样,整个战役能否进行,就成问题了。”

“你的意思呢?”楚副旅长问。

“我们据此应在隐蔽、迅速上做文章。”周希汉说,“一、取消在此休息的计划,部队明日(28日)凌晨出发,在居民起床前,越过人烟较稠密地段进入霍山;二、利用霍山山高、沟深、林密、人稀的天然隐蔽条件,加大行速,争取黄昏前到达山口的水头村一带隐蔽待发;三、他带3个团长及有关人员乘马先行,迎接先遣侦察人员的报告,到现场给各团区分任务;四、充分发挥洪赵游击大队人地皆熟的条件,乘黄昏绕开村庄,分别将各分队直接带到敌外围据点之前,出敌不意,突然发起猛攻。争取29日午前肃清城外之敌,占领城关,转入登城准备。”

结果,按照周希汉的方案,28日夜,10旅各部突然进攻,29日晨就结束了外围战斗。随后,攻城战斗一打响,东、南、北三路一举突破敌城垣防御,5个小时即歼灭城内之敌,西逃的300多人亦被设伏的20团部队全部俘获。这一仗毙敌200余人,敌督导司令张荣凡以下1700多人被俘获。

10旅在同蒲线上第一次攻城战就打得如此干净利落,上下一片欢腾。战后,周希汉向陈赓司令员汇报时说:“这次改方案,开始还挺担心的呢!”

“担心什么?怕读了一年书,打仗疏远了?”

“这倒不是,怕闲言碎语,怕说我‘骄傲’呢!”

陈赓笑着说:“你有骄傲的个性,但是没被骄傲绊倒,这个本事高。”

(3)

因为恃才傲物和骄傲,周希汉还耽误过自己的“提升”。

淮海战役后,周希汉直接从旅长被提升为13军军长。晋升前,二野政委邓小平特地找他谈了一次话。邓小平说:

“周希汉,这10年来,我们在你的使用上是有意压了压的。你早就可以当军长,晓不晓得为什么现在才提你?”

周希汉很有自知之明地回答说:“是不是领导上认为我骄傲?”

“对。就是为了这个。我们就是要杀杀你的傲气。骄傲有时候是一个优秀指挥员的最危险的敌人。”邓小平说。

谁知周希汉听了后,嘿嘿一笑,说:“老首长,江山易改,本性难移。我这个弱点自己也知道,就是很难改。”

邓小平正色道:“改得掉也得改,改不掉也得改。你如今是人民军队的高级指挥员,是举足轻重的人物了。为了革命的事业你必须给我改掉。”

(4)

据说,周希汉至死都没改掉那个骄傲和清高的“毛病”。

在晚年,他不写回忆录,也极少为别人的文章“审稿”,任各个《军史》《战史》《建设史》之类的送审稿、征求意见稿堆积案头,他也难得去碰一碰。

一次,秘书动员他写回忆录,他说:“我们不要学林彪。林彪当权的时候好像全中国都是他一个人打下来的。今天我们说我们二野功劳大,明天别个说别个的部队功劳大,有什么意思?现在让我们写回忆录,是好事,写多了、写滥了,甚至借着写回忆录抬高自己、贬低别人就不是好事了。你没看见,就那么一仗,司令写文章说是司令打的,政委写文章说是政委打的,副司令说是副司令打的,一仗变成了三仗,让后人笑话我们呐!活着的人只顾说自己的功劳大、说自己英雄。这种战史、军史、回忆录有什么用?历史不是写出来的。”

“正因为如此,您才有责任把真实的历史写出来留给后人。”秘书说。

这时,周希汉的骄傲和清高来了:“哪个讲我不写了?我现在不写。市场上卖东西的都说自己的是真货,你信哪个的?怕你哪个的都不信。我周希汉就是不凑这个热闹!”

“可是,万一将来……”

他听明白了,但没介意,淡淡一笑:“来不及写,就算了哟!还是那句话,历史不是写出来的。我周希汉是个什么人物,不用我自己说。”说罢,他呷了一口茶,然后将茶杯盖上。

18.将军的晚年

(1)“实际上,我早已经离休了”

周希汉是1987年5月正式离休的。接到这个命令时,他正在昆明。

这天,他应云南省人大常委会主任刘明辉之邀去昆明市郊的安宁洗温泉。

在这之前,在住处,他刚刚接待过两次老部下。

这些老部下都已离休,见到分别多年的老首长,个个都很激动,但表现各不一样。其中一位当年的10旅著名战斗英雄,60刚出头,身强体壮。据说曾被拟议提升到大军区甚至更高的领导岗位,不知什么原因搁了两三年,后来接到的却是一个离休命令。在众多争先恐后大声发言的老同志中,他始终沉默着,在一旁呆呆地望着老首长。一些老部下似乎对离休不大满意,发了不少牢骚,有的说:“现在的政策,初一十五就不一样!”

这话引起一阵笑。周希汉也跟着笑了笑,笑过之后说了一句:“乱讲,你只会乱讲。”

过后,他专门对自己的秘书小韦说:“有些老同志他们年纪大了,思想跟不上,发牢骚也许有他们的委屈。你们年轻人不要受影响,不要跟着一起犯自由主义啊。”

就在这一谈话后,他们洗了个温泉返回住处,北京就来了个电话。小韦一接,上级命令他向将军宣布他离休的命令,命令的标题便是“周希汉等离休”——命令上共宣布3位副司令、2位副政委、3位顾问共8位海军原领导干部离休。

如果在北京,这肯定是很郑重的过程。即便在外地,按惯例,这也本该是有关领导向将军宣布。但由于周希汉带着助听器,无法接电话,这个原本简单的事变得复杂了,或者说,这个原本复杂的事变得过于简单了。于是,一个只有15年军龄的营级军官代表中央军委向一位具有的60年军龄的老将军宣布了他的离休命令。

这样做,秘书多少有些想法,他知道1973年将军因胃癌动完大手术之后,大伤元气,毛主席曾亲自签发特别命令:“周希汉同志正式被命令挂职疗养。”在共和国的高级将领中,这是毛泽东唯一一次签发的“挂职疗养”命令。而今将军被宣布正式离休,向他宣布这个命令的则是将军的秘书。这虽是周希汉众多传奇色彩的故事中的一个,但他按照记录原原本本地向将军宣读了命令后,将军沉默了许久。虽是预料中的事,他似乎还没足够的思想准备。秘书小韦不知道该说些什么,只好与将军相对无语;良久,将军点着一支烟,用少有的安详和平静的目光望望他,慢慢地说:“实际上,我早已经离休了。”

(2)“牌好,算不得本事”

周希汉将军离开领导岗位、赋闲在家后,不写回忆录,常常和一些老将军打扑克,打发时光。他们打牌没有什么花样,就是“四十分升级”。不过,打到兴头上,会不自觉地谈天说地,回首往事。

在常来的老将军里,打牌最老实、因此输的次数也最多的,是空军原副政委黄立清,每当输了牌,他不是检查一下对方是否有“作弊行为”,而总是无可奈何地摇摇头自责。最有风度的是原昆明军区代理司令员陈康,无论输赢,都只是咧咧叼着烟斗的嘴了事,而且,他“从谏如流”,无论谁都可以给他支一招,支错了,他也从不埋怨。动静最大、胜率也最高的,是尤太忠司令员,他是怕老将军们寂寞,拨冗来尽地主之谊的。与众不同的是,他不为了哄人高兴而故意输,而是故意赢——他赢牌的“诀窍”之一,就是特别能“偷牌”。他偷牌手又快,又自然大方,因此绝少被发现。然而,在他们当中,打得最好的要算周希汉将军。

据说,周希汉的象棋、麻牌、台球,都曾是独霸一方的出色。他摸牌从容不迫,出牌不拍不摔。一手好牌时,他赢得丝丝入扣,绝不给对方任何机会。有时,原本一手很糟的牌,在他的手上竟也能磕磕绊绊地赢下来。不过,他的“肚量”不如陈康将军,同伴出错了牌,会受到他毫不留情的指责,甚至会板脸动真气。有时候,他犹豫再三,抽出一张牌打出去,猛然发现不对,连忙伸手去抢,那手却早被按住,哪里抢得回,实实在在地吃一个大亏,沮丧得摇头闭眼又叹气。但是,当再一次轮到他出牌时,他不声不响地亮出手中的牌,摇头闭眼再加上拍案顿足的,就是对方的事了。此时,他便会将头扭向一边:

“牌好,算不得本事。”

(3)淮海大战能交给我指挥吗?!

当然,退下来了,周希汉仍然关心党和军队的建设。

大胆选拔年轻干部是我党的一贯主张,但如何选拔,却不是那么简单的事。以“优秀”为大前提还是“年龄”为大前提,提法上的微弱不同,反映“思想方法的差异”。

对此,周希汉有自己的看法,他不赞成任用干部要“青中选优”的说法,说:

“应该是优中选青嘛。同样优秀,我们先选年纪轻身体好的。青中选优,那是矮子里面拔将军嘛。他只是青年里优秀的嘛。当年我周希汉在年纪相仿的人里算是个出色的吧。可我比陈赓、小平就差得远,比刘帅就更比不了。我比陈赓、小平年轻 10 来岁,比刘帅年轻得更多,淮海大战能交给我指挥吗?!有些人呐,不讲辩证法!”

(4)离出院还差 5 个小时去世

1988 年 9 月下旬一天,周希汉拄着拐杖,吃力地从沙发上站起来,想去调电视的频道,结果,被家里两个在屋里打闹的孙子碰了一下,跌倒在地上,造成肱骨粉碎性骨折。

在 3 年中,他两次骨折。这是他第二次骨折。但这次在医院里只治疗 40

多天，骨伤就渐渐愈合，到11月，他已经能坐起身了。11月6日，儿子周太安和女儿一起来医院看望他，在他们告辞时，周希汉拉住儿子说："医生已同意我出院，你明天一早带上粮票、钱来结账，接我出院。"

太安问："都好了？医生同意出院了？"

"医生讲，在医院已经没有什么治疗了，回家一边治疗，一边锻炼。"

周太安答应了，准备第二天接父亲回家。可就在7日凌晨3点，睡梦中的周太安突然被床头骤响的电话惊醒，他拿起电话，是医院打来的，工作人员哽咽着说："快来医院，你父亲不行了。"

周太安急忙叫醒弟弟、妹妹，一起驱车赶到医院时，周希汉已病逝。他在离与儿子约定的7日上午8点接他出院还差5个小时时，就在睡梦中离儿女们而去了。

周希汉终年75岁。